Ullstein

W0095948

Friedrich W. Schlomann

Die Maulwürfe

Die Stasi-Helfer im Westen
sind immer noch unter uns

Ullstein

Zeitgeschichte
Ullstein Buch Nr. 33176
im Verlag Ullstein GmbH,
Frankfurt/M – Berlin

Aktualisierte Ausgabe

Umschlagentwurf:
Hansbernd Lindemann
Alle Rechte vorbehalten
Taschenbuchausgabe mit freundlicher
Genehmigung der F. A. Herbig Verlags-
buchhandlung GmbH, München
© 1993 by Universitas Verlag in
F. A. Herbig Verlagsbuchhandlung
GmbH, München
Printed in Germany 1994
Gesamtherstellung:
Ebner Ulm
ISBN 3 548 33176 9

August 1994
Gedruckt auf alterungs-
beständigem Papier mit
chlorfrei gebleichtem Zellstoff

Vom selben Autor
in der Reihe
der Ullstein Bücher:

Operationsgebiet Bundesrepublik (34575)

Die Deutsche Bibliothek –
CIP-Einheitsaufnahme

Schlomann, Friedrich-Wilhelm:
Die Maulwürfe : die Stasi-Helfer im
Westen sind immer noch unter uns /
Friedrich W. Schlomann. – Aktualisierte
Ausg. – Frankfurt/M ; Berlin : Ullstein,
1994
    (Ullstein-Buch ; Nr. 33176 :
    Zeitgeschichte)
    ISBN 3-548-33176-9
NE: GT

Inhalt

Einführung

Der Sturz der SED-Diktatur, die selbst westliche Politiker bis zuletzt als unveränderlich ansahen, wurde vollzogen von freiheitsliebenden Menschen in Leipzig, Dresden, in Rostock, Erfurt, im Ostteil Berlins und in vielen anderen Orten der DDR. Damals, als endlich die Berliner Mauer fiel, waren wir Deutsche wirklich »das glücklichste Volk der Welt«.

Inzwischen hat diese Begeisterung in sehr großem Maße nachgelassen, ist wahrscheinlich keineswegs selten ins Gegenteil umgeschlagen. Viele Menschen im Westteil Deutschlands haben die zwangsläufigen Veränderungen durch die erfolgte Einheit bisher weder mitvollzogen noch innerlich angenommen. Unbestritten dürfte ebenfalls sein, daß wir auch nach dem zweiten Jahrestag der Wiedervereinigung faktisch und nicht nur in wirtschaftlich-sozialer Hinsicht immer noch in zwei verschiedenen Ländern leben; gerade im Westen fehlt weitgehend das Verständnis für die Aufgabe und ihre Beurteilung. Nach Meinungsumfragen sind trotzdem die Bürger aus den alten Bundesländern davon überzeugt, in nahezu jeder Hinsicht die besseren Deutschen zu sein.

Von dieser (allerdings durch nichts gerechtfertigten) Einstellung ist es nur ein kleiner Schritt, sich zum Besserwissen und zum Beurteilen aufgerufen zu fühlen. In selbstangemaßter Siegerattitüde werten nicht wenige Westdeutsche die Menschen in der Ex-DDR als Bürger zweiter Klasse und mit dem generellen Brandmal eines Stasi-Spitzels versehen.

Indes: Wie viele haben im Westen – in Freiheit und Wohlstand – durch Wegsehen und Schweigen die Tätigkeit der DDR-Staatssicherheit letztlich unterstützt. Wie viele insbesondere haben sich direkt in die Dienste der Spionage Ost-Berlins gegen ihren eigenen Staat gestellt! Das aber wird bis zum heutigen Tage allzu gerne verdrängt, immer noch will man hiervon kaum etwas wissen. Es stellt allerdings auch alles andere als ein Ruhmesblatt in der jüngsten Geschichte Deutschlands dar! Die überaus notwendige historische Aufarbeitung der DDR-Vergangenheit ist aber nicht von einer ehrlichen und schonungslosen Bestandsaufnahme der politischen und moralischen Haltung in der früheren Bundesrepublik zu trennen. Wer die Wahrheit im Osten unseres Vaterlandes einfordert, muß auch schon zur Redlichkeit im Westen Deutschlands bereit und fähig sein.

Das vorliegende Buch zeichnet ein Bild der verschiedenen Formen der Spionagetätigkeit seitens der DDR in ihren letzten Jahren sowie ebenfalls der heutigen GUS gegen die damalige bzw. die heutige Bundesrepublik Deutschland. Man könnte es insofern durchaus als eine Art Fortsetzung meines schon vor der Wende in insgesamt vier Auflagen erschienenen Buches »Operationsgebiet Bundesrepublik – Spionage, Sabotage und Subversion« sehen.

Der Inhalt der folgenden Seiten beruht auf den verschiedenartigsten Quellen: Einmal wurden alle erreichbaren Zeitungs- und Buchveröffentlichungen sowohl aus dem Westen als aus dem Osten verarbeitet. Ebenso konnten die jüngsten Jahresberichte des Bundesamtes und einzelner Landesämter für Verfassungsschutz ausgewertet werden. Als sehr ergiebig erwiesen sich Gerichtsurteile gegen festgenommene Spione sowie primär zahlreiche Akten des DDR-Staatssicherheitsdienstes, in die Einsicht genommen werde durfte. Insbesondere aber gab es überaus viele Gespräche mit zeitgenössischen Zeugen – wo und in welcher heutigen Position bzw. früheren Stellung auch immer –, deren Erkenntnisse und Meinungen äußerst wertvolle Informationen lieferten. Ihnen, die mir mit ihrem Wissen sehr behilflich waren, gilt mein aufrichtiger Dank; er bezieht sich ebenfalls auf schweizerische und belgische Behörden.

Verschwiegen soll andererseits aber auch nicht werden,

daß einzelne bundesdeutsche Stellen und Personen – deren Türen für mich in früheren Jahren relativ weit geöffnet waren – heute plötzlich nicht nur verschlossen, sondern regelrecht verbarrikadiert wurden. Sollten meine schriftlich eingereichten Fragen derartig peinlich sein? Wenn dem so ist (und eine andere Erklärung erscheint kaum möglich), dann werden wir in den bevorstehenden Jahren wohl noch sehr vieles erleben müssen! Denn bekanntlich konnte bisher erst ein geringer Bruchteil der Agenten Ost-Berlins im Westen Deutschlands aufgedeckt werden.

Zudem ist dieser Spionage-Krieg gegen Deutschland absolut nicht beendet – gleichgültig, ob die politische Öffentlichkeit das zur Kenntnis nehmen will oder auch nicht.

Königswinter, den 31. 12. 1992

Friedrich-Wilhelm Schlomann

Der große Erfolg des Buches in seiner ersten Auflage, die seitdem vielen aufgedeckten Spionagefälle und die – allen Hoffnungen zum Trotz – andauernde »Aufklärung« Rußlands gegen uns lassen es in überarbeiteter und aktualisierter Form nunmehr als Taschenbuch erscheinen, um damit einen größeren Leserkreis anzusprechen.

Es bleibt das Problem, wie es möglich war, daß nicht wenige Menschen im Westen Deutschlands trotz ständiger Hinweise auf die Diktatur des Dritten Reiches den Verlockungen der neuen deutschen Diktatur in Form der DDR zunehmend erlagen. Ein eilfertiges Vergessen, ein Nichtgestört-werden-wollen durch die Schatten dieser jüngsten Vergangenheit sind keine Antwort auf die sehr ernste Frage, wie weit damals der Arm Ost-Berlins nach Bonn reichte.

Eine kritische Selbsterkenntnis (anstatt Selbstgerechtigkeit) könnte indes vielleicht dazu beitragen, fortan wachsamer, zumindest ein wenig prinzipienfester zu sein.

Königswinter, Ostern 1994   Der Autor

I Die DDR-Spionage bis zum Frühherbst 1989

Nach § 1 (3) des in DDR-Zeiten niemals veröffentlichten Statuts des Ministeriums für Staatssicherheit (»Geheime Kommandosache – Beschluß – NVR 27/5169«) hatte sich seine Tätigkeit »auf die Aufklärung und Abwehr zur Entlarvung und Verhinderung feindlicher Pläne und Absichten der aggressiven imperialistischen Kräfte und ihrer Helfer« zu richten. Bereits 1951, also rund eineinhalb Jahre nach ihrer Gründung, begann die DDR mit ihrer eigenen Spionage gegen den Westen – primär die Bundesrepublik Deutschland. Seit 1970 gab das SED-System diese Arbeit seiner »Kundschafter« auch offen zu.

DDR-Agent zu sein, war nach dem Selbstverständnis Ost-Berlins »Ehre« und »Vorbild«. Der Minister des Ministeriums für Staatssicherheit (MfS), Erich Mielke, vertrat im theoretischen Organ des ZK der SED die Ansicht:

> »Die Arbeit sozialistischer Kundschafter entspricht zutiefst dem humanistischen Wesen sozialistischer Politik.«[1]

Ähnlich schrieb er im Zentralorgan »Neues Deutschland«: »Solange der Imperialismus existiert, . . . bleibt die Tätigkeit sozialistischer Kundschafter eine unabdingbare Notwendigkeit, denn sie sind wahre Kundschafter des Friedens.«[2] In seinem 1981 erschienenen Buch »Sozialismus und Frieden – Sinn unseres Kampfes« stellte er über die DDR-Spionage ebenso fest:

> »Die Kämpfer an der unsichtbaren Front sind und bleiben das Wertvollste eines sozialistischen Staatssicherheitsorgans.«[3]

Trotz aller Entspannungsbemühungen Bonns stellte der Westen Deutschlands auch während der letzten Jahre des Ost-Berliner Regimes den »Feind« mit seinem »aggressiven, imperialistischen Konfrontationskurs« dar. Symptomatisch war ein Artikel des Generalmajors Heinz Engelhardt, des damaligen Leiters der MfS-Bezirksverwaltung Frankfurt/Oder, »daß sich die Klassenauseinandersetzung unter den Bedingungen der Abrüstung, Rüstungsbegrenzung und Politik der friedlichen Koexistenz nicht abschwächt, sondern daß sie mehr denn je alle Bereiche der Politik, der Ökonomie, der Kultur und insbesondere der Ideologie erfaßt und an Schärfe gewinnt«. Anfang Februar 1989, zum 39. Jahrestag der Bildung des DDR-Ministeriums für Staatssicherheit, sprach eine Grußbotschaft des ZK der SED – unterzeichnet vom Generalsekretär Erich Honecker – »den Kämpfern an der unsichtbaren Front für die vollbrachten Leistungen Dank und Anerkennung aus«.[4]

Noch am 7. April 1989 strebte die MfS-Führung eine wesentliche Verstärkung ihrer Spionage gegen die Bundesrepublik an. Wie aus aufgefundenen Unterlagen hervorgeht, erklärte Erich Mielke damals gegenüber dem Leiter der sowjetischen KGB-Spionage, Generalmajor Leonid W. Schebarschin:

> »All die erfolgreiche Arbeit der Aufklärung genügt nicht mehr. Wir müssen eindringen in die Konspiration der Bourgeoisie. Wir müssen wissen, was in den Zentren der Bourgeoisie, in den höchsten Führungszentren ausgehandelt wird. Wenn sich z. B. jemand mit Kohl trifft, kommt es durch die einfache Agentur nicht immer richtig auf unseren Tisch. Es geht darum, die Ziele der Monopolbourgeoisie, ihre Pläne genau zu erkunden . . .
> Wir werden unsere Arbeit in dieser Richtung verstärken . . .«[5]

Die einzelnen Spionagedienste

Für ihre »Aufklärung« gegen den Westen hatte die DDR-Führung im Laufe der Jahre mehrere Dienste aufgebaut, deren Kapazität und deren Aufgaben ständig wuchsen.

Hauptverwaltung Aufklärung

Primär handelte es sich um die Hauptverwaltung Aufklärung (HVA) innerhalb des Ministeriums für Staatssicherheit.[6] Nach dem Rücktritt ihres bisherigen Leiters, Generaloberst Markus Wolf, am 15. November 1986 trat Generaloberst Werner Großmann die Nachfolge an. Geboren am 9. März 1929 in Ober-Ebenheit bei Pirna, durchlief er eine Maurerlehre, trat schon 1946 der KPD bei und studierte kurz an der Technischen Hochschule in Dresden. Dem Westen wurde er bereits 1951 bekannt, als er zu den wichtigsten Mitarbeitern des »Instituts für wirtschaftlich-wissenschaftliche Forschung« (der Vorläufer der späteren HVA) gehörte und nach einem Besuch der Schule des MfS in Gransee sowie derjenigen des Sowjetgeheimdienstes KGB in Moskau 1979 zum Generalmajor aufrückte; schon am 1. November 1975 war er zu einem der stellvertretenden Leiter der Hauptverwaltung Aufklärung ernannt worden. Hatte er relativ früh als Führungsoffizier für Agenten – zum Beispiel der Sekretärin Rosalie Kunze im Bundesministerium der Verteidigung – gearbeitet, so erzielte er seine größten Erfolge bei der »Operation 100« (der Einschleusungswelle von Spionen nach Westdeutschland während der Jahre 1953 bis 1956). Bestimmt nicht ohne Grund war er dann neun Jahre für die »Aufklärung« im Raume Bonn zuständig. Als er im Juni 1978 unter dem DDR-Diplomaten-Paß »Dr. Kurt Lenkheit« zusammen mit Markus Wolf nach Schweden reiste, um dort einen einflußreichen Agenten aus Westdeutschland zu treffen, konnte er heimlich fotografiert werden. Bis in die letzten Tage der DDR aber wurde in den dortigen Zeitungen niemals sein Name – geschweige denn ein Bild von ihm veröffentlicht. Er wohnt heute weiterhin in Berlin-Hohenschönhausen, Oberseestraße, ist offiziell arbeitslos und bezieht entsprechende Unterstützung. Seit Zustellung der Anklageschrift des Generalbundesanwalts vom 10. Juni 1991 hat er von seinem bis dato recht selbstsicheren Auftreten manches verloren . . .

Seine Stellvertreter waren im Herbst 1989 die Generalmajore Heinz Geyer, der früher die Abteilung Gegenspionage geleitet hatte und später Chef des Stabes wurde, Werner Prosetzky, welcher längere Zeit für die Spionage gegen Westeuropa zuständig war und nun die getarnten HVA-Hauptamtlichen in den DDR-Botschaften führte, Horst Vogel als einstiger Leiter der Operativ-Abteilungen des Sektors Wissenschaft und Technik sowie Heinrich Tauchert mit seinem Bereich der Militärspionage. Als weiterer stellvertretender Leiter der Hauptverwaltung Aufklärung war seit dem 1. April 1987 Oberst Ralf-Peter Devaux zu nennen, dem die Abteilungen I und II (Politische Spionage) unterstanden und zu dessen Anleitungsbereich ebenfalls die Abteilung XVIII (Erkundung von Sabotagemöglichkeiten in der Bundesrepublik) gehörte.

Der Personalbestand der Hauptamtlichen in der HVA belief sich Ende 1959 auf rund 800, fünf Jahre später dürften es ca. 1000 gewesen sein, um dann bis zum Frühherbst 1989 auf eine Ist-Stärke von 4128 anzusteigen.[7]

Gelenkt wurde die Spionage zum größten Teil aus dem Hauptsitz der Hauptverwaltung Aufklärung in der Zentrale des Ministeriums für Staatssicherheit, Berlin-Lichtenberg, Normannenstraße 22. Mit »Kundschaftern«, die man im internen MfS-Jargon auch IM(»Inoffizielle Mitarbeiter«) und besonders IME (»Inoffizielle Mitarbeiter für einen besonderen Einsatz«) nannte, arbeitete außerdem die jeweilige Abteilung XV der einzelnen MfS-Bezirksverwaltungen in der DDR: Bei derjenigen in Suhl zählte diese 32 Hauptamtliche, in Frankfurt/Oder 38, bei der Bezirksverwaltung Erfurt 39 und in Rostock sowie in Neubrandenburg je 45; die stärksten waren erwartungsgemäß Leip-

zig mit 62 und Ost-Berlin mit rund 70.[8] Hatte man diese
»Linie XV« wahrscheinlich zunächst unter rein regionalen
Aspekten und in erster Linie für den Spionage-Einsatz von
dort ansässigen DDR-Bewohnern aufgebaut, so wurden
später von hier ebenfalls höherkarätige »Quellen« aus der
Bundesrepublik angeworben und geführt.

Verwaltung Aufklärung

Nach sowjetischem Vorbild gab es außerdem einen zweiten, fast ausschließlich militärischen Nachrichtendienst:
Die Verwaltung Aufklärung (VA) – in den letzten Jahren
auch »Mil. ND« und überwiegend »Bereich Aufklärung«
genannt –, welche dem DDR-Verteidigungsministerium
unterstand. Im Gegensatz zu der von den Abteilungen IV
und auch XV der HVA wahrgenommenen sogenannten
strategischen Aufklärung (insbesondere gegen NATO-
Stäbe und das Bundesverteidigungsministerium) richtete
sich ihre Spionage in erster Linie auf die sogenannte taktische Aufklärung (d. h. die ständige Beobachtung von Stärken, Dislozierung und Ausrüstung der Bundeswehr und
der verbündeten NATO-Truppen). Der Hauptsitz der VA
befand sich in Berlin-Oberschönweide, Oberspreestraße
61; das Eingangsschild trug die Tarn-Bezeichnung »Mathe-
matisch-Physikalisches Institut der Nationalen Volksarmee«.
   Leiter war seit 1988 der 1930 geborene Generalleutnant
Alfred Krause; er trat bereits 1946 der SED bei, war von
1969 bis 1980 Kommandeur der 11. Motorisierten-Schüt-
zendivision in Halle/Saale und stieg 1979 zum Generalmajor auf. Seinen Seiteneinstieg in das Spionage-Metier
schien der bisherige Truppier seinem engen Verhältnis
zum MfS zu verdanken, das sich seinerseits entsprechende
Einflußmöglichkeiten erhofft haben dürfte. Heute wohnt
er, der kurz nach der Wende noch überaus SED-»linien-
treu« erschien und inzwischen gebrochen erscheint, in
einem Einfamilienhaus in Berlin-Köpenick.

Seine Stellvertreter waren Generalleutnant Curt Gottwald, Generalmajor Gerhard Rother sowie die Obersten Jurel Hoffmann, Harry Schreier und Alfred Bujak. An hauptamtlichen Offizieren, Unteroffizieren und Soldaten umfaßte die VA 1983 rund 550 Personen; Januar 1988 waren es bereits 1002.[9] Offensichtlich für die späteren Zeit spricht Krause selber von 1200 Offizieren.[10]

Gegliedert war die Verwaltung Aufklärung in Verwaltungen, Abteilungen und Unterabteilungen:

    I. Verwaltung = Agenturaufklärung
    II. Verwaltung = Strategische Aufklärung
    III. Verwaltung = Truppenaufklärung
    IV. Verwaltung = Rückwärtige Dienste

Angeblich umfaßte die I. Verwaltung bis zu 180 Hauptamtliche, deren Spione »AM« (»agenturische Mitarbeiter«) genannt wurden. Während der letzten Jahre der DDR besaß die VA in der Bundesrepublik 93 Helfershelfer, davon waren 31 »Quellen«. Geplant war, bis 1995 diese Zahlen durchweg mehr als zu verdoppeln.[11] In diesem Bereich gab es auch eine illegale Residentur (im Sinne eines illegalen Stützpunktes) in Brüssel, eine weitere war für Paris geplant. Die II. Verwaltung ging sehr häufig unter diplomatischem Deckmantel vor; hier waren die in 43 Ländern stationierten DDR-Militärattachés angebunden, wobei derjenige in der Schweiz besonders erfolgreich in der »Abschöpfung« seiner Gesprächspartner war. Bei der III. Verwaltung traten besonders die Abteilungen 10 (»Oberste Führungsorgane der BRD«) sowie 8 (»Oberste Führungsorgane der NATO«) hervor. Dazu gehörte aber gerade auch das Funkaufklärungsregiment »Hans Jahn« der Nationalen Volksarmee (NVA) in Dessau mit seinen rund 900 Soldaten, das indes nicht konspirativ, sondern rein militärisch vorging. Ihr Aufklärungsstreifen reichte bis Skagen, Ostende und bis weit in die Schweiz!

Das nachrichtendienstliche Abc, aber auch das Fallschirmspringen lernten die Offiziere und Soldaten der

Verwaltung Aufklärung in Klietz am Rande eines Truppenübungsplatzes. Wenn Ex-General Krause heute das »bittere Fazit« zieht, »daß man uns jetzt als Nachrichtendienst verunglimpfen will, ist der Preis, den wir an den Sieger zu zahlen haben«[12] – so sollte er sich besser an die Tatsachen halten und an seine eigenen Worte noch nach der Wende erinnern!

Hauptabteilung I des MfS

Der dritte DDR-Spionagedienst bestand in Form der Hauptabteilung (HA) I des Ministeriums für Staatssicherheit und war in dessen Zentrale eingebaut. Ihre Leitung lag zuletzt in Händen von Generalleutnant Manfred Dietze und seinem Stellvertreter, Generalmajor Manfred Dietel.

Mit ihren bei den DDR-Grenztruppen eingesetzten »Operativ-Gruppen Aufklärung« war sie, wie ein bereits 1972 erlassener Befehl von Minister Mielke und die von ihm am 4. Juli 1982 ergänzende Dienstanweisung Nr. 10/81 unter 1) 3) besagten, für die »politisch-operative Aufklärung« im »Grenzvorfeld der BRD« zuständig. Darunter wurde viele Jahre der 50-Kilometer-Streifen westlich der innerdeutschen Demarkationslinie bzw. das gesamte West-Berlin verstanden, bis im Mai 1982 eine Durchführungsbestimmung diese Spionage »bis zu einer Tiefe von 30 km« festlegte. Diese Gruppen, deren hauptamtliche Mitarbeiter eine Personenstärke von 277 hatten, erkundeten unter Einsatz nachrichtendienstlicher Mittel und Methoden die allgemeine Lage im westdeutschen Grenzgebiet sowie speziell die dort befindlichen Einheiten und Einrichtungen von NATO-Verbänden, der Bundeswehr sowie des Bundesgrenzschutzes, der Bayerischen Grenzpolizei und des Zolls. Ebenfalls waren diese Operativ-Gruppen für Schleusungen von Personen (durchweg Agenten) und Material aus dem und in das Bundesgebiet verantwortlich.

Auch die HA I arbeitete mit »Kundschaftern« auf westdeutscher Seite. Unter den vom MfS aufgestellten »Ausgewählten Merkmalen des Anforderungsbildes« für einen solchen »Grenz-IM« wurde besonders die »Bereitschaft zum Einsatz der ganzen Person, auch unter Inkaufnahme körperlicher Schädigungen oder Verlust des Lebens«[13] vorausgesetzt. Herbst 1989 belief sich die Zahl ihrer wichtigen »Quellen« auf zwölf, ihrer sogenannten Marschaufklärer auf 76 sowie auf sechs Angehörige des bundesdeutschen Grenzzolls, die als »Kontaktperson« registriert waren (also ergiebig »abgeschöpft«, d. h. ausgefragt werden konnten). Vorgesehen für die nächste Zeit war der Einsatz weiterer 336 Helfershelfer, davon 70 »Kundschafter«.[14]

Zum wechselseitigen Nachrichtenaustausch setzte die HA I oftmals Infrarot-Lichtsprechgeräte ein, die sich allerdings nur für einen Nahbereich bis zu vier Kilometern eigneten. Das Teleobjektiv mit Fadenkreuz wurde auf einen bestimmten Punkt gerichtet, an dem sich jenseits der jeweiligen Demarkationslinie der Kontrahent befand. Die Wirkung des auf Infrarot-Basis arbeitenden Gerätes bestand darin, daß die beim Sprechen der ersteren Seite sich bildenden Schallwellen von Lichtstrahlen durch das Empfangsgerät der anderen Seite aufgenommen und wieder hörbar gemacht wurden.

Die Hauptabteilung I des MfS hatte allerdings eine Doppelfunktion insofern, als sie zugleich für die Sicherheit der Verwaltung Aufklärung zuständig war. Im Rahmen ihrer Kontrollfunktion verpflichtete sie während der letzten Jahre der DDR immer mehr Mitarbeiter der VA zusätzlich als eigene IM! Diese internen Spitzel-Berichte – die heute bundesdeutschen Stellen vorliegen – kritisierten etwa, daß ein Offizier einen betrunkenen Fahrer gedeckt, oder meldeten gar, daß ein Teilnehmer einer Besprechung sich schriftlich Notizen gemacht hatte. Wenn Generalleutnant Krause jetzt behauptet, »im Grunde sind wir doch auch Opfer« der Staatssicherheit, und man liest, seine »Antipathie gegenüber der Stasi hat sich nicht erst nach der Wende Bahn gebrochen«[15], so ist zwar zutref-

fend, daß die HA I auch auf ihn einen IM angesetzt hatte –,
nach den Akten des MfS er jedoch selber ein solcher Spitzel war . . .

Weitere MfS-Hauptabteilungen

Nahezu unbekannt scheint bei bundesdeutschen Nachrichtendiensten bis zur Wende allerdings die Tatsache gewesen zu sein, daß auch andere Hauptabteilungen des Ministeriums für Staatssicherheit in der Bundesrepublik
Deutschland verschiedenen Spionage-Aktivitäten nachgingen. Es handelte sich dabei einmal um die HA II (Spionageabwehr), welche nach der Devise »Der Angriff ist die
beste Verteidigung« operativ gegen die westlichen Sicherheitsstellen arbeitete, aber auch bundesdeutsche Journalisten in ihre Dienste stellte. Die HA III (Beobachtung, Er-
mittlung) führte Observationen für alle Bereiche des MfS
durch – auch westlich der Zonengrenze; ebenfalls war sie
für Einbrüche und Liquidierungen verantwortlich.

Selbst die Hauptabteilungen XVIII (Schutz der DDR-
Wirtschaft) und XXII (Terrorabwehr) betrieben »Aufklärung« im Westen Deutschlands. Nicht zuletzt bemühte sich
die HA XX (Bekämpfung des politischen Untergrundes in
der DDR), regime-kritische Gruppierungen in der Bundesrepublik auszukundschaften.

So glaubt man im Kölner Bundesamt für Verfassungsschutz (BfV), daß in der Zentrale des MfS in Ost-Berlin
allein 9100 und zusammen mit den Bezirksverwaltungen in
der DDR insgesamt etwa 10500 Hauptamtliche gegen den
Westteil Deutschlands eingesetzt waren.[16]

Die Zielrichtungen der Spionage

Zur Frage des Gegenstands und des Inhalts der »Kundschafter«-Tätigkeit Ost-Berlins hieß es in einer geheimen Dienstanweisung der Hauptverwaltung Aufklärung u. a.:

> »Es ist alles zu erkunden, was bei dem Gegner vor sich geht . . .«

Das Augenmerk der DDR-Dienste galt also nicht nur nachrichtendienstlich interessanten Personen und Objekten im politischen, militärischen oder wirtschaftlichen Bereich, sondern wirklich allem, was Einblick in die Struktur sowie die Lebensweise in Westdeutschland ermöglichte und irgendwann, -wie und -wo einmal nutzbar erschien. Der Bedarf an Informationen jeder Art war nahezu unbegrenzt; selbst Randerkenntnisse oder sogar belanglos erscheinende Meldungen konnten von Bedeutung sein, wenn sie sich in der Summierung zu einem Gesamtbild zusammenfügen ließen.

Aufgrund der bisher ausgewerteten Unterlagen der DDR-Spionage ist die Gewichtung ihrer Tätigkeit in den einzelnen Zielbereichen in folgender Weise erkennbar:

> Die Spionage gegen den Regierungs- und Verwaltungsapparat der damaligen Bundesrepublik machte 38 Prozent der Aufträge aus. Davon richtete sich knapp die Hälfte gegen die westdeutschen Sicherheitsbehörden.
> Auf die Militärspionage – einschließlich gegen das Bundesministerium der Verteidigung – bezogen sich rund 30 v. H. der Aufträge.
> Die Wirtschaftsspionage, darunter auch gerade gegen die Rüstungsindustrie, belief sich auf 16 Prozent.
> Die Spionage gegen Parteien, Verbände, die Presse und die Kirchen betrug ebenfalls 16 Prozent.[17]

Politische Spionage

Diese »Aufklärung« betraf die Ausforschung aller politischen Entscheidungszentren der Bundesrepublik Deutschland. Nach wie vor hatten die Ministerien des Bundes und der Länder, aber ebenso Bundestagsabgeordnete und ihre Assistenten, einen hohen Stellenwert in der Spionage Ost-Berlins.

In zunehmendem Maße richtete sich die Ausspähung gegen alle Gruppierungen im Westen, die für Menschenrechte und Freiheit in der DDR eintraten. Typisch dafür ist eine Konzeption der MfS-Bezirksverwaltung Neubrandenburg, die – gewiß nicht ohne Anweisung der Zentrale in Berlin – einen »Kampf aller operativen Diensteinheiten gegen Feindorganisationen wie ›Internationale Gesellschaft für Menschenrechte‹ (IGfM), ›Verein Hilferufe von drüben‹ und ›Arbeitsgemeinschaft 13. August e. V.‹« forderte.[18] Noch 1989 wurden IM aus der DDR in den Westen geschleust, um die Gruppen auszuspähen und zu unterwandern. Nach heutigen Erkenntnissen dürften auf sie schätzungsweise vielleicht rund 200 Helfershelfer des MfS angesetzt worden sein.

Militärspionage

Von 1983/84 bis Ende 1989 konnte der Militärische Abschirmdienst (MAD) in der Bundeswehr rund 1500 Anwerbungsversuche der DDR-Spionagedienste feststellen. 1988, als dem letzten vollständigen Jahr des Regimes, richteten sich bei der »Aufklärung« seitens der HVA und der VA gegen die westdeutschen Streitkräfte rund 55 Prozent der bekannt gewordenen Aufträge auf deren Ausrüstung und Stärke, ca. 24 v. H. auf Mobilmachungspläne und Alarmwesen sowie 13 Prozent auf Personen-Abklärung.[19] In einem streng geheimen Papier von einer Sitzung der Leiter der militärischen Nachrichtendienste des Sowjetblocks hielten diese »es für erforderlich, die Hauptanstrengungen der militärischen Aufklärung auf die Lösung folgender Hauptaufgaben zu richten«:

>»Rechtzeitige Beschaffung von Angaben über die wichtigsten politischen Entscheidungen und die strategischen Pläne der USA und der NATO gegenüber den Staaten des Warschauer Vertrages.
Frühzeitige Warnung vor der unmittelbaren Vorbereitung der USA und der NATO gegen die Staaten der sozialistischen Gemeinschaft, besonders vor der Vorbereitung auf die überraschende Entfesselung eines Kernwaffenkrieges.
Systematische Beschaffung militärtechnischer Informationen über den Zustand und die Entwicklung von Waffensystemen in den USA und anderen NATO-Ländern, um auszuschließen, daß sie einen militärischen Überraschungsschlag erzielen«.[20]

Bei diesem – völlig unzutreffenden – Weltbild galten für die Abteilung IV der HVA in den Vereinigten Staaten von Amerika als besonders aufklärungsbedürftig Kernwaffen, Laserstrahlwaffen, biologische und chemische Waffen sowie gerade auch Nervenkampfstoffe.

Zu dieser Militärspionage ist im weiteren Sinne ebenfalls das von der HVA, Abteilung II, bereits am 17. August 1981 erstellte »Konzept für politisch-aktive Maßnahmen zur Förderung der Friedensbewegung in der BRD«[21] zu rechnen; es war darauf gerichtet, »den nachrichtendienstlichen Einfluß auf die sich in der BRD entwickelnde Friedensbewegung zu erhöhen, diese zu stimulieren und zu stärken«. Unter Punkt 3.1. wurde dazu ausgeführt:

>»Die operativen Maßnahmen innerhalb der Friedensbewegung sind selbst für die Informationsbeschaffung zu nutzen, zum Beispiel Pläne und Vorhaben der Gegenkräfte, Erkenntnisse der Friedensforschungseinrichtungen, Erkundung militärischer Anlagen unter

dem Deckmantel örtlicher Antiraketenbewegung und anderes . . .«

Zugleich hieß es: »Durch die IM sind Hinweise für ansprechbare Personen zu erarbeiten. Die Erfassung und Bearbeitung von Führungspersönlichkeiten, welche über ein größeres Wirkungsfeld verfügen, erfolgt unter folgenden Gesichtspunkten: ihre mögliche Werbung als IM, ihre Steuerung als KP* zur aktiven Einflußnahme, ihre Nutzung als Konsultanten im Rahmen aktiver Maßnahmen . . .« Noch heute halten einstige HVA-Offiziere den von zwei Millionen Westdeutschen unterschriebenen »Krefelder Appell« gegen die NATO-Nachrüstung für einen ihrer größten Erfolge!

Der frühere Bundeswehr-General Gert Bastian gehörte der scheinbar multinationalen Vereinigung »Generäle für Frieden und Abrüstung« an, die von der Abteilung Desinformation der HVA stark beeinflußt wurde. Er hielt auch einmal eine Rede, die wörtlich von dieser entworfen worden war – hat aber wohl nicht von deren tatsächlicher Herkunft gewußt.[22]

Wirtschaftsspionage

Auf die bundesdeutsche Industrie, Wirtschaft und Forschung hatte die Hauptverwaltung Aufklärung sogar vier Abteilungen angesetzt, welche bereits 1971 zu einem Sektor Wissenschaft und Technik (SWT) zusammengefaßt wurden. Seine Hauptaufgabe für 1989 bestand primär in der Einholung der im Westen erreichten wissenschaftlich-technischen Fortschritte, der Erkundung entsprechender Ergebnisse sowie neuer Waffentechniken. Erste Ausspähungsziele waren während der letzten DDR-Jahre die Elektrotechnik, die Mikroelektronik, die Rüstungsindustrie sowie die Industriezweige Maschinenbau, Kernkraft

* KP bedeutet Kontaktperson

und elektronische Datenverarbeitung. Hing doch »die Entwicklung der volkswirtschaftlichen Leistungsfähigkeit der DDR entscheidend«, wie einmal ein früherer Oberst der HVA einräumte, von der Wirtschaftsspionage ab![23]

Eine besondere Art war es, die westlichen Embargobestimmungen nach den Listen der CoCom (»Coordinating Committee for East-West-Trade Policy«) in Paris zu unterlaufen und derartig geschützte Güter von strategischer Bedeutung illegal für die DDR und auch für die UdSSR zu beschaffen. Bei der Lieferung solcher Embargowaren seitens westlicher Firmeninhaber stellten sehr hohe Gewinnspannen keine Seltenheit dar; als Lockmittel wurden ebenfalls gute und langjährige Aussichten im Ost-Geschäft eingesetzt – umgekehrt spielte der Hinweis auf sonst drohendes Ausbleiben der Aufträge aus dem Sowjetblock eine wichtige Rolle. Das Verbringen dieser Güter in den kommunistischen Machtbereich erfolgte durch Fälschungen der Ausfuhrpapiere, im Wege der Täuschung über den Endverbleib, mittels Dreiecksgeschäften zwischen einzelnen Firmen in verschiedenen westeuropäischen Ländern und durch Manipulierung der Geräte selbst. Häufig benutzte Schmuggelwege gingen über die Schweiz, Österreich und Finnland, zumal diese nicht zu den CoCom-Mitgliedstaaten gehören.

Mit Befehl Nr. 2/1987 des MfS-Ministers vom 12. 3. 1987 war hierfür der Stellvertreter des Leiters der HVA und Leiter des SWT, Generalmajor Horst Vogel, zuständig, der zugleich Leiter der entsprechenden Arbeitsgruppe »Embargo« im MfS war. Als sehr aktiv stellte sich bei all diesen Maßnahmen die Abteilung XIV (Elektronik, wissenschaftliche Geräte) der HVA heraus, die klassich-nachrichtendienstlich vorging. Als im Herbst 1988 die DDR immer noch nicht einen eigenen Megabit-Chip herstellte, beschaffte sie ihn im Westen und brachte ihn nach Ost-Berlin. Dort übergab ihn der Leiter des Kombinats Carl Zeiss Jena unter großer Propaganda an Honecker, der es als angebliches Produkt des DDR-Erfindergeistes stolz an Gorbatschow weiterreichte!

Zumeist aber arbeitete man verdeckt und zwar über die, bereits am 1. Oktober 1966 gegründete Organisation »Kommerzielle Koordinierung (Sonderimporte)« mit ihrem Hauptsitz in der Ost-Berliner Wallstraße 17–20. Unter Leitung des Staatssekretärs im DDR-Außenhandelsministerium und gleichzeitigen MfS-Obersts Alexander Schalck-Golodkowski umfaßte sie insgesamt 2060 Mitglieder. Embargoschmuggel war Aufgabe deren Hauptabteilung I unter Manfred Seidel, die auch bald vom MfS-Minister zum »Sicherheitsbereich« erklärt wurde. Koko – wie es im DDR-Geheimdienst-Jargon hieß – zuzurechnen waren primär Ost-Berliner Firmen mit harmlos erscheinenden Namen wie »Industrie- und Handelsvertretungen« oder »Industriebüro« und etwa auch »Exportcontract AG«; diese wiederum hatten Tochterfirmen u. a. in Zürich, in Wien sowie eine Briefkastenfirma in Vaduz. Insgesamt waren es 148 Firmen.

Rein organisatorisch gehörte Koko zum DDR-Außenhandelsministerium, faktisch wurde sie in großem Umfange vom MfS beeinflußt. Unterstellt war sie aber nur Honecker und dem Minister Mittag, nicht hingegen Mielke. Wohl existierte seit September 1983 innerhalb des Staatssicherheitsministeriums eine Sonder-Gruppe Koko (die »BKK«) mit 106 Hauptamtlichen, welche der Sicherung und Aufklärung – also dem Schutz von eigentlichen Koko-Operationen vor westlichen Gegenmaßnahmen – diente, was indes nicht verwechselt werden darf.[24] Die formelle Kontrolle der Koko durch das MfS erfolgte durch 53 Mitarbeiter; andererseits dienten 19 Koko-Hauptamtliche dem Ministerium für Staatssicherheit als »Offiziere im besonderen Einsatz« (OibE) – eine besonders ausgesuchte und verdeckt arbeitende Elite des DDR-Sicherheitssystems.

Mit welchem Erfolg Koko Embargoschmuggel betrieb, kann bisher angesichts der vielen (größtenteils wohl immer noch nicht gesichteten und andererseits auch sehr häufig vernichteten) Unterlagen[25] nur äußerst schwer beurteilt werden. Bekannt ist, daß sie 1989 allein der »Zentralstelle für Forschungsbedarf der DDR« für elf Millionen DM Hochtechnologie beschaffte – praktisch Embargowaren. Schätzungen bundesdeutscher Sicherheitsstellen ergaben, Koko habe jährlich für rund eine Milliarde DM High-Tech aus dem Westen beschafft; nach Angaben Schalcks beliefen sich die Ausgaben dafür auf zwei Milliarden (DDR-)Mark.[26] Als sicher gilt, daß die Mikroelektronik der DDR zu 90 Prozent von der »Kommerziellen Koordinierung« illegal in der Bundesrepublik besorgt wurde. Noch im Herbst 1989 sollte sie – ebenfalls unter Bruch westlicher Ausfuhrverbote – hochtechnologische Ausrüstungen für Prüf- und Meßtechnik heranschaffen, doch kam der Zusammenbruch des eigenen Systems zuvor ...

Abhören westdeutscher Telefongespräche

In einem Vortrag Ende März 1990 hob der Vizepräsident des Bundesamtes für Verfassungsschutz, Peter Frisch, »besonders hervor, auf welchem Wege die DDR-Spionage ihre besten Ergebnisse erzielte: Es war unbestritten eine ganz besonders intensive Fernmeldeaufklärung ... Ich selber habe fassungslos zur Kenntnis genommen, wie viele Gespräche, die ich nur durch Zufall-Fehlschaltungen abhörbar glaubte, von den DDR-Organen wörtlich erfaßt worden sind.«[27]

Die Hauptabteilung III des MfS mit ihrem Zentralobjekt Berlin-Wuhlheide enstand bereits Anfang der 80er Jahre. Unter Leitung von Generalmajor Horst Männchen war sie zuständig für die Kontrolle des grenzüberschreitenden Nachrichtenverkehrs in und aus der DDR sowie in immer stärkerem Maße für die »Aufklärung« des bundesdeutschen Fernmeldesystems. Der Personalbestand dieser Hauptabteilung betrug zeitweilig etwa 4500; davon gehörten zur eigentlichen Arbeit rund 2500 MfS-Hauptamtliche, von denen zwei Drittel zur Funkaufklärung eingesetzt waren.[28] Selbst noch Anfang 1990 umfaßte die HA III 2312 Personen, davon 500 in Berlin-Wuhlheide, 700 in Gosen,

700 in Außenstellen der Zentrale und 400 in Außenstellen der Bezirksverwaltungen.

Anfang der 80er Jahre wurden an der innerdeutschen Demarkationslinie entsprechende Einrichtungen gebaut: Die wichtigsten befanden sich auf dem Hellberg bei Roggendorf in der Nähe von Ratzeburg (Tarnname: »Falke/ Sperber«), bei Molzhausen zwischen Berlin und Hannover (Tarnname: »Lupine«) und auf dem Brocken (Tarnname: »Urian«); ihre Abhörreichweite betrug allgemein 150 bis 200 km. Außerdem wurden in der Lübecker Bucht und vor Kiel unter dem Decknamen »Parabel« Schiffe der NVA-Volksmarine zu gleichen Zwecken eingesetzt. Auf dem Boden der CSSR besaß der DDR-Staatssicherheitsdienst Abhörstationen bei Cerchov und Cheb (Tarnnamen: »Rubin« und »Topas«) sowie bei Bratislava, von wo die Hauptabteilung III sich besonders für Telefongespräche österreichischer Regierungsmitglieder und Poltiker interessierte.[29] Innerhalb der damaligen Bundesrepublik Deutschland hörten fünf Personen bei der Ständigen Vertretung der DDR in der Bonner Godesberger Allee alle offenen bzw. verschlüsselten Funkbotschaften des Bundeskanzleramtes, des AA und besonders auch wohl des Innerdeutschen Bundesministeriums sowie der diplomatischen Vertretungen ab; Gerüchte sonst gutinformierter Kreise wollen wissen, daß daran zeitweilig auch die syrische Botschaft beteiligt gewesen sein soll. Ähnliche Abhöreinrichtungen existierten in der DDR-Handelsvertretung in der Sternwartstraße Düsseldorfs. Zeitweilig gab es einen weiteren Stützpunkt in Köln, der zweifellos gegen die dortigen Sicherheitsbehörden eingesetzt war. Die Existenz dieser Kette solcher Stationen bedeutete, daß bei günstigen atmosphärischen Bedingungen »fast alle Richtfunkstrecken«[30] im Bundesgebiet, bis zum NATO-Hauptquartier in Brüssel und bis nach Tirol erfaßt werden konnten!

Der BfV-Vizepräsident erklärte in einem Referat:»Hier war einer der wenigen Bereiche, in denen die DDR wahrscheinlich absolutes Weltniveau erreicht hatte.«[31] In der Tat waren nahezu grenzenlose Mittel für die technisch hochwertigsten Geräte vorhanden; daß diese zumeist bei geldgierigen westdeutschen Geschäftemachern gekauft worden waren und dann im Wege des Embargoschmuggels nach Ost-Berlin kamen, sollte eigentlich kaum noch überraschen.[32] ·

Die ergiebigste Quelle für die MfS-Fernmeldeaufklärung stellten die Richtfunk- und Autotelefon-Verbindungen dar; dabei war von ausschlaggebender Bedeutung, daß ein Großteil aller Telefonverbindungen in einzelnen Abschnitten über – abhörbare – Richtfunkstrecken geführt werden. Vor allem erwies sich die nahezu lückenlose Überwachung der Strecke zwischen West-Berlin und Westdeutschland als möglich; die HA III konnte theoretisch zugleich 450 Telefonleitungen (jede führte zur selben Zeit bis zu 24 Gespräche) abhören – ob es ihr auch praktisch immer vollständig gelang, ist eine andere Frage. Ebenfalls wurden etwa vom Brocken Richtfunkverbindungen erfaßt, die nur innerhalb der Bundesrepublik verliefen, jedoch eine – technisch nicht zu verhindernde – Abstrahlung in Richtung der DDR besaßen. Über solche Verbindungen führte die Deutsche Bundespost nach Bedarf und Leitungsbelastung sogar einen beträchtlichen Teil der Verbindungen zwischen den Räumen Hamburg und München; allein während der täglichen Dienststunden in Köln-Bonn und dem Frankfurter Raum wurden etwa 80 v. H. aller Gespräche über Richtfunk vermittelt und konnten so vom MfS erfaßt werden![33]

Das Prinzip war stets das gleiche: In die Rechner von Großcomputern der Hauptabteilung III waren interessante Fernsprechnummern innerhalb der Bundesrepublik einprogrammiert. Wurde eine solche Telefonnummer über Richtfunk angewählt, setzte die – mit Spezialantennen aufgefangenen – Wählimpulse innerhalb von zehn Sekunden automatisch Tonbandgeräte in Gang; das Gespräch wurde aufgenommen und konnte jederzeit ausgewertet werden. Wirklich: Eine technische Meisterleistung! Etwa 25 000 (nach anderer Version 40 000) westdeutsche Telefonanschlüsse befanden sich unter ständiger »Zielkontrolle«.[34]

Ein jeweiliger »Zielkontrollauftrag« – »Streng geheim!« – ließ eine Zielkontrollkarte anlegen, auf welcher die HA III interessierenden Verbindungen des Teilnehmers notiert waren. Bei besonders wichtigen Personen wollte man ebenfalls, wie es wörtlich hieß, »alle Angaben aus dem privaten Bereich« wissen. Der Hinweis »BWK 3« auf einem solchen Bogen bedeutete »Wörtliche Abschrift des gesamten Gesprächs. Übermittlung auf dem Postweg«. Jährlich waren es vielleicht 100000 Teilnehmer, die stichprobenartig abgehört wurden. 1988 erfaßte die Hauptabteilung III circa 650000 Einzelmeldungen und übergab sie der Auswertung des MfS; während all der Jahre dürften es insgesamt schätzungsweise 500000 Anschlüsse – die meisten allerdings nur vorübergehend – gewesen sein. Über die Hälfte der Abhör-Aufträge kam von der Hauptverwaltung Aufklärung. Ebenfalls gingen Abhör-Protokolle an das KGB.

Die HA III zapfte einmal die Autotelefonanschlüsse aller wichtigen Persönlichkeiten aus Politik, Bundeswehr und Wirtschaft an. Zwar sind diese durch sogenannte »Sprach-Verschleierer« geschützt; sofern es sich dabei um einfachere Modelle handelte, konnten sie mit Hilfe (ebenfalls aus dem Westen stammender) »Sprach-Entschleierer« mühelos geknackt werden. Im Visier stand das Bundeskanzleramt genauso wie die Ministerien im Bund und in den Ländern. Allgemein aber wußten sich die Spitzen der bundesdeutschen Behörden durch das Elcofax-Zerhackersystem zu schützen, welches ein Abhören unmöglich macht; das setzt allerdings voraus, daß die Verschlüsselungsgeräte auch tatsächlich verwendet wurden – was absolut nicht immer erfolgte! Innerhalb Bonns werden die wichtigsten Telefonanschlüsse des Kanzleramtes und der Bundesministerien über Glasfaser-Kabel (»digital«) abgewickelt. Wie in Kreisen von Angehörigen des einstigen MfS heute kolportiert wird, soll auch die seinerzeitige Barschel-Pfeiffer-Affäre in Ost-Berlin überaus schnell und ebenso vollständig aufgenommen worden sein. Der C-3-Funkverkehr, der in der Bundesrepublik als abhörsicher galt, konnte durchaus geknackt werden. Zwar behauptete die Bundespost, die seit 1988 eingesetzte neue Glasfaserverbindung nach West-Berlin sei abhörsicher, doch war das absolut nicht der Fall.

Keinen Erfolg hingegen hatte die Hauptabteilung bei ihren Versuchen, in die Dateien der bundesdeutschen Sicherheitsstellen einzudringen: Die Chiffriersysteme Elcrodat, Elcrotel und Elcrovox waren zu widerstandsfähig. Aber: »Bei uns im Bundesamt für Verfassungsschutz wurde zum Beispiel der Privatanschluß jedes dritten Mitarbeiters auf diese Art und Weise kontrolliert. Besonders traf uns auch die Tatsache, daß im Autotelefon-Verkehr die Ortungssignale, die jeder Autotelefon-Apparat an eine Zentrale abgibt, aufgenommen werden konnten. So wußte das Ministerium für Staatssicherheit immer Bescheid, wo sich unsere Observationsgruppen aufhielten. Wir haben jetzt eine Erklärung für das Scheitern so mancher Observation.«[35] So war in einem Falle ein wichtiger DDR-Spion in der Lage, sich noch aus dem bereits fahrenden Eisenbahnzug zu retten – im Bundesamt glaubte man vorübergehend, ein Mitglied der Observationsgruppe hätte ihn gewarnt. Genauso erfolglos blieb der Bau eines stets nur nachts und mit vieler Mühe errichteten Erdbunkers an der Zonengrenze, wo häufig »Kundschafter« aus- und eingeschleust worden waren. Ein Experte des Bundeskriminalamtes kommt sogar zu dem Eingeständnis:

> »Die Nachrichtendienste der DDR hatten derart schwere Einbrüche in unsere Spionageabwehr erzielt, daß wir eigentlich nur noch solche Enttarnungen verbuchen konnten, die uns der Zufall oder eine Panne beim Gegner bescherten oder die uns der gegnerische Nachrichtendienst wohlüberlegt zugestanden hat.«[36]

Aus der dementsprechend geringer werdenden Zahl von Ermittlungsverfahren gegen DDR-Agenten meinten nicht wenige Kreise in der Bundesrepublik dann wiederum ein stärkeres Nachlassen der Spionage Ost-Berlins ablesen zu müssen!

Allein in West-Berlin dürften 5000 Telefonanschlüsse abgehört worden sein, in Nordrhein-Westfalen sollen es 2008 gewesen sein. Ziel der Tätigkeit der HA III waren natürlich auch die Parteien sowie die Zeitungsredaktion von »Der Spiegel« und »Stern«.

In den westdeutschen Medien wurde – allerdings viel zu selten – schon vor dem Herbst 1989 darüber berichtet. Direkte Erkenntnisse über das sehr starke Abhören hatten bundesdeutsche Abwehrstellen bereits 1987 durch die Aussagen eines legalen Übersiedlers aus der DDR, der früher in der HA III hauptamtlich tätig war – ein schwerwiegender Fehler seitens Ost-Berlins, einen solchen Geheimnisträger ausreisen zu lassen! Doch auch Westdeutschland nutzte seine Erkenntnisse nicht: Da man an die – viel zu niedrigen – Zahlenangaben des Bundesnachrichtendienstes (BND) glaubte, wurden die Mitteilungen als übertrieben erachtet . . .[37]

Regierung und Bonner Ministerialbürokratie sind damals zwar wiederholt vom Verfassungsschutz gewarnt worden, doch wollte eigentlich niemand diese Gefahren sehen. Man habe zwar vom Abhören gewußt; er habe sich aber nicht vorstellen können, »daß sie buchstäblich alles notiert haben«, erklärte Nordrhein-Westfalens Innenminister Ende August 1990. Bedauerlicherweise waren bundesdeutsche Spitzen von Politik, Militär und Wirtschaft in ihrem zu häufig zu geringen Sicherheitsgefühl und ihrer nur so großen Vertrauensseligkeit allzu oft allzu unvorsichtig. Ob Behauptungen zutreffen, dies gelte auch für die Verteidigungsminister Wörner und Scholz, kann von hier aus nicht mit letzter Bestimmtheit gesagt werden. Bei der Mitarbeiterin des heutigen Bundesfinanzministers Waigel, »Aschi«, hatte die HA III angeblich (bayerische) Sprachschwierigkeiten, während sie beim damaligen Staatssekretär Klaus Kinkel hinter vielem Privatem einen raffinierten Code vermutet haben soll. Bundeskanzler Helmut Kohl war bei seiner Verschwiegenheit die unergiebigste Quelle. Tatsache aber bleibt, das DDR-Ministerium für Staatssicherheit war stets recht gut informiert, was am fernen Rhein telefoniert wurde!

Man interessierte sich »drüben« nicht nur für politische Gespräche, sondern ebenfalls für militärische Probleme und keineswegs zuletzt für alle technisch-wissenschaftlichen Neuerungen: Firmen wie MBB, Siemens, Telefunken, aber ebenfalls das Bundesamt für Wehrtechnik und Beschaffung mit seinen verschiedenen Erprobungsstellen waren von großer Wichtigkeit. Als aufschlußreich erwiesen sich häufig Details der Gesprächspartner aus ihrem Privatleben – primär über ihre finanzielle Situation oder ihre Eheverhältnisse: stellten diese doch vielleicht Ansatzpunkte für etwaige Anwerbungen oder auch Erpressungen dar.

Es gelang der Hauptabteilung III ebenfalls, in die Datenbanken des Bundeskriminalamtes (INPOL) und in das Zentralregister des Kraftfahrtbundesamtes in Flensburg einzudringen: Sie fuhr mit Autotelefonen dicht an die DDR-Grenze, und ihre – aus der Bundesrepublik stammenden – Apparate waren so programmiert, daß auf den westdeutschen Computer-Bildschirmen eine bundesdeutsche Behörde als Anfrager in Erscheinung trat (der dann auch die anfallenden Gebühren in Rechnung gestellt wurden!).

Im Oktober 1989 erhielt das Ministerium für Staatssicherheit 300 Millionen DDR-Mark zur weiteren Modernisierung seiner Abhöranlagen. Selbst noch Anfang 1990 arbeiteten Techniker der HA III an einem Modell »SV«, mit dem die westdeutschen Sicherungen gegen das selektierte Abhören umgangen werden sollten. Erfolg hatten sie ebenfalls, eine Stimm-Erkennung zu ermöglichen! Ebenso gelang es, vor der US-Mission in West-Berlin Computerabstrahlungen abzufangen und lesbar zu machen.[38]

Nach der Wende, bereits am 28. März 1990 wies das Bonner Bundeskabinett die ihr unterstellten Nachrichtendienste an, derartige Protokolle von abgehörten Telefongesprächen, welche inzwischen in westdeutsche Hände gelangt waren, sofort und ohne weitere Auswertung zu vernichten. Der damalige Innenminister Schäuble führte in einem Brief aus:»Ich habe es für unerträglich gehalten, daß durch die Verwendung dieser Dossiers die Privatsphäre der belauschten Personen hätte verletzt werden können.« In seinem Buch schreibt er weiter:»Ich entschied spontan, das Zeug zu vernichten. Wir haben dann ein Gesetz verabschiedet, das Veröffentlichungen aus solch rechtswidrigen Telefonaten unter Strafe stellt.«[39] Zur Begründung wurde erklärt, das Aufnehmen jener Gesprächsbänder verstieße gegen das allgemeine Recht und die Abgehörten seien sämtlich Opfer. Das ist ohne Zweifel zutreffend, Gleiches müßte aber dann in noch größerem Maße für die rund sechs Millionen Akten des Staatssicherheitsdienstes gelten. Als Anfang Mai 1990 die Illustrierte »Quick« mit dem Abdruck derartiger Telefonabhör-Protokolle begann und dabei über Liebesbeziehungen von Politikern – ohne allerdings deren Namen zu nennen – berichtete, forderte Schäuble den Chefredakteur auf, »die Veröffentlichung weiterer Stasi-Protokolle zu unterlassen«, da sie »ein Klima des Mißtrauens und der Verdächtigungen begünstigen« würde.[40] Politisch-moralisch erscheint ein solcher Schritt bedenklich: Im Vergleich zu jedem Staatsbürger verdienen Politiker keinen besonderen Ehrenschutz, sie sollten im Gegenteil Vorbild sein und auch für eigene Fehltritte einstehen müssen. Natürlich möchten sie nachträglich nur sehr ungern mit Erkenntnissen der DDR-Geheimdienste über ihre gemachten Äußerungen und gar aus ihrem Privatleben konfrontiert werden; allzu oft könnten solche Enthüllungen auch überaus peinlich sein. Doch auf diesem Wege die Vergangenheit bewältigen zu wollen, erzeugt einen bitteren Nachgeschmack. Zudem erscheint die Gefahr, daß vielleicht nicht nur in der DDR vor der Vernichtung der Protokolle Duplikate gemacht wurden und diese einmal durchaus Ansätze für Erpressungen darstellen könnten, kaum gebannt. Zumindest ist das Wissen um manche Einzelheiten noch in etlichen Köpfen . . .

Derartige Telefonabhör-Protokolle fanden recht oft weitere Verwendung in der Abteilung X (Desinformation) der Hauptverwaltung Aufklärung. Organisatorisch war diese mit ihren knapp 60 Personen nicht einem Stellvertreter, sondern direkt dem Leiter der Hauptverwaltung Verwaltung unterstellt; dies hob nicht nur ihre besondere Bedeutung hervor, sondern war auch Ausdruck der außenpolitischen Ambitionen der HVA, die wesentlich auf Markus Wolf zurückgingen.[41] Auftrag der Abteilung X war, »Unruhe in die Bundesrepublik zu bringen, Skandale auszulösen und Verdächtigungen zu produzieren«. Und – wie zwei ehemalige Hauptamtliche dieser Abteilung in ihrem Buch einräumen – »da die Vernichtung des Gegners als Hauptziel deklariert« war, heiligte »der Zweck den Einsatz fast aller Mittel«.[42]

So ging es 1975 um ein aufgenommenes Telefongespräch zwischen dem CDU-Vorsitzenden Helmut Kohl und dessen damaligem Generalsekretär Biedenkopf, das diese HVA-Abteilung in ein vermeintliches Abhörprotokoll eines US-Geheimdienstes umfrisierte und dann der Hamburger Illustrierten »Stern« zuspielte; dessen Veröffentlichung erzeugte sehr großes Aufsehen. Ende 1978 wurde ebenso ein abgehörtes Telefonat zwischen dem CSU-Vorsitzenden Franz-Josef Strauß und einem Redakteur vom »Bayernkurier« derartig verfälscht, daß der Eindruck entstehen mußte, Strauß hätte direkt mit dem Verschwinden von Lockheed-Akten zu tun; es wurde ebenfalls an Zeitungen lanciert und beschäftigte lange die Öffentlichkeit. Daß hinter diesen beiden Aktionen ein DDR-Geheimdienst stand, wurde damals »von Fachleuten für unwahrscheinlich gehalten« ...[43]

Daneben gab die Abteilung X seit 1975 fiktive Pressedienste heraus, die im Raume Bonn postalisch aufgegeben und an bestimmte Adressaten verschickt wurden. Mit einer Auflage von jeweils allerdings nur 250 Exemplaren sollten einmal der Eindruck einer Existenz größerer oppositioneller Strömungen gegen die jeweilige Parteiführung vorgetäuscht und andererseits tatsächlich kritische Kreise in ihrer Meinung bestärkt werden. Der Inhalt war stets ein Gemisch aus Fakten, abgehörten Telefongesprächen und schließlich frei erfundenen »Hintergrundinformationen«. Das für CDU-Kreise bestimmte sechsseitige Blatt »Die Mitte« bemühte sich primär, Zwiespalt innerhalb der CDU-CSU zu säen und gegen die Parteivorsitzenden Kohl bzw. Strauß zu agitieren. In ähnlicher Weise behauptete das Blatt »SPD intern«, »Sprachrohr der innerparteilichen Opposition« in der Sozialdemokratischen Partei Deutschlands zu sein. Für FDP-Mitglieder existierten die »X-Informationen«. Hohes Niveau hatte die zumeist elfseitige Schrift »Der Bund«, die mit ihrem Untertitel »strategisch-atlantisch-europäisch-kameradschaftlich« in erster Linie Zweifel an der Bündnistreue der USA und an der Sicherheitspolitik der Bundesrepublik wecken sollte. Als frühere BND-Angehörige 1969 mit der Herausgabe ihres Mitteilungsblattes »Die Nachhut« begannen, bemühte sich die HVA-Abteilung mit ihrem Blatt »Die neue Nachhut« innerhalb des Bundesnachrichtendienstes Mißtrauen zu erzeugen; zum 70. Geburtstag General Reinhard Gehlens veröffentlichte sie sogar eine Sonderausgabe! Gegen die USA polemisierte ein fiktiver »Europa-Dienst«, der besonders an Mitglieder des Europaparlaments versandt wurde.[44] Ob diese Blättchen größeren Einfluß verbuchen konnten, muß allerdings wohl bezweifelt werden.

Gelegentlich erschien auch die »Hausmitteilung – Aktennotiz« (»Vorgang im Axel-Springer-Verlag«). Auf zehn Seiten beinhaltete sie zumeist allgemeinen Klatsch. In einem Fall dürfte der Hauptzweck der Ausgabe gewesen sein, den im Gesamtdeutschen Institut in West-Berlin tätigen Günther Buch – einen sehr integeren und langjährigen Kenner der DDR-Wirklichkeit – als heimlichen Informanten der Springer-Presse zu diffamieren; sollte das Innerdeutsche Bundesministerium ihm Ärger bereiten, würde ihm – so hieß es ebenfalls völlig frei erfunden – »Die Welt« eine gute Position anbieten. Tatsächlich bestand in hohen

Etagen des Ministeriums die Neigung, der Fälschung Glauben zu schenken!

Ende 1977 wurden überdies »Protokolle« über Verhöre des zuvor von der RAF ermordeten Hanns-Martin Schleyer verbreitet; sie beschuldigten bundesdeutsche Politiker indirekt, seine Befreiung aus der bloßen Sorge unterlassen zu haben, er könnte interne Kenntnisse offenbaren.

Die Totalfälschung eines sehr kritischen Fernschreibens, das vermeintlich von der deutschen Botschaft in Ghana an das Auswärtige Amt in Bonn gesandt worden war, führte – wie von der Abteilung X beabsichtigt – sogar zum zeitweiligen Abbruch der diplomatischen Beziehungen mit der Bundesrepublik Deutschland![45] Mit der Absicht, den damaligen Bundesfinanzminister Gerhard Stoltenberg zu diskreditieren und letztlich zu stürzen, stellte die Abteilung X kurz vor den Landtagswahlen in Schleswig-Holstein im April 1988 einen fingierten »Brief des CDU-Ministerpräsidenten Uwe Barschel« her und bezichtigte Stoltenberg darin der Mitwirkung und Mitwisserschaft an Barschels Bestellung eines Detektivs gegen den SPD-Spitzenkandidaten Björn Engholm:

> ». . . Auch jetzt bin ich noch durchaus bereit, die Alleinschuld auf mich zu laden. Voraussetzung ist allerdings, daß meine während unseres letzten Gesprächs geäußerte Erwartung nach Existenzsicherung erfolgt ist . . . Was hindert Sie selbst, Ihren Anteil an den Verstrickungen dadurch honorig aus der Welt zu schaffen? Sehen Sie nicht die Gefahren, die auch Ihnen durch Ihre Verantwortlichkeit als Landesvorsitzender unweigerlich erwachsen können?«

In vier Exemplaren wurde das Schreiben den westdeutschen Medien zugespielt. Im Gegensatz zur Fernsehsendung »Panorama« und dem Kölner Sprachwissenschaftler Raimund Drommel erkannten bundesdeutsche Sicherheitsbehörden die Fälschung als solche ziemlich schnell: Die gefälschte Unterschrift Barschels war rechts unter den

Text gesetzt worden anstatt wie üblich links, doch fiel dieser Umstand sonst wohl niemandem auf. Daß die Fälschung indes vom DDR-Staatssicherheitsdienst stammte, »hielt man in Kiel und Bonn nicht für möglich.«[46]

Oktober 1986 erschien ein 23seitiges »Diskussionspapier« von »Verantwortungsträgern der CDU«, das sich für die Ablösung von Bundeskanzler Kohl aussprach. Der »Parlamentarisch-Politische Pressedienst« (PPP) lobte dieses »Vordenken der CDU-Politik« und druckte genüßlich das gesamte Papier ab – um sich dann im Januar 1992 als »Opfer der Stasi-Wühlarbeit« zu entschuldigen.[47] Am 12. Juni 1988, unmittelbar vor dem 36. Bundesparteitag der CDU, veröffentlichte »Bild am Sonntag« ein 30 Seiten umfassendes parteiinternes Positionspapier, das erneut massive Kritik an dem Parteivorsitzenden erhob. Es sei, so behauptete das Blatt, »von Mitarbeitern der CDU und der Konrad-Adenauer-Stiftung« erarbeitet worden – tatsächlich war es ebenfalls eine Fälschung des MfS!

Auch das damalige Hin und Her gegen den Bundeswehr-General Günter Kießling war Gegenstand einer weiteren Aktion. Bald danach veröffentlichte die Abteilung X eine hundertseitige Personalliste des MAD mit persönlichen Daten, Gehaltsangaben und Beförderungsambitionen, die – wie erhofft – lange Ermittlungen und Untersuchungen auslöste und in weiterer Folge wenig Zeit und Kräfte für die eigentlichen Aufgaben ließ.

Frühjahr 1992 tauchte eine Flugschrift eines angeblichen ehemaligen MfS-Hauptamtlichen mit dem Decknamen »Frank Einstein« auf; nach seinen Worten gehörte er früher einem »Strategiestab« jenes Ministeriums an, der einen Plan ausgearbeitet habe, »die FDP der BRD durch Perspektivagenten zu unterwandern«. Einer von ihnen sei der Außenminister Hans-Dietrich Genscher gewesen, der »niemals auch nur ein einziges Wort« für die Menschenrechte und das Heimatrecht der Ostdeutschen gefunden und nunmehr »seinen MfS-Auftrag erfüllt« habe.[48] Es wird angenommen, daß der Verfasser in rechtsextremen Kreisen zu suchen ist.

Eine ganz andere Form der angestrebten politischen Einflußnahme bestand darin, westdeutschen Journalisten bestimmte und manipulierte Informationen unter der Legende des – allerdings tatsächlich existierenden – Dokumentationszentrums des Innenministeriums der DDR zuzuspielen. Auch Bernt Engelmann, langjähriger Bundesvorsitzender des Verbandes deutscher Schriftsteller, erhielt auf diesem Wege Unterlagen für ein Buch; nach seinen Worten wußte er damals schon von der Tätigkeit des MfS im Hintergrunde. Der Chefredakteur des »Stern« hat Anfang August 1991 erklärt, bei Informationen sei ihre Richtigkeit entscheidend: »Dann ist es zweitrangig, woher sie kommen.« Doch darf einem Journalisten jede Quelle recht sein – unabhängig davon, welche Ziele und Zwecke diese verfolgt? Um den Schriftsteller Günter Wallraff gab es lange Zeit Gerüchte, auch er habe für das MfS gearbeitet. Am 10. November 1992 entschied die 27. Zivilkammer des Berliner Landgerichts, daß er nicht der IM mit dem Decknamen »Walküre« sei. Der frühere Hauptmann der Abteilung X, Peter Eberlein, hatte seine früheren Aussagen widerrufen. Ob damit auch das letzte Wort gesprochen ist? Zumindest muß man ihnen moralisch vorhalten, daß sie alle in der DDR gerne Belastendes für ihre Kampagnen gegen Bonner Politiker nahmen – »Für den viel größeren Schmutz im Saustall DDR hatten sie kein Auge und keinen Tadel.«[49]

Finanzielle Unterstützung seitens der Abteilung X sollen der »Berliner Extradienst« sowie das Magazin »Konkret« erhalten haben, an deren extrem-linken publizistisch-politischen Wirkungen das MfS offensichtlich interessiert war.

Berichtet wird von einem Plan, an Geheimdiensten der DDR interessierten Publizisten in der Bundesrepublik falsches Material heranzuspielen, um sie und ihre Veröffentlichungen unglaubwürdig zu machen.

Als »Der Spiegel« Anfang 1990 über eine geheime Militärische Organisation (MO) der Deutschen Kommunistischen Partei berichtete, schrieben deren Zeitung sowie das SED-Zentralorgan von einer »publizistischen Stinkbombe« und einem »Irrsinn«. Im Gegensatz zum Landesamt für Verfassungsschutz (LfV) Hessen zeigte selbst das Bundesamt größere Skepsis; sollten die Nachrichten wirklich unwahr sein, daß man in Köln schon 1971 erste (und nicht die letzten) Informationen darüber hatte, sie jedoch nicht glaubte?[50]

Tatsächlich hatte die SED-Führung das alte Prinzip Lenins von der strengen Trennung zwischen einer kommunistischen Partei und einem Geheimdienst – die Existenz der ersteren sollte nicht durch irgendwelche derartigen Enttarnungen gefährdet werden – durchbrochen: Von 1968/1969 bis Anfang 1989 wurden zuverlässige DKP-Mitglieder in Springsee und in Schulzendorf (beide im Raume Frankfurt/Oder) in Drei- bzw. Ein-Monats-Lehrgängen für Sabotage-Einsätze in einem Ernstfall ausgebildet. Rund 300 Kader lernten dort genauso das Schießen an der israelischen Maschinenpistole Uzi, der sowjetischen Kalaschnikow AK 47 und der Panzerfaust RPG wie das Sprengen. Anlaufstellen für die aus der Bundesrepublik Angereisten befanden sich in Ost-Berlin besonders in der Rathausgasse 13 und der Karl-Marx-Allee 20 (dritte Etage); für Notfälle war der Schalter 9 im ersten Stock des internationalen Reisebüros vorgesehen, wo dann das Kennwort »Ich möchte Rolf sprechen!« lautete.

Grund zur Auflösung der MO dürfte die Befürchtung gewesen sein, bei einem Bekanntwerden dieser Aktivitäten werde die DDR schweren politischen Schaden erleiden. Befand sich die politische Verantwortung doch direkt beim Zentralkomitee der SED! Die Ausbildung der Organisation oblag der Nationalen Volksarmee, die auch den Kadern ihre Uniformen zur Verfügung stellte, während das MfS für die Absicherung und sonstige Unterstützung auf dem Gebiet der DDR zuständig war. Die Verantwortlichen im DKP-Vorstand in Düsseldorf sollen Uwe Eichholz, Horst Krämer und Uve Merz gewesen sein, wenngleich diese – erwartungsgemäß – alles ableugnen. Unbestritten dürfte es sein, daß der eigentliche Leiter der MO der 1919 geborene Harry Schmitt (Deckname: »Ralph Forster«) war, der 1936 in Spaniens Bürgerkrieg an der Seite des späteren DDR-Verteidigungsministers Heinz Hoffmann kämpfte und nach dem Verbot der KPD, 1956, deren illegalem ZK angehörte. Im Herbst 1987 wechselte er von Frankfurt/Main nach Ost-Berlin, wo er am 17. Juli 1991 festgenommen wurde.

Gegen die Genannten und andere ehemalige Angehörige der Militärischen Organisation ist seit Ende 1989 bei der Staatsanwaltschaft Frankfurt/Main unter dem Aktenzeichen 50 Js 585 94.7/89 ein Ermittlungsverfahren wegen Verdachts der Agententätigkeit zu Sabotagezwecken anhängig. Dazu zählt auch das DKP-Mitglied Axel Brück (Deckname: »Heinrik Fengler«); für die Verbeamtung des Postangestellten aus Gießen hatten sich jahrelang etliche »Komitees gegen Berufsverbote« und gerade der SPD-Bundestagsabgeordnete Peter Paterna eingesetzt.

Angeblich wurden für die MO in heimlichen Gelddepots in Westdeutschland rund 168000 DM versteckt . . .

Unterstützung des Terrorismus

Daß das DDR-Ministerium für Staatssicherheit entgegen einer immer noch weitverbreiteten Ansicht nicht mit einem Geheimdienst westeuropäischer Art verglichen werden kann, beweist besonders seine Unterstützung der westdeutschen und palästinensischen Terroristen. Offiziell verurteilte Ost-Berlin den Terrorismus als »abenteuerlich« und »kleinbürgerlichen Revolutionismus«, als »linke Hand des Kapitals« und »Produkt der Bourgeoisie«; noch Anfang April 1979 versicherte MfS-General Gerhard Neiber auf einer Beratung der »sozialistischen Bruderorgane« in

Prag, »alles zu vermeiden, was vom Gegner zum Anlaß genommen werden könnte, die DDR zu beschuldigen, sie würde offiziell derartige vom Terrorismus Verdächtige begünstigen« und sprach sich sogar für Einreisesperren gegen diese aus.[51] In Wahrheit hieß die DDR-Führung selbst diese Möglichkeit willkommen, um den »Klassenfeind« im Westen Deutschlands zu schädigen und damit zu destabilisieren. Ein weiteres Motiv für das MfS, welches ebenfalls unter dem Schock über das Attentat auf die olympischen Spiele in München stand, war gewiß, über die Terrorszene informiert sein zu wollen und zudem die RAF-Kommandoebene in die »Aufklärung« einzuspannen.

Bereits im Februar 1982 hatte der damalige Leiter der Abteilung Staatsschutz im Bundeskriminalamt (BKA), Gerhard Boeden, im Zusammenhang mit dem Anschlag auf US-General Frederick Kroesen darauf hingewiesen, daß jene sowjetische Panzerfaust vom Typ RPG 7 nur durch eine Hilfeleistung östlicher Geheimdienste verwendet werden konnte.[52] Damals aber erntete er lediglich öffentliches Gelächter und politischen Rüffel – weil nach dem in jener Zeit allzu verbreiteten Zeitgeist im Westen Deutschlands über den Ostblock einfach nicht sein konnte, was nicht sein durfte . . .

Es gab in diesen Jahren insgesamt 3000 Hinweise auf Aufenthaltsorte der Terroristen, lediglich fünf von ihnen bezogen sich auf das Gebiet der DDR, und das auch nur auf drei Personen. So erkannte Mitte Juni 1985 ein Übersiedler vor einer Polizeistation bei Stuttgart auf einem Fahndungsplakat zweifelsfrei die gesuchte Silke Maier-Witt wieder, mit der er eine medizinische Fachschule in Erfurt besucht hätte; der Bundesnachrichtendienst, der sie aufspüren sollte, konnte nach einem halben Jahr keine Erkenntnisse melden. Bald wurde die Terroristin aus Thüringen abgezogen, nachdem dem MfS – auf welche Weise? – der Hinweis auf sie bekannt geworden war. Anfang November 1986 sagte ein ausgereister DDR-Bewohner vor dem Kriminalpolizeiamt Saarbrücken aus, Suzanne Albrecht sei wahrscheinlich mit der Maschinenbau-Studentin

Ingrid Becker in Köthen identisch. Inge Viett, ihre Arbeitsstelle in Dresden und ihr neuer Name »Eva-Maria Sommer« wurden ebenfalls in der Bundesrepublik bekannt; doch selbst hierbei konnte der BND keine weiteren Tatsachen ermitteln. Man mag heutzutage nicht zu Unrecht die Versäumnisse anprangern – doch hätten bei einer erfolgten Aufdeckung viele der jetzigen Kritiker damals nicht einen »Rückfall in den Kalten Krieg« beklagt? Selbst ein Heribert Hellenbroich, einst der Präsident des BfV und dann des BND, sah noch Ende März 1991 eine Kooperation zwischen den RAF-Terroristen und dem MfS als »reichlich abenteuerlich« an.[53] Der einstige Geheimdienst-Koordinator an der US-Botschaft in Bonn, George A. Carver, hingegen behauptet, zu seiner Amtszeit seien er und die bundesdeutschen Behörden aufgrund der Hinweise durchaus zu der Schlußfolgerung gekommen, die Terroristen hielten sich in der DDR auf: »Carver wies auch darauf hin, daß einzelne Mitglieder der damaligen sozialliberalen Regierungskoalition die Möglichkeit einer MfS-RAF-Zusammenarbeit – aus ideologischen Gründen und um die Ostpolitik nicht zu gefährden – geleugnet hätten. Aus den gleichen Motiven hätte es nach Carvers Einschätzung für die damalige Regierung auch Sinn gemacht, den Aufenthalt von RAF-Mitgliedern im Osten wissentlich zu ignorieren. Um den Erfolg der Ostpolitik nicht zu gefährden, habe man möglicherweise in Kauf genommen, daß sich ehemalige RAF-Leute im Osten zur Ruhe setzten.«[54] Der damalige Regierungssprecher Klaus Bölling wiederum äußerte, er habe erst nach der Wende davon mit »ganz großem Staunen« erfahren.[55]

Tatsache ist, daß der erste Kontakt zwischen aktiven westdeutschen Terroristen und dem MfS bereits Mitte Juni 1978 entstand, als Inge Viett via CSSR in die DDR einreiste und zunächst an der Grenze festgehalten worden war, ihr dann aber die Weiterreise durch die DDR – unter Mitführung ihrer Waffen! – gestattet wurde. Im September 1980 reiste sie mit vier weiteren RAF-Mitgliedern erneut in die DDR ein, um mit dem MfS über logistische Unterstützung, insbesondere die Lieferung von Waffen und Sprengstoff zu verhandeln. Angeblich wurde bei diesem Treffen von dessen Vertretern gefordert, keinerlei Reisen mehr in die Bundesrepublik zu unternehmen und insbesondere nicht vom Territorium der DDR aus operativ tätig zu werden. Immerhin konnten die RAF-Kader praktisch jederzeit in die DDR einreisen, auch nach begangenen Anschlägen im Westen.[56] Sie fanden im »ersten Arbeiter- und Bauernstaat auf deutschem Boden« nunmehr jene gesicherte Existenz, die sie selber in einem verrückten Glauben an eine bessere Welt im demokratischen Europa mit Bomben und Maschinenpistolen hatten vernichten wollen. Eigentlich war nach ihrem Selbstverständnis die DDR keine echte Alternative zum »Kapitalismus«, doch wie groß muß ihr Haß gegen die westdeutsche Demokratie gewesen sein – sie, die vorgaben, für Menschenrecht kämpfen zu wollen! Ost-Berlin seinerseits nahm gerne das Geld der »Kapitalisten« für seine marode Wirtschaft, um andererseits jenen Verbrechern Unterschlupf zu gewähren, die sich den Mord an eben diesen »Kapitalisten« zum Ziel gesetzt hatten.

Die DDR-Staatssicherheit versorgte die Terroristen mit neuen Identitäten und entsprechenden Ausweispapieren, mit »Eingliederungs-Beihilfen« zwischen 10 000 und 15 000 DDR-Mark pro Person, mit Arbeitsplätzen und Wohnungen: Silke Maier-Witt hieß nunmehr »Angelika Gerlach« und war anfangs Hilfsschwester in einem Krankenhaus, um dann als Krankenpflegerin ausgebildet zu werden. Danach hatte sie in verschiedenen Häusern des MfS in Ost-Berlin zu wohnen, wurde nach ihren Äußerungen gegen ihren Willen zu einer Nasenkorrektur genötigt und tauchte mit dem neuen Namen »Sylvia Angelika Beyer« in den Volkseigenen Betrieben Pharma Neubrandenburgs als Leiterin der Dokumentation wieder auf. Inge Viett lebte zunächst unter »Eva-Maria-Sommer« – ihr Paß wies als Geburtsort das niederländische Harden aus, das es überhaupt nicht gibt! – in Dresden, Prohliser Allee und arbeitete als Reprofotografin. Bald nannte sie sich »Eva Schnell« und sorgte im Magdeburger Schwermaschinenbau-Kombinat »Karl Liebknecht« für die Ferienplätze der 930 Kinder der Belegschaftsmitglieder. Nach der deutschen Währungsunion wollte sie gerne eine Pizzeria eröffnen . . .

Suzanne Albrecht alias »Ingrid Jäger« (geboren »1951 in Madrid«) war in der ersten Zeit technische Assistentin in Cottbus, verschwand sieben Jahre später mit ihrer Familie nach Ost-Berlin und dann 1988 in die Sowjetunion. Verhaftet wurde sie in der Rosenbecker Straße des Ost-Berliner Bezirks Marzahn. Ekkehard Freiherr von Seckendorff-Gudent, Sprößling eines uralten Adelshauses, stieg als »Horst Winter« zum Leiter der Drogenberatung in Frankfurt/Oder auf; seine Frau »Elke« – in Wahrheit Monika Helbing – ging wieder ihrem Beruf als Krankenschwester nach. Unter den Personalien »Ulrike Eildberg« war Sigrid Sternebeck in einem Dienstleistungskombinat in Schwedt tätig, hinter ihrem Ehemann »Jürgen« verbarg sich Baptist Ralf Friedrich. Werner Lotze und Christine Dümlein hießen in der DDR »Manfred und Katharina Jansen« und arbeiteten als Schichtleiter bzw. Sekretärin im Senftenberger Synthesewerk Schwarzheide. Henning Beer alias »Dieter Lenz« wohnte in der Traberallee Neubrandenburgs und verdiente seinen 1400-Mark-Monatslohn im Volkseigenen Betrieb Geothermie. Verantwortlich für Abschirmung und Betreuung der westdeutschen Terroristen war die Abteilung 8, Referat 1 mit ihren 40 Bediensteten der späteren Hauptabteilung XXII. Offiziell war diese für Terroristen-Abwehr zuständig und umfaßte unter Leitung von MfS-Obert Harry Dahl in Berlin-Hohenschönhausen, Ferdinand-Schultze-Straße insgesamt 543 Hauptamtliche. Als Gegenleistung für die Unterstützung informierten die RAF-Mitglieder das MfS über Lagepläne in US-Kasernen und deren Kontrollsysteme; dieses wiederum belauschte seine Gäste mit »Wanzen« und Mikrofonen. Bis Mitte der 80er Jahre kam es zu wenigstens 24 geheimen Treffen zwischen den MfS-Vertretern und jenen RAF-Mitgliedern. Im Frühjahr 1981 – so behauptet Frau Viett, andere Terroristen bestreiten diese Zeitangabe – wurden vier RAF-Kader während eines mehrwöchigen Lehrgangs von Spezialisten der HA XXII in einem geheimen Objekt bei Briesen (Brandenburg) im Umgang mit Waffen und Sprengstoff geschult: Neben einer theoretischen Unterweisung, die durchweg im »Forsthaus an der Flut« erfolgte, umfaßte der Lehrgang (Aktion »Stern I«) eine praktische Ausbildung an der sowjetischen Panzerfaust des Typs RPG 7; auf dem Truppenübungsplatz bei Rudnick (in der Nähe von Neuruppin) schoß man auf einen PKW-Mercedes, in dem sich ein Schäferhund und mit Sägespänen gefüllte Puppen befanden. Kurz nach der Ausbildung verübten RAF-Mitglieder einen Anschlag mit einer solchen Panzerfaust auf US-General Kroesen. Seitens des MfS wird heute vorgebracht, nichts von diesem Anschlag gewußt zu haben; für den Generalbundesanwalt hingegen besteht der dringende Tatverdacht, daß Minister Mielke und verschiedene Personen jener Abteilung 8 durch ihre Schulungen vorsätzlich Beihilfe zum Mordanschlag geleistet haben.[57] Ebenfalls fand eine theoretische Ausbildung an der »Lichtschrankenzündung« statt – eine Technik, mit der späterhin im Herbst 1989 der Vorstandssprecher der Deutschen Bank, Alfred Herrhausen, ermordet wurde (ohne daß sich aber die Unterweisung speziell auf ihn bezogen hätte). In den Wochen vor den westdeutschen Bundestagswahlen im Oktober 1980 durften die RAF-Kader nicht die DDR verlassen: Ost-Berlin wollte die – von ihm gewünschte – Wiederwahl von Bundeskanzler Helmut Schmidt nicht durch Terroranschläge gefährdet sehen ...

Bis wann diese Zusammenarbeit bestand, ist bisher nicht eindeutig geklärt: Nach Ansicht des Leiters des LfV Hamburg ging sie »weit über 1984« hinaus; andere Informationen führen zu der Folgerung, daß sie noch bis kurz vor der Wende bestand! Andererseits sprechen für das Jahr 1984 die großen Veränderungen innerhalb der RAF in Westdeutschland und auch die völlig ergebnislos verlaufenen Diskussionen dieser RAF-Gruppe mit den MfS-Vertretern. Die HA XXII suchte damals Kontakte zum legalen Arm der RAF innerhalb der Bundesrepublik und hatte in wenigen Fällen auch Erfolg. Als Christa Fröhlich 1982 in

Rom festgenommen wurde, fand man bei ihr einen westdeutschen und einen österreichischen Paß – der letztere
wies typische Fälschungsmerkmale des MfS auf.

In einem Buch wurde die These aufgestellt, für das Auffliegen der gesamten zweiten RAF-Generation in der Bundesrepublik habe das MfS selber durch gezielte Hinweise
gesorgt; anders sei nicht zu erklären, daß 1982 zwei österreichische Pilzsammler bei Heusenstamm (südlich von
Frankfurt/Main) in der Erde auf ein RAF-Depot mit Waffen und gefälschten Dokumenten gestoßen seien. Nach
Mitteilung des Bundeskriminalamtes handelt es sich aber
tatsächlich um Pilzsammler, von denen keine Beziehungen
zum Ministerium für Staatssicherheit erkennbar sind.[58] Bei
der Verhaftung der RAF-Kader in der DDR Anfang-Mitte
Juni 1990 wurden Suzanne Albrecht, Inge Viett und Silke
Maier-Witt aufgrund von Hinweisen aus der Bevölkerung
festgenommen. Die Enttarnung der anderen erfolgte, wie
das BKA weiter mitteilte, nach Auswertung von MfS-Akten; erleichtert wurde dies durch die Tatsache, daß die angeblichen Geburtsorte stets im Ausland lagen. Nach einer
anderen Version soll der Leiter der Abteilung 8, Oberst
Horst Franz, die gesamten Unterlagen einer bundesdeutschen Dienststelle übergeben und dafür die ausgesetzte
Belohnung in Höhe von 500 000 DM erhalten haben.

Ob das KGB (Komitee für Staatssicherheit – Komitet
Gosudarstwennoj Bezopasnosti) wirklich nicht informiert
war, daß die deutsche Ex-Terroristin Suzanne Albrecht
und ihr Mann zwei Jahre im sowjetischen Atomfor-
schungszentrum Dubna arbeiteten? Zumindest drängt sich
die starke Vermutung auf, daß der Sowjetgeheimdienst
von all diesen Aktionen genau wußte. In diesem Zusammenhang stellt sich dann allerdings sogleich die Anschluß-
frage, ob nicht etwa sogar im Rahmen der Arbeitsteilung
im damaligen Ostblock diese Aufgabe dem MfS vom KGB
zugeschoben worden war ...

Major Norbert Wenzel, der für seine »hohe Einsatzbereitschaft und Umsicht« bei der Aktion »Stern I« eine Prämie von 600 DDR-Mark erhalten hatte, tat nach der

Wende bis Ende 1990 seinen Dienst als Polizeihauptkommissar in Sachsen-Anhalt. Es gab im dortigen Innenministerium konkrete Hinweise auf seine Stasi-Vergangenheit, doch war man ihnen nicht näher nachgegangen! Bei der Festnahme der Verantwortlichen der HA XXII, Ende März 1991, konnte der Oberstleutnant Helmut Voigt entkommen; Anfang September 1992 überraschte die griechische Polizei ihn unter dem Namen »Alfred Hermann« in Zimmer 510 des Athener Hotels »Balasca«. Ausgerechnet seine eigene Frau, die ihn zu seinem 50. Geburtstag besuchen wollte, hatte die Verfolger des Bundeskriminalamtes auf seine Spur geführt . . .

Ihm wird in erster Linie vorgeworfen, 1983 einer Terrorgruppe unter Führung des Venezolaners Ilich Ramirez Sanchez alias »Carlos« Sprengstoff ausgeliefert zu haben, mit dem im August 1983 der Anschlag auf das »Maison de France« in Berlin verübt wurde. Bereits im Januar desselben Jahres stellte er bei einer Durchsuchung des für Mitteleuropa zuständigen Stellvertreters »Carlos'«, Johannes Weinrich, Gepäck in dessen Hotelzimmer sicher und fand dabei Handzeichnungen für jenen Sprengstoffanschlag. Anstatt das Attentat zu verhindern oder doch die französischen Behörden zu warnen, wurde seitens des MfS der beschlagnahmte Sprengstoff wieder ausgehändigt! Bei dem gegenwärtig noch laufenden Gerichtsprozeß bezeichnete der als Zeuge geladene MfS-General Neiber den Vorwurf erwartungsgemäß als »absurd«. Der Staatsanwalt hingegen forderte Ende März in seinem Plädoyer eine Freiheitsstrafe von viereinhalb Jahren wegen Beihilfe zum Mord.

Erst Ende der 70er Jahre, als Ost-Berlin rund 100 libysche Techniker ausbildete, entstand eine Art palästinensische Kolonie in der DDR. Zuständig im MfS für sie wurde bald das Referat 2 der Abteilung 8 der HA XXII. Dessen Ziel war einmal, Unbill von der DDR fernzuhalten, insbesondere jegliche Terroraktionen zu verhindern, und andererseits die politische Interessenlage Ost-Berlins zu gewährleisten. Spätestens im Juli 1984 erfolgten in Kalinchen bei Zossen (»Objekt 74« des MfS) die ersten Ausbildungskurse für Palästinenser. Neben der kompletten Ausbildung an Faust- und Schnellfeuerwaffen, an Sprengmitteln und ebenso im Funkwesen gab es auch Übungen für Raketen- und Geschoßwerfereinsatz.[59] Westeuropäische Experten neigen zu der Ansicht, daß diese Unterweisungen sich letztlich auf Kämpfe gegen Israel bezogen; von Terroranschlägen in Westdeutschland war jedenfalls niemals die Rede. Ebenfalls scheinen militärische Kurse im üblichen Rahmen der DDR-Streitkräfte auf Rügen durchgeführt worden zu sein. Bereits 1979 hatte Minister Mielke sich mit führenden Vertretern einer Palästinenser-Organisation in Ost-Berlin getroffen und – mit Zustimmung Honeckers – erklärt, daß er ihr die gewünschten Mengen an Schiffssprengladungen und Handgranaten liefern würde. Der Vermerk hierüber

> »stammt von der HVA, also aus der Verantwortung Wolfs. Das kann ja auch gar nicht anders sein; es kann ja nicht sein, daß ein Mann wie Wolf, der einen Auslandsnachrichtendienst geleitet hat, von solchen Unternehmungen nichts gewußt hat. Sonst hätte er stören können . . .«[60]

Am 5. April 1986 erfolgte ein Anschlag des Libyschen Volksbüros – sein Sitz befand sich in der Hermann-Duncker-Straße Ost-Berlins – und der Abu-Nidal-Gruppe auf die Diskothek »La Belle«, bei dem drei Menschen getötet und über 200 verletzt wurden. Bereits am 20. März war die Hauptabteilung II über den Plan eines Sprengstoffanschlags in West-Berlin informiert; bis heute ist allerdings nicht eindeutig geklärt, ob das MfS dabei direkt vom Zielobjekt »La Belle« wußte. Vier Tage später wurde im Bereich Mielkes eine schriftliche Information für Honecker zusammengestellt. Als Antwort erfolgt von diesem die Anweisung, nichts dagegen zu unternehmen, die Libyer vielmehr gewähren zu lassen. Zehn Tage nach dem Attentat befahl US-Präsident Ronald Reagan, Tripolis und Bengasi zu bombardieren: Gadhafi sei für den Anschlag verantwortlich, man habe entsprechende Funksprüche der libyschen Botschaft in Ost-Berlin nach Tripolis entschlüsseln können. Letzteres entsprach allerdings wohl nicht der gesamten Wahrheit: Der Libyer Mohammed Ashur dürfte zugleich in Diensten der CIA gestanden haben; am 30. 4. 1986 wurde er jedenfalls erschossen, und als die Hauptabteilung IX (Untersuchungsorgane) des MfS den Hintergründen über den Mord allzu nahe kam, wurde sie von der HA II, Abteilung 15 (Libyen) sehr schnell an weiteren Ermittlungen gehindert . . .

Für die »antifaschistische« DDR war aber auch der Rechts-Terrorismus im Kampf gegen die verhaßte Bundesrepublik nützlich! Zuständig für die Kontakte zu westdeutschen Rechtsterroristen und -extremisten war die Hauptabteilung XXII des Ministeriums für Staatssicherheit mit ihrer Abteilung 1. Odfried Hepp war einer der Aktivisten der »Libanon-Gruppe« der 1980 verbotenen westdeutschen Wehrsportgruppe des Karl-Heinz Hoffmann und war dann 1980/1981 im Nahen Osten durch Palästinenser im Waffen- und Sprengstoffgebrauch ausgebildet worden; allerdings überwarf er sich dort mit seinen bisherigen Gesinnungskameraden, die ihn drei Monate gefangenhielten und mißhandelten. Ein Jahr danach verübte seine Gruppe wenigstens drei Mordanschläge auf US-Soldaten und beging fünf Banküberfälle, bei denen ihr rund 630 000 DM in die Hände fielen. In ihren Erddepots konnten Schußwaffen mit rund 800 Schuß Munition, Geld und gefälschte Ausweise festgestellt werden. Der Jahresbericht 1983 des Bundesamtes für Verfassungsschutz mußte einräumen, die Gruppe zeigte nach dem Vorbild linksextremistischer Terroristen »einen Grad von Konspiration, wie er bisher in der rechtsextremistischen Terrorszene noch nicht festgestellt worden war«.[61] Nach gewisser Zeit fühlte sich Hepp vom Verfassungsschutz »beschattet« und floh in die DDR, wo MfS-General Gerhard Neiber ihn aufnahm: Geplant war, daß er als MfS-Agent fortan die rechte Szene in Westdeutschland beobachten sollte; zunächst aber konnte die Staatssicherheit mit seiner Hilfe ihre 5000 Karteikarten über die bundesdeutschen Rechte vervollständigen. Das schließliche Angebot, in der DDR zu bleiben, schlug Hepp indessen aus und wurde dann Ende Juli 1983 mit dem Paß auf den Namen des westdeutschen Zollbeamten Dieter Kersten – der seine Papiere in der DDR verloren hatte – und einem Bargeldbetrag in Höhe von rund 10 000 DM nach Damaskus geflogen. Von dort hielt er mehrere Jahre Kontakt mit dem MfS in Form von »Treffs« in Budapest. April 1985 verhaftete ihn die französische Polizei in Paris, als er sich einen falschen britischen Paß kaufen wollte – sein alter aus den Händen des MfS war abgelaufen. Nach Verbüßung einer zweijährigen Freiheitsstrafe wurde er 1987 in die Bundesrepublik ausgeliefert, wo man ihn noch im gleichen Oktober wegen Mordversuchs, Sprengstoffanschlägen und mehreren Banküberfällen zu zehneinhalb Jahren Haft verurteilte.

Ein weiterer Fall ist derjenige des westdeutschen Neo-Nazis Udo Albrecht, der sich als »Lebensaufgabe« den Kampf »gegen die zionistische Verschwörung gestellt hatte«. Bereits Ende der 60er Jahre knüpfte er enge Verbindungen zum Sicherheitsbüro der Fatah und stellte die Verbindungen zwischen ihr und der Wehrsportgruppe Hoffmann in der Bundesrepublik her. Angeblich war er ebenfalls an der Entführung und Ermordung des amerikanischen Botschafters in Beirut beteiligt. Offenbar zur Finanzierung seiner Anhängerschaft verübte er in Nordrhein-Westfalen zwischen 1976 und 1979 wiederholt bewaffnete Banküberfälle. Während einer Gerichtsverhandlung gab Albrecht unerwartet zu, bei der deutsch-deutschen Grenze nahe Lauenburg ein Depot angelegt zu haben und bot an, es dem Gericht zu zeigen. Bei dem am 29. Juli 1981 anberaumten Lokaltermin aber flüchtete er – unter den Augen der recht verdutzten Staatsanwälte – über den Grenzstreifen und entschwand durch eine auf »wunderbare« Weise plötzlich spaltbreit geöffnete Stahlgittertür im Grenzzaun, hinter der er von wartenden DDR-Beamten empfangen wurde. Diese hinderten mit vorgehaltenen Waffen die westdeutschen Sicherheitsbeamten an jeglicher weiterer Verfolgung. Aus dem gesamten Ablauf kann nur gefolgert werden, daß sein Fluchtvorhaben mit den Behörden Ost-Berlins – und hier kommt allein das Ministerium für Staatssicherheit in Betracht – vorher abgestimmt war. Auch sein späterer Flug nach Damaskus, der nach vorliegenden Erkenntnissen mit falschen Papieren erfolgte, wurde nicht von ihm finanziert. Angeblich hat er dann Kontakte zur PLO aufgenommen. Sein weiteres Schicksal ist unbekannt geblieben; daraus aber die Schlußfolgerung ziehen zu wollen, er sei kein IM des MfS gewesen, erscheint sehr fragwürdig. Der Deckname »König« jedenfalls wurde ihm in Ost-Berlin gegeben![62] Inzwischen sind weitere Fälle von DDR-Agenten in der Wehrsportgruppe Hoffmann bekannt geworden; darunter befand sich sogar ein Mitglied des Fuhrparks der Gruppe.

Auch der »Sicherheitsbeauftragte der NSDAP/AO« (eine neonazistische Gruppe in den USA, die propagandistisch nach Deutschland arbeitet), Hans-Dieter Lepzien, soll IM gewesen sein; der Ost-Berliner Geheimdienst interessierte sich primär für seine Kenntnisse über die rechtsextremistische »Braunschweiger Gruppe«, welche Sprengstoffanschläge ebenfalls auf DDR-Grenzanlagen geplant hatte.

Ohnehin wurde der so oft gepriesene Antifaschismus der DDR dann unwichtig, wenn Interessen des Staatssicherheitsdienstes tangiert wurden. Der MfS-Hauptabteilung IX (Ermittlungen, Untersuchungen), Abteilung II, unterstand nicht zufällig ein Wohnhaus in der Freienwalder Straße in Berlin-Hohenschönhausen, das zehn Kilometer NS-Akten barg: In den Fällen, in denen es nützlich erschien, setzte man DDR-Einwohner mit ihrer braunen Vergangenheit unter Druck, nunmehr für die rote Gegenwart tätig zu werden. So wurde nach der Wende in jener Kartei etwa der Name und die Adresse eines Westdeutschen entdeckt, der in der Bundesrepublik mit falschen Papieren lebte und daher bisher vergeblich gesucht worden war. In zwei weiteren Fällen hatten die Täter im Zweiten Weltkrieg an Judenerschießungen teilgenommen. Selbst

NS-Massenmörder waren gut genug, für das Ministerium für Staatssicherheit zu arbeiten!

Der SS-Führer Erich Gust, mitverantwortlich am Mord des einstigen KPD-Führers Ernst Thälmann, lebte nach 1945 unter dem Namen »Giese«. Vergeblich fahndeten die bundesdeutschen Strafbehörden nach ihm, Ost-Berlin war sein Verbleib sehr wohl bekannt – doch es schwieg: Der Eigentümer des führenden Lokals im westdeutschen Städtchen Melle, in dem häufig Bonner Prominenz einkehrte, war der Staatssicherheit gewiß als Informant über jene Tischgespräche weitaus wichtiger . . .

Es stellte bestimmt keinen Zufall dar, daß als einziges Land im gesamten Ostblock sich die DDR geweigert hatte, mit der NS-Fahndungsstelle in Ludwigsburg zusammenzuarbeiten.[63]

Mordanschläge im Auftrag des MfS

Während der DDR-Zeiten wurden nach bisherigen Ermittlungen mindestens 47 Männer und Frauen der DDR hingerichtet, weil sie Verbindung zu westlichen Diensten hatten. Von wenigstens acht Hauptamtlichen der DDR-Spionage sind die gefällten Todesurteile bekannt; dazu zählen die Schicksale des VA-Konteradmirals Winfried Zakrzowski und des Hauptmanns Egon Combig in der MfS-Bezirksverwaltung Cottbus. Aber auch Werner Teske von der HVA-Zentrale sowie Gerd Trebeljahr (ein ranghoher Offizier der Abteilung XV der Bezirksverwaltung Potsdam) mußten sterben, obwohl sie nur Kontakt zum Westen aufnehmen wollten; ihre Grabstellen – sofern es sie überhaupt gibt – kennen die Angehörigen bis zum heutigen Tage nicht. Außerdem kamen über hundert inhaftierte »West-Spione« in DDR-Gefängnissen ums Leben; als Ursache wurden zumeist »Selbstmord« oder »ungeklärte Umstände« angegeben. Diese Toten wurden durchweg ohne Zeugen von MfS-Hauptamtlichen in Leipzig verbrannt und eingeäschert; der Verbindungsoffizier des Staatssicherheitsdienstes zum Krematorium soll ein Oberst Kasper gewesen sein.[64]

»Selbstverständlich« ging das MfS in all den Jahren auch gegen in Westdeutschland lebende Personen vor. Zu Recht waren hier Entsetzen und Empörung groß, als im Juni 1992 ein besonders heimtückischer Fall bekannt wurde: Im Dezember 1974 erteilte die Hauptabteilung VIII den Auftrag an Heinrich Schneider (Deckname: »Rennfahrer«), der sich dem MfS selber angeboten hatte und in seinem Heimatort Trebur bei Groß-Gerau allgemein als »Billard-Heinz« beliebt war, und an Josef Tuszynski (»Karate«), der 1983 nach Berlin-Hohenschönhausen verzogen war, das »Objekt Fürst« in West-Berlin ausfindig zu machen. Dahinter verbarg sich der 1972 aus der DDR geflüchtete Siegfried Schulze, der mit seinem wiederholten Aufstellen von Plakaten an der Berliner Mauer auf die Menschenrechtsverletzungen in der DDR hingewiesen, aber auch mehrfach Anschläge auf jenen »antifaschistischen Schutzwall« verübt hatte. Herbst 1973 übersprühte er an einem Sektorenübergang ein dreisprachiges DDR-Grenzschild (»Sie betreten die Hauptstadt der Deutschen Demokratischen Republik«) mit schwarzer Farbe; deshalb verurteilte ihn ein West-Berliner Gericht wegen Sachbeschädigung – so war Justitia damals! – zu einer Geldstrafe von zunächst 600 DM, die nach seinem Einspruch schließlich auf 160 DM herabgesetzt wurde. Einen Monat nach jener Auftragserteilung durch das MfS hatte »Rennfahrer« Kontakt zur Ehefrau des Opfers aufgenommen: Er schlief mit ihr eine Nacht in einem Luxushotel West-Berlins, wobei ihm auch sein eigentliches Ziel gelang, nämlich einen Nachschlüssel zur Haus- und Wohnungstür anzufertigen. Die beiden MfS-Helfer erhielten dann den Befehl, Schulze gegen Zahlung eines Honorars zu »liquidieren«; dazu händigte der Führungsoffizier, Oberstleutnant Hans Kusche, ihnen eine Pistole mit acht Schuß Munition aus. In der Nacht vom 18. Februar 1975 lauerten sie ihm vor seinem Haus in Schöneberg, Kurfürstenstraße, auf, und als der Arglose im Hausflur erschien, versetzte »Karate« ihm einen Handkantenschlag, wobei er »von der Tödlichkeit des Schlages überzeugt war«. Als er wider Erwarten auch nach dem zweiten Schlag noch lebte, schlug »Rennfahrer« mit der Pistole mehrfach gegen seine Schläfe, »um ihn zu töten«.[65] Schließlich steckte er dem Opfer den Pistolenlauf in den Mund und drückte zweimal ab – nur weil zuvor unbemerkt das Magazin aus der Waffe gefallen war, lösten sich die Schüsse nicht. Erst als andere Hausbewohner kamen, gaben sie ihr Vorhaben auf. Dieses Vorgehen ist aber kein bloßer Zufall oder eine Ausnahme: Die »Ausgewählten Merkmale des Anforderungsbildes« des MfS[66] verlangen von einem solchen »IM für besondere Aufgaben« ausdrücklich, »spezielle Kampfaufgaben durchzuführen«, über »Skrupellosigkeit« zu verfügen, den »Willen zur Wahrung der persönlichen Ehre (Ganoven-ehre)« sowie »Kenntnisse krimineller Mittel und Metho-den« zu besitzen und besonders auch die »Fähigkeit und Fertigkeit in dem lautlosen Außergefechtsetzen von Fein-den« zu haben. Selbst für langjährige Kenner des Stasi-Milieus wahrhaft –

> »erschütternd, schwarz auf weiß jede Phase der Tat von der Auftragserteilung über die Planung und die Ausführung bis hin zur Vertuschung nachzulesen. Und das alles in einem nüchternen und sachlichen Be-hördendeutsch.«[67]

Trotz der nicht geglückten Ermordung erhielt »Karate« für seinen Einsatz 10 000 DM Honorar. »Rennfahrer« be-kam für seine gesamte Tätigkeit (die allerdings überwie-gend in Observationen und Personen-Abklärungen be-stand) rund 75 600 DM. Der ganzen Gruppe konnten etwa 500 solcher Aufträge nachgewiesen werden, die von der HA VIII mit über zwei Millionen DM entlohnt wurden! Sommer 1980 sollte auch Julius Lamp'l, Leiter einer Fluchthelfer-Gruppe in Hamburg, durch eine Autobombe ermordet werden (»Operation Parasit«). Sommer 1993 verurteilte das Berliner Kammergericht Schneider zu vier

Jahren und fünf Monaten und seinen unmittelbaren Führungsoffizier, Ex-Oberstleutnant Hans Kusche, zu drei Jahren und fünf Monaten; vom gleichen Gericht erhielt der damals verantwortliche Leiter der HA VIII, Generalmajor Karli Coburger, 21 Monate auf Bewährung – obwohl er direkt in das Vorgehen Schneiders eingeschaltet war. Ob man so die Verbrechen der DDR-Staatssicherheit richtig wertet und sie gerecht wird sühnen können, darf zweifelhaft erscheinen. Der Aufenthalt Schulzes ist niemandem bekannt, selbst seiner Mutter nicht. Ging er in die Fremdenlegion, lebt er in Afrika? Wurde er Opfer eines weiteren – diesmal geglückten – Mordanschlags des MfS?

Oder sollte man im Westen den ermordeten Bernd Moldenhauer vergessen haben? Er, der früher aus politischen Gründen in der DDR inhaftiert war, wollte 1980 Teile der Berliner Mauer sprengen. Am 15. Juli des Jahres wurde er in der Nähe einer Autobahnraststätte bei Bad Hersfeld tot aufgefunden. Aribert Freder gab zu, unter dem Decknamen »Günter Frank« Aufträge der Abteilung XIII des MfS ausgeführt und ihn umgebracht zu haben. Während des späteren Prozessen widerrief er aber sein Geständnis, wobei die ihm während dieser Zeit zugeflossenen 60 000 DM von Ost-Berlin gewiß eine gewichtige Rolle spielten. Noch nach der Wende wurden die Akten Moldenhauer von MfS-Bediensteten an verschiedenen Stellen »verschönt« – ein recht seltener Fall! –, was für Kenner der Materie dennoch leicht erkennbar ist.[68]

Michael Gartenschläger hatte bereits als 17jähriger in der DDR illegal Widerstand geleistet, erhielt deshalb lebenslängliche Haft und konnte allerdings nach zehn Jahren vom Westen freigekauft werden. Bei seinem dritten Bemühen, am innerdeutschen Todeszaun die berüchtigte Selbstschußanlage vom Typ »SM 70« abzumontieren, wurde er in der Nacht zum 1. April 1976 im Grenzabschnitt bei Bröthen in der Nähe von Lübeck regelrecht zusammengeschossen. Die Todesschützen waren extra von einer in Schulzenhof bei Berlin stationierten Sondereinheit der Hauptabteilung I des MfS zu diesem Mord abkommandiert worden; der Befehl kam offensichtlich von dem damaligen Leiter, Generalleutnant Karl Kleinjung. Offenes Geheimnis ist seit langem, daß die Aktion Gartenschlägers verraten war. Durch den einstigen Mithäftling Gerd-Peter Riediger, den das MfS im Zuchthaus Brandenburg zur Mitarbeit »umdrehte«? Oder war er der IM Jochen K. in Hamburg? Oder ein gewisser Udo Albrecht? Die Ansicht, ein allzu offener Funkspruch des Bundesgrenzschutzes Schwarzeneck sei die Ursache gewesen, erscheint eher unzutreffend. Die Staatsanwaltschaft beim Kammergericht Berlin steht gegenwärtig kurz vor dem Abschluß ihrer Ermittlungen.[69]

Am 9. Februar 1982 sollte eine offenbar technisch perfekt hergestellte Briefbombe den Fluchthelfer Kay Mierendorf in Bad Tölz umbringen; er hatte über 100 DDR-Bewohner nach Westdeutschland gebracht. Auch hier deutet vieles auf eine Urheberschaft in Ost-Berlin. Ebenfalls dürfte der erfolgreiche Fluchthelfer Hans Ulrich Lenzlinger in Zürich 1979 von MfS-Abgesandten ermordet worden sein. Fünf Jahre zuvor hatte der DDR-Staatssicherheitsdienst zwei seiner Mitarbeiter gegen eine Zahlung von 5000 Schweizer Franken angeworben.

Auf Werner Weinhold, der bei seiner Flucht zwei DDR-Grenzsoldaten in Notwehr erschoß und deswegen 1978 in der Bundesrepublik zu fünfeinhalb Jahren Haft verurteilt wurde, hatte das MfS eine Kopfprämie von einer Million Mark ausgesetzt. Geplant war, ihn entweder in die DDR zu verschleppen oder durch einen »Unfall« in den österreichischen Gebirgen zu töten oder auch auf dem Heimweg von seiner Arbeitsstelle bei Marl den Bahndamm herunterzustoßen und mit dem Starkstrom eines Hochspannungskabels umzubringen; oftmals waren zur selben Zeit acht IM auf ihn angesetzt – einer war Matthias F., der im MfS-Auftrag als angeblicher Fahnenflüchtiger der DDR-Streitkräfte in den Westen eingeschleust wurde. Die Aktionen gegen ihn wurden vom Staatssicherheitsministerium schließlich aufgegeben, da man sie politisch als zu risikoreich ansah.

Daß auf den Kopf Werner Stillers, des heimlichen Mitarbeiters des BND innerhalb der Hauptverwaltung Aufklärung, nach seinem Übertritt 1979 in die Bundesrepublik ebenfalls eine Million DM gesetzt war und Minister Mielke dafür sogar eine ihm persönlich unterstellte Kommission einsetzte, vermag nicht zu überraschen. Auch DDR-»Kundschafter« in Westdeutschland erhielten mehrfach die Anweisung, seinen Wohnsitz herauszufinden. Nach langjährigem Aufenthalt in den Vereinigten Staaten lebt Stiller heute als Immobilien-Geschäftsmann wieder in Leipzig.

Einen Mord beging nicht zuletzt Major Helmut Scheithauer von der Verwaltung Aufklärung, der in München zwei Studenten aus Nicaragua führte: José Kautz-Coronel (Deckname: »Vergißmeinnicht«) und Julio Torrentes-Avella (Deckname: »Primel«). Um ihren Agentensold in westdeutscher Währung zu beziehen, erschoß er 1962 beide nahe der Autobahn Cottbus–Dresden. Fünf Jahre später verurteilte ihn das Militärobergericht Berlin ebenfalls zum Tode. Die Eltern in Mittelamerika erhielten von Ost-Berlin niemals eine Mitteilung über das Schicksal ihrer Söhne . . .

Nach dem Zusammenbruch der DDR wurden weitere Fälle bekannt, bei denen zumindest Zweifel an einer natürlichen Todesursache bestehen. Ob die Wahrheit jemals aufgeklärt wird und die Mörder ausfindig gemacht werden können, ist oftmals mit einem größeren Fragezeichen zu versehen. Lutz Eigendorf gehörte zur DDR-Nationalmannschaft und spielte bei Dynamo Berlin, dem Fußball-Lieblingsverein Mielkes; März 1979 blieb er im Westen, vier Jahre später fiel er in Braunschweig einem Autounfall zum Opfer – ein Kontaktgift in der Türklinke seines Wagens soll ihn betäubt und fahruntüchtig gemacht haben. Merkwürdig erschienen allerdings schon damals sein hoher Promille-Gehalt bei nur zwei getrunkenen Glas Bier sowie auch mehrere nach seinem Ableben aufgetauchte anonyme Briefe, welche die Staatssicherheit als Mörder bezeichneten. Daß die in der DDR zurückgelassene Ehefrau unter einer Telefonkontrolle des MfS stand – der dieserhalb angeklagte MfS-Oberst wurde im Mai 1992 von einem Berliner Schöffengericht freigesprochen, weil dies nach DDR-Gesetzen nicht strafbar war – hat eigentlich nichts zu bedeuten; nachdenklich macht in diesem Zusammenhang eher die Tatsache, daß der HVA-»Kundschafter« Georg J. das persönliche Umfeld der vergleichsweise nicht so prominenten, damals ebenfalls in die Bundesrepublik geflohenen Fußballspieler Pahl und Nachtweih abzuklären hatte. Auch der Rudertrainer Richard Wecke sollte in die DDR verschleppt werden.

Mysteriös war der Polizei sofort der Tod der 1965 über Jugoslawien und Österreich geflüchteten Sängerin und Schauspielerin Brigitt Petry.

Auf dem Grab 69–71 des alten Friedhofs in Bad Honnef zeigte lange Zeit kein Grabstein und kein Namensschild an, daß hier der Osthändler Horst Bosse beerdigt worden war. Er und sein Fahrer verunglückten am 15. 3. 1972 auf der Autobahn am Boxberg bei Gotha; damals fielen mehrere Merkwürdigkeiten auf, die ungeklärt blieben – wenngleich man inzwischen allgemein an einen wirklichen Verkehrsunfall glaubt. Uwe Harms, Hamburger Vertreter der eng mit dem MfS verbundenen DDR-Spedition Deutrans, wurde im April 1987 in der Wohnung eines Bolivianers erschossen. Auch der spätere Strafprozeß konnte die näheren Umstände nicht aufklären. Trifft es zu, daß er für Ost-Berlin Waffen in Krisengebiete verschiffen sollte? September 1981 erstickte – angeblich – im Leipziger Interhotel »Stadt Leipzig« der bisherige Geschäftsführer der SED-Firma »Interna GmbH« in Essen, Karl-Heinz Nötzel; Zeugen behaupten, er hätte Kenntnisse über große Korruptionsaktionen der DDR-Führung gehabt. Ebenfalls in die DDR beordert worden war sein Nachfolger J. F. Bruns, der am 20. 8. 1982 im Ost-Berliner Hotel »Metropol« starb; kurz zuvor soll er als vermeintlicher »West-Agent« enttarnt worden sein. Merkwürdig sind nicht zuletzt die Todesumstände von Manfred Politzer, Generaldirektor der Firma »Asimex«, sowie von Herbert Rübler, Embargohändler und Leiter der Wiener Firma »Eximpol« . . .[70]

Ob der frühere Ministerpräsident Uwe Barschel am 11. Oktober 1987 im Genfer Hotel »Beau Rivage« eines natürlichen Todes (Selbstmord) starb, wird von Kennern längst verneint. Für Gerüchte, das MfS sei hierfür verantwortlich, gibt es bisher indessen keinerlei Anhaltspunkte. In seiner unmittelbaren Umgebung in der Kieler Staatskanzlei muß sich aber wenigstens ein »Kundschafter« – nach anderer Ansicht waren es sogar zwei – befunden haben, der immer noch unbekannt ist.

Wolfgang Welsch, der 1964 bei einem Fluchtversuch aus der DDR verhaftet, dann sieben Jahre lang im Zuchthaus Brandenburg gequält und nach seiner Entlassung in den Westen ein sehr erfolgreicher Fluchthelfer wurde, sollte 1981 bei seinem Israel-Urlaub von dem Stasi-Helfershelfer Peter Haack mit Thalliumsulfat umgebracht werden. Daß das Opfer das tödliche Gift überlebte, war wirklich ein Wunder! Nach dem Anschlag (»Operation Skorpion«) erhielt Haack in der DDR eine neue Identität; unter dieser zog er nach der Wiedervereinigung Deutschlands in die Nähe von Stuttgart und machte eine Detektei auf. Dennoch konnte man ihn am 24. November 1993, 6.02 Uhr verhaften. Seine Frau und seine zwei kleinen Kinder ahnten bis zu dieser Minute nichts von seinem Doppelleben . . .

Bei westdeutschen Journalisten, die vielleicht sogar jahrzehntelang in ihren Arbeiten das Ministerium für Staatssicherheit attackierten, kam es indessen niemals zu derartigen Drohungen oder gar Überfällen. Was auf den ersten Blick erstaunlich erscheinen muß, hat seine Ursache in der Struktur und Aufgabenstellung der für sie zuständigen Abteilung IX der HVA (Gegnerische Dienste, Gegenspionage): Diese »neigte nicht zu Gewaltaktionen«.[71]

Auch heutzutage, mehr als vier Jahre nach dem Fall der Berliner Mauer, wird die Hauptverwaltung Aufklärung im Westen Deutschlands allzu oft mit den westlichen Maßstäben eines klassischen Nachrichtendienstes gemessen. Ein recht fataler Fehler, der zwangsläufig zu einer völlig falschen Beurteilung führt![72] In seiner Konsequenz bedeutet dies letztlich, daß die politische Öffentlichkeit das wahre Wesen des Ministeriums für Staatssicherheit und den völlig anders gelagerten Charakter auch der HVA noch immer nicht verstanden hat. Eine entscheidende Ursache hierfür dürfte sein, daß man selbst in Sicherheitskreisen die DDR-Geheimdienste nur als bloße Gegner sah – nicht hingegen die DDR als eine umfassende Diktatur.

Oder sollte man in allerdings kaum noch verzeihbarer Naivität den Sprüchen eines Markus Wolf vertraut haben? Wenn er behauptet, sein Bereich hätte nichts mit der Unterdrückung der DDR-Bevölkerung zu tun gehabt, so ist das eine Unwahrheit, und er wird dies auch selber wissen! Schon Stiller schrieb vor Jahren in seinem bekannten Buch, zu seiner Tätigkeit in der HVA gehörte »freilich auch die Feststellung ›innerer‹ Feinde: Laut Befehl hatten wir auch alles, was wir über negative Einstellungen von DDR-Bürgern gegenüber dem Regime erfuhren, unverzüglich an die zuständigen Abwehrdiensteinheit weiterzugeben.«[73] Mußten die HVA-Kader während der MfS-Eignungsprüfung sich nicht zunächst auch in der ganz gewöhnlichen Denunziation von DDR-Bewohnern »bewähren«? Als Stellvertreter von Minister Mielke waren Wolf und später Großmann in die Spitze der Staatssicherheit eingebunden. Er nahm als ständiges Mitglied des Kollegiums des Ministeriums an dessen Beratungen teil und zwar selbst dann, wenn es »nur« Fragen der Bekämpfung der Opposition innerhalb der DDR erörterte. Dabei wurden auch Richtlinien, Befehle und Dienstanweisungen des Ministers besprochen, die prinzipiell ebenfalls für die Hauptverwaltung Aufklärung Gültigkeit hatten.[74]

Die Richtlinie 2/79 des MfS[75] besagte u. a., daß »feindlich-negative Kräfte auf dem Boden der DDR aufzuspüren« waren. »Die Einbeziehung von IM (DDR) der Diensteinheiten der Aufklärung in die Lösung der vorgenannten Aufgaben hat in enger Abstimmung und Koordinierung mit den zuständigen Diensteinheiten der Abwehr zu erfolgen.« Überaus deutlich war auch die Dienstanweisung des MfS-Ministers Nr. 2/85 vom 20. 2. 1985[76]: Danach stellte die »Bekämpfung politischer Untergrundtätigkeit« in der DDR »eine gesamtgesellschaftliche Aufgabe« dar: »Der dabei vom MfS zu leistende spezifische Beitrag erfordert den Einsatz der Operativ-Kräfte und Mittel aller operativen Diensteinheiten.« Punkt 2.2 sprach von der Durchkreuzung der Absichten und Maßnahmen der feindlichen Kräfte »durch die Hauptabteilung XX mit der HVA«. Punkt 4.1. befahl der Hauptverwaltung Aufklärung »folgende spezifische Aufgaben« zu lösen:

> »Rechtzeitige Aufklärung und beweiskräftige Dokumentierung der Pläne, Absichten und Maßnahmen feindlicher Führungszentren und -kräfte zur Inspirierung und Organisierung politischer Untergrundtätigkeit in der DDR, insbesonder hinsichtlich der Strategie und Taktik, der angewandten Mittel und Methoden sowie der wirksamwerdenden Kräfte, der Steuerung von im Sinne politischer Untergrundtätigkeit in der DDR ... Erarbeitung von Hinweisen auf im Sinne politischer Untergrundtätigkeit in der DDR wirksame personelle Stützpunkte bzw. Führungskräfte, den vorgesehenen Aufbau solcher Kräfte sowie deren Verbindungssystem ...
> Durchführung aktiver Maßnahmen zur Zersetzung bzw. Einschränkung der Wirksamkeit feindlicher Stellen und Kräfte ...«

Es war Mielke, der am 22. 1. 1981 vor Vertretern der HVA die wachsende Bedeutung der Verbindung von Abwehr und Aufklärung erläuterte und von »größeren Anstrengungen« sprach, »um die Feinde bei uns zu erkennen. Dazu muß auch die HVA einen noch größeren Beitrag leisten«. Bereits am 17. Oktober 1973 hatte Markus Wolf selber an alle Leiter der Abteilung XV der MfS-Bezirksverwaltungen auf bessere Zusammenarbeit mit den übrigen Diensteinheiten gedrängt. Die Abteilung habe »alle operativen Möglichkeiten – besonders auch ihr inoffizielles Netz in der DDR – ... immer qualifizierter und planmäßiger mit einzusetzen«.[77]

Die früheren HVA-Offiziere Peter Richter und Klaus Rösler schreiben in ihrem Buch sehr selbstkritisch: »Zu sehr war die HVA in den zurückliegenden Jahren in den Verband der MfS-Diensteinheiten mit ihrer auf die Bespitzelung des ›inneren Feindes‹ gerichteten Hauptaufgabe integriert worden, als daß sie sich guten Gewissens ganz und gar vom Gesamtministerium distanzieren konnte. Waren wir nicht – gewiß vor dem Hintergrund der erbitterten Auseinandersetzung zweier feindlicher Systeme – unvertretbare Kompromisse eingegangen und damit schuldig geworden?«[78] Ebenso galt für die Abteilung X der Hauptverwaltung Aufklärung, wie zwei ihrer Offiziere in einem kürzlich erschienenen Buch feststellten: »Alle Methoden – auch die der Desinformation – waren erlaubt, um Andersdenkende im eigenen Lager zu zermürben und auszuschalten.«[79] Andererseits bediente sich der Spionagedienst nur allzu gerne der Ergebnisse der Briefzensur und der Telefonüberwachung des MfS. Zutreffend wird an anderer Stelle des ersteren Buches ausgeführt:

> »Die bis zuletzt nicht in Frage gestellte Bindung der Aufklärung an den Repressionsapparat des MfS ist die entscheidende Ursache für die heutige Verfolgung der HVA-Mitarbeiter und auch ihres langjährigen Chefs Markus Wolf.«

Anfangs hatte die Hauptverwaltung Aufklärung im Rahmen ihrer Spionage gegen Westdeutschland zur Absicherung und Überwachung ihrer Kuriere und Instrukteure, für ihre konspirativen Wohnungen und die postalischen Deckanschriften in der DDR ein System von jeweils vier, fünf IM aufgebaut, das im Laufe der Jahre ständig vergrößert wurde. Generalmajor Heinz Geyer befahl dann auch am 19. Oktober 1987 den Abteilungen XV, »noch zielgerichteter das DDR-IM-Netz« auf die Abwehrtätigkeit des MfS »zu orientieren«; IM-DDR, welche Verbindung zur DDR-Friedensbewegung hätten und »zu deren Bekämpfung genutzt werden können«, seien umgehend zu melden.[80]

Es ist vom Standpunkt des Regimes nur folgerichtig, daß gegen die Bürgerrechtler in der DDR ebenfalls die Hauptverwaltung Aufklärung eingesetzt wurde: »Die Frage nach den Hintergründen und Absichten der Bürgerrechtsbewegung und ihre Sprecher wurde zum Gegenstand fast jeder Dienstbesprechung oder Parteiversammlung. Damals wie heute erscheint es unerheblich, ob die Leitung und die Mitarbeiter der HVA diese neue Linie begrüßten oder ihr nur widerstrebend folgten – was zählt ist, daß sie mitgemacht haben«, so vermerken die genannten zwei Offiziere der Abteilung X.[81] Nach dem anderen Buch hatten die HVA-Offiziere »keinerlei grundsätzliche Zweifel an der Richtigkeit von Maßnahmen« gegen die Bürgerrechtler, und es »wurden natürlich Maßnahmen beschafft, die den Bürgerrechtlern der DDR Schaden zufügen sollten«.[82]

Ebenfalls war die HVA auf Kirchen und Christen angesetzt: Die Abteilung XV der MfS-Bezirksverwaltung Leipzig bespitzelte ab spätestens Ende 1982 bis Ende 1988 den dortigen Pfarrer Christian Führer, der nach ihrer Ansicht »den negativ-feindlichen Kräften innerhalb der Landeskirche Sachsen zuzuordnen« war. Die IM der Spionageabteilung sollten u. a. seine familiären und finanziellen Verhältnisse, seine Freizeitinteressen sowie seine charakterliche und moralische Haltung bewerten . . .[83]

Mittel und Methoden nachrichtendienstlicher Arbeit, die eigentlich den Feind in der Bundesrepublik Deutschland bekämpfen sollten, wurden nach den Äußerungen eines hohen Offiziers des MfS »nun völlig undifferenziert und ohne gesetzliche Einschränkung nach innen auf den DDR-Bürger angewendet«. Die Übermittlung solcher Abwehrberichte aus dem eigenen Land erklärte man schließlich zu einer »Schwerpunktaufgabe« des Spionagedienstes des MfS![84]

Hinweisen des Bundesnachrichtendienstes zufolge soll die HVA während der letzten Monate der DDR in den Haftanstalten Unruhen provoziert und so dafür gesorgt haben, daß mißliebige politische Häftlinge als »Rädelsführer« streng bestraft werden konnten. Unter den brutalen Schlägern, welche die Demonstranten am 7. Oktober 1989 im Ostsektor Berlins blutig niederknüppelten und aus der zurückweichenden Menschenmenge wahllos Frauen und Männer herausholten, »gehörten auch Mitarbeiter der Hauptverwaltung Aufklärung«.[85]

Es wäre für jeden Einwohner Westdeutschlands wünschenswert, einmal die Aussagen der Opfer in jener Nacht genau zu lesen. Sicherlich käme auch er dann zu der Einschätzung, welche überaus viele Menschen in der DDR schon seit Jahren hatten: Das Ministerium für Staatssicherheit letztlich als die »rote Gestapo« zu sehen!

II Das Ende des SED-Regimes

Der Rücktritt Honeckers am 17. Oktober 1989 und die
weiteren Veränderungen in der Partei- und Regierungs-
spitze änderten in punkto Spionage der DDR gegen die
Bundesrepublik – nichts. Sie war auch den neuen Herren
in Ost-Berlin viel zu wichtig. Die Jahresberichte zweier
westdeutscher Landesämter für Verfassungsschutz[1] stellten über diese Zeitspanne fest:

> »Die Auslandsaufklärung wurde durch den Zusam-
> menbruch der Instrumente innerstaatlicher Repres-
> sion zu keinem Zeitpunkt in Frage gestellt.«
> »Die Spionagedienste der DDR . . . verhielten sich an-
> gesichts des grundlegenden politischen Wandels in
> ihrem Staate bis zum Dezember, als seien sie davon
> überhaupt nicht betroffen.«

In dem bisher üblichen Parteichinesisch schrieb der Leiter
der MfS-Bezirksverwaltung Rostock: »Die vorbeugende,
schadensabwendende Tätigkeit bildet den Schwerpunkt in
unserer Arbeit. Gerade gegenwärtig gewinnt das weiter an
Bedeutung.«[2] Gegenüber RADIO DDR kritisierte er einen
Tag später lediglich »ein beträchtliches Defizit an Wissen
unter unserer Bevölkerung« über die Aufgaben der Staatssicherheit. In derselben Woche offenbarte im Notaufnah-
melager Berlin-Marienfelde ein 55jähriger Ökonom an der
DDR-Hochschule für Planwirtschaft seinen Auftrag von
der HVA, eine Chefsekretärin in West-Berlin zu seiner Geliebten zu machen und sie für eine Spionagetätigkeit anzuwerben. Noch auf der 10. Tagung des Zentralkomitees der
SED, am 10. November 1989 rief der Stellvertreter des Ministers für Staatssicherheit, Generaloberst Rudi Mittig,

aus, »Wir sind uns bewußt, daß unsere Arbeit heute notwendiger denn je ist«, und versprach in der Diskussion, es

»... wird sich das Ministerium für Staatssicherheit noch stärker auf die Aufklärung von Plänen und Absichten (des Gegners) ... konzentrieren.«[3]

Von Veränderungen oder gar einer Auflösung des MfS bzw. der HVA fiel kein einziges Wort, auch nicht andeutungsweise.

Das Amt für Nationale Sicherheit

Erst am 14. November schien sich in der DDR-Führung die Idee durchgesetzt zu haben, eine zumindest äußerliche Auflösung des in der Bevölkerung verhaßten Ministeriums für Staatssicherheit vornehmen zu müssen. Tatsächlich sprach der Vorsitzende des DDR-Ministerrats, Hans Modrow, am 17. 11. vor der 12. Tagung der Volkskammer von einem »neuen Denken in Fragen der öffentlichen Ordnung und staatlichen Sicherheit« sowie von der Bildung eines Amtes für Nationale Sicherheit (AfNS) anstelle des bisherigen Ministeriums. Leiter wurde der in der Öffentlichkeit kaum bekannte, 1930 geborene Generalleutnant Wolfgang Schwanitz. Er trat bereits 1951 dem MfS bei, wurde 1986 Kandidat des ZK der SED und zwölf Monate danach Stellvertreter Mielkes. Daß die Regierung nicht den Stellvertreter Rudi Mittig als Leiter einsetzte, muß gewiß in dessen enger Verbindung zu Honecker und Mielke gesehen werden, die ihn wohl zu sehr diskreditiert hätte. Der weitere Stellvertreter, Gerhard Neiber, war inzwischen 71 Jahre alt und gehörte auch nicht dem SED-Führungsgremium an. Schwanitz hingegen wurde intern als ein »Hardliner« gewertet, besonders seit seinem Besuch der Staatssicherheits-Hochschule in Golm/Potsdam. Zudem hatte er gerade in der damaligen Situation den Vorteil, in der Öffentlichkeit als angeblich »neuer Mann« zu gelten, auf den die Bevölkerung vielleicht sogar gewisse Hoffnungen setzte. Er bekam zwar nicht den Titel »Minister«, war jedoch im Kabinettsrang; schon das beweist, welchen Stellenwert auch die neuen Machthaber in Ost-Berlin ihrem Geheimdienst einräumten.

»Unsere Arbeit konzentriert sich auf die Aufklärung«, erklärte er gegenüber ADN.[4] Die Leitung des neuen »Bereichs Aufklärung« übernahm Generaloberst Werner Großmann, der Leiter der bisherigen HVA. Seine Aufgabe war weiterhin »die Beschaffung politischer, militärischer und wirtschaftlich interner Informationen«, und »höchste

Priorität« galt der Arbeitsfähigkeit im »Operationsgebiet« – also der Bundesrepublik Deutschland; das Weiterführen von Observationen dort sowie der fernmeldetechnischen Aufklärung wurden besonders betont. Nach wie vor waren 4000 Hauptamtliche im Spionagebereich tätig. Die von Modrow versprochene personelle Kürzung traf also auf die DDR-Spionage nicht zu, es blieben auch die alten Männer.[5] Während man dem Ausland gegenüber vorgab, das Amt solle »vor allem Neofaschismus und Antisemitismus« verhindern, betonte Schwanitz in der »Berliner Zeitung«, »Wir werden eine starke Aufklärung haben«, und in einem weiteren Interview gegenüber dem »Stern« hoffte er stolz, daß seine Mitarbeiter in dem Aufklärungsbereich »durch gute Arbeit den Ruf von früher wieder erwerben«.[6] Anfang Dezember trat zwar das Kollegium des AfNS zurück, doch sonst änderte sich nichts. Es waren alles nur vordergründige Korrekturen in der verzweifelten Hoffnung, die Macht zu retten ...

Unter dem Druck des Runden Tisches der Oppositionsbewegung beschloß dann der DDR-Ministerrat am 14. Dezember 1989 die Auflösung des Amtes für Nationale Sicherheit; doch war dieser Schritt gekoppelt mit dem Aufbau eines Verfassungsschutzes – Leiter sollte der bisherige MfS-General Heinz Engelhardt werden – sowie eines Nachrichtendienstes. Letzterer war nahezu identisch mit der früheren HVA: »Sogar die personelle Stärke entsprach mit 4000 Mitgliedern exakt dem offiziellen HVA-Bestand.«[7] Die Spionage gegen den Westen lief unverändert weiter, selbst die Anwerbungen hörten nicht auf. In der »National-Zeitung« Ost-Berlins war am 16. Dezember des Jahres überdeutlich zu lesen, »niemand wird doch wohl solch naiven Glaubens sein, daß ausgerechnet unser Land ... auf geheimdienstliche Auslandsaufklärung verzichten kann«.

Am 3. Januar 1990 erklärte Walter Halbritter, Staatssekretär im DDR-Ministerrat, das AfNS habe seine Tätigkeit eingestellt – Worte, die vom Runden Tisch allerdings stark bezweifelt wurden. Acht Tage später sprach Modrow erneut von seinen Plänen eines Verfassungsschutzes, für dessen angebliche Notwendigkeit u. a. das sehr lächerliche Argument einer massiven Wirtschaftsspionage seitens des Westens herhalten mußte, und eines Nachrichtendienstes; die »Aufklärung« sei »auch weiterhin wichtiges Anliegen und Aufgabe«. Unter dem Druck der Opposition, die mit Generalstreik drohte, versprach er dann am 12. Januar, daß bis Anfang Mai kein Amt für Verfassungsschutz gebildet werde. Über die Spionage verlor er hingegen kein Wort. Am gleichen Tage aber schrieb ein bisheriger Leiter eines Bezirksamtes für Nationale Sicherheit sehr offen: »Wir sollten sehr schnell folgenden Problemen unsere Aufmerksamkeit schenken: 1) Die Spionageaufklärung . . .«[8]

Der »Bericht der Regierung zur inneren Sicherheit der DDR« auf der 7. Sitzung des Runden Tisches behauptete, die Arbeit mit nachrichtendienstlichen Mitteln und Methoden zur Spionage sei eingestellt – eine direkte Lüge. Während Modrow sich auf der 14. Volkskammertagung beklagte, »die reichere Bundesrepublik leistet der ärmeren DDR nicht ausreichend Solidarität«, behandelte das offizielle Ost-Berlin eben diesen Staat als feindliche Macht und betrieb weiterhin »Aufklärung«. Noch Ende Januar stellte der Runde Tisch fest, es werde mit dem Datenverarbeitungsprojekt der HVA zentral noch gearbeitet, was nichts anderes heiße als daß immer noch Spionage-Erkenntnisse eingingen.[9] Solche Informationen kamen allerdings nicht mehr von dem DDR-»Kundschafter« Michael Kaiser (in seinem Personalausweis hieß er »Frithjof Papke«, sein Reisepaß wiederum lautete auf »Albert Johannes«), der nach wie vor westdeutsche Studenten anwerben sollte, jedoch am 18. Januar im Mannheimer Café »Pavillon« festgenommen wurde.

Auf die direkte Frage in einem Interview mit »Der Spiegel«[10], ob sein Auftrag zur Auflösung des AfNS nicht die »Aufklärung« betreffe, antwortete Engelhardt kurz »Absolut nicht«. Anfang Februar kam es zur Bildung eines Komitees zur Auflösung des bisherigen Amtes.

Am 23. Februar faßte die Arbeitsgruppe Sicherheit des Zentralen Runden Tisches den Beschluß, die Hauptverwaltung Aufklärung aufzulösen; praktisch allerdings scheint dies erst am 12. März begonnen zu haben. Während das entsprechende Auflösungskomitee in der Gotlindenstraße 40 untergebracht war, zog die HVA in die Rödernstraße 30 und konnte dort nahezu selbständig und unbehelligt ihre eigene Auflösung betreiben. Selbst die Operativgelder für die Spionage blieben unter ihrer eigenen Kontrolle!

Die Abwicklung sollte bis Juni 1990 (also bis weit nach den ersten freien Wahlen in der DDR am 18. März, von der sich die Kommunisten immer noch einen Wahlsieg erhofften) erfolgen, d. h. auf 250 Hauptamtliche reduziert werden. Der offiziellen Version zufolge sollten sie sich um »einen geordneten Rückzug« der im Westen lebenden Agenten bemühen, obwohl diese in Wahrheit »nur zu einem geringen Teil DDR-Bürger« waren.[11] Indes fanden Anwerbungsversuche für die DDR-Spionage noch bis zum Mai statt. Treffen mit »Kundschaftern« erfolgten bis zum August/September 1990!

Die Bürgerkomitees

Die Bürgerbewegung in der DDR, vor deren Freiheitswillen, Mut und Einsatzbereitschaft man nur größte Hochachtung haben kann und der man auch tiefen Dank zollen sollte, strebte teilweise bis zum Frühjahr 1990 aber gar keine Wiedervereinigung Deutschlands an. Ihr Ziel war die Verwirklichung eines menschlichen Sozialismus in einer veränderten, besseren, jedoch weiterhin existierenden DDR. Noch Ende November (also nach Öffnung der

Mauer) verfaßten der SED ablehnend gegenüberstehende Intellektuelle wie Friedrich Schorlemmer und Konrad Weiß einen »Aufruf für eine eigenständige Republik«, nach dem eine sozialistische Alternative zur Bundesrepublik entwickelt werden sollte. Ähnlich dachten damals das Neue Forum und ebenso die neue Sozialdemokratische Partei der DDR; der Demokratische Aufbau sah immerhin ein »besonderes Verhältnis zur Bundesrepublik Deutschland«. Bärbel Bohley begründete dieses Verhalten später in einem Rückblick[12] mit dem Hinweis, daß die Bürgerkomitees der veröffentlichten Version Ost-Berlins, alle wünschten nur in den Westen auszureisen, entgegenhalten wollten, daß sie in der DDR zu bleiben beabsichtigten; deshalb seien Kontakte zum Westen in der Regel vermieden oder nur schwach gepflegt worden. Vielleicht, so darf man hinzufügen, war auch wohl schon eine gewisse Entfremdung zwischen den Menschen in den beiden Teilen Deutschlands eingetreten; oftmals wurden die Männer und Frauen jenseits der Berliner Mauer mit ihren Sorgen und Nöten gar nicht mehr verstanden.

Während dieser bewegten Wochen jedenfalls gelang es vielerorts MfS-Angehörigen, sich in die Bürgerkomitees zur Auflösung des MfS/AfNS einzuschleichen. In Dresden etwa erwies sich lediglich der Leiter des Komitees als unbelastet, in Erfurt waren diese Gruppierungen zu einem Drittel durchsetzt und in der Berliner MfS-Zentrale arbeiteten 80 bisherige Angehörige des Staatssicherheitsdienstes im staatlichen Komitee an ihrer eigenen Auflösung und hatten sämtliche führenden Positionen inne. In vielen Fällen schafften sie Unterlagen beiseite, Taschenkontrollen beim Verlassen der Dienstgebäude gab es nicht. Resignierend vermerkte Pfarrer Gauck: »Die Auflöser waren dem professionellen Sachverstand und der kriminellen Energie ihrer Gegenüber in keiner Weise gewachsen.«[13] Jedenfalls führten die damals distanzierte Haltung der Bürgerrechtler zur Bundesrepublik einerseits und insbesondere die Argumentation der bisherigen MfS-Bediensteten zum anderen, daß es sich bei der HVA nur um einen rechtmäßigen und in jedem Staat der Welt üblichen Nachrichtendienst handele, kaum zu einer Kritik oder gar Ablehnung der DDR-Spionage. Man müsse, tönten Kreise des bisherigen MfS, die »Kundschafter« im Ausland (wozu noch immer die Bundesrepublik Deutschland gehörte) decken und »unsere treuen und selbstlosen Kundschafter in den USA vor dem elektrischen Stuhl retten«. Hans Schwenke, Mitglied des Auflösungskomitees, berichtete später, es sei »an unser soziales und humanes Gewissen appelliert« worden, man wolle die Agenten »geordnet zurückziehen, ihnen ggf. eine neue Identität verschaffen« und »wir sind darauf eingestiegen, obwohl wir es hätten anders machen können«.[14] Viele Bürgerrechtler sehen diese Blendung noch heute verbittert als ihre schlimmste Täuschung während jener Monate.

Tatsächlich gab es keine vollständige Rückführung. Diese erfolgte selbst nicht aus dem Ausland wie etwa der Schweiz, obwohl es sich im nachstehenden Falle sogar um einen bisherigen DDR-Bewohner handelte: Am 18. Mai 1990 gab die Pressestelle der schweizerischen Bundesanwaltschaft die Verhaftung des MfS-Spions Lutz Mieruch bekannt, der ab September 1986 nachrichtenmäßig in Ost-Berlin ausgebildet und von der Abteilung III der HVA unter den Personalien des in der DDR lebenden Auslandsschweizers Thomas Kupferschmied Anfang April 1987 in die Schweiz eingeschleust worden war. Dort nahm er in Fribourg mit einem Stipendium des Kanton Bern ein Studium auf; vorgesehen von seinen Auftraggebern war, ihn später als illegalen Residenten einzusetzen. Durch einseitige Funkverbindung, aber auch mehrfache »Treffs« blieb er in Verbindung mit der MfS-Zentrale, die ihn Ende 1989 allerdings schnöde fallen ließ. Ende Dezember 1990 wurde der »Kundschafter« vom Strafgericht Bern zu 16 Monaten Gefängnis und zehn Jahren Landesverweisung verurteilt.[15]

Festzustellen bleibt ebenfalls, daß Vertreter westdeutscher Sicherheitsbehörden (sofern sie sich überhaupt als solche zu erkennen gaben) kein Echo bei den Bürgerkomitees fanden; einzelnen Nachrichten zufolge war ihnen ein aktives Vorgehen damals sogar von den Leitungen ihrer Dienste untersagt worden. Positiv hingegen wurden damals von den Bürgerkomitees häufig westdeutsche Journalisten aufgenommen, besonders wenn sie aus der DDR stammten und dort einen Namen hatten.

Das »Informationszentrum«

Im Gegensatz zum Auflösungsprozeß des MfS/AfNS blieb die Verwaltung Aufklärung lange Zeit völlig unberührt. Ursache hierfür war bestimmt ihr sehr minimaler Bekanntheitsgrad innerhalb der DDR; war sie in der Öffentlichkeit doch bis dahin auch niemals in irgendeiner Weise erwähnt worden. So konnte das Amt für Nationale Sicherheit bis in den Januar 1990 hinein Aktenmaterial bei ihren Stellen auslagern.

Im Februar/März 1990 erhielt dieser Nachrichtendienst dann die Bezeichnung »Informationszentrum des Ministeriums für Abrüstung und Verteidigung« (»IZ«), was in der Bundesrepublik ziemlich rasch bekannt wurde. War es lediglich Zufall oder doch Absicht, daß dieser Begriff irreführend erscheinen mußte? Denn unter genau demselben Namen verstand die Armeeführung der DDR jahrelang ihr Lagezentrum mit seiner allgemeinen militärischen Beurteilung. Mitte Mai des Jahres ging ein Offizier der Nationalen Volksarmee im »Neuen Deutschland«[16] beiläufig und eher allgemein auf die militärische Aufklärung der DDR ein und schrieb:

> »Als Instrument des Hauptstabes der NVA war und bleibt ihr Hauptauftrag die zuverlässige und objektive Beurteilung der militärischen Lage außerhalb der DDR.«

Wenn es in diesem Leserbrief dann allerdings weiter hieß, es sei »ihr Ziel, den Abrüstungsprozeß wirksam zu unterstützen«, so stellte dies mehr bisheriges Parteichinesisch als Wahrheit dar: Nach wie vor bestand die Tätigkeit in Militärspionage – wenngleich kaum mehr in klassischer Art, sondern in der üblichen eines heutigen Militärattachés; dementsprechend wurde die 1. Verwaltung nunmehr zur 3. Verwaltung erklärt. Zu örtlichen Veränderungen der einzelnen »IZ«-Dienststellen kam es hingegen nicht.

Im Januar 1990 erfolgten kurzfristig Überlegungen, Offiziere der HA IV des MfS zu übernehmen und so das »Informationszentrum« personell auf nunmehr 2000 Bedienstete zu verstärken; die Pläne wurden allerdings nicht mehr realisiert. Durch Versetzungen und Entlassungen ging der Personalbestand des »IZ« sogar bald auf 500 zurück. Immerhin gab es bis zum Sommer 1990 keinen einzigen Überläufer in den Westen – ein recht aufschlußreiches Moment.[18]

Vernichtung der Unterlagen

Bereits am 27. November 1989 hatte Schwanitz einen geheimgehaltenen Befehl zur Vernichtung der MfS-Akten gegeben. Genau acht Tage später führte er gegenüber RADIO DDR aus, er habe am 4. 12. »in allen Bereichen des Amtes konsequent die weitere Vernichtung und Verbringung von Schriftgut unterbunden.« Mit Befehl CFS 44 vom 7. Dezember wies er an, »in jedem Fall« sei die Einsicht u. a. von Unterlagen zur Organisierung der Aufklärungsarbeit zu verhindern. Ende Januar und während des gesamten Februars 1990 sammelten – mit Zustimmung der Bürgerkomitees – HVA-Mitarbeiter alles Schrifttum und begannen mit der Vernichtung. Dazu gehörten besonders Unterlagen über die »Kundschafter« im Operationsgebiet sowie alle Papiere, die Aufschluß über die HVA und die anderen Teile des Ministeriums gaben. Allerdings traten ebenfalls DDR-Innenminister Peter-Michael Diestel für die Vernichtung sämtlicher Akten ein, da sie »unglaubwürdig« seien, sowie der Leiter des Regierungskomitees, Günter Eichborn, nach dessen Ansicht diese Daten bei einer Wiedervereinigung nicht dem BND in die Hände fallen dürften.[19] Als am Ende der Frist, am 30. Juni, die Vertreter des Auflösungskomitees die Räume der HVA in der Roedernstraße aufsuchten, fanden sie keinerlei Unterlagen mehr, keine Protokolle und insbesondere auch keine Nachweise über die Finanzierungsquellen für die »Kundschafter« – es muß sich dabei um Millionenbeträge gehandelt haben![20]

Man sollte heute davon ausgehen, daß die Operativ-Akten der Hauptverwaltung Aufklärung und der »Linie XV« der Bezirksverwaltungen fast vollständig vernichtet sind; es existieren allerdings noch »Ableger-Informationen« außerhalb der HVA etwa in Kaderakten sowie Hinweise und Mitteilungen über die Abteilung I (Staatsapparat) sowie die Abteilung II (Parteien). Insgesamt haben rund 50 Meter Akten der Hauptverwaltung Aufklärung den Zusammenbruch der DDR überlebt; rund sieben Meter Material davon beinhalten das Wissen der Staatsicherheit über die bundesdeutschen Dienste! Außerdem gibt es noch viele Unterlagen – auch wenn sie zumeist mühsam zusammengesucht werden müssen – über die anderen Hauptabteilungen des MfS wie der HA VIII und der HA XVIII (Wirtschaft).

Bei der befohlenen Vernichtung haben einzelne Mitarbeiter des MfS heimlich Akten für eine Art »Zukunftssicherung« – sei es um sie zu verkaufen oder damit zu erpressen – beiseite geschafft; nicht selten mögen auch politische Motive eine Rolle gespielt haben – die Behauptung etwa, Pfarrer Eppelmann sei »CIA-Agent« gewesen, würde allzu gut in die damalige MfS-Diffamierung passen, die DDR-Opposition sei »geheimdienstlich vom Westen gesteuert«. Vernichtet aber wurden auch angelegte Geheimakten über führende Bonner Politiker (etwa über Bundesaußenminister Hans-Dietrich Genscher), etliche Bundestagsabgeordnete sowie über nicht wenige Westdeutsche, bei denen der Staatssicherheitsdienst Kontakte zu bundesdeutschen Abwehrstellen vermutete. Bei einigen Antikommunisten reichen die Unterlagen nur bis zum Jahre 1955; wurden die weiteren Teile dem Reißwolf geopfert, sind sie vielleicht in Richtung Osten gegangen? Die Akten des Publizisten Fricke von den späteren Jahren kamen in den persönlichen Archivbestand Mielkes[21], über ihren Verbleib kann man verschiedene Vermutungen haben.

Nach einer veröffentlichten Version[22] stellte Eckart

Werthebach – damals Bonner Fachberater von DDR-Innenminister Diestel, heute Präsident des Bundesamtes für Verfassungsschutz – auf der Sitzung des Bürgerkomitees im Juli und dann im August 1990 den Antrag, alle Akten des MfS über Bürger der Bundesrepublik »sofort zu vernichten oder sie zur alsbaldigen Vernichtung an die Bonner Behörden zu übergeben«; Werthebach bestreitet dies, er habe nur zur Diskussion die Herausgabe aller Akten über Bundesbürger an die Bundesregierung vorgeschlagen und hilfsweise deren Vernichtung.[23] Hartnäckig aber halten sich in Berlin und Bonn die Gerüchte, wonach höhere Beamte vom Rhein damals – an den Bürgerkomitees vorbei – bestimmte Akten wegschleppten. Ob diese Unterlagen sich heute bei der Gauck-Behörde befinden (wohin sie gehören) oder irgendwo im Raum Bonn liegen, ist nicht mit beweiskräftiger Sicherheit zu sagen . . .

Was die Vernichtung der angeblich 1,3 Tonnen Dokumente der Verwaltung Aufklärung bzw. des »IZ« betrifft, so hatte Admiral Theodor Hoffmann (im Kabinett Modrow Verteidigungsminister und unter dem späteren Verteidigungsminister Rainer Eppelmann Chef der Nationalen Volksarmee) mit Befehl Nr. 1206/90 vom 16. 3. 1990 die Vernichtung aller Unterlagen befohlen, »die zur Aufdeckung von Personaldaten führen können«. Bald nach den Volkskammerwahlen entschied Eppelmann bei einer Vorlage seitens des Leiters der »IZ« mündlich, die Akten von DDR-Bewohnern zu vernichten – nicht jedoch von Bundesbürgern: In der damaligen Situation wollte er nicht, »daß ein DDR-Bürger, der im Auftrag der DDR-Regierung Militärspionage gegen die Bundesrepublik betrieben hat, nach der Vereinigung vor ein gesamtdeutsches Gericht gestellt und bestraft würde.«[24] Anders beurteilte er hingegen denjenigen Bürger der Bundesrepublik, der im Auftrage Ost-Berlins gegen Westdeutschland spioniert und somit gegen das in seinem Staat geltende Recht verstoßen hatte und nunmehr auch zur Verantwortung gezogen werden müßte. Diese Unterscheidung machte der neue Verteidigungsminister indes nicht in seinem schriftlichen Vermerk

– sollte er in der Hektik der damaligen Tage Generalleutnant Krause vertraut oder dieser ihn insoweit über den Tisch gezogen haben?

Für seine Gedankengänge fand Eppelmann bei einem Vier-Augen-Gespräch im Mai 1990 mit Bundesverteidigungsminister Stoltenberg »großes Verständnis«. Gleiches gilt für eine inhaltsähnliche Unterhaltung mit Bundesinnenminister Schäuble. Von beiden kam »weder eine Anweisung noch ein Rat«; handelte es sich bei der DDR damals noch um einen souveränen Staat, der eigenverantwortlich zu entscheiden hatte, und dachte man doch auch allgemein, die Wiedervereinigung würde erst in ein – zwei Jahren erfolgen. Die gelegentlich anzutreffende These, Bonn hätte absichtlich nichts gegen die Vernichtung der Unterlagen gerade von westdeutschen Verrätern im Solde der DDR-Militärspionage getan, geht an den Realitäten vorbei.

Während des August wurden, wie es heißt, 250 Kisten mit Akten der VA bzw. des »IZ« abtransportiert – angesichts der mißtrauischen Bürgerkomitees gelang dies erst beim fünften – sechsten Versuch – und dann »nach 14 Tagen Arbeit rund um die Uhr alles vernichtet«.[25] In einem Presseinterview am 11. September erklärte Eppelmann, die Akten seien bereits vernichtet worden oder würden es bis Ende der Woche. Der Hinweis in der »Berliner Zeitung«[26], nach seinen Worten wollte er auch die Bundesbürger, die für die VA spioniert hätten, schützen und diese Ansicht decke sich mit derjenigen des Bundesinnenministers, wird von Eppelmann glaubhaft in Abrede gestellt; eine derartige Formulierung finde sich auch nicht in seiner Presseerklärung. Mit »Meldung« vom 13. 9. 1990 dann berichtete General Krause über »die Vernichtung personengebundener Akten des Informationszentrums«, die »mit größter Sorgfalt und Gewissenhaftigkeit erfüllt« worden sei: »Mit der Vernichtung wird gewährleistet, daß die Quellen und die anderen Mitarbeiter der militärischen Aufklärung für ihre Tätigkeit im Interesse der DDR, die sie in der Vergangenheit in der BRD ausgeübt haben, keine

Nachteile erfahren . . .« Durch kursierende Gerüchte in Strausberg mißtrauisch geworden, ließ Eppelmann am 14. 9. durch Befehl Nr. 45/90 die Vernichtung »mit sofortiger Wirkung« einstellen und befahl einem Vertrauten, diesen sofort zu überbringen – doch kam er zu spät.

Die Unterlagen des Arbeitsbereichs Schalck-Golodkowski? Mit Schreiben vom 3. 12. 1989 erließ der DDR-Ministerratsvorsitzende Modrow die Anweisung:

> »Aus Gründen der nationalen Sicherheit ordne ich an, daß mit sofortiger Wirkung der Einsichtnahme in die Geschäftsakten der Hauptabteilung I des Bereiches Kommerzielle Koordinierung nicht stattgegeben wird.«

Zyniker meinen, daß man eines vielleicht gar nicht so entfernten Tages manche DDR-Geheimakten in Moskau bei einzelnen früheren KGB-Hauptamtlichen wird kaufen können.

Das Ende der Nachrichtendienste Ost-Berlins

Nach der Wende wurden die bisherigen »Kundschafter« der HVA und der anderen Bereiche des MfS »entpflichtet«; teilweise geschah dies in der Bundesrepublik, zum Teil in der DDR – bei dem Abgeordneten der Hamburger Bürgerschaft, Gerd Löffler, erfolgte die Verabschiedung im Februar 1990 in Rostock. Der Leiter der Hauptverwaltung Aufklärung, Generaloberst Großmann, berichtete dazu: »Wir haben uns gegenseitig nochmal der Achtung und Wertschätzung versichert.«[27] Als letztes erhielten die Entlassenen die Anweisung, sich für die nächste Zeit ruhig zu verhalten; in einer Reihe von Fällen wurde befohlen, das nachrichtendienstliche Gerät wie Geheimtinten und Funkgeräte zu vernichten. Wie vielen von ihnen gesagt wurde, man werde sich wieder melden, ist bis heute naturgemäß schwer abzuschätzen. Immerhin spricht ein Dokument der HVA unter dem Datum vom 22. 11. 1989 über eine »langfristige Sicherung der Quellen« und ihrer »Konservierung« und »Funktionsfähigkeit«. Offiziell stellte dieser Spionagedienst seine Tätigkeit mit Ablauf des Monats Juni 1990 ein. Bereits am 31. Mai hatte der auf Kurzwelle (Frequenz 3220 Kilohertz) betriebene Agentenführungsfunk aufgehört; zuletzt war er vom »Staatlichen Funkbetriebsdienst« in Wilmersdorf bei Berlin betrieben worden.

Zugleich hielten die Ex-Agenten sogenannte Abstandsprämien, die in erster Linie als Schweigegelder gedacht waren. Oftmals betrug deren Höhe 20000 DM; in einem Falle belief sich im März 1990 ein derartiges Abschiedsgeschenk der HVA auf 50000 DM. Tiedge, der Überläufer vom BfV, bekam sogar 250000 DM. Derartige Zahlungen erfolgten noch bis Anfang Oktober 1990! Viele Offiziere des MfS haben während des Umsturzes indes »sich zunächst selbst hemmungslos« in finanzieller Hinsicht bedient[28]; einige dürften sich um mehrere hunderttausend DM bereichert haben. Berliner Ermittlungsbehörden gehen von einem möglichen Gesamtschaden von »mehreren hundert Millionen Mark« aus; allein in der sogenannten Kriegskasse der HVA sollen sich Ende 1989 noch rund 50 Millionen D-Mark befunden haben. Viele Gelder dürften damals auch ins Ausland gebracht worden sein[29], vermutlich in die Schweiz und nach Liechtensein. Daß manche Personen in jenen Tagen sich neue Namen und Identitäten zulegten, muß ebenfalls unterstellt werden.

Die Funkaufklärung und das Telefonabhören im Westen Deutschlands stellte die Hauptabteilung III Anfang 1990 ein. Dann wurden die Geräte – angeblich auch manche Bedienstete – der Nationalen Volksarmee eingegliedert, wo man diese Tätigkeit ungeachtet der politischen Veränderungen in Deutschland und der demokratischen Wahlen in der DDR am 18. März 1990 fortsetzte. Nach den Worten von Bundesinnenminister Schäuble erfolgte sie weiter in einem Umfang, »wie wir es bisher nicht vermutet hatten«.[30] Wahrscheinlich ging dieses Abhören sogar noch bis in den Juli 1990.

Laut Befehl Nr. 1206/90 des damaligen DDR-Verteidigungsministers Hoffmann mußte »die illegale Arbeit der militärischen Aufklärung« bis zum 31. 3. 1990 eingestellt werden, und zugleich waren »die Verpflichtungen bzw. Vereinbarungen der Zusammenarbeit mit allen konspirativen Mitarbeitern inner- und außerhalb der DDR« bis zum 31. 7. 1990 zu beenden. Tatsächlich scheint das »Informationszentrum« zu dieser Zeit seine Arbeit auch eingestellt zu haben. Statt eines eigentlichen Abschieds-Funkspruches (Frequenz 3258 Kilohertz) an die Agenten im Westen war am 23. Mai 1990 die Warnung zum Untertauchen in Form des Kinderliedes zu hören: »Alle meine Entchen schwimmen auf dem See. Köpfchen in das Wasser, Schwänzchen in die Höh'.«

Während ihre heimlichen Helfershelfer noch meinten, »für den Frieden zu kämpfen«, waren viele ihrer Führungsoffiziere in Ost-Berlin schon relativ früh bemüht, möglichst viel für die sich anbahnende Wiedervereinigung »hinüberzuretten«. Die recht naive Haltung etlicher Bundeswehr-Offiziere, die in den Offizieren dieses DDR-

Spionagedienstes gegen die Bundeswehr »Kameraden« sahen, hatte allerdings einen – zweifellos nicht beabsichtigten – Nebeneffekt: Für den militärischen Nachrichtendienst der UdSSR, die GRU (Hauptverwaltung für Erkundung – Glawnoje Raswediwatelnoje Uprawlenije) war das »IZ« nunmehr nicht mehr sicher abschätzbar, so daß sie nicht viele Bedienstete in ihren Bereich übernahm. Zumindest auf hoher Ebene hatte es zwischen beiden Geheimdiensten engere Verbindungen gegeben.[31] Im Gegensatz zu den HVA-Hauptamtlichen, denen nach der Wiedervereinigung die Altersbezüge gekürzt wurden, erhalten die Soldaten und Offiziere der VA bzw. des »IZ« diese in früherer Höhe weiter! Sie gehörten dem Sonderversorgungswerk der Angehörigen der NVA an, für das nunmehr der Bundesminister der Verteidigung laut Artikel 13, Absatz 2 des Einigungsvertrages zuständig ist; nach § 2 des Anspruchs- und Anwartschaftsüberführungsgesetzes (Artikel 3 des Renten-Überleitungsgesetzes) werden die erworbenen Ansprüche aus jenem Sonderversorgungssystem in die gesetzliche Rentenversicherung Deutschland überführt.[32] Sollte der einzelne Ex-Spionageführer in diesem Zusammenhang Rechtsschutz benötigen, so hilft der Bundeswehrverband in Bonn offensichtlich gerne.[33] Wissen sollte man: Je intensiver und erfolgreicher der VA-Hauptamtliche damals gegen die »alte« Bundesrepublik Deutschland spionierte, je schneller wurde er befördert – je höher sind dementsprechend heute seine Altersbezüge, die ihm die heutige Bundesrepublik Deutschland gewährt! Hier kommt das verbitterte Wort von Bärbel Bohley, »Wir haben Gerechtigkeit gewollt und haben den Rechtsstaat bekommen«, wirklich zum Zuge.

Der Koko-Bereich, so heißt es amtlich, sei am 31. März 1990 als DDR-Staatsorgan aufgelöst worden. Verbürgt ist allerdings, daß noch Anfang November 1990 ein früherer Angehöriger des MfS aus dem Umfeld von Schalck-Golodkowski mit Hilfe eines in Westdeutschland lebenden Agenten versuchte, acht Millionen DM auf ein Schweizer

Nummernkonto zu transferieren. Der Bundesdeutsche allerdings stellte sich den Behörden.

Pfarrer Gauck, der bisherige Vorsitzende des Volkskammer-Sonderausschusses zur Kontrolle der Auflösung des MfS/AfNS, mußte am 27. September 1990 (also lediglich sechs Tage vor Vollendung der deutschen Einheit) einräumen, die Auflösung des Ministeriums für Staatssicherheit bzw. des Amtes für Nationale Sicherheit sei »weder personell noch strukturell noch materiell abgeschlossen«. Der Sprecher des staatlichen Auflösungskomitees, Klaus Wendler, sprach sogar von einer Unmöglichkeit, das MfS vor dem 31. 12. 1990 aufzulösen.[34]

»Kundschafter«-Schicksale

Sorge um ihre weitere Zukunft mußten sich nach dem Zusammenbruch des SED-Reiches nicht nur die bisherigen Spione der HVA bzw. VA im Westen machen, sondern ebenfalls viele von jenen, die inzwischen in der DDR lebten. Mit der ihm eigenen Art – soll man sie als politische Weltfremdheit oder als Kaltschnäuzigkeit abtun? – forderte Markus Wolf die nunmehr frei gewählte Regierung in Ost-Berlin auf, für seine Spione zu sorgen: »Diesen Menschen sind für das, was sie getan haben, elementare Zusagen gemacht worden – bezüglich ihrer Zukunft, der sozialen Sicherstellung, der Wohnung und der Altersversorgung. Die jetzige Regierung, die die Rechtsnachfolge der vorangegangenen übernommen hat, muß für die Einhaltung dieser Zusagen sorgen.«[35] Tatsächlich war bereits am 14. Mai 1990 von einer Stelle des AfNS ein Brief an Innenminister Diestel gegangen mit dem Anliegen, den Ex-»Kundschaftern« ihre Wohnungen auch zukünftig zu belassen. Stolz wurden dabei die Dauer ihrer jeweiligen Spionagetätigkeit im Westen Deutschlands sowie ihre Verdienste erwähnt und ebenfalls ihre jetzigen Anschriften aufgezählt. Nach der Wende erhielt dieses Schreiben nützliche Hinweise für die bundesdeutschen Sicherheitsbehörden; teilweise waren ihnen die aufgeführten Namen völlig unbekannt!

Relativ einfach ist die Situation derjenigen früheren Agenten, die bereits in der »alten« Bundesrepublik abgeurteilt und dann im Zuge eines Austausches in die DDR gekommen waren. Als einer der ersten von ihnen muß Heinz Felfe angesehen werden, der jahrelang im Bundesnachrichtendienst für das KGB spionierte. Noch in seinem 1989 erschienenen Buch »Im Dienst des Gegners« war er »stolz darauf, an der geheimen Front« gearbeitet zu haben und glaubte immer noch, daß »dem Kommunismus die Zukunft gehört«.[36] Allzu bald aber stürzte sein Weltbild in seiner schönen Villa am Bundenbacher Weg in Berlin-Weißensee zusammen, und in einem langen Gespräch mit einer Kölner Zeitung sah er sich als Enttäuschter. Aber selbst 1991 noch bezog der bisherige außerordentliche Professor für Kriminalität an der Humboldt-Universität Ost-Berlin das Gehalt eines »Oberassistenten ohne Lehrauftrag«. Im Februar desselben Jahres hatte er im Lotto 709 611,70 DM gewonnen.

Der einst im Bundesverteidigungsministerium so erfolgreiche DDR-Agent Lothar Lutze wurde nach seinem Austausch von seiner Frau verlassen – sie liebte inzwischen ihren bisherigen gemeinsamen HVA-Führungsoffizier – und wohnt nach Zeitungsberichten seit einigen Jahren mit einem »Lebensgefährten« zusammen; seinen Unterhalt verdient er, indem er die Kundschaft in dessen Modeatelier fährt.

Heinz Sütterlin, der damals eine nichtsahnende Sekretärin im Auswärtigen Amt für die Spionage zugunsten des KGB gewonnen hatte, kann man heute in einem grauen Einfamilienhaus Dresdens antreffen. Seine dritte, 28 Jahre jüngere Frau ist von Beruf Kosmetikerin.

Alfred Zehe wurde in den USA wegen Spionage für die DDR verurteilt, später ebenfalls ausgetauscht. Auch nach der Wende konnte der Professor für Physik an der Technischen Universität Dresdens lehren – heute arbeitet er dort nicht mehr.

Anders wiederum ist zu urteilen, wenn die Ausgetauschten in der DDR erneut der Spionagetätigkeit nachgingen. So ermittelte Generalbundesanwalt Rebmann im Jahre 1990 gegen Günter Guillaume (nach dessen »Auffliegen« in weiterer Folge Bundeskanzler Brandt zurücktrat), da er nach eigenem Eingeständnis bis in die neueste Zeit in der DDR Agenten ausgebildet habe.[37] Doch am 19. 2. 1991 wurde das Verfahren eingestellt mit dem wohl etwas gekünstelten Argument, er habe in seinen Vorträgen nichts Neues gesagt; seine Behauptung, in Ost-Berlin sei sein Rat nicht mehr gehört worden, wäre nicht zu widerlegen gewesen. Nach der Wende konnte Guillaume in Eggersdorf bei Berlin, Altlandsberger Straße, für 190 000 DDR-Mark (woher mag diese, für damalige DDR-Verhältnisse sehr hohe Summe wohl stammen?) eine Prunkvilla kaufen; vor drei Jahren erlitt er einen schweren Herzinfarkt. Seit dem 1. Februar 1992 bezieht der einstige Oberst im Staatssicherheitsdienst seine volle Rente für die Zeit, in welcher er in der Bundesrepublik gearbeitet hatte – wenngleich er diese primär vom ersten Tag an spionagemäßig bekämpfte. Über Markus Wolf, den er früher sehr verehrte, hat er mittlerweile eine recht negative Meinung, Christel Guillaume, die in Hohen Neuendorf bei Berlin wohnt, bedauert heute ihr »verpfuschtes Leben«.[38] Sohn Pierre verließ 1988 tief enttäuscht die DDR und lebt seitdem unter dem Familiennamen seiner Großmutter in Westdeutschland.

Ein Ermittlungsverfahren läuft weiterhin gegen Robert Grunert, der nach seinem 1988 erfolgten Übertritt in die DDR mehrfach nachrichtendienstliche Anbahnungen versucht haben soll. Der frühere Vorsitzende des Bundes Deutscher Kriminalbeamter (BDK) und Personalratsvorsitzende der Hamburger Kriminalpolizei war Ende 1978 zu zweieinhalb Jahren Haft wegen seiner sechsjährigen Spionage für Ost-Berlin verurteilt worden. Interessanterweise hatte ihn nicht die Hauptverwaltung Aufklärung geführt, sondern die Abteilung II des MfS; gewiß hatte dort der Plan bestanden, ihn eines baldigen Tages in einen westdeutschen Nachrichtendienst einzuschleusen.

Gleiche Angst werden diejenigen »Kundschafter« ausstehen, die früher in Westdeutschland spionierten und dann rechtzeitig vor drohender Verhaftung in die DDR flüchten konnten. Wer erinnert sich noch an Ursel Lorenzen, die im Frühjahr 1979 die bisher größte Spionage-Affäre der NATO auslöste? Die persönliche Assistentin des britischen Direktors für Operationen hatte Zugang zu den Konferenzen im sogenannten Lagezentrum und angeblich auch zu Planungsdokumenten über den Einsatz von Atomwaffen im Kriege; ihr Führungsoffizier Dieter Will war Manager im Brüsseler Hilton-Hotel. Nach dem Übertritt der beiden sprach sie in den Massenmedien Ost-Berlins von ihren »Gewissenskonflikt«, ihrer »humanistischen Grundeinstellung« – kein Wort hingegen über ihre Spionage. Unter dem Mädchennamen von Wills Mutter, Sturm, lebte das Ehepaar relativ still im Enckevortweg in Berlin-Friedrichsfelde. Kurz vor der Wiedervereinigung erhielt es von seinem bisherigen HVA-Betreuer das Angebot, in die UdSSR zu fliehen – jedoch mit dem deutlichen Hinweis: »Sie werden dort sehr einsam und isoliert leben. Mehr können wir nicht für Sie tun.«[39] Heute leben die zwei weiter auf ihrer Flucht in Österreich und in der Schweiz; über einen Rechtsanwalt halten sie Kontakt zur Generalbundesanwaltschaft in Karlsruhe. Die Frage ist, wann ihnen das Geld ausgeht . . .

September 1985 kehrte das Ehepaar Herbert und Herta-Astrid Willner nicht von seinem Urlaub in Spanien und Andorra zurück; wahrscheinlich hatte der Überläufer Tiedge in Ost-Berlin gewarnt, daß es unter Verdacht stünde. In der Tat spionierte sie als Sekretärin des Leiters der Abteilung 3 im Bundeskanzleramt, während ihr Mann bei der Friedrich-Naumann-Stiftung aus gleichen Motiven Augen und Ohren weit geöffnet hielt. In der DDR besorgte ihnen das MfS einen gerade fertiggestellten Bungalow in Wandlitz, Nibelungenstraße. Am 3. Oktober 1990 verschwanden sie, angeblich fristen sie ihr Dasein heute im fernen Bulgarien. Das seitdem leere Haus untersteht der Treuhand; wann mag der einstige Eigentümer, der es damals zweifellos nur unter starkem Druck verkaufte, das Anwesen wohl zurückbekommen?[40]

Mitte Juni 1991 nahmen Beamte des Bundeskriminalamtes in der Nähe von Berlin die 64jährige Johanna Olbrich alias »Sonja Lüneburg« fest: Sie war Anfang 1967 mit geheimdienstlichen Aufträgen in die Bundesrepublik eingeschleust worden und hatte nach einer üblichen Eingewöhnungsphase in Offenbach/Main sich zwei Jahre später um eine Anstellung als Sekretärin bei dem damaligen Bundestagsabgeordneten William Borm (ebenfalls ein Agent des MfS) beworben. Nach 1973 arbeitete sie in der Geschäftsstelle der F.D.P., um dann von Martin Bangemann nach dessen Wahl zum Generalsekretär der Partei als Chefsekretärin übernommen zu werden. Als er Bundeswirtschaftsminister wurde, rückte sie 1984 zu seiner 1. Vorzimmersekretärin auf. Am 3. August 1985 verschwand sie. Alle Sicherheitsüberprüfungen hatte sie ohne Einschränkungen überstanden und ebenso die Ermächtigung zum Umgang mit Geheimdokumenten bekommen. Bis zum letzten Tage schöpfte niemand, weder im Ministerium noch in den Abwehrstellen, irgendeinen Verdacht gegen sie.[41]

Lange Jahre galt der Regierungsamtmann des LfV Berlin, Gerhard Krützfeld, als tot; seine Ehefrau bezog monatlich 1700 DM Witwenpension. Tatsächlich war er – was selbst seinen nächsten Freunden unmöglich erschien – aus privaten und dienstlichen Gründen am 6. April 1982 zum Osten übergelaufen. Das Bemühen des MfS, ihn als »Maulwurf« in die Westsektoren zurückzuschicken, scheiterte vermutlich an seiner seelischen Verfassung. Unter neuer Identität lebte er in Erfurt, heiratete erneut und setzte auch zwei Kinder in die Welt. Als nach der Wende die Wahrheit bekannt wurde, verurteilte ein Gericht die gutgläubige »Witwe« zur Zurückzahlung der erhaltenen Rentenbezüge. Gegen den »Toten« läuft gegenwärtig ein Ermittlungsverfahren; sollte die Anklage nicht auf Landesverrat lauten, sind die Taten verjährt. Über ein Gerichtsverfahren wegen Bigamie ist bisher nichts bekannt geworden.

In einer Drei-Zimmer-Wohnung eines sechsstöckigen

Blocks im »WK 6«, einem Neubauviertel der Industriestadt Schwedt/Oder, hockte vor vier Jahren recht verängstigt Horst Hesse alias »Horst Berger«. Anfang der 50er Jahre war er vom Staatssicherheitsdienst als »politischer Flüchtling« in den Westen gebracht worden, wo er dann schließlich bei der US-Spionage in Würzburg arbeitete. März 1956 setzte er sich mit zwei ihrer Panzerschränke nach Ost-Berlin ab; nach gutinformierten Quellen verriet er dabei u. a. den CIA-Agenten Köppe im MfS, der furchtbar zu Tode gequält worden sein soll. Eine 1987 von der Presseabteilung des Ministeriums für Staatssicherheit herausgebrachte Dokumentation mit dem Titel »Kundschafter im Dienst des Friedens« schrieb auf Seite 17 über ihn: »Ein USA-Gericht verurteilte ihn in Abwesenheit zum Tode. Bis zu seiner Invalidisierung im Jahre 1966 war er Mitarbeiter des MfS und leistet seitdem umfangreiche Öffentlichkeitsarbeit.« Nach der Wende schämte sich der Kehlkopfkrebs-Kranke, für die SED-Bonzen tätig geworden zu sein: »Ich weiß jetzt, daß ich mein Leben für einen verruchten Haufen riskiert habe.«[42] Man hat niemals wieder von ihm gehört. Ein »Walter Dötsch« arbeitete seit Ende 1973 im Planungsstab der CDU/CSU-Bundestagsfraktion in Bonn, um am 3. November 1975 mit seiner Frau spurlos zu verschwinden. Immerhin konnte damals bald festgestellt werden, daß 1959 ein Flüchtling dieses Namens aus Weimar in West-Berlin aufgetaucht war, der nach einigen Semestern an der Freien Universität sich in Zürich immatrikulieren ließ. Dort muß der echte Dötsch freiwillig oder gezwungen in die DDR zurückgegangen und durch jenen »Dötsch« ersetzt worden sein, der unter seinen Personalien weiterlebte. Dahinter verbirgt sich angeblich Hans-Dieter Schlippes, der im Laufe der Jahre in der HVA immerhin bis zum Oberstleutnant und stellvertretenden Abteilungsleiter der Abteilung II aufsteigen konnte.

Als am 22. Oktober 1977 der Oberamtsrat des Bundeswirtschaftsministeriums, Winfried Kurt K., in West-Berlin seinem östlichen Kontaktmann Unterlagen übergeben wollte, wurde er festgenommen; bei einem Devisenschmuggel war er 1973 von DDR-Grenzern gestellt und dann zur Spionagearbeit erpreßt worden. Unmittelbar vor seinem Prozeß am Oberlandgericht in Düsseldorf lief er in die DDR über. Mitte November 1982 wies man den jetzigen Abteilungsleiter Raumtextilien im Versorgungskontor Erfurt, der nachts auf seinem Balkon schreiend seine Rückkehr nach Bonn-Röttgen forderte, in eine psychiatrische Klinik ein. Das entsprechende Urteil des Kreisgerichts Erfurt bekam er niemals zu sehen, erst nach sieben Jahren konnte es ihm der »Stern« zeigen.

Die einstigen Bonner Sekretärinnen wie Christel Brozey (inzwischen verheiratete Hoffmann) und Inge Goliath, die ebenfalls viel verriet, sind längst aufgespürt. Auch die einstige Agentin »Ursula Richter«, die seit 1972 im Bund der Vertriebenen tätig war und Mitte August 1985 wohl aufgrund einer Warnung vor ihrer Verhaftung flüchten konnte, ist unter ihren wahren Personalien bekannt. Die echte Frau Richter, die 1951 aus der DDR geflohen war und dann in Freiburg i. Br. gelebt hatte, kehrte nach fünf Jahren wieder in ihre Heimat zurück. An ihre Stelle wurde später Frau »Richter« mit einem total gefälschten, angeblich vom westdeutschen Generalkonsul in Toronto/Kanada ausgestellten Reisepaß nach dem Westen geschmuggelt.

Der jetzt 48jährige Ingenieur Heiko S. war im Mai 1974 im Auftrage des MfS in die Bundesrepublik »geflüchtet«. Unter dem Namen »Rainer Mickei« begann er drei Jahre später in Trier als Taxifahrer nachrichtendienstlich tätig zu werden, setzte sich am 24. Mai 1987 dann jedoch in die DDR ab. Mitte Oktober 1992 konnte er in Berlin identifiziert werden.

Hansjoachim Tiedge lebte als »Helmut Jochen Fischer« mit seiner Frau Brigitte in Berlin-Köpenick, Karolinenhofweg, und promovierte 1988 über »Die Abwehrarbeit der Ämter für Verfassungsschutz in der Bundesrepublik Deutschland«. Die Frage, ob er nach seinem Übertritt nach Ost-Berlin damals sein gesamtes Wissen verriet, könnte zweifelhaft sein: Trotz sofortigen Verbots durch das BfV fuhren später mehrere Counter-men (westlich gesteuerte Gegen-Agenten) besuchsweise in die DDR, wo sie unbehelligt blieben – andererseits kann dies ebenso direkte Absicht des MfS gewesen sein, um die Abwehrbehörde in Sicherheit zu wiegen. Unmittelbar nach dem Fall der Berliner Mauer hatte ein Kölner Redakteur den Plan, Tiedge über die noch bestehende Zonengrenze zu schmuggeln, mit ihm direkt zum Bundesanwalt zu fahren und somit eine geringere Bestrafung zu erreichen; tatsächlich scheint dieses Angebot ihn nicht erreicht zu haben, jedenfalls verschwanden er und seine Frau mit ihrem roten Porsche kurz vor der Wiedervereinigung in Richtung Osten. Wie er im Spätherbst 1993 dem Nachrichtenmagazin »Der Spiegel« mitteilte, leben er und seine Frau heute bei Moskau in einer schönen Vierzimmer-Wohnung. Er leugnet auch gar nicht, »ein Verräter« zu sein, doch meinte er optimistisch, »Von den 800 bis 900 Mark Rente, die ich hoffe aus der Bundesrepublik zu bekommen, lebe ich hier wie ein kleiner König.« Er wolle für immer in Rußland bleiben – »unwiderruflich«.[43] Andererseits wird er wissen, daß ihm hier als ehemaliger Regierungsdirektor eine monatliche Rente von rund 4000 DM zusteht. Bonner Politiker versprechen zwar schon seit Jahren, »dieses für Beitrags- und Steuerzahler empörende«[44] Problem zu lösen, doch erfolgte bisher nichts.

Einschätzung der DDR-Spionage

SED-Generalsekretär Erich Honecker hat sich nach der Wende über die West-Arbeit seines Ministeriums für Staatssicherheit ziemlich abfällig geäußert:

> »Die Berichte vom MfS, soweit sie nicht unter Geheimhaltung standen und auch nicht nur mir zugänglich waren, vor allem, wenn es die westliche Seite betraf, erschienen mir immer wie eine Zusammenfassung der Veröffentlichungen der westlichen Presse über die DDR. Das sage ich hier in aller Offenheit. Ich selbst habe diesen Berichten wenig Beachtung geschenkt, weil all das, was dort drin stand, man auch aus den Berichten der westlichen Medien gewinnen konnte. So zuverlässig waren die Informationen des MfS für die Partei- und Staatsführung der DDR überhaupt nicht.«[45]

Ob das Motiv zu diesen Worten in einer Enttäuschung über Erich Mielke lag? Oder wollte er angesichts der zu erwartenden Strafverfahren gegenüber der westdeutschen Öffentlichkeit die DDR-Spionage in ihrer Gefährlichkeit absichtlich herabsetzen? Früher nämlich hatte er genau das Gegenteil behauptet, und seitdem konnten HVA und VA ihre Tätigkeit weiter intensivieren: »Wir haben nicht die Absicht, Berichte unseres Geheimdienstes über die Lage der Bundesrepublik Deutschland, in der Bonner Regierung, in der Führung der CDU/CSU oder des Bonner Verteidigungsministeriums zu veröffentlichen. Es besteht aber kein Zweifel, daß wir doch etwas besser informiert sind.«[46] Dies wurde im Westen damals in der breiten Öffentlichkeit belächelt, von Kennern der Materie jedoch ähnlich gesehen. Drei Jahre später führte ein hoher Abwehrexperte des Bundeskriminalamtes bei einem internen Vortrag sehr ernst aus: »Es dürfte feststehen, daß Honekker oftmals besser über bestimmte Ereignisse in der Bundesrepublik Deutschland unterrichtet ist als der Bundeskanzler. Der Bundeskanzler erfährt nicht, was bei der Opposition, dem DGB und zum Teil auch in den Ministerien passiert. In der DDR läuft dagegen alles zusammen.«[47] Was die Teilnehmer dieser Tagungen, die seinerzeit doch recht ungläubiges Erstaunen ausdrückten, heutzutage nach all den – ersten – Spionage-Enthüllungen wohl denken mögen?

Nach dem Sturz des SED-Regimes bezeichneten DDR-Innenminister Diestel und auch das Komitee zur Auflösung des MfS dieses als das »am besten organisierte Geheimdienstsystem der Welt«[48], was zu einer zutreffenden Analyse allerdings genaue Vergleichsmöglichkeiten über andere Dienste vorausgesetzt hätte. Zutreffender erscheint die Formulierung, »daß es sich bei der HVA um einen der bestfunktionierenden Auslandsgeheimdienste gehandelt hat«.[49] Das Nachrichtenmagazin »US News and World Report« erachtete in seiner ersten April-Ausgabe 1992 den DDR-Staatssicherheitsdienst gerade hinsichtlich seiner Spionage als den besten Dienst der Welt; indes fußt diese Wertung auf einer angeblichen Studie der CIA, die in entscheidenden Punkten unrichtig ist.[50] Zweifellos war die Hauptverwaltung Aufklärung der beste auf die »alte« Bundesrepublik angesetzte östliche Nachrichtendienst.

Natürlich hat es eine aktive Spionage in einer Diktatur mit ihren umfassenden Möglichkeiten und nicht zuletzt ihrer Skrupellosigkeit wesentlich einfacher als eine Spionageabwehr in einer rechtsstaatlichen Demokratie, der ohnehin oft – oftmals unverständliche – Schranken gesetzt sind. Hinzu kam die Besonderheit der Spaltung Deutschlands, wo dies- und jenseits von Stacheldraht und Mauer dieselbe Sprache, die letztlich gleichen Lebensgewohnheiten und dieselben Mentalität herrschten. Zudem boten die aus menschlich-humanitären Gründen und im Interesse der Zusammengehörigkeit der deutschen Nation von der Bundesrepublik stets begrüßten Reisen von Westdeutschen zu ihren Verwandten »drüben« oder zu wissenschaftlich-kulturellen Tagungen oder auch zu geschäftlichen Reisen nach dort für die DDR-Spionage gute Kontaktmöglichkeiten für ihre nachrichtendienstlichen Zwecke. Der letzte Leiter der HVA, Großmann, hat als wesentlichen Erfolgsgrund seine »Perspektivagenten« genannt, die – ideologisch überzeugt – auf lange Sicht gearbeitet hätten[51]; ob das in dieser Bedeutung allerdings zutrifft, muß wohl eher verneint werden. Richtig ist, daß die Hauptverwaltung Aufklärung sich sehr um die allzu oft recht einsamen Sekretärinnen in Bonn und auch an den bundesdeutschen Botschaften im Ausland kümmerte – natürlich auf ihre Weise . . .

Der Präsident des deutschen Bundeskriminalamtes, Hans-Ludwig Zachert, räumte in einem Interview ein, die DDR-Spionagedienste seien »mit wirklich allergrößtem Erfolg«[52] vorgegangen. Für sie war, so formulierte es einmal ein seriöser, langjähriger Kenner einer westdeutschen Sicherheitsstelle[53], in der Bundesrepublik – »eigentlich nichts geheim!«

III Die »Aufklärung« der damaligen Bundesrepublik

Es ist zur Genüge bekannt, daß man es auch heute noch in der »alten« Bundesrepublik höchst ungern hört – im Interesse der Wahrheit es dennoch gesagt werden muß: Ein großer Helfer der Spionage Ost-Berlins waren im freien Teil Deutschlands die Naivität, die Leichtfertigkeit und nicht selten wohl auch ein Gar-Nicht-Wissen-Wollen! In den letzten Jahren der DDR wäre die Hauptverwaltung Aufklärung zweifellos noch weitaus erfolgreicher gewesen, wenn sie nicht gezwungen worden wäre, sich in zunehmendem Umfang auf den wachsenden Widerstand der eigenen Bevölkerung zu konzentrieren. Je sicherer das SED-System im Westen Deutschlands angesehen wurde – und man solle doch einmal die Reden gewisser Politiker oder gerade auch die Massenmedien aus der damaligen Zeit hören und sehen! –, um so schwächer wurde es tatsächlich: »Je mehr die Machthaber der DDR die Staatssicherheit stärken wollten, desto stärker müssen sie um die Sicherheit des Staats gefürchtet haben.«[1] Man muß gegen die politische Öffentlichkeit in der »alten« Bundesrepublik schon den starken Vorwurf erheben, während der damaligen Jahre die vielfache Tätigkeit des DDR-Ministeriums für Staatssicherheit in jeder Weise unterschätzt zu haben – auch gerade in punkto Spionage. Freimütig gesteht der Verfassungsschutz-Bericht 1990 des LfV Berlin ein:

> »Frühere Einschätzungen über Aggressivität und Umfang der von den Nachrichtendiensten der DDR betriebenen Spionage entsprachen wegen des Fehlens umfassender Informationen nicht der realen Bedrohungslage.«[2]

Der Bundesnachrichtendienst gab in jenen Zeiten gegenüber Journalisten die Gesamtzahl der hauptamtlichen MfS-Bediensteten durchweg mit »22000«, später mit »25000« an, tatsächlich erreichte sie fast die 100000-Grenze; in der Zentrale in Berlin-Lichtenberg arbeiteten nicht »6000« Personen, vielmehr waren es 33000. Die Hauptverwaltung Aufklärung umfaßte auch nicht »2000«, sondern 4128 Hauptamtliche. Die Zahl der DDR-Spione in Westdeutschland belief sich keinesfalls auf »3000«, sondern auf 5000 bis 6000! Natürlich hätten diese Angaben aus Sicherheitsgründen eine gewollte Desinformation seitens des BND darstellen können, doch erscheint Derartiges aus mancherlei Gründen nicht glaubhaft.

Westdeutschland im Zeichen der Entspannung

Es gab Warnungen einiger – allerdings beschämend weniger – Publizisten und insbesondere die Jahresberichte des Bundesamtes und der Landesämter für Verfassungsschutz: Diese verwiesen eigentlich stets darauf, daß die Bundesrepublik »ein bevorzugtes Zielgebiet östlicher Nachrichtendienste« sei und die Spionage »unvermindert« fortbestehe. In der letzten Zeit der DDR konnte man lesen – sofern man das überhaupt wollte – von »verstärkten Spionagebemühungen« und über die Tatsache, daß »Glasnost« sowie »Perestroika« daran absolut nichts geändert hätten.[3] Es gelang in all den Jahren aber nicht, die Bevölkerung über die Gefahren der Spionage hinreichend aufzuklären, falls das jemals in erforderlichem Maße angestrebt wurde; außerdem fühlte sich dafür auch kaum jemand »zuständig«, wenn man von vereinzelten Ausnahmen absieht.

Das Wesen der Diktatur jenseits der Berliner Mauer wurde verharmlost und die DDR zum Friedenspartner hochstilisiert; es gab genügend Stimmen, beide Teile Deutschlands sogar wie zwei gleichwertige politische Systeme zu definieren! Hatten die Westdeutschen die Willkür der einstigen Gestapo schon vergessen, als daß sie kaum Interesse am DDR-Staatssicherheitsdienst hatten? Sicherlich wußte und fürchtete man schon, die Bundesrepublik würde im Ernstfall das Einfallstor der Warschauer Pakt-Staaten nach Westeuropa sein – doch daß die einem solchen Angriff notwendigerweise vorauseilende Spionage dafür den Boden vorbereiten mußte, sah man allgemein nicht.

Erschwerend wirkte sich noch ein sehr bedenklicher Umstand aus: Keineswegs nur in einem Spionagefall sagten höchste Bonner Regierungsvertreter aus rein parteipolitischen Gesichtspunkten wissentlich die Unwahrheit. So wurde im Falle Guillaume zunächst geleugnet, daß der Verhaftete überhaupt Umgang mit Geheimdokumenten hatte. Hieß es anfangs, »auf ausdrückliches Anraten der Sicherheitsorgane« sei er in den Urlaub nach Norwegen mitgenommen worden, damit eine »möglichst komplette Aufklärung und Aufrollung erfolgen könnte«, so war später das Gegenteil zu hören. Die Behauptung vom »Agentenring«, dem Guillaume angehört haben und dessen »Zerschlagung« die sehr späte Verhaftung rechtfertigen sollte, verstummte schnell. Die Worte eines zweiten Ministers, man habe dem DDR-Spion schon ein Jahr zuvor »eine Falle« gestellt, mußte von Kennern genauso belächelt werden wie das ausgestreute Gerücht, er sei lange Zeit mit »Spielmaterial« (also absichtlich gefälschten Unterlagen zur Irreführung des Gegners) versehen worden.[4]

Bei der Festnahme von Frau Kahlig-Scheffler im Bundeskanzleramt verlautete von dort entgegen den Tatsachen, die Akten an ihrem Arbeitsplatz seien »nur von begrenztem Interesse« gewesen und ihr Inhalt hätte ohnehin drei Tage später in Zeitungen gestanden.[5]
   Selbst der Spionagefall Lutze-Wiegel wurde viele Monate hindurch verharmlost: Am 9. Juni 1976 hieß es gegenüber dem Verteidigungsausschuß des Bundestages, die Agentin Lutze habe kaum Geheimes zu Gesicht bekommen – fünf Tage zuvor jedoch hatte man der NATO-Zentrale den Verrat von NATO-Secret-Dokumenten eingestanden. Auf Anfrage der Opposition wurde am 10. September 1976 im Bonner Parlament erklärt, die Agenten hätten »Dokumente über Biersorten in den Bundeswehrkantinen an die DDR geliefert«.[6] Der zuständige Minister betonte auf einer Pressekonferenz am 13. Dezember 1977 und noch einen Tag später vor dem Verteidigungsausschuß, er habe erst durch einen Artikel in der »Frankfurter Allgemeinen Zeitung« den Umfang des Verrats erkannt. Etwa einen Monat später mußte er vor dem Untersuchungsausschuß des Parlaments einräumen, »von Anfang an von der grundsätzlichen Bedeutung des Falles, von seiner Schwere gewußt« zu haben.[7] Ende 1977 sagte der Regierungssprecher, der Bundeskanzler habe vor jener Zeitungsveröffentlichung keine Kenntnis über das Ausmaß

der Spionage gehabt; in seiner Regierungserklärung am 19. Januar 1978 gab dieser dann zu, von Anfang an informiert gewesen zu sein.[8] Krampfhaft verschwiegen am Rhein wurde der schwere Verrat des Oberstleutnants Norbert Moser, bis die Deutschen alle Einzelheiten in schweizerischen Zeitungen nachlesen konnten.

Bis in die heutigen Tage ist bei einer Verhaftung eines DDR-»Kundschafters« eigentlich immer von ihm nahestehenden Politikern zu hören, es handele sich bestimmt um einen bösen Irrtum, man lege für ihn die Hand ins Feuer (wieviel verbrannte Hände müßte es allmählich in der Bundesrepublik geben!), um später kleinlaut zuzugeben, niemals habe man diesem eine Spionagetätigkeit zugetraut. Zumeist kommt kurz danach dann die Mitteilung, der angerichtete Schaden sei minimal – was durchweg noch gar nicht abschließend beurteilt werden kann. Bei Veröffentlichungen eines derartigen Falles pflegt auch weitaus weniger der Vedächtige attackiert zu werden, sondern allgemein wird die Schuld primär bei der Presse gesehen. Selbst nach Aufdeckung eines schweren Spionagefalles in jenen Jahren ging die öffentliche Meinung durchweg sehr rasch zur Tagesordnung über. Störten solche Vorkommnisse die selbstzufriedene Ruhe in der satten West-Republik? Man muß sich heute fragen, warum, zu welchem Zweck wurde damals eigentlich eine Atmosphäre der Verharmlosung, der Bagatellisierung, die Illusion eines leichten Friedens geschaffen?

Die Agenten Ost-Berlins hatten es bei ihrem Vorgehen allerdings auch nicht schwierig. Die erwähnte »Kundschafterin« im Bundeskanzleramt, Frau Kahlig-Scheffler, räumte einmal gegenüber ihrem späteren Vernehmer ein, sie hätte niemals so lange und erfolgreich spionieren können, wenn »es mir nicht so einfach gemacht worden wäre«. Erwähnt sei, daß durch sie nicht wenige Aktenvorgänge des Bundeskanzleramtes schneller fotokopiert im Ministerium für Staatssicherheit in Ost-Berlin lagen als im Original auf dem Schreibtisch von Bundeskanzler Schmidt!

Im Falle der KGB-Agentin Höke im Bundespräsidialamt

stellte das Oberlandesgericht Düsseldorf bei der Urteils-
verkündung fest, daß sie an dieser äußerst wichtigen Stelle
»ohne Risiko« vorgehen konnte: Von den Vermerken an
den Bundespräsidenten fertigte sie für ihre Auftraggeber
einfach eine Durchschrift mehr an und nahm diese mit
nach Hause. Während des Prozesses räumte der für die
Geheimregistratur verantwortliche Beamte ein: »Fotoko-
pieren war bei uns ganz einfach. Wenn jemand frech genug
gewesen wäre, hätte er mit Leichtigkeit auch Papiere mit
Geheimstempeln kopieren können.« Auch diese Spionin
konnte alle geheimen Dokumente ohne jegliche Kontrolle
aus dem Amt hinaustragen. In einem Gespräch des Autors
mit einem Staatssekretär eines Bundesministeriums[9] erwi-
derte dieser, eine solche notwendige Maßnahme wäre gegen den Personalrat kaum durchzusetzen: Dieser würde
sofort fragen, ob es wirklich konkrete Hinweise in dem
Hause für DDR-Spionage gebe und wen man tatsächlich in
Verdacht habe. Nach Ansicht des Personalrates eines weiteren Bonner Bundesministeriums hätten Taschenkontrollen einen »Verstoß gegen die Menschenwürde« dargestellt.

Nicht von ungefähr sah sich das Bundeskriminalamt
schon vor Jahren zu der Feststellung genötigt, es werde

> »die Tätigkeit östlicher Geheimdienste nicht zuletzt
> auch durch ein verbreitetes ›Sensibilitätsdefizit‹ in der
> Bundesrepulik Deutschland erleichtert. Die gegen-
> über der Spionage und der von ihr verursachten Ge-
> fährdung der Sicherheit wahrzunehmende Arg- und
> Ahnungslosigkeit ist bei Bürgern, in Wirtschaft und
> Verwaltung, bei Parteien, kurzum: im gesamten öf-
> fentlichen Leben anzutreffen.«[10]

General a. D. Gerhard Wessel, langjähriger Präsident des
Bundesnachrichtendienstes, schrieb einmal in einem Brief
an den Verfasser,

> »die meisten unserer Landsleute in allen Bereichen

sind in der Regel von einer grotesken Gutgläubigkeit im Hinblick auf die gegnerische Spionage.«[11]

Noch im Frühjahr 1989 erachtete das Innenministerium Baden-Württembergs es für »dringend geboten, ... vor allem eine Sensibilisierung weiter Bevölkerungskreise« für die »alltägliche Spionagegefahr« zu erreichen: »Der Bürger ist sich der Gefahr kaum bewußt, daß sich die Ostblock-Geheimdienste für nahezu alle Bereiche des politischen und wirtschaftlichen Lebens interessieren.«[12] Die recht vielen Spionage-Vorfälle auch in der Bundeswehr wurden gewiß durch eine ebenfalls recht häufig anzutreffende Unbekümmertheit und einen oftmals allzu starken Glauben an die Integrität des Offiziersberufes begünstigt. Hinzu kam nicht selten eine Überschätzung der Sicherheitsüberprüfungen, die indes bei einem Menschen allgemein lediglich Anfälligkeiten gegenüber Spionagewerbunden (wie Trunksucht, Spielleidenschaft, Schulden) feststellen, kaum jedoch zu konkreten Enttarnungen eines »Kundschafters« führen können. Aus dem Bundesministerium der Verteidigung konnte das Ehepaar Lutze monatelang die Akten bündelweise in den Kofferraum seines Pkw packen und daheim kopieren. Das spätere Gerichtsurteil mußte feststellen, ihm sei der Verrat »ungeheuer leicht gemacht« worden. Lutze hätte drei Jahre früher verhaftet, jedenfalls unter Beobachtung gestellt werden können: Als er eines Tages auf der Bonner Hardthöhe mit einer Kleinstbildkamera neben einer EDV-Liste von 3400 Offiziersnamen gesehen wurde, sagte Oberstleutnant Peter Jamrath scherzhaft zu ihm – so wenigstens das Gerichtsprotokoll –: »Herr Lutze, was machen Sie mit der Minox? Hier wird nicht spioniert, hier wird gearbeitet!« Ein Hinweis an den MAD unterblieb, selbst nachdem bemerkt wurde, daß Lutze mehrfach nur für Referenten bestimmte Verschlußmappen angeblich irrtümlich geöffnet hatte. Mit-Offiziere des Oberstleutnants erklärten glaubhaft, er hätte niemals an das Vorhandensein von Spionage gedacht – beginnt da nicht bereits das Versagen? Frau Lutze, die

Mit-Agentin ihres Mannes, die in der Sozialabteilung des Verteidigungsministeriums saß, konnte aus eigener Machtvollkommenheit geheime Akten anfordern und erhielt sie auch und lichtete dann auf den Fotokopiermaschinen des Bonner Verteidigungsministeriums diese für das Ost-Berliner Staatssicherheitsministerium ab. Bemerkte niemand – oder wollte es etwa vielleicht auch gar nicht? – den skandalös leichtfertigen Umgang mit Geheimmaterial?

Die Funkaufklärer der DDR waren immer überrascht, mit welcher Offenheit innerhalb der Truppe in Westdeutschland Informationen über Telefon weitergegeben wurden: »Neue Auswerter glaubten in vielen Fällen zunächst an eine bewußte Irreführung, bis erfahrene Kameraden sie über die ›völlig normalen‹ Sprechgewohnheiten des Gegners aufklärten.«[13] Aufgrund der allein bis dahin – durchweg erst durch Überläufer – bekanntgewordenen Tatsachen kam im Juli 1990 ein hoher Beamter einer westdeutschen Sicherheitsbehörde zu der Schlußfolgerung[14], auch in der Bundeswehr bestand

»eine erschreckende Nachlässigkeit«.

Angesichts der schwerwiegenden Verratsfälle innerhalb der bundesdeutschen Sicherheitsbehörden wäre auch hier eine selbstkritische Haltung vonnöten. Heute ist in der Öffentlichkeit manchmal zu hören, sie hätten in all den zurückliegenden Jahren versagt. Das wäre sicherlich dann zu bejahen, wenn man eine Parallele zu den britischen Diensten zöge, die tatsächlich oder angeblich bei Kriegsbeginn 1939 alle deutschen Agenten hochgehen lassen oder doch »umdrehen« konnten. Tatsächlich bildeten die westdeutschen Abwehrstellen zu keiner Zeit einen ernsthaften Schutz gegen die »Maulwürfe« aus dem Ostblock. Es stellt andererseits keine Seltenheit dar, daß MAD-Offiziere von Truppen-Offizieren ebenso unfreundlich wie arrogant belehrt wurden, sie selber würden in ihrer Einheit sofort einen DDR-Spion entlarven! Zugleich drängt sich zudem das große Problem auf, ob mit den gegebenen rechtlichen, tatsächlichen und personellen Möglichkeiten überhaupt eine eigentlich erforderliche Abwehr möglich war. Die Frage, inwieweit man andererseits über die DDR informiert war, ist für einen Chronisten auch heutzutage noch nicht leicht zu beantworten – zumindest punktuell scheint man relativ gute Kenntnisse gehabt zu haben.

Richard Meier, ehemaliger Präsident des Bundesamtes für Verfassungschutz und Leiter der Abteilung Beschaffung des Bundesnachrichtendienstes, schreibt in seinem Buch, und bei seinem Kenntnisstand dürfte es kaum eine größere Übertreibung sein:

»Erschüttert, aus jetziger Sicht, müssen unsere Abwehrleute ihre Hilflosigkeit gegenüber den DDR-Geheimdiensten zugeben. In der Bundesrepublik versuchte man mit einem dressierten Hamster ein Rudel Wölfe zu erledigen, das sich draußen im Wald versteckt hielt und im entscheidenden Augenblick durch jede Ritze hindurchging; Wölfe, die keinerlei verfassungsrechtliche Regeln beachten mußten, die ohne jede Rücksicht auf die Rechte einzelner oder gar das Leben einzelner ungehindert ihrer Reißwut nachgehen konnten.«[15]

Zu untersuchen wäre zudem, ob die Dienste in Bonn auch immer das notwendige Echo fanden. Als das Bundesamt für Verfassungschutz angesichts der vielen Sekretärinnen-Spionagefälle vor etlichen Jahren ein warnendes Plakat »Manche Liebe ist geplant in Ost-Berlin« ebenfalls im Bundestagsgebäude anbringen ließ, wurde es von einem Bundestagsabgeordneten abgerissen, während ein weiterer meinte, sich an die in der Hitler-Zeit üblichen Plakate »Vorsicht – Feind hört mit!« erinnern zu müssen. Nach einem Brief der beiden – die noch immer in der Politik eine bedeutende Rolle spielen – an den damaligen Bundestagspräsidenten Stücklen wurden die Plakate dann »auf Anweisung höherer Stellen« tatsächlich im Parlament entfernt. Das Motiv zu diesem seltsamen Verhalten ist unbekannt geblieben. Ob das Hohe Haus tatsächlich glaubte, Derartiges auf diese Weise zu verdrängen? Noch Mitte Juli 1989 äußerte der innenpolitische Sprecher der F.D.P.-Bundestagsfraktion sich »sehr besorgt« über die vom BfV angelegte Adressen-Kartei von Aussiedlern, mit der in Verdachtsfällen Überprüfungen vorgenommen werden sollten; recht oft waren die Agenten nämlich mit falschen Personalpapieren in die Bundesrepublik eingeschleust worden.[16] Die Medien – keineswegs immer mit der notwendigen Sachkenntnis auf diesem Sektor – erhoben im Zusammenhang mit den Abwehrstellen oft die dümmliche Bezeichnung eines »Polizeistaates« und andererseits, bei einer nicht sofortigen Aufdeckung eines Falles, die Diffamierung eines »Nachtwächterstaates«. Naturgemäß werden in diesem Bereich der breiten Öffentlichkeit durchweg lediglich »Pannen« und Niederlagen bekannt, nur äußerst selten hingegen – schon mit Rücksicht auf die Sicherheit der eigenen Mitarbeiter – die keineswegs wenigen Erfolge. Nicht zuletzt hatten und haben auch heutzutage noch die zuständigen Behörden in einer zusehends macht- und staatsfremden Gesellschaft zu wirken, welche den privaten Datenschutz für wichtiger erachtet als den eigentlich alle Bürger betreffenden Staatsschutz. Daß der Datenschutz sich auch bei der Verfolgung von »Kundschaftern« wiederholt als Hindernis, geradezu als Täterschutz erweist, wird zwar immer bestritten, ist indessen leider Tatsache.

Vergessen werden sollten ebenfalls nicht, dieselben Kreise, welche seit einiger Zeit zu Recht gegen illegale Waffenexporte auftreten, sich vor Jahr und Tag noch stärker und lauter gegen die CoCom-Liste wandten, die eben jene dunklen Ausfuhren verhindern soll. Stimmt es denn etwa nicht, daß das für die Abwehr dieser Machenschaften zuständige Zollkriminalinstitut in der Tel-Aviv-Straße Kölns bis 1989 nur mit kleinen Karteikästen und Zetteln arbeiten mußte und dann erst allmählich Computer bekam? Die Rechte seiner Kontrolleure noch sehr lange Zeit eingeengt waren? Bei Prüfungsanordnungen gegenüber einer Firma diese 14 Tage zuvor angemeldet werden mußten (so daß – zynisch gesagt – diese genügend Zeit zum Vertuschen und Vernichten gefährlicher Unterlagen hatte)? Natürlich wußte man in Paris, London und besonders in Washington darum und sah diese Maßnahmen wohl nicht zu Unrecht als »kleines und ziemlich durchlöchertes Feigenblatt« an.[17] Die system-immanente DDR-Forschung in Westdeutschland war stolz auf ihre realistische Sicht. Realität war jedoch häufig ihr mangelnder Realismus. Es bleibt ein »fatales Fazit«, daß sie, die dazu berufen und ebenso verpflichtet gewesen wäre, bis zum Ende der DDR die Staatssicherheit niemals thematisierte. Diese war »erst zu einem Thema geworden, als sie nicht mehr existierte«.[18] Auch hier erhebt sich die große Frage nach dem Warum: Erkannte man nicht ihre Bedeutung für das SED-Herrschaftssystem, bestand kein Interesse, war es Angst, Feigheit? Bei einigen Recherchen konnte man sehr wohl an Unterlagen und zu Erkenntnissen kommen – wenn man nur gewollt hätte! Auch die offiziellen »Materialien zum Bericht der Lage der Nation« 1972 oder ebenso »Das Deutschland-Handbuch« von 1989 hatten für das Ministerium für Staatssicherheit nur wenige Worte übrig. An den bundesdeutschen Universitäten wurden in jenen Jahren Dissertationen über die unterschiedlichsten Erscheinungen der DDR verfaßt – keine einzige jedoch über die Tätigkeit des MfS oder auch »nur« über seine Spionage in eben diesem Lande.[19] Der Büchermarkt kannte allerdings zwei Bücher, die sogar in mehreren Auflagen erschienen: Einmal primär über die Arbeit des Staatssicherheitsdienstes innerhalb der DDR und zum anderen gegen den Westen[20]; beide Autoren handelten indes aus eigenem Antrieb, nicht auf Empfehlung irgendeiner staatlichen Stelle.

Wer nicht nachließ, das MfS mit seinem Unterdrückungsapparat und seiner Spionage bloßzustellen, wurde in Westdeutschland leicht als »Ewiggestriger« abgestempelt und mit dem Odium als »Kalter Krieger« verfemt. Öffentliche Kritik an nicht selten mangelndem sicherheitspolitischen Denken und Handeln in der Bundeswehr war selbst in höchsten Offiziers-Kreisen recht unerwünscht.[21] General Reinhard Gehlen, der Vater des Bundesnachrichtendienstes, klagte dem Autor einmal verbittert, wie sehr ihn Kanzleramts-Minister Horst Ehmke wegen seiner Warnungen gegenüber den Unterminierungsbestrebungen des Sowjetblocks bedrängte; schließlich sah er sich gezwungen, sein Wissen über verläßliche Journalisten zu verbreiten.[22]

Aber selbst aus dem Skandalfall Guillaume zog man in der Bundesrepublik keine Konsequenzen. Vor dem Bundestags-Verteidigungsausschuß erklärte einmal der seinerzeitige BfV-Präsident Hellenbroich,

> »daß sein Amt in der Folge des Spionagefalles Guillaume ›einen Rückpfiff‹ erhalten habe, weil man höheren Orts keine allzu intensiven Sicherheitsüberprüfungen in Behörden und in der Industrie gewollt habe.«[23]

Hatte der Staatsbürger ein scharfes Dementi des damaligen F.D.P.-Bundesinnenministers erwartet, so wurde er enttäuscht – es gab keines, trotz dieser doch sehr massiven Anschuldigung!

»Abklären«, »Tippen«, Anwerbungen

Von über zwei Millionen Bundesbürgern gibt es Akten seitens des DDR-Staatssicherheitsministeriums. Die darin enthaltenen Angaben stammen keineswegs allein aus zensierten Briefen zwischen West und Ost oder auch nur von westdeutschen Reisenden, die nach »drüben« fuhren. Vieles erfuhr die Stasi von Wissenschaftlern (Reisekadern) sowie von Kirchenführern – ob Brandenburgs Ministerpräsident Manfred Stolpe auch dazu gehörte, muß die Zukunft erweisen[24] –, die nach ihrer Rückkehr über ihre Kontakte im Westen berichteten. Die bundesdeutschen Stellen wußten, daß DDR-Bewohner vor ihren Reisen nach Westdeutschland oftmals von MfS-Angehörigen aufgefordert wurden, bestimmte Personen ihres Verwandten- und Bekanntenkreises im Bundesgebiet zu einem Besuch in die DDR einzuladen. In manchen Fällen benannten die Abgesandten des Staatssicherheitsdienstes im Westen lebende Personen aus der entfernteren Verwandtschaft, die sie selber zuweilen gar nicht kannten. Diese häufig ins Detail gehende »Abklärung« innerdeutscher Beziehungen ließ schon damals den Schluß zu: Das Ministerium für Staatssicherheit war hinreichend in der Lage, eigene Ermittlungen in der Bundesrepublik durchzuführen.[25] Aus einer vorgefundenen Akte des MfS ergibt sich, daß zur Kontrolle einer bestimmten Wohnadresse in Wiesbaden insgesamt vier IM eingesetzt waren! Viele Westdeutsche, die in die DDR reisten, wurden bei der polizeilichen Anmeldung in ein Nebenzimmer gebeten und dort von MfS-Angehörigen mit vielen Einzelheiten aus ihrem Leben und ihrer Umwelt überrascht.

In der Tat: Die MfS-Hauptabteilung VIII (Ermittlungen und Observation) hatte das Gebiet der »alten« Bundesländer mit einem ganzen Netz von Agenten überzogen; zumeist befanden diese sich in solchen beruflichen und gesellschaftlichen Positionen, die ihnen unauffällig gute Informationsmöglichkeiten verschafften. Ihre Aufgabe war es, auf Anforderung der verschiedenen Abteilungen des Ministeriums für Staatssicherheit Ermittlungsaufträge auszuführen. Markante Beispiele? Ende September 1992 erhob die Staatsanwaltschaft Berlin Anklage gegen einen 65 Jahre alten Taxifahrer und dessen 57jährige Ehefrau: Ihnen wird vorgeworfen, im Auftrage des MfS über 32 Jahre in West-Berlin und in Westdeutschland Hunderte von Personen und Objekte ausspioniert zu haben; angeblich hatte der Mann von 1955 bis 1959 als Anwerber für den US-Geheimdienst gearbeitet, wurde dann von der Stasi nach Ost-Berlin gelockt, dort verhaftet und »umgedreht« – danach informierte er den DDR-Geheimdienst über DDR-Einwohner, die sich vom US-Geheimdienst anwerben ließen ... Seine Frau soll seit 1981 als Zimmermädchen in einem Berliner Hotel Gäste und Veranstaltungen ausgehorcht haben. Der Agentenlohn für beide hat angeblich 200 000 DM betragen. Daneben unterhielt das MfS Observationsgruppen, die ständig in West-Berlin stationiert waren; sie sollen aus jeweils drei–vier Personen bestanden und teilweise über mit Video-Kameras ausgerüstete Fahrzeuge verfügt haben.

Die Rechtsanwältin Renate Drygala-Friese in Bremen verpflichtete sich 1976 zur Personenabklärung im Bereich der Jusitz; zur Gründung ihrer Anwaltskanzlei hatte die HA VIII einen Geldbetrag von rund 10 000 DM beigesteuert. Ende 1979/Anfang 1980 konnte die Anwältin auch ihren späteren Ehemann Hans-Georg – einen Studienrat – für die nachrichtendienstliche Tätigkeit gewinnen. Das Ehepaar Arno und Angelika B. (Decknamen: »Abraham« und »Erika«) stellte seit 1967 bzw. 1975 Beobachtungen im Bereich der bundesdeutschen Sicherheitsstellen an. Ein Versicherungsmakler aus Essen erhielt 1984 die Anweisung, solche Personen kennenzulernen, die im süddeutschen Raum Einfluß auf wirtschaftliche, politische und militärische Veränderungen ausüben könnten.

Günter und Gisela Schulz in West-Berlin waren seit 1957 bzw. 1959 zu Personen- und Objektabklärungen eingesetzt; einschließlich der finanziellen Zuschüsse seitens der Staatssicherheit zu den von ihnen betriebenen Geschäften bekamen sie bis November 1989 circa 150000 DM. Rund 250000 DM stellten den Dank der HA VIII an ein Ehepaar aus Essen für seine fast 20jährige »Arbeit« dar: Es hatte den Sitz und mögliche Zweigstellen von benannten Firmen zu ermitteln und bestimmte Namen sowie auch Personenkraftwagen zu überprüfen. Für ähnliche Zwecke konnte die Hauptabteilung II bereits 1959 den Kellner und Geschäftsführer in Nachtclubs und Bordellen Fritz D. (Deckname: »Marcel«) gewinnen.

Sehr oft bestand in derartigen Fällen der Auftrag auch darin, besondere Personen zu »tippen« – die im Hinblick auf die nachrichtendienstliche Mitarbeit interessant erschienen und sich dazu anwerben ließen.

Es ist wirklich erschreckend festzustellen, wie viele Bundesbürger für die DDR-Spionage arbeiteten! Bei den meisten war das Motiv einfach Geldgier und oft auch sogenannter Frust im Beruf. Die Führung des MfS sowie der HVA und VA malten oft und gerne das Bild von dem »Kundschafter« als dem »politisch überzeugten Kämpfer« für den Frieden oder die DDR oder auch für die Idee des Sozialismus[26], doch entsprach solches weitaus mehr der großen Ausnahme. Eine interne Analyse des BfV stellte bald nach der Vereinigung fest, daß rund 90 Prozent primär aus pecuniären Motiven tätig wurden. Politische Beweggründe kamen aus der Studentenbewegung 1968, was man in westdeutschen Abwehrkreisen indes bis zum Ende nicht glauben wollte. Zwei frühere HVA-Offiziere schreiben in diesem Zusammenhang: »Das Argument, als Aufklärer viel mehr für die eigenen Ziele tun zu können als durch spektakuläre Aktionen auf der Straße, leuchtete nicht wenigen ein ... Gerade die Fülle der von ihnen übermittelten Informationen ermöglichte der HVA ein realistisches und sehr aktuelles Lagebild.«[27] Diese jungen Menschen behaupteten, für mehr Demokratie und Freiheit kämpfen zu wollen und stellten sich statt dessen in den Dienst einer neuen deutschen Diktatur. Hatten sie nichts von den Erschossenen an der Mauer gehört, waren Bautzen und Hoheneck ihnen unbekannte Begriffe, sahen sie nicht die zerfallenen Häuser in den verschiedenen Städten der DDR? Oder wollten sie dies alles auf dem Rücken der dortigen Bevölkerung in Kauf nehmen, nur im Interesse einer letztlich traumhaften Ideologie? Anwerbungsversuchen der HVA und VA konnte ein Bundesbürger auch innerhalb der DDR widerstehen. Erfahrungen beweisen, daß ein deutliches Nein durchweg akzeptiert wurde. Nicht wenigen Spionen gelang es später durchaus, »auszusteigen«: Sie wurden »entpflichtet«, zwar zu absoluter Verschwiegenheit verpflichtet – doch geschah ihnen nichts. Voraussetzung waren allerdings Beharrlichkeit und ebenso Zivilcourage. Die meisten aber, selbst wenn sie des Agentendaseins eigentlich müde waren, liebten den Judassold der Stasi und glaubten wohl an Honeckers Wort vom 19. Januar 1989, die Berliner Mauer werde in »50 und auch in 100 Jahren noch bestehen«, und hofften, die DDR werde ewig existieren und daß sie niemals entdeckt würden. Heutzutage behaupten dieselben recht oft, sie seien zu ihrer »Kundschafter«-Tätigkeit erpreßt worden; die Akten indes belegen allgemein das Gegenteil. Ohnehin ging die Hauptverwaltung Aufklärung während der letzten Jahre eigentlich gar nicht mehr mit derartigen Kompromaten vor. Daß sie mit Verlockungen arbeitete, etwa in dieser oder jener Angelegenheit ihre Hilfe anbot (der Preis dafür war die Spionage), ist eine ganz andere Frage.

Und wie viele Bundesdeutsche haben sich den DDR-Diensten selber angeboten! Es sollte die Verantwortlichen in Bonn, aber auch in der Bundeswehr und in den Chefetagen unserer großen Wirtschaftsmonopole eigentlich zu einem längeren und tieferen Nachdenken – auf die Zukunft bezogen – über die Frage anregen, wie die Spionage eines verbrecherischen und diktatorischen Systems so viele Menschen einer funktionierenden und attraktiven Demokratie korrumpieren und zu schmutzigem Verrat gewinnen konnte. Gehörten diese Beamten, Offiziere und Techniker doch nicht zu jenen Deutschen, die hinter der Berliner Mauer eingesperrt und der roten Gestapo letztlich schutzlos ausgeliefert waren. Es handelte sich zum größten Teil um Bürger der Bundesrepublik Deutschland, die nicht unter Druck standen – außer demjenigen ihrer traurigen Gesinnung –, sondern völlig freiwillig Verrat übten, und zwar aus verächtlichen Motiven wie Geldgier, überspitzter Eitelkeit oder auch politischer Ignoranz! Offenbar gab es keinen Bereich und keine Gehaltsgruppe, bei der man Integrität unterstellen kann. Es kursieren manche Gerüchte von Insidern, wonach ebenfalls mehrere sehr hohe (wenn auch inzwischen verstorbene) politische Persönlichkeiten in die DDR-Spionage verwickelt gewesen sein sollen. Gerade in diesen Fällen ist zu hoffen, daß die Wahrheit nicht vertuscht, sondern eines baldigen Tages bekannt wird. Die führende Schweizer Presseagentur resümierte,

> »daß es um das politisch-moralische Verhalten im Westen Deutschlands nicht so gut bestellt war und keineswegs wenige Menschen in der Bundesrepublik (eine der reichsten Wirtschaftsnationen der Welt!) verhältnismäßig leicht käuflich waren – von einem System, das den anderen Teil desselben Landes über 40 Jahre beispiellos unterdrückt hatte.«[28]

Ebenso kann angesichts der schon bisher vorliegenden Erkenntnisse nicht abgestritten werden: Mit ihrer Hilfe gelangen den DDR-Spionagediensten tiefe Einbrüche in alle Bereiche der Bundesrepublik Deutschland!

Politische Spionage

Deutscher Bundestag, Europa-Parlament

Warum, so muß man sich ganz nüchtern fragen, sollte es nicht auch im Bonner Parlament Helfershelfer der Staatssicherheit gegeben haben? Niemand wird jedenfalls die Garantie übernehmen, daß ebenfalls einige – wenn gewiß nicht mehr als eine knappe Handvoll – Abgeordnete gegen den eigenen Staat arbeiteten.[29] Waren der HVA doch sogar mehrere »Maulwürfe« in den bundesdeutschen Sicherheitsdiensten geglückt, und hatte es doch während der zurückliegenden Jahre im Bundestag die Fälle Karlfranz Schmidt-Wittmack, Alfred Frenzel und Julius Steiner gegeben.

Unbestritten ist ebenso längst, daß der Abgeordnete William Borm im Dienst des Ministeriums für Staatssicherheit stand. Der stellvertretende Vorsitzende des FDP-Landesverbandes Berlin war im September 1950 bei der Durchfahrt durch die DDR verhaftet und zu zehn Jahren Haft verurteilt worden; während dieser Zeit dürfte das MfS ihn – wahrscheinlich auch mit finanziellen Versprechungen – »umgedreht« haben. Von 1965 bis 1972 war er Berliner Vertreter im Bundestag und sogar Alterspräsident; er gehörte seinerzeit nicht nur den Bundestagsausschüssen für innerdeutsche und für auswärtige Angelegenheit an, sondern ebenfalls dem Gremium von nur acht Abgeordneten, das von der Bundesregierung fortlaufend vertraulich über die Vertragsverhandlungen mit Moskau, Warschau und Ost-Berlin unterrichtet wurde! Schon damals erregte er unter einigen Parteifreunden Mißtrauen, weil er – ganz im Gegensatz zu früher – viele Sitzungen ausführlich mitschrieb, doch konnten diese sich mit ihrem Verdacht nicht durchsetzen. Heute weiß man, daß seine Parlamentsreden und auch Zeitungsartikel oft in der Abteilung X der HVA ausgearbeitet worden waren! Die markigen Worte des langjährigen Ehrenvorsitzenden der Berliner F.D.P., angesichts der Hitler-Zeit wolle er »nie wieder als Versager dastehen«, bleiben angesichts seiner nachrichtendienstlichen Zuträgerdienste in der Ulbricht-Honecker-Zeit eine recht billige Phrase.

Waren es nicht Bestechungsgelder des Staatssicherheitsdienstes, die im April 1972 das angestrebte Mißtrauensvotum gegen Bundeskanzler Brandt zu Fall brachten? Für die Behauptung, Rainer Barzel sei lange Zeit von einer »Wanze« der HVA in einer Blumenvase in seinem Parlamentsbüro abgehört worden, die täglich ausgetauscht und per D-Zug Paris–Warschau nach Berlin-Rummelsburg gebracht und dort sofort von einem MfS-Offizier in Empfang genommen worden wäre, lassen sich allerdings nirgendwo ernsthafte Anhaltspunkte finden.[30]

Nach der Wende fanden sich hingegen bei der MfS-Bezirksverwaltung Leipzig Protokolle des Verteidigungsausschusses des Bonner Bundestages! Nähere Umstände sind bedauerlicherweise bis zum heutigen Tage nicht bekannt geworden. Der Antrag der CDU/CSU zu einer KSZE-Debatte am 18. 3. 1989 im Parlament lag in seinem genauen Wortlaut Minister Mielke bereits am 12. März vor, einen Tag darauf leitete er ihn Honecker und anderen ausgewählten Mitgliedern des Politbüros zu; einzuräumen ist; daß die »Quelle« nicht unbedingt ein Abgeordneter gewesen sein muß, es vielleicht ein Journalist war – entscheidend blieb letztlich der Zugang.

Die Bemerkung Markus Wolfs, man hätte »parteiübergreifend eine eigene HVA-Fraktion im Bundestag aufstellen können« (also rund 25 Abgeordnete) und er habe bis zum Ende der DDR einen noch im Amt befindlichen Staatssekretär in Bonn als »Kundschafter« gehabt – später dementierte er seine Worte – sind genauso als Verwirrungsmanöver abzutun wie die aufgeblasene Formulierung von dem Leiter der HVA-Abteilung IX, Karl Großmann, »in zehn Jahren hätten wir den Bundeskanzler gestellt«.[31]

Wohl angesichts seiner – im Westen keinesfalls unumstrittenen – Haltung zur DDR führte der Geheimdienst Ost-Berlins auch über den MdB Jürgen Schmude eine

114

Akte; weshalb sie aber von der Militärspionage angelegt wurde, blieb bisher unklar. Der heutige Abgeordnete Friedhelm Julius Bucher sollte bei einem Studienaufenthalt in Leipzig vom MfS nach einem bis ins einzelne festgelegten Plan angeworben werden. Er hatte ab April 1971 in Bonn Besuch von dem IM »Poet« erhalten. »Bucher, der damals wie viele aus seiner Generation von den kleinen Hoffnungen der Entspannungspolitik hingerissen war, nahm den Kontakt arglos auf und die Angebote dankbar an. ›An die Stasi habe ich nie gedacht, deren Rolle wurde mir erst 1974 klar.‹«[32]

Auf den SPD-Spitzenpolitiker und Abrüstungsexperten Karsten Voigt hatte die Abteilung II der MfS-Bezirksverwaltung Neubrandenburg die IM Brigitta Richter angesetzt. Entgegen anderslautenden Berichten zeigte er sich zumindest in politischer Hinsicht ziemlich zurückhaltend und mißtrauisch. Nicht völlig geklärt ist, ob der Parlamentarier im September 1988 von ihrer wahren Aufgabe erfuhr und wieso das Bonner Auswärtige Amt sie dann noch im Jahre 1990 eine Zeitlang bezahlte. Seit Ende 1991 wurde gegen die einstige DDR-Journalistin wegen Verdachts der geheimdienstlichen Tätigkeit ermittelt, Anfang September 1991 stellte man angesichts ihrer »geringen Schuld« das Verfahren gegen Zahlung einer Geldbuße ein.

Mitglied der ersten Fraktion der »Grünen« im Bundestag von 1983 bis 1985 und für diese im innerdeutschen Ausschuß war Dirk Schneider, der von 1975 an in Diensten der Hauptverwaltung Aufklärung stand (Deckname: »Ludwig«).[33] Wenn er es nicht gewesen sein sollte, woher dann hatte das MfS intime Kenntnisse von allen konspirativen Kontakten der »Grünen« zu Oppositionellen in der DDR und im benachbarten Osteuropa? Es ist nicht übertrieben: Bis ins Detail war die DDR-Spionage über die Aktivitäten von Petra Kelly und Gert Bastian informiert, ebenfalls über ihre Vorhaben zum Aufbau von Stützpunkten im Innern der DDR!

Die spätere PDS-Abgeordnete Jutta Braband arbeitete in der DDR ab 1970 als IM. Die 18jährige – damals überzeugte Kommunistin – trug in mindestens zwei Fällen zur Verurteilung von Menschen wegen ihrer Fluchtabsichten bei. Nach rund fünf Jahren glaubte sie den SED-Parolen nicht mehr und fand auch den Mut, mit dem Staatssicherheitsdienst zu brechen. Bald wurde sie sogar eine bekannte Person in der DDR-Bürgerrechtsbewegung und damit Ziel von Überwachungs- und Verfolgungsmaßnahmen des MfS, in deren Gefolge sie 1979 für neun Monate in Haft kam. DDR-Schicksal! Für die PDS/Linke-Liste 1990 in den Bundestag gewählt, legte sie Mitte Februar 1992 ihr Mandat nieder.[34]

Der Literaturhistoriker Ilja Seifert war von 1980 bis 1983 sogenannte »Kontaktperson« und von 1986 bis 1987 »Inoffizieller Mitarbeiter« der Stasi. Er verfaßte zwar keine üblichen Spitzelberichte, aber Einschätzungen von DDR-Personen, welche dem Regime ergeben waren; ob diese später zur Mitarbeit angeworben wurden, ist umstritten. Unstrittig dürfte sein, daß er sein Telefon mehrfach dem MfS als »Decktelefon« zur Verfügung stellte. Er blieb jedenfalls MdB seiner PDS-Franktion im Bundestag.

Der einstige SED-Abgeordnete der DDR-Volkskammer und spätere PDS-Parlamentarier Gerhard Riege erhängte sich, als im Februar 1992 seine früheren Kontakte zur Staatssicherheit öffentlich bekannt wurden. Aber auch Klaus Richter, den das Bündnis 90/»Grüne« für die Position des Geschäftsführers in Bonn vorsah, stand auf der IM-Liste. Der führende Kopf der damaligen DDR-Umweltbewegung und spätere Bundestagskandidat der »Grünen« für Sachsen-Anhalt, Henry Schramm, arbeitete über acht Jahre lang mit dem MfS zusammen. Selbst nach dem 9. November 1989 schwieg er, »Ich hatte wahnsinnige Angst davor, die Gruppe, die Partei, meine Ämter, meine politische Existenz zu verlieren . . .«[35]

Die Bundestagsabgeordnete Vera Wollenberger, die sich bereits 1981 mutig und entschlossen am Aufbau einer der ersten Friedensgruppen der DDR beteiligte und dann vieles erleiden mußte, erlebte Ende 1991 eine persönliche Tragödie: Ihr eigener Ehemann Knud hatte sie unter dem

Decknamen »Donald« seit 1982 bespitzelt; noch unmittelbar vor seiner Enttarnung hatte er »bei unseren Kindern« das Gegenteil beschworen!

Am 22. Januar 1993 erging auf Antrag des Generalbundesanwalts Haftbefehl gegen den früheren SPD-Bundestagsabgeordneten Gerhard Flämig: Er habe von 1973 bis Herbst 1988 aus seiner Partei und als Präsidiumsmitglied des Deutschen Atomformus der Abteilung II der HVA »hochwertige Informationen« geliefert, und die »Treffs« in der DDR seien häufig auch in Gegenwart von Markus Wolf und Werner Großmann erfolgt. Pressemeldungen zufolge hat er ebenfalls Interna aus dem Karlsruher Kernforschungszentrum verraten – besaß er doch »beste Verbindungen zu allem, was in der Atomtechnik Rang und Namen hat«.[36]

Ein Verdacht geheimdienstlicher Tätigkeit richtete sich kurzfristig auch gegen die Bundestagsabgeordneten Wolfgang Lüder (F.D.P.) und Horst Peter (SPD); beide wurden indes nur »abgeschöpft«, ohne daß sie den Hintergrund ihrer Gesprächspartner erkannten oder – wie der Generalbundesanwalt es wohl etwas großzügig erklärte – »hätten erkennen können«. Offen bleibt aber das politisch-moralische Problem, ob bundesdeutsche Politiker sich nicht »oftmals leichtfertig aushorchen ließen« und Gefangene ihrer eigenen DDR-Illusionen geworden waren . . .[37]

Die Frage, wird der frühere SPD-Fraktionsgeschäftsführer Karl Wienand eine Anklageschrift erhalten, ist im Moment offiziell völlig offen – aber wohl zu erwarten. Von seiner damaligen Position und durch all seine vielen Verbindungen her könnte er jedenfalls überaus viele und entscheidende Interna der Bonner Politik verraten haben!

Eine gewiß einfachere Art, Interna des Bundestages zu erfahren, stellte die Anwerbung von wissenschaftlichen Mitarbeitern der Abgeordneten dar. Der im Mai 1991 entstandene Verdacht, der Assistent Klaus Benjowski vom MdB Manfred Opel gehöre der Abteilung X der HVA an, fand indessen nicht die geringste Bestätigung;

eine Fernseh-Sendung hatte stolz behauptet, »Eine Verwechslung ist ausgeschlossen.«

Ende Oktober 1992 erging Haftbefehl gegen Hans Mario Bauer: Er wird beschuldigt, ab 1978 unter dem Decknamen »Jürgen« für die Abteilung IV der HVA tätig gewesen zu sein und insbesondere seit Herbst 1984 als wissenschaftlicher Mitarbeiter der SPD-Bundestagsabgeordneten Norbert Gansel und Horst Jungmann Material zur Sicherheitspolitik und zu Beschaffungsmaßnahmen der Bundeswehr verraten zu haben. Sein »Kundschafter«-Entgelt belief sich ab Herbst 1985 auf monatlich ca. 500 DM, Ende 1988 wurde es angeblich verdoppelt. Der Geheimschutzbeauftragte des Bundestages hatte ihn bei der Einstellung und später 1987 mit dem Ergebnis überprüft, daß keine Sicherheitsbedenken bestünden ... Bauers Frau wurde 1986 anläßlich eines »Treffs« in Tunesien in die Agentenarbeit miteingespannt und beschaffte seitdem Unterlagen aus dem Textverarbeitungs-Sekretariat des Auswärtigen Amtes.

Aus seinem Tätigkeitsbereich als Büroleiter und Persönlicher Referent der SPD-Abgeordneten im Europäischen Parlament, Katharina Focke, lieferte Wolfgang Paul interessante Nachrichten an die Hauptverwaltung Aufklärung, für die er mindestens seit 1976 arbeitete. Im gleichen Jahr hatte er auch seine spätere Ehefrau der DDR-Spionage zugeführt, die sich einige Jahre danach im Auftrage des MfS – erfolgreich – im Bundeskanzleramt bewarb.

Abgeordnete der »Grünen« im Europäischen Parlament war seit 1984 die einstige SDS-Pressesprecherin Brigitte Heinrich; nur vier Jahre zuvor war sie in Karlsruhe zu 21 Monaten Gefängnis verurteilt worden, weil sie Tretminen und Handgranaten aus der Schweiz nach Deutschland geschmuggelt hatte. Ab 1983 gehörte sie als »Beate Schäfer« zu dem Agentenheer des MfS, das sie auf die linke Szene und besonders auf die Zeitung »taz« ansetzte; später sollte sie die »Grünen« umfassend »abklären« und auf deren Haltung zur DDR im Sinne der SED Einfluß nehmen. Angeworben hatte sie ihr Lebensgefährte Klaus Croissant –

so der Vorwurf der Bundesanwaltschaft –, jener Star-Verteidiger der terroristischen Rote-Armee-Fraktion, jener Schickeria-Revoluzzer, welcher sich als Opfer des »faschistoiden Schnüfflerstaates« Bundesrepublik feiern ließ – und seine eigenen Gesinnungsgenossen seit dem 20. 1. 1981 bespitzelte! Seine Hauptaufgabe war, als nachrichtendienstlicher Kurier und Instrukteur für die Europa-Parlamentarierin tätig zu sein. Für das MfS hatte dieser Vorgang (Deckname: »Taler«) eine solche Bedeutung, daß damit auch der zuständige Stellvertreter des Ministers, Generalleutnant Gerhard Neiber, und ebenfalls der damalige Leiter der HVA, Generaloberst Markus Wolf, beschäftigt wurden. Gewiß nicht von ungefähr versuchte im Herbst 1991 der bisherige MfS-Major Eberhard Kind vor dem Ermittlungsrichter des Bundesgerichtshofes alle Spuren zu verwischen. Nach Bestätigung des Haftbefehls gegen ihn seitens des Bundesgerichtshofes, Mitte September 1992, sprach Croissant verbittert von »versuchter Existenzvernichtung« und leugnete, jemals jemanden verraten zu haben. März 1993 wurde er zu einem Jahr und neun Monaten auf Bewährung verurteilt.

Bundeskanzleramt

Daß die Hauptverwaltung Aufklärung mit ihrer Abteilung I, Referat 1 mit allen Mitteln und Methoden versuchen würde, gerade in dieses Zentrum der Macht nachrichtendienstlich einzudringen, war nicht erst seit der Verhaftung Guillaumes unzweifelhaft. Die große Frage, ob er einen »Nachfolger« besaß, hatte Guillaume kurz vor seinem Austausch in die DDR stolz bejaht – doch sollte man ein solches Wort insofern nicht besondere ernst nehmen, als er bei dem Abschottungsprinzip der HVA Derartiges kaum hätte wissen können. Der frühere (allerdings nicht unumstrittene) Präsident des Bundesamtes für Verfassungschutz, Günther Nollau, erklärte einmal, er sei »fest davon überzeugt«, daß in Bonn noch ein zweiter Guillaume existiere.[38] Bestimmt hat er sogar recht: Erich Mielke nämlich zeigte sich am 6. August 1984 in einem 14 Seiten langen Papier über »Die inhaltliche Vorbereitung des beabsichtigten Besuchs des Generalsekretärs in der BRD durch die zuständigen Behörden in Bonn« außerordentlich gut, bis in die Einzelheiten über die damaligen Vorbereitungen in Bonn zum Kommen Honeckers informiert! Aber auch interne Äußerungen des Kanzleramtschefs Wolfgang Schäuble etwa am 12. April 1989 gingen sofort nach Ost-Berlin. Längere Zeit kam daher Thomas Gundelach in Verdacht, der bis 1984 Büroleiter bei dem seinerzeitigen Kanzleramtchef Philipp Jenninger war, doch gibt es für eine Spionagetätigkeit seinerseits keine Anzeichen. Dann sah man eine Sekretärin als Verräterin, aber auch hier kam es nicht einmal zu einem Ermittlungsverfahren.

Ende September 1993 wurde im Kanzleramt Karin Hoßbach-Paul wegen Spionageverdachts festgenommen; seit 1981 hatte sie als Sekretärin im Vorzimmer des Bereichs Wirtschaftspolitik gearbeitet.

Zu den externen Mitarbeitern der Stiftung »Wissenschaft und Politik« in Ebenhausen, die dem Bundeskanzleramt untersteht, gehörte seit 1974 Professor Hans-Dieter Jacobsen; 1987 wurde er Professor für Internationale Wirtschaftsbeziehungen an der Freien Universität in West-Berlin und war seit April 1992 sogar Dekan des Fachbereichs Politik. Der Generalbundesanwalt warf ihm Oktober 1992 vor, er hätte sich 1968/69 gegenüber der HVA-Abteilung XI (Aufklärung der USA und ihrer Einrichtungen in Europa) zur Mitarbeit verpflichtet und u. a. Studien mit den Schwerpunkten Ost-West-Handel und Beziehungen zu den Vereinigten Staaten geliefert. Teilweise sei die Übergabe in vom MfS präparierten Spraydosen erfolgt.

Hier war man in seinem Korpsgeist während der vergangenen Jahre immer stolz, daß im Hause »nur« Sekretärinnen
für das MfS spioniert hätten – ein fataler Irrtum! Der Vortragende Legationsrat Hagen Blau hatte aufgrund seiner
Sympathien für die sozialistischen Ideen schon 1960 gegenüber der HVA, deren Abteilung I mit den Referaten 2 und
3 für das AA zuständig war, in eine »Kundschafter«-Tätig-
keit eingewilligt. Ein Jahr später trat der Jungsozialisten-
Vorsitzende eines West-Berliner Bezirks auf Anraten
Willy Brandts in den Auswärtigen Dienst. Annähernd 30
Jahre lang verriet er wichtige Einzelheiten über die Außenpolitik der Bundesrepublik und übermittelte von seinen Dienstposten in Tokio, besonders in London (der dortige deutsche Botschafter lobte damals seine »absolute
Zuverlässigkeit und volle Loyalität«), Wien und Colombo
Tausende von Seiten an Unterlagen. Es handelte sich in erster Linie um die Konsultationen der westlichen Verbündeten über eine gemeinsame Position bei den MBFR-Ge-
sprächen und den Stand der Verhandlungen sowie diejenigen über den EG-Beitritt Großbritanniens und über die
bundesdeutsche Haltung sowie diejenige anderer Länder
zur Volksrepublik China.[39] »Sein hervorragendes Ge-
dächtnis und seine analytischen Fähigkeiten gaben dem
MfS einen wertvollen Einblick und einen hervorragenden
Überblick über die von dem Angeklagten bearbeiteten
Bereiche deutscher Außenpolitik.«[40] Er war für die DDR-
Spione »über Jahrzehnte ein so wertvoller Agent«[41], daß
ihm Mitte der 70er Jahre Markus Wolf persönlich für sei-
nen Einsatz dankte! Die Telefonnummer 275101 in der
MfS-Zentrale hatte er verschlüsselt auf einen Kneipen-
Kassenbon geschrieben – eine uralte, seit vielen Jahren im
Westen bekannte Methode des KGB –, und seine Mini-
Kamera war in einem ledernen Zigaretten-Etui eingebaut.
Geld anzunehmen, hatte sich der »Kundschafter« stets ge-
weigert; erst auf Drängen seines Führungsoffiziers ließ er
sich bei zwei Treffen in Colombo jeweils 6000 US-Dollar

aushändigen. Seine »Abstandsprämie« hatte er bis zu seiner Verhaftung in einem Schrank aufbewahrt und nicht angerührt.

Die gleiche Haftstrafe in Höhe von sechs Jahren erhielt der Vortragende Legationsrat Klaus von Raußendorf, der seinerzeit ebenfalls in West-Berlin studiert hatte und bei politischen Diskussionen im Ostsektor der Stadt bereits 1959 auf ideologischer Basis angeworben wurde. Zur Zeit seiner Festnahme vertrat er den bundesdeutschen Botschafter ständig bei der UNESCO in Paris. Zur Übergabe seiner Minoxfilme mit Spionagematerial benutzte er zwei alte, wenn auch immer noch erfolgreiche Tricks: Einmal verbarg er diese in Streichholzschachteln, wobei er und sein Führungsoffizier bei ihren »Treffs« in Düsseldorf, Köln und Essen in einem bestimmten Augenblick einfach ihre beiden, gleichaussehenden Streichholzschachteln unauffällig austauschten. Teils verbrachte er jene Filme in »rollende Tote Briefkästen« (einem vereinbarten Versteck auf der Toilette in Bundesbahn-Zügen, die direkt in die DDR fuhren). In seiner ziemlichen Selbstüberschätzung glaubte er bis zum Schluß, er könne in der Politik »etwas bewegen«. Von der HVA erhielt er wenigstens 100 000 DM »Entgelt« und aus der Hand von Markus Wolf mehrere Verdienstorden sowie den Rang eines Oberstleutnants der Nationalen Volksarmee. Mitte März 1991 indes lief sein Führungsoffizier – nachdem das KGB kein Interesse an der von ihm sehr erhofften Übernahme zeigte – zum Bundesnachrichtendienst über . . .

Während seiner Abordnung in Belgrad im Frühjahr 1966 wurde der Oberamtsrat Ludwig Pauli von einem angeblichen Journalisten zu einem amourösen Abenteuer mit einer Jugoslawin verleitet; danach gab er sich als MfS-Angehöriger zu erkennen und drohte, den für Diplomaten unerlaubten Kontakt zu veröffentlichen – es sei denn, er erhalte interne Dokumente. Aus Furcht ging der Bundesdeutsche auf das Angebot ein, bekam den Decknamen »Adler« und verriet Unterlagen von seinen dienstlichen Verwendungen in Belgrad, Edinburgh, Palermo, Liverpool, Salzburg und ebenso im Bonner Amt. Noch im November 1989 erklärte er sich in Ost-Berlin bereit, seine Agententätigkeit ebenfalls für eine nicht mehr von der SED regierte DDR fortzusetzen. Vereinbart wurde, er solle für weitere Treffen auf ein Kreidezeichen an einer bestimmten Hauswand in Bonn achten, doch konnte er ein solches bis zu seiner Verhaftung nicht mehr feststellen. März 1992 wurde er zu vier Jahren Haft und zur Zurückzahlung des erhaltenen Agentenlohns in Höhe von 100 000 DM an die Staatskasse verurteilt.

Der Amtsinspektor Herbert Kemper begann 1968 in Prag mit seiner Spionage und lieferte eine Vielzahl von Dokumenten aus seinem Arbeitsbereich bei der dortigen Handelsvertretung, dann bei den bundesdeutschen Botschaften in Daressalam, Accra, Stockholm und Wien, beim Auswärtigen Amt und zuletzt bei der Ständigen Vertretung der Bundesrepublik bei der NATO in Brüssel. Er war seinerzeit unter »falscher Flagge« angeworben worden – eine besondere Vorgehensweise, bei der dem Agenten in spe glaubhaft vorgetäuscht wird, für eine ganz andere Stelle als für den wahren Auftraggeber arbeiten zu sollen. Das Motiv, eine solche Methode zu benutzen, mag im Einzelfall in dessen Ablehnung der DDR oder generell gegenüber Geheimdiensten gelegen haben; ganz offensichtlich wurde diese Art während der letzten Jahre der DDR-Spionage in verstärktem Maße angewandt.[42] Im vorliegenden Falle hatten zwei HVA-Abgesandte dem Amtsinspektor vorgetäuscht, sie seien weitreisende Angestellte der bekannten Firma ITT und hätten daher großes Interesse an Wirtschaftsfragen.

April 1990 wurde Heinz-Helmut Werner mehr oder minder nach Westdeutschland gelockt und hier festgenommen. Er saß an einer der sensibelsten Stellen des AA: In der Chiffrier-Stelle der Bonner NATO-Mission. Im Januar 1969 hatte der damalige Maat der Bundesmarine über eine postlagernde Adresse in Cuxhaven an den in der DDR stationierten »Deutschen Soldatensender 935« geschrieben und gegen entsprechende Bezahlung die Lieferung von Informationen angeboten. Nach der geheimdienstlichen Verpflichtung erhielt er die Decknamen »Cherry« sowie »Günther« und wurde im Gebrauch von Geheimschreibpapier, von Containern (nachrichtendienstliche Verstecke von Unterlagen) sowie im Funkverkehr unterwiesen. Bis 1974 war er als Fernschreib- und Schlüsseloffizier beim Verteidigungskommando in Nürnberg und danach Chiffreur im Auswärtigen Amt, bei der Bonner Botschaft in Wien und seit September 1974 in Brüssel; er konnte sich dort bei seinem ständigen Verrat sehr sicher fühlen, da die Tür zur Chiffrierzentrale nur von innen her zu öffnen war! Sicher ist ebenfalls, daß er bei seinen rund 200 »Treffs« sämtliche erreichbaren Unterlagen der Gegenseite mitteilte, darunter 120 geheime NATO-Papiere, besonders alle Details über den NATO-internen Streit um die atomaren Kurzstreckenraketen, die Verhandlungspositionen des Westens bei den Wiener Abrüstungsverhandlungen sowie bis in die jüngsten Wochen damals über die deutschlandpolitischen Pläne Bonns und seiner westlichen Verbündeten. Auch das Schlüsselgerät »Elcrotel« (es ermöglicht abhörsicheres Telefonieren) spielte er der HVA zu und erklärte seine technischen Einzelheiten bei einer Zusammenkunft in Ungarn des Spezialisten der GRU. Die spätere Beschaffung eines solchen Schlüsselgerätes durch ihn wurde von dem militärischen Nachrichtendienst der UdSSR mit der höchsten Wertigkeitsstufe (»außerordentlich wertvoll«) versehen. Alles in allem ein unermeßlicher Schaden! Sein »Lohn« belief sich auf knapp 200 000 DM – nach seinen Darlegungen; Insider schätzen die Summe wesentlich höher ein. Außerdem bekam er den »Vaterländischen Verdienstorden« der DDR in Silber und bald ebenfalls in Gold. Ebenso wurde ihm bei einer Zusammenkunft in der Türkei der »Kampforden der Nationalen Volksarmee« in Gold verliehen. Zwei Jahre zuvor hatte am Rhein Außenminister Genscher den »verdienten Mitarbeiter« für 25 Jahre »treue Pflichterfüllung« auszeichnen lassen. Oktober 1991 wurde Werner zu neun Jahren Haft verurteilt; in der Urteilsbegründung hieß es, es sei um Analysen militärischer Schwachstellen einzelner NATO-Partner gegangen – eine feindliche Macht hätte ihren Angriff danach abstimmen können –, der Verrat habe »die äußere Sicherheit Deutschlands schwer gefährdet«.

Als der ungarische Außenminister Gyula Horn im September 1989 von einem offiziellen Besuch in Bonn zurückkehrte, fand er bereits einen Bericht des DDR-Spionagedienstes über seine Gespräche im Auswärtigen Amt vor, »in dem alles notiert war«, was man dort besprochen hatte![43] Bis heute ist dieser »Kundschafter« Ost-Berlins am Rhein unbekannt geblieben.

Gegen den Vortragenden Legationsrat Karl-Heinz Rode besteht seit Oktober 1993 dringender Verdacht, ab 1975 der HVA unter dem Decknamen »Maro« Informationen aus dem AA und von seinen Auslandsverwendungen in Brasilien, Mexiko und Spanien geliefert zu haben.

Zwei Monate später erging Haftbefehl gegen die Vortragende Legationsrätin Lilli Pattrich: Auf ideologischer Basis im Sinne einer »Völkerverständigung« war die damalige Studentin ebenfalls 1975 angeworben worden, die dann sogar den Beitritt zur SED beantragte. Ziel ihrer Auftraggeber war von Anfang an ihre Placierung im Auswärtigen Amt. Nachdem sie an ihrer Universität durch bestimmte politische Aktivitäten hervorgetreten war, wechselte sie ihren Studienort und nahm dort – ebenfalls weisungsgemäß – Abstand von jeglicher politischer Betätigung. Nach ihrer Einstellung im Bonner Außenministerium 1983 verriet sie primär Fragen der europäischen Wirtschafts- und Währungspolitik. Bei ihrer letzten Begegnung mit ihrem Instrukteur, Februar 1990 in Aachen, versicherte dieser, die MfS-Akten seien vernichtet worden und sie brauche um ihre Sicherheit nicht besorgt zu sein . . .

Anfang Januar 1994 wurde Rainer Müller, deutscher Botschafter in Gabun, verhaftet und in Untersuchungshaft genommen. Wie es heißt, bestreitet er nicht seine nachrichtendienstliche Tätigkeit, doch will er nichts verraten haben. Angeblich hatte ihn die DDR-Spionage 1974 auf ideologischer Basis für sich gewinnen können.

Bundesministerium des Innern

Mathias Reichert, zuletzt Regierungsdirektor im Bundesinnenministerium, hatte sich etwa 1975, noch als Student
unter dem Decknamen »Beck« gegenüber dem Staatssicherheitsdienst zur Spionage bereit erklärt. Später, im
Bundesverwaltungsamt in Köln wurde er sogar Geheim-
schutzbeauftragter und bekam Zugang zum Auslandszen-
tralregister – das die Gegenseite ebenfalls äußerst interessierte. Auch in Bonn bearbeitete er Ausländer- und
Asylfragen. Sein monatliches Spionage-Honorar belief
sich auf rund 1000 DM, bereits 1987 war er mit dem
»Kampforden des Ministeriums für Staatssicherheit« in
Silber ausgezeichnet worden. Anfang Oktober 1992 mußte
er für fünf Jahre hinter Gitter. Die Frage, ob seine Tätigkeit Interessen des Bundesnachrichtendienstes tangierte,
ließ der Gerichtsprozeß offen.

Bundesministerium für innerdeutsche Beziehungen

Als der im Bundeskanzleramt so lange gesuchte »Maulwurf« stellte sich Anfang Mai 1993 der Regierungsdirektor
Knut Gröndahl heraus; noch bei seiner vorgesehenen Verhaftung stieß man zunächst auf eine falsche Person, da er
bei Reisen zu »Treffs« allgemein die Personalien eines
(nichtsahnenden) Freundes angegeben hatte, bis ein Zufall
auf seine Spur führte. Schon als Jura-Student in Freiburg
i. Br. mit dem Decknamen »Töpfer« angeworben, kam er
später in das innerdeutsche Bundesministerium, in dem
das SPD-Mitglied 1981 zum Leiter des Referats Politik aufstieg – die operative Schaltstelle der Bonner Deutschlandpolitik! Von Mitte 1986 bis Ende 1988 arbeitete er als politischer Referent in der Ständigen Vertretung Bonns in
Ost-Berlin. Kam er in den Anfangsjahren seiner Agententätigkeit nur zögernd den Forderungen seiner Führungsoffiziere nach, so ließ er sich 1976 in einem Wiener Hotel von
Markus Wolf in persona »motivieren«. Die von ihm seit-

dem verratenen Erkenntnisse erhielten höchste Bewertungen, er wurde als eine »Spitzenquelle« angesehen – zu Recht: Durch seine Spionage wußte die DDR-Seite bei ihren Verhandlungen mit Bonner Unterhändlern stets vorher deren Ziele und Verhandlungstaktik! Nach der Wiedervereinigung wurde Gröndahl ein Mitarbeiter des stellvertretenden SPD-Partei- und Fraktionsvorsitzenden Wolfgang Thierse. Zu seinen Motiven befragt, erklärte der bisherige »Kundschafter«: »Ich hatte die Hoffnung, drüben etwas zu bewirken« . . .[44]

Im Gesamtdeutschen Institut in West-Berlin arbeitete lange Jahr ein Götz Schlicht. Mai 1952 war er wegen illegaler Widerstandsarbeit in der DDR zu zehn Jahren Zuchthaus verurteilt, dort jedoch »umgedreht« und bald entlassen worden und hatte dann in der West-Berliner Zentrale des »Untersuchungsausschusses freiheitlicher Juristen« zehn heimliche Gewährspersonen dieser Widerstandsorganisation in der DDR verraten. Für seine Spionage erhielt er vom MfS mehrere Orden und Medaillen. Bis zuletzt meldete er unter dem Decknamen »Dr. Lutter« alle interessanten Vorkommnisse. Noch einen Tag vor dem Fall der Berliner Mauer holte er sich beim MfS-Oberstleutnant Fleischhauer seinen üblichen Judaslohn ab; der Niedergang der SED-Diktatur wirkte auf seinen Verrat sogar »besonders motivierend«, wie dessen Bericht freudig vermerkt. Zu der von ihm gewünschten nächsten Begegnung am 14. 2. 1990 kam es allerdings nicht mehr. Der gesamte Fall war bereits im Sommer 1992 einer Fernseh-Sendung bekannt, nur mit Rücksicht auf die 84 Jahre des Agenten erfolgte keine Veröffentlichung. Noch Mitte Dezember stritt er gegenüber einem Schweizer Journalisten alle Vorhaltungen ab, wenige Tage danach erfolgte Strafanzeige . . .

Bundesministerium für Verkehr

In diesem Hause wirkte seit 1972 der Oberamtsrat Gerald Bachmann, der allerdings damals schon zehn Jahre lang für die MfS-Bezirksverwaltung Suhl »wirkte«. Gegen 65 000 DM und die üblichen Orden und Verdienstmedaillen der DDR, u. a. den »Kampforden« in Silber, beschaffte er Unterlagen, welche Rückschlüsse auf den Straßenbau im Westen Deutschlands ermöglichten; außerdem fertigte er Dossiers an von Mitarbeitern, die mit Problemen der Zivilverteidigung befaßt waren und vielleicht von der DDR-Spionage angeworben werden konnten.

Bundesministerium für Forschung und Technologie

Die spätere Oberregierungsrätin Edith Drexler scheint dem MfS schon in den Jahren 1957 bis 1965 aufgefallen zu sein, als sie in Lateinamerika Nonne des katholischen Ordens »Sacre Cœur« war. Unzweifelhaft ist, daß sie 1968 in der Universität München und dann in Rostock unter den Parolen »Gerechtigkeit« und »Freundschaft« in das Netz der Stasi geriet. Sie muß in deren Augen immerhin eine erfolgreiche Mitarbeiterin gewesen sein, denn 1988 stellte man ihr sogar ein Instrukteur-Ehepaar zur Seite und bezahlte sie bei jedem »Treff« – neben den üblichen Geschenken – mit 800 DM. Anfang 1991 wurde sie pensioniert; mit ihrer Festnahme in ihrem Haus im Hunsrück hatte sie nicht mehr gerechnet.

In dem Erlanger Institut für Gesellschaft und Wissenschaft (IGW), das seit 1969 den Bundesminister für Forschung und Technologie in seiner Politik gegenüber der DDR und Osteuropa beriet und das auch wesentlich von dem Ministerium finanziert wurde, mußten nach der Wende Ermittlungen gegen den Politologen Rudolf Brocke eingeleitet werden. Er gestand sofort und erhielt daraufhin seine Entlassung. Allerdings hatte er niemals eine Verpflichtung als »Kundschafter« unterschrieben noch war er als IM geführt worden, sondern stellte lediglich eine »Quelle« dar, die das MfS gelegentlich anzapfte.

Bundesministerium für Gesundheit

Als im Frühjahr 1992 die Bundesgesundheitsministerin Gerda Hasselfeldt zurücktrat, dürfte dieser Schritt zweifellos gerade auch in den Verdachtsmomenten gegen den Ministerialrat Reinhard Hoppe begründet gewesen sein. Hatte sie ihn doch über alle Maßen gefördert, sah man ihn doch als ihren engsten Mitarbeiter. Er war vor etlichen Jahren in einer Kneipe Ost-Berlins vom polnischen Nachrichtendienst auf ideologischer Basis angeworben worden (Deckname: »Hardy«) und glaubte, durch seine Spionage »etwas zur Wiedergutmachung« gegenüber Polen tun zu müssen. Im Bundeswohnungsbauministerium arbeitete er als persönlicher Referent von Minister Oscar Schneider und zuletzt als Chef des Leitungsstabes; in dieser Funktion hatte er Zugang zu allen Vorgängen des Hauses, ebenfalls zu Kabinettsvorlagen, aber auch zu Überlegungen und Plänen innerhalb der bayerischen CSU. Zum Leidwesen mancher seiner Kollegen im Ministerium – einige mögen durchaus Neider gewesen sein – konnten ihm die Ermittlungsbehörden seine geheimdienstliche Tätigkeit lediglich bis 1984 nachweisen, nicht jedoch ebenfalls für die Zeitspanne danach. Und die Verjährungsfrist beträgt nur fünf Jahre . . .

Bundesministerium für wirtschaftliche Zusammenarbeit

In seinem weißen Haus mit Blick auf das schöne Siebengebirge mußte Mitte November 1990 der Regierungsdirektor Horst Müllers abgeführt werden. Der damals 53jährige soll 26 Jahre lang, also nahezu die Hälfte seines Lebens, für die DDR spioniert haben!

Angesichts der bisher relativ wenigen Enttarnungen

müßte die Beantwortung der Frage, ob die geschilderten Fälle eine abschließende Aufzählung von DDR-»Kundschaftern« in den Bonner Bundesministerien darstellen, eher verneint werden. Es kann nur registriert werden, daß in den anderen, nicht aufgeführten neun Häusern noch keine geheimen Helfershelfer für Ost-Berlin festgestellt wurden. Von ihren Arbeitsbereichen her und bei der geradezu vorhandenen Gier des Ministeriums für Staatssicherheit nach Informationen müßten aber auch sie Angriffsziel gewesen sein.

Ohne jeglichen Spionagefall seit den 40 Jahren ihres Bestehens blieb die Generalbundesanwaltschaft in Karlsruhe, welche dem Bundesjustizministerium förmlich unterstellt ist. Die Ansicht, man sei für die DDR-Spionage nicht interessant gewesen, erscheint indes kaum zutreffend.

US-Botschaft in Bonn

In der diplomatischen Vertretung der Vereinigten Staaten am Rhein versorgte die deutsche Fremdsprachensekretärin Gabriele Albin das Ministerium für Staatssicherheit seit 1975 mit Nachrichten. Nach Hinweisen von Überläufern soll sie über einen HVA-Mitarbeiter, mit dem sie ein Liebesverhältnis eingegangen war, »massenweise« Unterlagen geliefert haben – etwa über die geheimen NATO-Entscheidungen im Zusammenhang mit dem Doppelbeschluß, die genauen Standorte von Pershing-2-Raketen sowie über die Vorgehensweise der USA bei den INF-Abrüstungsgesprächen. Die Anklageschrift geht dann auch von einem Landesverrat im besonders schweren Fall aus.[45]

Über 20 Jahre in engerem Kontakt zum MfS gestanden zu haben, wird Joachim Koch vorgeworfen. Zu den Personen, die er belauscht haben soll, gehören Bundespräsident Richard von Weizsäcker und die drei Stadtkommandanten in West-Berlin. Der 58jährige wurde von einem Party-

Service als »Leihkellner« für besondere Anlässe – etwa im Gästehaus des Senats – vermittelt. Die DDR-Spionage erhoffte wohl sehr viel von ihm und stattete ihn mit einem Infrarot-Lichtsprechgerät aus, doch konnte er keine eigentlichen Erfolge erzielen.

Landtage, Landesbehörden

Aus den einzelnen westdeutschen Bundesländern sind bisher wenige Ermittlungsverfahren bekannt geworden. Wurden die Agenten von der HVA geführt, so sind die Akten bekanntlich durchweg als vernichtet anzusehen. Es wäre aber wirklich sehr überraschend, wenn die DDR-Nachrichtendienste sich um die Landtage und Landesministerien nicht auf ihre Weise »gekümmert« – und dort ebenfalls keine Verräter gefunden hätten!

In West-Berlin will Schalck-Golodkowski den damaligen Wirtschaftssenator Karl König »wie einen Spion unter dem Decknamen ›Kaiser‹ geführt haben«. Dieser ebnete angeblich bei seinen Ost-Berliner Gesprächspartnern mit geheimen Informationen das Terrain und soll zu Zeiten der großen Koalition sogar über Kabinettssitzungen zur Deutschlandpolitik berichtet haben.[46] Auch hier ist sehr zu hoffen, daß die Wahrheit oder auch die Unwahrheit vielleicht doch eines – fernen? – Tages durch einen Untersuchungsausschuß oder gar einen Gerichtsprozeß bewiesen wird.

Im Vorzimmer der Präsidentin des Landtages von Nordrhein-Westfalen wurde am 16. 9. 1993 der völlig überraschte SPD-Abgeordnete Wilhelm Vollmann von einem Bundesanwalt »höflich um dessen Begleitung«[47] gebeten. Der damalige Landesvorsitzende der Jungsozialisten hatte sich etwa 1970 schriftlich zur nachrichtendienstlichen Mitarbeit verpflichtet – in seinem schnellen Porsche-Wagen mobilisierte er während jener Zeit den linksradikalen Parteiflügel im Rheinland – und berichtete in den folgenden knapp 30 Jahren vor allem über aktuelle politische Strömungen in seiner Partei. Dort gab es wieder einmal lange Gesichter nach Bekanntwerden seines wahren Verhaltens, und auch in diesem Fall hieß es, die Vorwürfe gegen ihn würden einfach nicht zutreffen und zudem habe er nichts Wichtiges an den DDR-Geheimdienst weitergeben können ...

Anfang März 1994 erhob die Generalbundesanwaltschaft Anklage gegen Bodo Thomas. Von 1971 bis Frühjahr 1989 war er Mitglied des Berliner Abgeordnetenhauses – bereits seit 1963 MfS-Agent – und lieferte Erkenntnisse aus der SPD sowie aus dem Bereich des Landesparlamentes, dessen Ausschuß für Bundesangelegenheiten und Gesamtberliner Fragen er angehörte (in dem Informationen der Alliierten sowie Einzelheiten der Bonner Deutschlandpolitik vertraulich beraten wurden).

Mitangeklagt wurde seine Ehefrau Helga, die ihn spätestens seit 1983 zu den »Treffs« begleitet hatte und die im März 1989 Mitglied des Abgeordnetenhauses und dessen Verfassungsschutz-Ausschusses wurde. Das Ersuchen des Generalbundesanwalts, ihre Immunität zum Zwecke der Verhaftung aufzuheben, lehnte das Abgeordnetenhaus indes ab: Frau Thomas, so der Fraktionsvorsitzende ihrer Partei, sei »als integre und engagierte Kollegin bekannt« und eine AL-Parlamentarierin erklärte sogar, ihre Fraktion sei »kein Selbstbedienungsladen für den Generalbundesanwalt«.[48]

Etwa eine Woche zuvor geriet in Berlin Ursula Leyk in Verdacht, seit dem Jahre 1961 für den Staatssicherheitsdienst spioniert zu haben – sie ist immerhin innenpolitische Sprecherin der SPD-Fraktion und sogar Mitglied des Präsidiums des Abgeordnetenhauses! Obwohl sie bisher die Vorwürfe bestreitet, hob das Landesparlament ihre Immunität auf.

Im November 1993 trat Traute Müller, Senatorin für Stadtentwicklung und Frauen im Hamburg, zurück: 1988 war sie als erste Frau zur Vorsitzenden eines SPD-Landesverbandes gewählt worden. Ihr Freund Kurt Wand soll annähernd 20 Jahre hindurch »Kundschafter« für die

DDR gewesen sein. Einen guten Rechtsanwalt benötigt wohl ebenso die Senioren-Beauftragte der Hamburger Sozialdemokraten und frühere Bürgerschaftsabgeordnete Ruth Polte. Wurde sie 1960 vom MfS in den Westen eingeschleust? Stimmt es, daß sie ab 1968 als Wahlkreis-Sekretärin für Helmut Schmidt, Hans Apel und Herbert Wehner arbeitete?

In NRW gilt der SPD-Fraktionsvorsitzende Friedhelm Farthmann in den HVA-Unterlagen als »Kontaktperson«: Bei seinen Jagdausflügen in der DDR wurde auch er »abgeschöpft« – ohne nach seinen Worten davon etwas zu bemerken . . .

Der Angestellte Erich Horst Hartwig beim Regierungspräsidium in Düsseldorf wurde 1974 im Restaurant »Brauner Hirsch« in Aschersleben (DDR) von einem »Waldemar« angeworben. Bis Februar 1990 gab er unter dem Agentennamen »Hirsch« Personaldaten seiner Vorgesetzten und Arbeitskollegen, Ornigramme, Amtsblätter, Dienstanweisungen und andere amtliche Mitteilungen weiter; er hatte auch Zugang zu Unterlagen über sensitive Hochtechnologie, doch war ihm ein derartiger Verrat gerichtlich nicht nachzuweisen. Sein homosexueller Lebensgefährte Manfred Alexander (Deckname: »Freund«) hatte damals ebenfalls in die Agenten-Tätigkeit eingewilligt und übergab bei den etwa 45 gemeinsamen Treffen in Ost-Berlin bzw. Halle/Saale Original-Firmenbögen und Arbeitsanweisungen sowie interne Firmenunterlagen aus dem EDV-Bereich der Firma Henkel. Bei dem Gerichtsprozeß nannte der erste als Beweggrund die Drohung des MfS, seine Mutter und seine vier Geschwister nicht mehr in Aschersleben besuchen zu können; der zweite erklärte, nur »Horst und seiner Familie zuliebe« so gehandelt zu haben. Die gezahlten Agenten-»Löhne« von jeweils wenigstens 39000 DM – die Anklage ging von insgesamt 110000 DM inklusive Spesen und Geburtstagsgratifikationen aus – lehnten beide aber keineswegs ab. Das Gericht schätzte die zwei Ratinger »als eher weiche, nachgiebige Naturen ohne Widerstandskraft« ein und verurteilte sie zu zwei bzw. eineinhalb Jahren und zu zusätzlichen Geldbußen von 7500 bzw. 5000 DM; die bezogenen Gelder vom MfS verfielen der Staatskasse.

Klaus Nilius, enger Mitarbeiter von Ministerpräsident Björn Engholm, wurde von einem früheren MfS-Offizier verdächtigt, für die DDR-Spionage gearbeitet zu haben. Tatsächlich war 1987 der Versuch einer Anwerbung erfolgt, den er jedoch zurückgewiesen hatte. Ende Januar 1992 konnte die Generalbundesanwaltschaft der Kieler Staatskanzlei mitteilen, gegen Nilius liege nichts vor. Tatsache ist indes, daß ihn die Hauptverwaltung Aufklärung als »Quelle« geführt hat. Nach seinen Worten will er bei seinen Kontakten aber nicht den geheimdienstlichen Hintergrund erkannt haben: bei seinen Vernehmungen räumte Nilius »politische Blauäugigkeit« ein – welche ihm der Chronist kaum abstreiten will.[49]

Gegenüber der Bezirksverwaltung Halle/Saale des MfS ging 1965 Irene Schade eine geheimdienstliche Mitarbeit ein. Auf Geheiß der Hauptverwaltung Aufklärung bewarb sie sich drei Jahre später beim Innenministerium Niedersachsen, in dem sie 1977 dann sogar zur Verwalterin der Geheimregistratur aufstieg. Dort konnte sie wahrhaft ungestört »arbeiten«: Diese war wohl von innen verschlossen und mit Kameras sehr gut geschützt gegen Eindringlinge von außen – damit aber geradezu ideal für solche Personen, die bereits in der Geheimregistratur saßen! Über Nacht »entlieh« die Agentin sich die Verschlußsachen, welche daheim vom Ehemann fotografiert wurden. Ihre Auftraggeber erhielten von beiden insbesondere Dokumente zur zivilmilitärischen Verteidigungskonzeption der Bundesrepublik, darunter den als Staatsgeheimnis zu bewertenden zivilen Alarmplan. Das beschaffte Verratsmaterial war offensichtlich so interessant, daß es »noch vor eigener Auswertung vom MfS in Form einer Mehrfertigung an das sowjetische KGB übergeben«[50] wurde! Neben »Leistungsprämien« bezog das Ehepaar monatlich 1000 DM aus Ost-Berlin – insgesamt dürften es mindestens 130 000 DM gewesen sein. Im Juni 1990 kamen beide in Untersuchungshaft, doch wurden sie auf Beschluß des Bundesgerichtshofes zwölf Monate später entlassen, da die Dauer der U-Haft nicht im Verhältnis zu der zu erwartenden Strafe stehe. Wann ein Prozeß aber stattfinden wird, ist gegenwärtig immer noch unbekannt: Der eine Senat in Celle ist völlig mit Gerichtsterminen überlastet ... Vier Tage vor ihrer Pensionierung war »Eva« (so ihr Deckname) von ihrer Dienststelle fristlos entlassen worden. Um die Zusatzrente des öffentlichen Dienstes nicht zu verlieren, klagte sie frech vor dem Arbeitsgericht in Hannover. Tatsächlich schlug der – wohl allzu milde gestimmte – Richter vor, keine fristlose Kündigung auszusprechen, sondern eine Auflösung des Arbeitsvertrages in gegenseitigem Einvernehmen. Es sei dem Innenminister zumutbar gewesen, so meinte er, die Frau noch bis zu ihrem Ruhestand zu beschäftigen!

Anfang Oktober 1991 mußte gegen die Sekretärin Rita Nobis im Innenministerium Nordrhein-Westfalen ein Ermittlungsverfahren eingeleitet werden; 1960 war sie in die Bundesrepublik gekommen und 1979 von der HVA, Abteilung IX unter einer »Legende« angeworben worden. Zuletzt saß sie im Vorzimmer des Abteilungsleiters 5, im hochsensiblen Bereich der zivilen Verteidigung und der Kampfmittelbeseitigung und spionierte angeblich auch Manöver-Vorbereitungen aus. Vergeblich hofften ihre Auftraggeber jenseits der Berliner Mauer, sie in den Bereich des Verfassungsschutzes zu bringen. Im Juli 1992 wurde sie verurteilt, die vom MfS erhaltenen 55 000 DM verfielen der Staatskasse.

In der Umweltbehörde Hamburgs war seit Oktober 1987 Uta Renisch-Vogell als Wissenschaftliche Rätin für die Genehmigung von Chemieanlagen und Raffinerien zuständig; zuvor hatte sie wie ihr Ehemann – ein promovierter Mathematiker – an der Universität Bielefeld gearbeitet. Aufgrund der Aussagen ihres eigenen früheren Führungsoffiziers erwirkte die Bundesanwaltschaft Haftbefehl gegen das Ehepaar, das aus ideologischen Gründen tätig gewesen sein soll. Da keine Fluchtgefahr bestand (der schwangeren Agentin hatte ihre Behörde bereits Mutterschaftsurlaub gewährt), erfolgte Haftverschonung.

Als einen schweren Fall stufte der Innensenator Berlins die Spionage des Verwaltungsangestellten Harri Feuchter ein, der sich 1961 auf einem Bahnhof im Ostsektor einem Offizier als Agent angedienert hatte und sich seitdem über 150mal mit MfS-Vertretern traf. Im Jahre 1981 besorgte er ihnen eine komplette Gehaltsliste des öffentlichen Dienstes in West-Berlin mit mehr als 35000 Namen, darunter auch der Bediensteten des Verfassungsschutzes; diese zu identifizieren, war in dem großen Gebäudekomplex in der Normannenstraße nicht schwierig. Dort zahlte man dem »Kundschafter« insgesamt 120000 DM; vor dem Kammergericht Berlin mußte er seinen über 26 Jahren andauernden Verrat mit drei Jahren Freiheitsstrafe bezahlen.

In derselben Stadt bot der Justizvollzugsbeamte Manfred Braunsdorf sich im Frühjahr 1988 der Staatssicherheit an und lieferte dann unter dem Decknamen »Schlösser« gegen ca. 10000 DM noch bis zum Januar 1990 Unterlagen aus der Sicherheitsabteilung der Justizvollzugsanstalt Tegel.

März 1991 verurteilte das Bayerische Oberste Landesgericht einen Steuerinspektor zu einer Bewährungsstrafe von 22 Monaten und einer Geldbuße in Höhe von 10000 DM. Durch seinen Onkel in Halle/Saale hatte er 1978 Kontakt zu einem MfS-Mitarbeiter bekommen, dem er amerikanische Flugpläne und Computer-Fachliteratur beschaffte.

Nach Öffnung der Berliner Mauer quittierte ein Oberleutnant des DDR-Geheimdienstes seine Arbeit und wurde Taxifahrer. Schon sein erster größerer Auftrag, der ihn am 22. April 1990 in den Westen brachte, erwies sich als eine Falle: Er wurde verhaftet. Seinen Namen hatte kurz zuvor ein bisheriger Mit-Offizier des MfS den bundesdeutschen Behörden preisgegeben. Der Ex-Oberleutnant hatte »Aufklärung« im Rahmen der HA I betrieben. Zu seinen »Inoffiziellen Mitarbeitern« zählte eine Angestellte des Einwohnermeldeamtes Eschwede, die mit ihrem Ehemann abgelaufene Pässe und Personalausweise besorgte:

Diese dienten in Ost-Berlin wiederum als Vorlage für entsprechende Fälschungen. Insbesondere erhielt er von ihnen bereits innerhalb weniger Wochen nach Einführung des neuen sogenannten fälschungssicheren Personalausweises die nötigen Paßformulare und sonstigen Unterlagen. Für die DDR-Spionage war dies schon von großer Bedeutung, als ihre »Kundschafter« auf diese Weise mühelos mit falschen Papieren ausgestattet werden konnten.

Untergeordnete Bundesdienststellen

Bei der Deutschen Bundesbahn verriet ein Beamter aus dem westfälischen Hamm annähernd 40 Jahre lang Interna seiner Dienstbehörde an den militärischen Nachrichtendienst Ost-Berlins. Der Behauptung des Angeklagten, seine Kontakte hätten lediglich Fachgespräche beinhaltet, konnte das Gericht keinen Glauben schenken und verhängte gegen ihn Mitte Februar 1992 zwei Jahre Haft ohne Bewährung.

Mit einer Bewährungsstrafe von einem Jahr und drei Monaten hingegen kam ein inzwischen pensionierter Hauptsekretär der Bundesbahn davon, der ab 1956 als Fahrdienstleiter dem MfS Informationen über Militärtransporte und die Beschaffenheit von Gleisanlagen zugeschoben hatte. Im Prozeß trug er zu seiner Verteidigung vor, er habe seiner Frau »immer etwas mehr bieten wollen«.[51]

Bei dem Postamt Kiel 14 arbeitete von 1968 bis 1984 und danach bei dem dortigen Hauptpostamt bis 1990 ein Rüdiger Haeckel, der spätestens seit 1971 aber zugleich im Dienst der Verwaltung Aufklärung stand. Für sie sortierte er die Postsendungen an diverse Stellen der Bundesmarine in der Landeshauptstadt aus, fotokopierte diese nachts daheim und gab sie am folgenden Tage wieder in den regulären Postverkehr. Dies geschah bis zum Juli 1990! Nach den Akten in Ost-Berlin bezog er dafür insgesamt 258 000 DM. März 1994 verhängte das Oberlandesgericht Schleswig ge-

137

gen ihn die – im Vergleich zu seiner langandauernden »Arbeit« – fast lächerlich wirkenden Strafe von 20 Monaten zur Bewährung.

Etliche Indizien sprechen dafür, daß der Staatssicherheitsdienst über manche Helfer in der Deutschen Bundespost verfügte: Sie leiteten große Geschenkpakete, die an Empfänger in der Bundesrepublik adressiert waren, in die DDR um, wo sie von der MfS-Postkontrolle zur weiteren Verwendung an SED-Funktionäre in Empfang genommen wurden . . .

In der Bundesdruckerei hatte es schon früher Versuche des MfS gegeben, geheimdienstlich Fuß zu fassen. Nach dem heutigen Erkenntnisstand muß man davon ausgehen, daß es ihm wenigstens in einem – bisher nicht aufgedeckten – Fall gelang, dort einen Angestellten für sich zu gewinnen. Die Hauptverwaltung Aufklärung arbeitete noch in den letzten Tagen der DDR an der Fälschung eines neuen »fälschungssicheren« Personalausweises der Bundesrepublik. Die gefälschten Papiere der Abteilung VIII der HVA (»Operative Technik«) müssen für eine normale Kontrolle im Westen schon als sehr gut angesehen werden, einer näheren Nachprüfung hielten sie allerdings nicht stand: Auf den echten bundesdeutschen Ausweisen ist der Name des Inhabers mit einem Laserstrahl am rechten unteren Rand des Paßbildes notiert, während bei dem Lasergerät in Ost-Berlin dieser Schriftzug zu dunkel ausfiel. Es ist allerdings kein Fall bekannt, daß dieser Fehler zur Falle eines »Kundschafters« wurde.

Der Gruppenleiter der Kfz-Zulassungsstelle in Frankfurt/Main, Günther Görlich, stand rund zehn Jahre im Solde des Ministeriums für Staatssicherheit. In etwa 600 Fällen übermittelte er normale Autokennzeichen und sogenannte Tarnkennzeichen gefährdeter Personen, wie Politiker und Manager. Entgegen anfänglichen Befürchtungen hatte er keinen Zugriff auf die Kennzeichen von Fahrzeugen bundesdeutscher Sicherheitsstellen.[52] Zuletzt wurde er mit jährlich immerhin 8000 bis 9000 DM honoriert.

Angesichts der großen Bedeutung, welche das Bonner Grundgesetz den Parteien im staatlichen und politischen Leben der Bundesrepublik einräumt, war es vom Standpunkt der DDR-Spionage eigentlich selbstverständlich, auch bei ihnen Agenten zu placieren. Daß bis jetzt nur verhältnismäßig wenige aufgespürt werden konnten, sollte nicht zu vorschnellen Rückschlüssen verführen: Viele Akten auch in diesem Bereich dürften vernichtet worden sein, und ein Großteil ist noch immer nicht aufgearbeitet.

Die nachrichtendienstliche Arbeit des MfS gegen die CDU/CSU stellte nach den bisher aufgefundenen Unterlagen zumindest 1989 den »absoluten Schwerpunkt« dar.[53] Bekannt geworden ist ein ausführlicher Bericht Mielkes an die Spitze der DDR vom 15. Februar 1989 über »Die Lage der CDU«, die eindeutig von einer führenden Position der Partei stammt.

Reinhard Ott wurde 1973 durch seinen Zwillingsbruder dem Staatssicherheitsministerium »vermittelt« und lieferte diesem bis zum Januar 1990 eine Vielzahl von Informationen, primär aus den Bereichen Wissenschaft und Technik. Während seiner Tätigkeit als Referent bei der CDU-Fraktion im Düsseldorfer Landtag (1981 bis 1985) gelang es ihm, Professor Kurt Biedenkopf und Bernhard Worms »abzuschöpfen«. Sein monatlicher Agentenlohn belief sich zuletzt auf immerhin 4000 DM.

Januar 1993 stand Jens D. aus Berlin-Wilmersdorf vor Gericht. Während seiner Studentenzeit von 1984 bis Ende 1989 hatte er Material aus der CDU-nahen Hochschulgruppe geliefert; als man ihn 1987 zum stellvertretenden RCDS-Landesvorsitzenden wählte und er während des Berliner Wahlkampfes 1988/89 dem sogenannten »Dieppen-Team« angehörte, wurden seine Nachrichten zunehmend wichtig. Später gestand er: Gedanken, seine Auftraggeber wären HVA-Offiziere, habe er verdrängt, da er das Geld zur Finanzierung des Studiums gebraucht habe!

In München bemühte sich ein Postbeamter seit 1973, die

CSU und ihre Unterorganisationen auszukundschaften. Mitte Februar 1994 erhielt er vom Bayerischen Obersten Landesgericht eine Bewährungsstrafe und von der Bundespost seine Entlassung.

Gegenüber der Sozialdemokratischen Partei hieß es in einem Papier »Streng geheim« des Leiters der Abteilung II der HVA vom 17. 8. 1981[54] unter Punkt 2.4: »Die von einflußreichen Führungskräften der JUSO verfolgten Strategie und Taktik, Bindeglied zwischen neuer Friedensbewegung und SPD zu sein, ist zu unterstützen im Sinne größerer Einwirkungsmöglichkeiten auf die Sozialdemokratie.« Als äußerst aufschlußreich müssen besonders die folgenden Sätze gewertet werden:

> »Eine wichtige Etappe ist der SPD-Parteitag im April 1982. Die Position der IM und KP ist darauf auszurichten ... Eine wesentliche Aufgabe ist es, während der Tagung Initiativanträge zu formulieren und lancieren, um die Manöver der Führung zu unterlaufen. Entsprechende Vorbereitungen sind in Zusammenarbeit der Abteilungen II, VII und X zu treffen ...«

Ob bei der Stimmung des damaligen SPD-Bundesparteitages wohl auch nur ein einziger Delegierter ahnte, daß solche Anträge direkt aus der Normannenstraße in Berlin-Lichtenberg stammten? Ganz bestimmt nicht!

Auch nach seinem Rücktritt als Bundeskanzler versuchte die DDR-Spionage, den SPD-Vorsitzenden Willy Brandt auszuhorchen. Sie bediente sich dazu des Österreichers Kurt Hirsch, der während der NS-Zeit KZ-Häftling war und später in München aus idealistischen Motiven – Kampf gegen rechts – den Pressedienst »Parlamentarisch-Demokratische Initiative« herausgab. Von 1976 bis 1987 suchte er wiederholt Kontakt zu Brandts Büroleiter, Hans-Henning Rosen; dieser aber blockte alle Versuche ab.

Psychologisch schwer verständlich ist der Spionagefall Arnim Hinrichs, der im März 1972 als Referent bei der SPD-Bundestagsfraktion eingestellt und dort dem Arbeitskreis Außenpolitik zugeteilt wurde; ab 1983 leitete er dessen Dokumentationsstelle. Presseberichte sehen in ihm einen engen Vertrauten von Herbert Wehner, später soll er Mitarbeiter des Vize-Fraktionsvorsitzenden Horst Ehmke und seit 1991 von Norbert Gansel gewesen sein. Mithin könnte er »durchaus Zugangsmöglichkeiten zur Meinungsbildung und Entscheidungsfindung innerhalb der SPD-Fraktion«[55] gehabt haben; dafür spricht auch, daß das Verratsmaterial vom MfS zumeist mit der »Note 2 « bewertet wurde. Nach Verbüßung einer längeren Haft in Bautzen hatte Hinrichs sich zur Mitarbeit gegenüber dem Staatssicherheitsdienst einverstanden erklärt, welcher dann im April 1960 seine »Flucht« nach West-Berlin arrangierte. Weshalb aber stellte der seit einigen Jahren Beinamputierte, der sich ausgebrannt fühlte und Ende 1991 in Ruhestand gehen wollte, sich nicht spätestens am Tag der deutschen Einheit freiwillig den Behörden?

Am 21. März 1991 erging Haftbefehl gegen Doris Biesenbaum, die seit November 1975 dem MfS Unterlagen aus der Bonner SPD-Zentrale beschaffte und seit vier Jahren im Vorzimmer der Bundesgeschäftsführerin Anke Fuchs saß. Gewiß zu Recht rief diese dann bei Bekanntwerden der Festnahme aus: »Die weiß alles!« Die Agentin mit dem Decknamen »Irmgard« war 1972 von ihrem Ehemann angeworben worden und ließ sich auf Anraten des DDR-Geheimdienstes von einer Verkäuferin zur Sekretärin umschulen. War ihr Motiv zur Spionage tatsächlich in einer Art Gegenleistung für eine vom MfS organisierte Abtreibung zu sehen? Ihr Mann wurde im A-3-Funk (einseitige Radiodurchsage von der Ost-Berliner Zentrale an den Agenten) sowie im Dechiffrieren unterwiesen und fotografierte die von seiner Frau »ausgeliehenen« Dokumente, versteckte die Filme in Zigarettenschachteln und deponierte diese in der Toilette bestimmter Waggons in Interzonenzügen; mündliche Informationen wurden auf Kassetten abgesprochen, die ebenfalls als »rollende Tote Briefkästen« nach Osten gingen. Ab 1986 erfolgte die Übergabe an einen Kurier. Zuletzt erhielt das Ehepaar jährlich zusammen etwa 20000 DM, ihre finanzielle Abschlußzahlung seitens des MfS im November 1989 betrug 5000 DM. Im Gerichtsprozeß Ende November 1992 betonte der Bundesanwalt, ihre Zuarbeit habe der DDR »stets aktuellen Überblick« über die SPD verschafft und das MfS in die Lage versetzt, »auf die Meinungsbildung der Partei einzuwirken«. Ihre Spionagetätigkeit wäre allerdings nicht schwer gewesen, es waren »leicht und risikolos zu beschaffende Informationen«. Niemand mißtraute ihr, hatte das Zeugnis sie doch als »zuverlässig« und »schüchtern und still« charakterisiert. Auch nach der Wende fehlte ihr der Mut zur Offenbarung. Zweieinhalb Jahre Freiheitsentzug waren die Quittung des Gerichts.[56]

Einige Monate zuvor gerieten die Referenten Wolfgang Biermann und Gerd Greune der internationalen Abteilung der SPD-Zentrale in Verdacht, ebenfalls »Kundschafter« gewesen zu sein. Die Ursache ging auf Offenbarungen eines früheren MfS-Hauptamtlichen zurück, der ihre Namen als IM gehört hatte. Beide wiesen die Beschuldigung zurück und erklärten, im Rahmen ihrer politischen Aktivitäten im Osten zwangsläufig viele Kontakte gehabt – jedoch nicht gewußt zu haben, daß sie in konkreten Fällen auf Mitarbeiter der Staatssicherheit gestoßen wären.

Ursula Vollert hatte die MfS-Bezirksverwaltung Leipzig 1975 ebenfalls auf ideologischer Basis verpflichtet. Seit 1981 war sie als Sekretärin beim Bundesvorstand der Sozialdemokratischen Partei angestellt. Gegen die Behauptung, sie sei nur ein »kleiner Fisch« gewesen, spricht allerdings ihre gute nachrichtendienstliche Ausstattung in Form von falschen Ausweisen, Containern und Funkcode-Unterlagen.

Ein Geständnis über seinen Verrat legte der Rechtsanwalt Rüden ab, der von 1978 bis 1986 SPD-Abgeordneter in der Bezirksversammlung Eimsbüttel war und viele Interna seiner Partei nach Ost-Berlin meldete.

Mitte März 1992 klagte die Berliner Staatsanwaltschaft eine 61jährige Frau und ihren 34 Jahre alten Sohn wegen Agententätigkeit an, die 1977 in eine Zusammenarbeit mit dem MfS eingewilligt hätten. Der Frau wurde zur Last gelegt, als SPD-Mitglied Funktionsträger und Referenten gemeldet sowie außerdem DDR-Agenten mit einem Schlauchboot über die Demarkationslinie an der Elbe ins Bundesgebiet geschmuggelt zu haben. Für jedes Treffen erhielt sie angeblich 300 bis 600 Mark.

Akten der MfS-Bezirksverwaltung Leipzig ergeben, daß sie in der SPD-nahestehenden Friedrich-Ebert-Stiftung in Bonn zwei IM mit den Decknamen »Wagen« und »Walter« führte. Bis heute konnten diese nicht aufgedeckt werden.

Interna der Freien Demokraten und besonders Entscheidungsprozesse sowie Meinungsbilder aus der Parteispitze verriet jahrelang die schon erwähnte Johanna Olbrich »umfassend und umfangreich«, wie es das Urteil des Oberlandesgerichts Düsseldorf vom Februar 1994 formulierte.

Andere Akten des Staatssicherheitsministeriums lassen eine »Quelle« in der Bundesgeschäftsstelle der F.D.P. erkennen; ob diese dort hauptamtlich tätig war oder nur häufig oder gar gelegentlich von anderen Personen »abgeschöpft« wurde, ist nicht ersichtlich. In West-Berlin trat bei dem geschilderten Mutter-Sohn-Agentenpaar der Sohn auftragsgemäß der liberalen Partei bei und lieferte neben Berichten über seine Arbeit bei Siemens Sitzungsprotokolle seines Ortsverbandes. Immerhin waren diese dem MfS ein monatliches Salär von 200 DM wert.

Viele Nachrichten über die bundesdeutsche F.D.P. dürfen auf dem Wege von Kontakten seitens der DDR-LDP der HVA zugeflossen sein.

Bei den »Grünen« wäre einmal der – bereits kurz genannte Dirk Schneider zu nennen. Er gehörte zu den Gründungsmitgliedern der (West-) Berliner Alternativen Liste, war 1982 in deren geschäftsführendem Ausschuß und dann bis 1985 im Bundestag, von 1987 bis 1989 fungierte er als Pressesprecher seiner Partei und schloß sich 1990 der PDS an, für die er ins Berliner Abgeordnetenhaus einzog – und arbeitete seit 1975 für die Hauptverwaltung Aufklärung! Bei der AL und den »Grünen« galt er als strikter Vertreter der deutschen Zweistaatlichkeit, der gute Beziehungen zur DDR-Führung anstrebte; ganze Gruppen der AL in West-Berlin, die seinen Kurs nicht bejahten, traten aus. War es nicht sein Einfluß, daß man immer weniger Erklärungen gegen die Verfolgung von Friedens- und Menschenrechtsgruppierungen im Osten veröffentlichte und statt dessen diese in immer stärkerem Maße als »reaktionär«, »antikommunistisch« oder gar »CIA-gelenkt« diffamierte?[56] Dirk Schneider stellte den klassischen Fall eines sogenannten Einflußagenten dar; es sollte andererseits nicht übersehen werden, daß er nur deshalb Einfluß haben und bis in die Führungszentren aufsteigen konnte, weil sein politisches Umfeld die »Geraer Forderungen« eines Honecker für wichtiger hielt als das Selbstbestimmungsrecht der DDR-Bevölkerung und ebenso glaubte, im Interesse angeblich hoher Ideale – wie des Sozialismus östlicher Prägung – die demokratischen Freiheits- und Menschenrechte verletzen zu dürfen . . .

Auch der genannte Rechtsanwalt Klaus Croissant lieferte, wie der Haftbefehl gegen ihn darlegt, interne Informationen und Einschätzungen zu Entwicklungen und Personen innerhalb des linken Spektrums in Westdeutschland; dazu nutzte er insbesondere Verbindungen zu den »Grünen« im Raum Frankfurt/Main und zu »Autonomen« in West-Berlin.[58] Sah er nicht, daß er damit nicht der Weltrevolution diente, sondern nur einem Repressionsapparat?

In den 80er Jahren wurden die »Grünen« für das MfS zunehmend unberechenbarer und daher nachhaltig bespitzelt. »Es ist zu vermuten, daß in den bislang unbekannten Unterlagen, die von den Mitarbeitern und besonders von den IM dieser Abteilung zusammengetragen wurden, allerhand politischer Sprengstoff verborgen ist.«[59]

Mitte März 1994 kam ein deutschlandpolitisches Forum vom Bündnis 90/»Die Grünen« in Bonn dann auch zu dem Ergebnis, daß es in der Führung und auch in der Bundestags-Fraktion der »Grünen« wesentlich mehr »Kundschafter« gab, als man bisher annahm. Interne Papiere der

»Grünen«-Fraktion lieferte besonders ein – immer noch nicht enttarnter – Agent mit dem Decknamen »Dozent«. Die HVA war jedenfalls »jederzeit über unsere Personen, Diskussionen und Strategien bestens informiert«.[60]

Während der letzten Jahre stießen ebenfalls die »Republikaner« auf das nachrichtendienstliche Interesse der Staatssicherheit. Noch 1989 konnte das BfV in Erfahrung bringen, daß sie bemüht war, Übersiedler sowie deren Verwandte und Bekannte in der Bundesrepublik für eine solche Ausspähung zu gewinnen. Zwar zielten die erteilten Aufträge lediglich auf das Sammeln offener Veröffentlichungen wie Zeitungen und Flugblätter, vorgesehen war aber auch ein direktes Eindringen in die Partei durch einzuschleusende IM.

In Niedersachsen hatte sich im Februar 1988 der 18jährige L. fernmündlich der MfS-Zentrale angeboten und übergab ihr dann bald alle Informationen und Unterlagen, die er aus seiner eigenen rechtsstehenden Gruppierung sowie aus dem gesamten rechten Bereich erfuhr. In der Regel erhielt er bei jedem »Treff« in Ost-Berlin 400 bis 600 DM als Entgelt einschließlich der Unkostenerstattung. Die letzte Begegnung mit seinem Führungsoffizier »Arno« fand direkt nach dem Weihnachtsfest 1989 statt. Als L. das SED-System zusammenbrechen sah, offenbarte er sich schnell der Spionageabwehr in Hannover ...[61]

Deutscher Gewerkschaftsbund

Im DGB konnten während der zurückliegenden Jahre mehrere und auch hohe Gewerkschaftsfunktionäre als Zuträger des MfS aufgedeckt werden. Motiv war zumeist ihre Traumwelt von einem Sozialismus in der DDR – die Realitäten im »realen Sozialismus«, das Leben der Arbeiter dort übersahen sie wohl oder wollten es wahrscheinlich gar nicht sehen. Mitte November 1993 wurde ein Angestellter der DGB-Bundesvorstandsverwaltung in Düsseldorf von der Bundesanwaltschaft der Spionage beschuldigt; er war lange Jahre Leiter der Abteilung Werbung und Medienpolitik gewesen und in der letzten Zeit mit Sonderaufgaben betraut worden.[62]

Unbestritten scheint zu sein, daß – der im Zusammenhang mit der SPD bereits erwähnte – Robert Biesenbaum 1971 für das MfS eine Verpflichtungserklärung unterschrieb. Er hatte damals in Halle/Saale eine Bekannte besucht, bei der Antragstellung zur Reise nach »drüben« indessen als Anlaß einen Aufenthalt lediglich zur Leipziger Messe angegeben. Über jene Bekannte wurde er daraufhin zu einem Treffen aufgefordert, bei dem der Staatssicherheitsdienst Erleichterungen für seine Besuche in Halle versprach – sofern er die Verbindung zu ihm aufrechterhalte. In der Folgezeit händigte er diesem Anschriftenlisten von Wehrpflichtigen aus, Ablichtungen von Einberufungsbescheiden bei einem Kreiswehrersatzamt und danach Informationen aus dem Sozialamt Essen. 1973 bewarb sich »Alexander« (so sein MfS-Deckname) beim Verfassungsschutz, der ihn auch einstellen wollte; offensichtlich war es lediglich sein Karrieredenken, das ihn davon abhielt. Später reichte er Erkenntnisse der DGB-Kreisgeschäftsstelle in Bonn weiter; bei seiner Festnahme wurden in seinem Schreibtisch zwei Kleinstbildkameras sichergestellt.

Im November 1991 war ein Mitarbeiter der Volkshochschule in Hoechst unter dem Verdacht festgenommen worden, in Frankfurt/M. die Gewerkschaften ausspioniert zu haben. Bei all seinen Vernehmungen hat er bisher die Anschuldigung bestritten.

Auch der Arbeitsdirektor bei der Bremer Straßenbahn-AG, Hubert Resch, der unter dem Decknamen »Lieske« seit 1963 für die HVA tätig war und bis 1986 im Dienst der ÖTV in Stuttgart stand, wird manche Gewerkschafts-Interna nach »drüben« gemeldet haben.

Geradezu katastrophal erscheint für einen Chronisten die Feststellung, daß die DDR-Spionage in mehreren Fällen sogar in wichtige Positionen der bundesdeutschen Sicherheitsstellen eindringen konnte. Man muß einigen dieser Dienste schon den Vorwurf machen, hierbei doch ziemlich arglos und in diesem Metier stark fahrlässig gehandelt und keineswegs die erforderlichen Kontrollmöglichkeiten eingesetzt zu haben! Eine bereits oberflächliche Beobachtung jener »Maulwürfe« in ihrem Urlaub hätte zumindest zu einem erheblichen Verdacht bzw. zur Verhaftung führen müssen; daß diese zumeist außerhalb der Bundesrepublik Deutschland stattfanden, ist für eine Kontrolle seitens der Nachrichtendienste längst kein Hindernis mehr.[63] Eine mehrfache Vorsicht wäre um so notwendiger gewesen, als es schon früher peinliche »Pannen« gegeben hatte und die intensiven Bemühungen der kommunistischen Geheimdienste, die bundesdeutschen Dienste zu infiltrieren, seit einigen Jahren recht deutlich wurden.

Kenner wußten spätestens seit dem Verrat Felfes, daß die Glanzzeiten des Gehlen-Apparates verblichen waren; zweifellos hatte er es direkt nach 1945, als das SED-System sich erst allmählich zu festigen begann, auch wesentlich leichter. Bereits im Falle Werner Stiller – jenem heute schon fast legendären Helfershelfer des Bundesnachrichtendienstes innerhalb der Hauptverwaltung Aufklärung – war keineswegs alles so gut und reibungslos verlaufen, wie sein Buch »Im Zentrum der Spionage« in manchen Punkten verschönt darlegt; ob die DDR-Spionageabwehr aufgrund eines Verrats aus der BND-Zentrale Stillers Verhaftung bereits vorgesehen hatte (zwei Tage zuvor war er allerdings nach West-Berlin abgesprungen), läßt sich noch nicht mit letzter Bestimmtheit sagen.

Auch bei der vorgesehenen »Ausschleusung« aus der DDR des Konteradmirals Winfried Zakrzowski der Verwaltung Aufklärung – er nannte sich nach seiner zweiten Ehefrau »Baumann« und wird so auch allgemein im Westen bezeichnet – war es beim postalischen Kontakt mit ihm und seiner Lebensgefährtin Karin Schumann zu dummen »Pannen« gekommen. Und hatte Pullach, insbesondere der heutige Bundesaußenminister Kinkel, nach »Baumanns« Verhaftung wirklich alles versucht, ihn vor dem Todesurteil der DDR zu retten – wobei allerdings auch die Frage gestellt werden muß, ob ein solches selbst bei einem Eingeständnis seiner Verbindung zum BND hätte verhindert werden können. Am 18. Juli 1980 wurde der »rote Admiral« von seinem Henker, Major Hermann Lorenz, erschossen; sein namenloses Urnengrab befindet sich heute auf dem Leipziger Südfriedhof, Grab Nr. 112, Reihe 6, VIII. Abteilung . . .[64]

Wurde die geplante Flucht des einstigen DDR-Spions Armin Raufeisen, der im Auftrage der HVA 1957 in die Bundesrepublik »flüchtete«, dann vor drohender Verhaftung in seine Heimat zurückging und angesichts der dortigen Verhältnisse wieder in den Westen fliehen wollte, durch einen »Maulwurf« des MfS in Pullach verraten? Derartige Nachrichten können selbstverständlich auch im Zuge einer bewußten Desinformation der HVA in Umlauf gesetzt worden sein, um so den Bundesnachrichtendienst als unzuverlässig zu diffamieren. Immerhin spricht einiges für eine Kontaktaufnahme des Ex-Agenten aus der DDR zu westlichen Stellen, der dann zu einer lebenslänglichen Strafe verurteilt wurde – gnadenlos, und das von demselben System, für das er rund 20 Jahre spioniert hatte! Am 12. 10. 1987 starb er in einem Haftkrankenhaus bei Leipzig.

Allzu wenig über die letzten Hintergründe ist auch um die im »Blauen Salon« des Schloßhotels in Igls bei Innsbruck inszenierte Jubiläumsfeier zum 75. Geburtstag des IM »Schwarz« zu erfahren. Diesen hatte das MfS vor 30 Jahren unter der »falschen Flagge« der »deutsch-französischen Freundschaft« geworben und ihn 1985 bei einem Treffen in der Schweiz sogar zum »Ritter der Ehrenlegion (Frankreichs)« geschlagen! Inhalt der Gratulation an jenem 24. 9. 1987 stellte äußerlich der »Dank für die jahrzehntelange Zusammenarbeit, insbesondere für die in den letzten Jahren entwickelten Aktivitäten zur Erlangung von Informationen aus dem BND und dem Verfassungsschutz« dar. Wichtiger für die Ost-Berliner Spionage war natürlich die geplante »Abstimmung der inhaltlichen Schwerpunkte des weiteren Vorgehens bei der Abschöpfung von ›Berater‹, ehemaliger leitender Mitarbeiter des BND«. Als »weiteren Vertrauensbeweis« übergab man »Schwarz« eine Deckadresse mit Decktelefon in Paris; daß dahinter sich eine vom MfS-Offizier »Veit« aufgebaute Adresse mit dem Decknamen »Madelaine« verbarg, ahnte er natürlich ebenfalls nicht. Was mag er alles verraten haben? Inzwischen glaubt man, daß jener West-IM der damalige Chefredakteur der Zeitschrift »Soldat im Volk«, Gerhard Baumann, war. Sollte er damals der Ansicht gewesen sein, für den französischen Nachrichtendienst tätig zu sein, hat er sich allerdings ebenfalls strafbar gemacht.[65]

In der Zentrale des Bundesnachrichtendienstes in der Heilmannstraße Pullachs arbeitete seit dem 1. Oktober 1968 ein Hauptmann Alfred Spuhler, der sehr bald die Ansicht gewann, die im Westen proklamierte militärische Überlegenheit des Ostens bestünde in Wahrheit nicht, und mithelfen wollte, »eine friedenserhaltende militärische Balance herzustellen«. Etwa 1970 nahm er Verbindung mit der Deutschen Kommunistischen Partei auf; in seiner Vorstellung von der sozialistischen Gesellschaftsordnung als einer gerechteren hielt er eine Zusammenarbeit mit dem MfS für einen effizienten Weg, und tatsächlich kam es im Spätherbst 1971 zu einem ersten Kontakt in Ost-Berlin mit Vertretern der HVA. Er erhielt den Decknamen »Peter« – sein Bruder hieß fortan »Florian« – sowie zum heimlichen Transport des Verratsmaterials eine Sporttasche mit doppeltem Boden; für Filme war ein Feuerzeug als nachrichtendienstlicher Container vorgesehen. In der Folge lieferte er sehr vieles BND-Material, vereinzelt erreichte das zur Weitergabe an die HVA aufbereitete Schriftgut in einer einzigen Woche bis zu 400 Blatt. Darunter fiel auch »eine Aufzeichnung, die aus der Sicht des BND die Stellung der

DDR im Warschauer-Pakt-Bündnis beschreibt und die Bedeutung der Nationalen Volksarmee im Rahmen operativ-strategischer Kriegsplanungen auf dem Gebiet der DDR bewertet«.[66] Ohne größere Verzögerungen gab Spuhler auch etwa aktuelle Flugplanungen der Aufklärungsflugzeuge Breguet-Atlantic noch vor ihren eigentlichen Flügen weiter. Bald mußte HVA-Generalmajor Schütt bitten, durch Selektieren den Materialfluß zu reduzieren! Durch den Verrat konnten »etwa 100« Helfershelfer des BND im Osten enttarnt werden, wie das Gerichtsurteil feststellte.[67] Nach Ansicht bundesdeutscher Sicherheitsbeamter aber »sollte man davon ausgehen, daß es sehr, sehr viele waren und der Schaden beim BND unendlich groß war«.[68] Spuhler hatte nämlich direkten Zugang zu den eintreffenden Berichten der BND-Informanten im Osten und zwar, bevor diese in weiteren Berichten hinsichtlich ihrer einzelnen »Quelle« neutralisiert wurden – ein unverständlicher Fehler eines jeden Nachrichtendienstes! Begünstigt wurde die Tätigkeit durch eine weitere recht große Nachlässigkeit in Pullach: Das Anfertigen von Kopien überwachte man nicht, das an sich vorgeschriebene sogenannte »Vier-Augen-Prinzip« hielt man nicht ein. Weiter heißt es im Gerichtsurteil: »Die Kontrollen am Tor waren äußerst selten und ziemlich oberflächlich; zudem rechtzeitig zu erkennen und ohne weiteres dadurch zu umgehen, daß er im Dienstgebäude in Richtung Tankstelle abbog und das Herausschmuggeln des Materials verschob.«[69]

Die Tätigkeit des Kuriers übernahm sein Bruder Ludwig, technischer Angestellter beim Max-Planck-Institut in Garching, welcher das Verratsmaterial in »Toten Briefkästen« (heimliche Verstecke von Nachrichten) in Telefonzellen beim Hotel Hilton bzw. beim Südbahnhof Wiens deponierte; von dort wurde es von einem Schlafwagenschaffner der »Mitropa« nach Ost-Berlin gebracht. Instrukteur der Gebrüder war der HVA-Oberstleutnant Günther Böttger, der 1967 unter falschen Personalien und der Behauptung, er hätte zuvor in der Schweiz gelebt, in die Bundesrepublik kam und bis Ende 1976 die Verbindung zur

Zentrale hielt; seine ebenfalls unter falschem Namen, aber separat eingeschleuste Ehefrau heiratete er am 20. März 1968 erneut vor dem Standesamt Ingolstadt. Bei etwa 65 »Treffs« in Österreich, Jugoslawien und Griechenland erteilte er nicht nur Anweisungen, sondern händigte auch den Agenten-»Lohn« aus: Insgesamt circa 266 900 DM sowie den »Vaterländischen Verdienstorden« in Silber für Ludwig und wenigstens 289 800 DM für dessen Bruder, der außerdem den Titel eines Majors des MfS sowie den »Vaterländischen Verdienstorden« in Silber und Gold erhielt.

In der Ost-Berliner HVA-Zentrale wiederum schmiedete der Hauptamtliche S. Fluchtpläne und spielte das Negativ einer BND-Zeichnung Anfang Oktober 1988 über die Mutter einer früheren Freundin seiner Frau dem Verfassungsschutz in West-Berlin zu. Bald bemerkten die beiden Spuhler ihre Observation durch den BND, insbesondere die in ihrem Garten eingebaute »Wanze« (die sie treuherzig in Pullach ablieferten); auch ein Treffen im September 1989 in Athen wurde vom Bundesnachrichtendienst beobachtet, was allerdings wiederum dem HVA-Führungsoffizier nicht entgangen war. Es erfolgte dann die – in jenem Moment lediglich auf Indizien und Vermutungen beruhende – Festnahme, bis bald ein Überläufer aus der HVA die nötigen Beweise brachte! Mitte November 1991 verurteilte das Bayerische Oberste Landesgericht die Gebrüder zu zehn bzw. fünfeinhalb Jahren, von den bezogenen Verratsgeldern brauchten sie seltsamerweise lediglich 60 000 DM innerhalb von zwei Jahren zurückzuzahlen. Als strafmildernd wertete der Senat die Dürftigkeit der Maßnahmen, mit denen Pullach sich geschützt hatte: »Die Sicherungs- und Kontrollsysteme müssen sich in einem unglaublichen Zustand befunden haben.« Der Instrukteur bekam die nur schwer verständliche milde Strafe von 14 Monaten auf Bewährung. Generalmajor Schütt, den der Bundesnachrichtendienst kurz vor der Wende vergeblich zur »Kooperation« ansprechen ließ, der unmittelbar vor seinem Gerichtsprozeß in München es dann damit doch sehr eilig hatte, wurde zu zwei Jahren Haft auf Bewährung verurteilt; ausschlaggebend dafür waren bestimmt ein Brief des BND-Präsidenten Porzner an den Generalbundesanwalt sowie die Tatsache, daß er vier bisher unenttarnte HVA-Agenten im Westen Deutschlands benannte. So konnte der Bundesanwalt in seinem Plädoyer darauf hinweisen, »daß der Angeklagte dem BND Hilfe bei der Aufklärung von Abschöpfquellen geleistet, Hinweise zum Erkennen von Doppelagenten gegeben und BND-Erkenntnisse über die Fernmeldeaufklärung des MfS vertieft hat.«[70]

Sein »bester Spion« – wie Markus Wolf es einmal formulierte[71] – war indes die Regierungsdirektorin Gabriele Gast in der Zentrale des Bundesnachrichtendienstes (dortiger Deckname: »Dr. Gabriele Leinfelder«; Deckname bei der HVA: »Gisela«). Im Mai 1968 hatte sie in Karl-Marx-Stadt im Rahmen einiger Recherchen für ihre Doktorarbeit den MfS-Major Karl-Heinz Schneider (»Karliczek«) kennengelernt – seinen wahren Namen und tatsächlichen Geburtstag erfuhr sie erst 22 Jahre später, nach ihrer Verhaftung! – und erklärte sich drei Monate später zur Arbeit für die HVA bereit. Ihr Motiv war sicherlich Liebe zu ihm, wohl aber auch gewisse politische Überzeugungen, denn für ihre gesamte Tätigkeit beanspruchte und erhielt sie weder Entgelt noch irgendeine Erstattung der Unkosten. Zur Festigung der geheimdienstlichen Beziehung organisierte das MfS im Sommer 1970 in Jößnitz/Vogtland sogar eine »Verlobungsfeier« für die beiden, und auf einer Tonbandkassette übermittelte der zuständige Abteilungsleiter der MfS-Bezirksverwaltung seine Glückwünsche. Am 1. Nobember 1973 trat Frau Gast in den Bundesnachrichtendienst ein, wo sie zur stellvertretenden Leiterin des Referats Sowjetunion aufrücken konnte und zeitweilig auch die Lageberichte des BND an das Bundeskanzleramt schrieb – wodurch dann Ost-Berlin wußte, was Bonn über den Warschauer Pakt wußte. Ihre Anweisungen erhielt die »Kundschafterin« auf dem Wege des A-3-Agentenfunks, und zwar jeden Dienstag um 21.00 Uhr, die zwei Stunden später wiederholt wurden; ab 1975 kam als weiterer Wiederholungstermin der Mittwoch hinzu. Für den Empfang kaufte sie ein Kofferradio – auf eigene Kosten. Ihre Nachrichten an das MfS, die sie in Geheimschrift verfaßte, gingen an eine Deckadresse in Karl-Marx-Stadt. Dazu hatte sie bereits 1972 ein buntgemustertes präpariertes Seidentuch bekommen, das zur Erstellung der Geheimschrift wie ein Durchschlagpapier benutzt wurde. Neun Jahre später händigte man ihr einen Füllfederhalter mit farbloser Flüssigkeit aus, mit dem sie zwischen einem sichtbaren, unverfänglichen Text unsichtbar schreiben konnte. Angesichts der Bedeutung des von ihr beschafften Materials baute die Hauptverwaltung Aufklärung bald eine – nur für sie bestimmte – illegale Residentur in Hagen/Westfalen auf, die aus dem via England eingeschleusten Ehepaar »Heinz und Cordula Neumann« bestand; ihm übergab die BND-Verräterin die in einer Deo-Spraydose versteckten Mikrofilme auf einer Damentoilette in München und Wuppertal-Elberfeld, wobei beide Seiten zwei gleichaussehende Spraydosen austauschten. Später versteckte der Kurier Lothar Müller (ein Chemo-Techniker in einem Bundeswehr-Institut in München) die Filme unter einem WC-Waschbecken im Interzonenzug München–Görlitz, die sofort in der DDR vom MfS abgeholt wurden. Bei sieben ihrer vielen »Treffs« begegnete Frau Gast auch Markus Wolf: Dazu reiste sie einmal mit einem vom Staatssicherheitsdienst gelieferten DDR-Diplomatenpaß über Schweden in die DDR ein und traf sich mit ihm am Müggelsee. In einem weiteren Falle wurde sie sogar von einer Maschine der DDR-Regierungsstaffel von Preßburg nach Dresden geflogen. Juli 1976 machte sie offiziell Urlaub in Irland; in Wahrheit flog sie nach einigen Tagen nach Rom und fuhr von dort mit ihrem »Verlobten« nach Ancona bis zur jugoslawischen Insel Ciovo. Zum letzten Treffen mit ihren Auftraggebern kam es am 27. März 1990 bei Salzburg. Die Gefahr des Entdecktwerdens war nach Feststellung des Gerichts auch für sie »gering«: »Kontrollen wurden an der Türwache des BND selten durchgeführt, und wenn Kontrollen vorgenommen wurden, waren sie in der Regel von weitem bemerkbar.« Nach dem Gerichtsurteil hatte man sie während der ganzen zehn Jahre lediglich viermal bei der Aus- und einmal bei der Einfahrt kontrolliert. »Bei einer Ausfahrtkontrolle befand sich die Aktentasche mit dem Geheimfach auf dem Rücksitz ihres Autos, überprüft wurde aber nur die Handtasche auf dem Beifahrersitz.«[72]

Drei Tage vor der deutschen Wiedervereinigung indes wurde sie von einem Überläufer aus Ost-Berlin enttarnt. Die Warnung der HVA kam zu spät; ihre Flucht endete am 30. September beim Grenzübergang Mittenwald nach Österreich. Im Dezember 1991 verhängte das Bayerische Oberste Landesgericht gegen sie sechs Jahre und neun Monate Haft. Die im Vergleich zu Alfred Spuhler verhältnismäßig niedrige Strafe verdankt sie wahrscheinlich der Ansicht des Bundesanwalts, sie hätte keine Mitarbeiter des Bundesnachrichtendienstes verraten; bekannt ist andererseits allerdings, daß sie sehr wohl in den einzelnen Pullacher Abteilungen bei »Zweifeln an der Glaubwürdigkeit einer Information auch nach dem jeweiligen BND-Agenten rückfragen konnte«[73]; dabei scheint in der Zentrale ebenfalls keinerlei Mißtrauen aufgekommen zu sein. Hatte sie noch unmittelbar nach dem Fall der Berliner Mauer gehofft, mit ihrem geliebten Führungsoffizier für immer zusammen sein zu können, so ließ dieser sie kurz vor Prozeßbeginn wissen, daß er mit einer anderen Frau zusammenlebt; während der Gerichtsverhandlung kannte er sie kaum noch. Ob Frau Gast in diesen Tagen endlich erkannte, mit welchen menschlich-schäbigen Tricks die DDR-Staatssicherheit mit ihr und ihren Gefühlen gespielt hatte? Aus ihrer Zelle 326 der Untersuchungshaftanstalt München-Neudeck beklagte sich die Ex-Spionin in einem Brief an Markus Wolf über fehlenden menschlichen Beistand: »Aber auch in dieser Hinsicht bin ich nun mit der bitteren Realität konfrontiert, alleingelassen zu sein.« Hatte man ihr doch stets versichert, bei einer Festnahme im Westen sei ein Austausch für sie völlig sicher; für diesen Fall hatte ihr Egon Lorenz – bis zu seinem Tode 1989 Leiter der Abteilung XV in Karl-Marx-Stadt – bereits einen Bauplatz in der Stadt Plauen in Aussicht gestellt. Agenten-Schicksal –, allerdings selbst verschuldet. Sollte sie Derartiges niemals in den Bereich der Möglichkeiten einbezogen haben, wird man sie kaum von einer größeren Naivität freisprechen können!

Ob damit die Zahl der Verräter im Bundesnachrichtendienst wirklich erfüllt ist? Aus einem internen BND-Papier ergibt sich das Gegenteil, zur Begründung der Suche nach einem weiteren Top-Agenten des DDR-Geheimdienstes heißt es darin: Spionagechef Wolf habe sich völlig sicher fühlen müssen, daß auf Frau Gast Verlaß war und sie nicht als Doppelagentin für den BND gearbeitet habe. »Wie konnte er so sicher sein? Nur durch einen Maulwurf im BND.«[74]

Im Bundesamt für Verfassungsschutz wurde Mitte Juni 1991 der Leiter der Übersetzungs-Abteilung festgenommen, allerdings am folgenden Tag bereits wieder auf freien Fuß gesetzt; inzwischen ist er nicht mehr in dem großen Gebäudekomplex der Kölner Merianstraße beschäftigt. Unwissentlich, wenn gewiß nicht ohne Fahrlässigkeit hatte er jahrelang seinem Neffen von seiner Arbeit erzählt. Dieser, der Journalist Peter Casper Wolter aus Bornheim, war zwar hauptberuflich bei dem Hamburger Büro der Nachrichtenagentur Reuter beschäftigt, fühlte sich aber bereits seit 1978 noch stärker dem DDR-Ministerium für Staatssicherheit verbunden. Das gesamte Ausmaß des Falles liegt bisher noch ziemlich im dunkeln. Daß die Übersetzungs-Abteilung des BfV streng geheime Berichte für die NATO in Brüssel anfertigt und andererseits Erkenntnisse ausländischer Nachrichtendienste auch über Spionage erhält, ist hinreichend bekannt. Der Regierungsoberamtsrat Klaus Kuron, der seit 1962 in derselben Behörde arbeitete, hatte sich aus Geldgier und gewiß auch aus Verärgerung über nicht weiterhin erfolgte Beförderungen im September 1981 in einem Brief, den er abends in den Briefkasten der Ständigen Vertretung der DDR in Bonn-Godesberg einwarf, der Spionage Ost-Berlins angeboten. Nach dem ersten Verrat von Dienstgeheimnissen wurde er am

12. Oktober 1982 in Wien von einem Hauptamtlichen mit einem DDR-Diplomatenpaß auf den namen »Gerhard Häusler« ausgestattet, per Dienstwagen der dortigen DDR-Botschaft nach Preßburg gefahren und dann mit der DDR-»Interflug« nach Dresden geflogen.[75] Hier kam es auf Kurons Wunsch zu einer Begegnung mit Markus Wolf, der auch seine finanziellen Forderungen erfüllte: Eine »Einstiegssumme« in Höhe von 150 000 DM sowie monatliche Zuwendungen von 4000 DM, später sogar 4500 DM. Nach Ansicht des Generalbundesanwalts betrug der Judaslohn in all den Jahren – mit Prämien und Abfindungen – rund 730 000 DM.[76] Kurons Aufgabe im Bundesamt war es, erkannte DDR-Spione »umzudrehen« und sie dann als »Counter-men« für den Verfassungsschutz weiterarbeiten zu lassen; von den 19, die er führte, verriet er 18 an die HVA. In 270 Fällen warnte er diese vor der bevorstehenden Verhaftung aufgespürter DDR-»Kundschafter«, darunter befand sich der hochkarätige KGB-Agent Manfred Rotsch, der 30 Jahre hindurch die westdeutsche Rüstungsindustrie ausspionierte – der trotz der rechtzeitig erhaltenen Warnung nicht floh: Er wollte nicht in der UdSSR leben, sondern dann schon lieber im Westen verurteilt werden![77] Ebenfalls lieferte Kuron Charakteristiken seiner Vorgesetzten und Mitarbeiter, gab Hinweise auf konspirative Objekte des Verfassungsschutzamtes und legte die Methodik der bundesdeutschen Spionageabwehr sowie auch beabsichtigte Maßnahmen von einzelnen Landesämtern für Verfassungsschutz offen – dazu scheinen mit ziemlicher Sicherheit auch geplante Kontrollen der Bundesbahn-Züge nach »rollenden Toten Briefkästen« gehört zu haben. Nicht zuletzt erfuhr die HVA Erkenntnisse des Bundesamtes über Reiserouten ihrer Agenten »und hatte es leicht, diese Wege umzulenken, so daß beabsichtigte Fahndungsmaßnahmen ins Leere griffen.«[78] Kuron verriet sein gesamtes dienstliches Wissen! Bei der späteren Auflösung der Hauptverwaltung Aufklärung machten die von ihm gelieferten Unterlagen 13 Aktenordner mit jeweils 250 Blatt aus. Nach der Pressemitteilung des Generalbun-

desanwalts wurde dadurch »ein wesentlicher Teil des BfV für einen Zeitraum von acht Jahren lahmgelegt«.[79]

Seine Nachrichten übermittelte Kuron in den letzten Jahren über das öffentliche Telefonnetz mit einem sogenannten Schnellgeber (bei dem höchstens ein kurzer Pfeifton von zwei – drei Sekunden zu hören ist, der jedoch 53 Fünfergruppen von verschlüsselten Zahlen enthält). Um möglichst auch kleinste Verdachtsmomente gegen ihn zu vermeiden, hatte er sich ausbedungen, daß die von ihm verratenen Personen nicht vom MfS verfolgt würden; nur allzu gern streute dieses in dem Zusammenhang dann die Desinformation aus, der Überläufer Tiedge hätte schon vor seiner Flucht der HVA Informationen geliefert – was von breiten Kreisen der politischen Öffentlichkeit Westdeutschlands auch schnell geglaubt wurde (jedoch nicht den Tatsachen entsprach). Bei fünf der »umgedrehten« DDR-Agenten brach Wolf allerdings sein Versprechen und ließ sie verhaften. Horst Garau wurde sogar zu lebenslänglicher Freiheitsstrafe verurteilt und kam in Bautzen im Juli 1988 ums Leben; die offizielle Begründung »Selbstmord« ist gewiß mit etlichen Fragezeichen zu versehen. Als Frau Garau nach dem Fall der Berliner Mauer nach Köln zog, betreute Kuron sie vorbildlich; später brach in ihr eine Welt zusammen, als sie seine tatsächliche Rolle erfuhr. Ähnlich dürfte es letztlich um den Fall »Farewell« stehen – einem ranghohen KGB-Offizier, der für die Franzosen arbeitete und ihnen mehrere Sowjet-Spione im Westen benannte. Als das BfV in diesem Zusammenhang verdächtige Autonummern ermittelte, erfuhr Kuron zufällig davon und verriet die geheime Aktion. Daraufhin war es für den Sowjetgeheimdienst nicht sehr schwer, den Weg zu »Farewell« zu finden. Er erhielt die Todesstrafe ... Im Bundesamt für Verfassungsschutz gab es während all dieser Jahre kein Mißtrauen gegen Kuron. In seinen Dienstzeugnissen heißt es sogar, »sein Verantwortungsbewußtsein und sein Pflichtgefühl sind besonders hervorzuheben«; er sei ein »Vorbild beispielhafter und erfolgreicher Arbeit«. Daß er ein aus der HVA-Kasse mit 90 000 DM finanziertes Ferienhäuschen in Spanien besaß, hatte er im Kollegenkreis glaubhaft mit der »Erbschaft seiner Mutter« begründet; eine Überprüfung seiner Angaben – wie es sonst üblich ist – fand allerdings nicht statt. Sicherlich wäre er wie rund 95 Prozent aller DDR-Agenten im Westen niemals aufgeflogen, wenn die DDR-Bevölkerung nicht ihr verhaßtes SED-System gestürzt hätte!

Nach der Wende meldete Kuron nach Ost-Berlin die Namen von MfS-Offizieren, die nunmehr Verbindung zu bundesdeutschen Diensten aufgenommen hatten. Im April 1990 erhielt er von seinem Führungsoffizier eine Abfindungssumme von 30000 DM und hoffte, weiterhin nicht entdeckt zu werden. Anfang Oktober aber erfuhr er von dem Kommen eines Überläufers nach Köln und wußte sich am Ende. Am 6. 10. 1990 trafen er und seine Frau – die oft an den »Treffs« teilgenommen und auch die Geschenke (Geld und Schmuck) der HVA gern angenommen hatte – sich mit seinem Führungsoffizier in Ost-Berlin, der sie an den KGB-Offizier »Oleg« weiterreichte. Im Sperrgebiet Berlin-Karlshorst sollten er und seine Frau mit einer sowjetischen Militärmaschine nach Moskau ausgeflogen werden und dort dann als ein »Versorgungsfall« den Lebensabend verbringen. Kuron selber hatte sich bereits früher bei seinem Führungsoffizier oft über die Lebensverhältnisse in der UdSSR erkundigt, der ihm sogar ein recht realistisches Bild übermittelte. Frau Kuron hielt schon die allgemeine Situation der sowjetischen Besatzungstruppen in der DDR von einem solchen Schritt ab. Zum Schein erklärte Kuron sich zur Mitarbeit für das KGB als weitere »Quelle« im Verfassungsschutzamt bereit, worauf er nach West-Berlin gebracht wurde. Kurz danach gestand er seiner Dienststelle telefonisch, sie jahrelang hintergangen zu haben – um sich zugleich zum Einsatz als »Counter-man« gegen das KGB anzubieten! Als er statt dessen von Beamten des Bundeskriminalamtes festgenommen wurde, fühlte er sich in seiner Selbst-Überschätzung aufrichtig hintergangen. Im Februar 1992 verurteilte ihn ein Gericht zu zwölf Jahren Gefängnis und zog seinen Agentenlohn, soweit er nachgewiesen werden konnte, in Höhe von 692000 DM ein. Seine langjährigen Führungsoffiziere, Stefan Engelmann und Gunther Nehls, wurden nicht angeklagt: Sie hatten weitgehende Aussagen gemacht und kamen so in den Schutz des § 153e der Strafprozeßordnung – vom Standpunkt der Gerechtigkeit eine ziemliche Ungerechtigkeit.

Ob diese zwei Fälle die Gesamtzahl der »Kundschafter« Ost-Berlins im Bundesamt für Verfassungsschutz ausmachen, könnte angesichts der Wichtigkeit dieses Angriffszieles für das MfS fraglich sein. Andererseits dürfte Ost-Berlin über die westdeutsche Abwehr genügend informiert gewesen sein: Man kannte durch einen Verräter im LfV Niedersachsen die Rasterfahndung, und viele aktuelle Nachrichten auch aus dem BfV meldete ein Agent im MAD. So erscheinen die Worte eines hohen bundesdeutschen Abwehrbeamten über die Männer der MfS-Gegenspionage in dieser Hinsicht kaum übertrieben:

>   »Was sie wissen wollten,
>   wußten sie . . .«[80]

Februar 1994 verhängte das Oberlandesgericht Koblenz gegen Peter Weinmann eine Freiheitsstrafe von neun Monaten auf Bewährung. Als V-Mann »Werner« hatte er seit 1969 im Auftrage des Bundesamtes für Verfassungsschutz die rechtsextreme Szene in Deutschland ausgeforscht – zeitweilig drillte er sogar die Jung-Nazis der »Wehrsportgruppe Hoffmann« –, um dann ab 1984 seine Erkenntnisse über die Kölner Behörde als IM »Rolf Römer« an die DDR-Spionage zu verraten. Zugleich, von 1976 bis 1992, arbeitete er unter dem Decknamen »Siegmund« für den italienischen Militär-Geheimdienst »Sismi« gegen die Unabhängigkeitsbestrebungen in Südtirol – was wiederum auch die Stasi sehr interessierte. Bei der Urteilsbegründung wies der Richter darauf hin, daß er immer wieder ihm nahestehende Menschen an den Staatssicherheitsdienst Ost-Berlins verraten habe – »Moralische Bedenken gab es für ihn nicht.«[81]

Von den verschiedenen Landesämtern für Verfassungsschutz dürfte dasjenige in West-Berlin vom MfS am erfolgreichsten unterlaufen gewesen sein, obwohl es nach allen bisherigen Erkenntnissen dort keinen einzigen Doppelagenten unterhielt: die HA III überwachte seinen gesamten Telefonverkehr, und zahlreiche IM nahmen mit Spezialkameras jeden Besucher sowie alle Personen auf, die das Gebäude verließen. Die Dossiers über die Beamten enthielten Angaben auch über intimste Einzelheiten, selbst von ihren Familienangehörigen! Das MfS konnte ebenfalls die Identität sämtlicher Mitarbeiter der Observationsgruppe des LfV enttarnen: Da die Angehörigen des Verfassungsschutzes nicht den Landweg von und nach Westdeutschland benutzen durften, wurden ihre Autos von Dritten gefahren; um keinen Verdacht bei den DDR-Grenzkontrolleuren zu erregen, sollten pro Monat höchstens vier Pkw überführt werden. Helga M., Mitglied der Observationsgruppe, aber verschaffte ihrem Ehemann Axel die Möglichkeit, das Dreifache zu fahren. Erwartungsgemäß fiel das dem MfS auf, und seine »Beschattung« des Mannes führte schließlich zum Domizil der Gruppe: Bald waren alle Angehörigen fotografiert. Zuletzt versuchte die Spionage Ost-Berlins sogar, Axel M. als IM anzuwerben – doch er offenbarte sich dem Verfassungsschutz.[82] Vieles wird der Amtsrat des Landesamtes Gerhard Krützfeld nach seinem Übertritt ausgesagt haben. Da die nachrichtendienstlichen Operationen seiner Behörde aber auch in Richtung Ost ungehindert weiterlaufen konnten, glaubte man ihn tot ...

Reichlich durchlöchert von der DDR-Staatssicherheit war ebenfalls das Landesamt für Verfassungsschutz Niedersachsens: Bei der Spionageabwehr stand lange Zeit der Erste Polizeikommissar Hans-Joachim Armborst in Verdacht, sich 1981 selber der Hauptverwaltung Aufklärung angeboten und seitdem für sie gegen ein monatliches Agenten-Entgelt von sogar 3000 DM gearbeitet zu haben; Kenner der Materie erachteten seinen Fall zunächst für noch schwerwiegender als denjenigen von Kuron! Man konnte ihm aber nicht nachweisen, daß er der DDR-Spion mit dem Decknamen »Maurer« war; dieser hatte jahrelang aus dem Sicherheitsbereich Erkenntnisse verraten – in Einzelfällen warnte er die MfS-Zentrale sogar telefonisch! – und es dabei verstanden, seine Identität selbst vor der HVA zu verheimlichen. Ende November 1993 erhob der Generalbundesanwalt dann doch gegen ihn Anklage »wegen geheimdienstlicher Tätigkeit im besonders schweren Fall«. Schwerpunkte seines Verrats waren danach Spionage-Abwehrmethoden des Verfassungsschutzes, insbesondere sogenannte Reisewegsuchmaßnahmen (durch diese sollten Bundesbahnzüge nach »rollenden Toten Briefkästen« und Kurieren der HVA bzw. VA kontrolliert werden). Zuletzt bezog der Angeschuldigte danach von Ost-Berlin pro Monat 4000 DM, insgesamt mit Prämien dürfte er mindestens 300000 DM erhalten haben.[83]

Der zweite »Maulwurf« in demselben Dienstbereich, der Erste Hauptkommissar Wilhelm Balke (Deckname: »Gräber«) erwies sich sehr bald nach seiner Festnahme als geständig. Aus Geldnöten und auch wohl aus dienstlichem Frust hatte er im August 1977 eine Telefonnummer des Ministeriums für Staatssicherheit, die er bei einem festgenommenen DDR-Spion gefunden hatte, angerufen und sich selbst als »Kundschafter« angeboten. Er war Leiter der Observationsgruppe und verriet die Namen sämtlicher in Niedersachsen eingesetzten »Counter-men« und ihre Gegen-Operationen. Durch ihn wurden in der DDR zwei Menschen zu »Lebenslänglich« sowie neun weitere zu teilweise langjährigen Freiheitsstrafen verurteilt und zugleich wesentliche Teile des Landesamtes für Verfassungsschutz »für mehrere Jahre lahmgelegt«. Im Januar 1994 wurde Balke zu neun Jahren Haft und zur Zurückzahlung seines Agentenlohnes in Höhe von 250000 DM verurteilt.[84]

Außerdem arbeitete im niedersächsischen LfV bereits seit 1975 eine Ute Barth (Deckname: »Manfred«) für die Gegenseite. Ihr letzter »Treff« mit ihrer Residentin Gisela Gieren fand noch im August 1990 statt! Eine weitere Zusammenkunft war für den 3. Oktober vorgesehen, die jedoch telefonisch abgesagt wurde. Als der damalige Leiter des Landesamtes, Peter Frisch, einmal bei einer Dienstbesprechung offen seine Vermutung aussprach, in seiner Behörde befänden sich sicherlich zwei–drei DDR-Agenten, erntete er großes Erstaunen. Offenbar fühlte man sich auch dort sehr sicher. Zu sicher!

Im LfV Hessen wurde am 13. Dezember 1990 nach 13 Dienstjahren der Amtmann Richard Kind festgenommen: Bei einem Treffen in Wien 1980 hatte er sich gegenüber der HVA zur Mitarbeit bereit erklärt; eine wichtige Rolle dazu spielten gewiß die verwandtschaftlichen Beziehungen seiner Frau in der DDR sowie seine nach der Trennung von ihr entstandenen finanziellen Schwierigkeiten. Nach eigenen Angaben will er pro Zusammenkunft mit seinem Führungsoffizier lediglich ein Honorar von 300 bis 500 DM erhalten haben, tatsächlich dürfte es wesentlich mehr ausgemacht haben. Er wollte sich zwar wiederholt seinen Vorgesetzten anvertrauen, fand jedoch nie den Mut dazu.

Manches über den hessischen Verfassungsschutz könnte Ost-Berlin auch vom Detektiv Karl-Heinz Moritz erfahren haben, der 1986 (oder 1987?) dem MfS die Beschaffung vertraulicher Informationen anbot. Er war bis 1982 beim Bundesgrenzschutz angestellt und hatte aus dieser Zeit noch Verbindungen zu ehemaligen Kameraden, die inzwischen in verschiedenen Bereichen eine Stellung gefunden hatten. Nach wie vor aber leugnet der am 9. Juli 1992 Festgenommene.

Ende August desselben Jahres sprach das Oberste Landesgericht in München gegen den ehemaligen Bediensteten des bayerischen LfV Hans Joachim Adam eine Strafe von 18 Monaten aus. Wie er im Prozeß darlegte, hatten seine damaligen Kollegen dort »nur gesoffen«; auf seine Beschwerde bei Vorgesetzten und bei Edmund Stoiber sowie Peter Gauweiler sei der behauptete Mißstand nicht abgestellt, sondern er lediglich in die Zentrale Bußgeldstelle versetzt worden. Die in seinen Augen ungerechtfertigte Strafe führte dann im März 1987 dazu, daß er bei einer Reise zu seiner Schwester nach Frankfurt/M. spontan in die DDR weiterfuhr; er träumte von dort als einer korrekten und sauberen Gesellschaft. Seine Behauptung, bei der Befragung durch die Staatssicherheit hätte er nicht viel bieten können, war ebenso falsch: Er verriet zumindest eine getarnte Dienststelle des Verfassungsschutzes in der bayerischen Metropole. Als er Februar 1990 nach dort zurückkehrte und sich erkundigte, ob irgendetwas gegen ihn vorliege, wurde er verhaftet.

Es müßte innerhalb des Landesamtes oder doch in dessen unmittelbarer Umgebung aber noch wenigstens einen weiteren Zuträger für das MfS gegeben haben, denn nach der Wende wurden bei der Bezirksverwaltung Leipzig mehrere Monatsberichte des bayerischen LfV gefunden.

Käthe Woltemath aus Rostock – dort lange tituliert als »das gute Gewissen der SPD« oder gar »Die Mutter der Wende«! – sollte eigentlich bereits Ende 1993 angeklagt werden. Ihr wurde vorgehalten, im MfS-Auftrage einen Hamburger Kaufmann zu einer Reise in die DDR veranlaßt zu haben, dabei war geplant, den vermeintlichen Mitarbeiter des dortigen Verfassungsschutzes als Doppelagenten anzuwerben und bei einem Mißerfolg des »Ansprechens« ihn zu verhaften. Inzwischen mußte der Vorwurf der Anklage erweitert werden, und manches spricht dafür, daß die Verdächtige allgemein auf den Verfassungsschutz in der Hansestadt angesetzt war. Ob die Worte ihres Verteidigers von »haltlosen« und »läppischen« Anschuldigungen wirklich zutreffen, wird die Hauptverhandlung beweisen.[85] Gerade in diesem Fall dürfte man bedauern, daß ein Gericht nicht auch über politische Moral urteilen darf!

Auch dem Militärischen Abschirmdienst mit seiner Zentrale in der Brühlerstraße Kölns fügte die DDR schwere Schlappen zu. Am 20. Oktober 1990 gestand das Bundesverteidigungsministerum endlich ein – einige Bonner Journalisten wußten es seit Monaten –, daß der im Juli 1988 verstorbene Oberst Joachim Krase seit spätestens 1973 unter dem Decknamen »Fiedler« für Ost-Berlin spioniert hatte; gutinformierte Quellen wollen den Zeitpunkt allerdings bereits für Mitte 1969 sehen. Unbestritten ist, daß der stellvertretende Chef des MAD und vorübergehend sogar amtierende Leiter sowie zeitweilige Leiter seiner Spionageabwehr sich ebenfalls angeboten hatte! Auch sein Motiv war reine Geldgier, zudem wahrscheinlich ein »Wennerström-Komplex« (benannt nach dem schwedischen General, den seine nicht erfolgte Beförderung zum Verrat getrieben hatte). Gegenüber seinen Offizieren benahm Krase sich fast wie ein Vater und zeigte sich äußerlich von hoher Moral. Die Möglichkeit einer Wiedervereinigung Deutschlands allerdings war in seinem politischen Weltbild nicht vorhanden. Vielleicht deswegen fühlte er sich sehr sicher, zudem hielt er offensichtlich nur wenig von der westlichen Aufklärung; andernfalls hätte er seinen Urlaub gewiß nicht zusammen mit dem Leiter jener MfS-Hauptabteilung II, Generalleutnant Günther Kratsch, auf dessen Datscha bei Stralsund verbracht.[86] Wie der spätere Leiter des MAD, General Gerd Komossa, ausführte, verfügte Krase über das gesamte Wissen des Abschirmdienstes: »Als Abteilungsleiter der Spionageabwehr koordinierte er alle Operationen. Er hatte Einblick in jeden Fall und kannte die Personen, die sich im verdeckten Einsatz in Gefahr begeben mußten, von denen einige damals durch den Gegner enttarnt und zu harten Gefängnisstrafen verurteilt wurden.« Ob man jemals erfahren wird, wieviel Blut an seinen Händen klebte? Wie viele von der HVA bzw. VA bei ihren Reisen in die DDR »angesprochenen« Bundeswehrsoldaten, die sich nach Rückkehr dem MAD offenbarten und dann »umgedreht« wurden, er verriet und in die DDR-Gefängnisse brachte? Krase war ein intimer Kenner der Hardthöhe, wollen zuständige Kreise wissen. Er habe stets alle Verbindungen, die ihm zur Verfügung standen, genutzt und ausgebaut. Das MfS habe über ihn »wohl auch die bestgehüteten Geheimnisse« aus dem Verteidigungsministerium erfahren – darunter eine Auflistung sämtlicher im Westen Deutschlands stationierter Kernwaffensysteme. Darüber hinaus habe er »bestimmt auch« detaillierte Erkenntnisse aus den beiden anderen Geheimdiensten weitergegeben.[87] Seine Bemühungen, den Aufenthaltsort des in der DDR zum Tode verurteilten Überläufers Stiller zu erfahren, blieben allerdings ohne Erfolg. Wie es heißt, traf Krase sich alle drei – vier Monate mit seinen Auftraggebern von der HA II und erhielt jeweils 5000 DM; andere bundesdeutsche Abwehr-Experten glauben an 40 000 DM jährlich. Die These, er habe die Kießling-Affäre beeinflußt und hätte damit ebenfalls den damaligen Verteidigungsminister Wörner – im Auftrage des DDR-Geheimdienstes! – stürzen wollen, erscheint indes unrichtig. Andererseits ging es dem MfS damals sehr »um die Desorientierung der militärischen Abwehr der westdeutschen Streitkräfte und um die Herabsetzung ihrer Effizienz.«[88]

Bereits nach Krases Tod gab es allgemeine Verdachtsmomente, eine Bestätigung erfolgte auch in diesem Fall erst nach der Wende durch einen Überläufer. In seinen »Mitteilungen an die Presse« bat das Bundesministerium der Verteidigung, »Im Interesse der nicht beteiligten Angehörigen des Verstorbenen auf die Nennung des Namens zu verzichten«[89] – ein ungewöhnlicher Schritt, der bei Journalisten allerdings eher das Gegenteil bewirkt haben dürfte. 1988 wandte sich die HA II brieflich an den Sohn Krases in der offensichtlichen Absicht, ihm finanziell zu helfen, was dieser jedoch negierte.

Überaus viel dürfte auch der eher als mittelmäßig einzustufende Redakteur Herbert Kloss von der »Deutschen Welle« in Köln verraten haben, der seit spätestens 1977/78 im Dienst der Abteilungen IX und X der HVA (Deckname: »Siegbert«) stand. Sein Auftrag war die »Abklärung« des Militärischen Abschirmdienstes, besonders die geheimdienstliche »Abschöpfung« seiner hochrangigen Offiziere. Tatsächlich gelang es ihm, zahlreiche und zum Teil sogar freundschaftliche Kontakte zu leitenden MAD-Mitarbeitern herzustellen, so daß er schließlich über eine Personenkartei von mehr als 200 Bediensteten – mit all ihren charakterlichen Auffälligkeiten – führen konnte. Sein (gewiß von der HVA inspirierter?) Coup war seine Bitte an das Bundesverteidigungsministerium, ein von ihm geplantes Sachbuch über diesen Nachrichtendienst zu unterstützen.

Aus kaum zu begreifenden Gründen erachtete die Hardt-
höhe ihn als eine »unantastbare« Persönlichkeit der
»Deutschen Welle«, und der MAD – dem der Bundestags-
Untersuchungsausschuß zuvor bescheinigt hatte, in vor-
schrifts- und weisungswidriger Weise Erkenntnisse über
General Günter Kießling gesammelt zu haben – schien
froh über eine zu erwartende positivere Öffentlichkeits-
darstellung zu sein. Als Ko-Autoren gewann Kloss zwei
MAD-Offiziere, darunter jenen Oberst Krase! Manche
Verbindungen konnte er bei den Sitzungen des Kießling-
Untersuchungsausschusses herstellen, wo ohnehin vieles
zu erfahren war. Bei seinen Befragungen zeigten sich etliche Offiziere dann über das erforderliche Maß hinaus als
allzu mitteilsam – »Die Geheimhaltung wurde nicht gewährleistet«, heißt es in einem Gutachten. Sollte das zutreffen, wären Disziplinstrafen wohl dringend angebracht;
gerade ein General und ein Admiral sind an die Vorschriften gebunden. Aus ganz offensichtlich guter Quelle
berichtete der »Stern« über Kloss:

> »Seine Zusammenarbeit mit dem MAD entwickelte
> sich zu einem Possenspiel. Nach Aussagen des Über-
> läufers schrieb die Stasi aus ihrem Archiv mehrmals
> ein Buchkapitel über den MAD zusammen, streute
> ein paar kleine Fehler ein und schickte dann Herbert
> Kloss mit dem Manuskript zum MAD, um es dort be-
> gutachten zu lassen. Die Kölner Geheimdienstler
> korrigierten den Text, und Kloss gab ihn der Stasi
> wieder zurück, die auf diese Weise höchst effektiv ihr
> Wissen an der Quelle selbst auffrischen konnte. Nach
> den Ausagen des Ost-Berliner Führungsoffiziers
> führte die Stasi dem Journalisten auch die Feder bei
> einem umfangreichen ›Fragenkatalog‹, den Kloss auf
> 20 engbeschriebenen Seiten dem damaligen MAD-
> Chef Hubertus Senff vorlegte. Der Generalmajor
> blieb zur Freude der Stasi kaum eine Antwort schul-
> dig . . .«[90]

Ein Dementi seitens der Hardthöhe, das man sich sehr gewünscht hätte, erfolgte bedauerlicherweise niemals.

Sein Verratsmaterial, das von der MfS-Auswertung oft mit der höchstmöglichen »Note 1« bewertet wurde, übergab Kloss bei Treffen in der Bundesrepublik, in Jugoslawien und in der DDR. Als Agentenlohn erhielt er mindestens monatlich 500 DM (gewiß dürften es weitaus mehr gewesen sein). Außerdem bezog seine Frau – die von seiner Tätigkeit Kenntnis hatte, daran aber nicht aktiv beteiligt war – pro Monat ein »Schweigegeld« von 300 bis 500 DM: Ein Novum, da das MfS durchweg Ehepartner in die direkte Spionage einzubinden versuchte und andernfalls nur gelegentlich pecuniäre Geschenke machte. Neben finanziellen Interessen dürfte das Motiv Kloss' Profilierungssucht gewesen sein. Ab Anfang 1990, als ständig DDR-»Kundschafter« im Westen entdeckt wurden, machte er in seinem Rundfunksender einen zusehends nervlich angespannten Eindruck, wofür er gegenüber Kollegen »Arbeitsüberlastung« angab. Seine spätere, überaus lange Untersuchungshaft lag nicht nur in der Schwere des Falles begründet, sondern auch in seinem völligen Schweigen: Er hoffte wohl, die MAD-Offiziere würden – um sich nicht selbst disziplinarisch zu belasten – ebenfalls nichts aussagen. In seiner Wohnung fand man »erschlagende« Beweise seiner Spionagetätigkeit.[91] Hatte er die Wahrscheinlichkeit seiner Festnahme im September 1991 bereits derartig verdrängt, daß er diese Unterlagen nicht längst vernichtet hatte?

In Hannover hatte das MfS das Ehepaar Gieren als illegale Residentur eingesetzt. Die Schwester der Frau, Dagmar Strenka, ließ sich bereits Ende der 60er Jahre unter dem Decknamen »Vera« anwerben: war sie zunächst Schreibkraft bei der MAD-Gruppe II in Hannover, so wurde sie 1975 zur Verschlußsachen-Verwalterin bestellt – und spielte der HA II eine streng geheim eingestufte Auflistung aller Atomwaffen-Stellungen in Norddeutschland zu! Die Tochter der Frau G. arbeitete bei einem Truppendienstgericht und horchte ihren – nichtsahnenden – Ehemann aus, der dem MAD angehörte. Auch die genannte Ute Barth, eine Freundin von Frau Strenka, ist zu dieser Residentur zu zählen. Insgesamt dürften sie 360 000 DM erhalten haben!

Selbst der politische Bereich des Bundeskriminalamtes (BKA) in Meckenheim bei Bonn, bei dem in all den vergangenen Jahren niemals Anhaltspunkte für eine östliche Spionagetätigkeit festgestellt wurden, blieb nicht von einem erfolgreichen »Romeo«-Fall des Staatssicherheitsdienstes verschont: Im Oktober 1967 war Johann Franz Brunner von der Abteilung XV der MfS-Bezirksverwaltung Karl-Marx-Stadt angeworben worden und hatte den Auftrag erhalten, sich im Bonner Raum niederzulassen; das Ziel war, die Bekanntschaft von Frauen bei Bundesbehörden zu suchen und diese nachrichtendienstlich zu verstricken. Knapp drei Jahre später verlobte er sich mit seiner späteren Ehefrau Ute Margot; beide wurden vom MfS zu einer »Nachverlobungsfeier« nach Ost-Berlin eingeladen, auf der sie in die Agenten-Arbeit einwilligte – Motiv hierfür war ihre Liebe. Anfang 1971 wurde sie beim BKA angestellt und lieferte von dem großen Gebäude in der Paul-Dickopf-Straße bis Ende 1989 über 10 000 (nach anderer Meinung sogar 17 000) Aktenseiten: Besprechungsprotokolle der Abteilung Staatsschutz, Unterlagen über Ermittlungsverfahren gegen enttarnte Ost-Spione sowie – allerdings nur bis 1986, danach kamen diese nicht mehr in ihre Hände – die Wochenberichte der Abteilung Spionageabwehr. Teilweise arbeitete sie mit einem Geheimschreibeverfahren, zu dem ein präparierter Seidenschal herhalten mußte. Das verfilmte Material ging überwiegend in einem »rollenden Toten Briefkasten« an die MfS-Führungsstelle.[92] Die vier bis sechs jährlichen Treffen fanden allgemein in Italien und Jugoslawien statt und waren wohl mehr als eine Art von gleichzeitiger Urlaubsreise gedacht; dabei erhielt das Ehepaar 500 bis 2000 DM zugesteckt, insgesamt dürften es mindestens 120 000 DM gewesen sein. Aus Angst vor ihrem Ehemann, der sie oft schlug, und ebenso vor einer Enttarnung trank die Frau von Anfang an

»flaschenweise Alkohol«, doch fand sie nicht den Mut zum Ausstieg. Mit dem Ende der DDR zerbrach auch ihre Ehe endgültig.[93]

Bundeskriminalamt, Polizei, Bundesgrenzschutz

Mitte August 1992 sprach das Oberlandesgericht Frankfurt/M. gegen die Angestellte Karin Zuber, die seit zehn Jahren im BKA Wiesbaden und zuletzt in der Abteilung EA 3 (Ermittlungen und Auswertungen) arbeitete, eine Freiheitsstrafe von 19 Monaten aus. Eine gleichhohe Strafe bekam ihr ebenfalls als »Kundschafter« eingesetzter Mann. Der bezogene Agenten-Sold des Ehepaares von 100 000 DM verfiel der Staatskasse, zu dem noch 40 000 DM als Geldbuße hinzukamen. Die Schwiegermutter der Frau wurde wegen ihrer Kurierdienste für »Treffs« in Mainz zu einer Freiheitsstrafe von einem Jahr, zur Zahlung ihrer erhaltenen MfS-Gelder von 5000 DM sowie zu einer Buße von 3000 DM verurteilt. Spätestens 1977 hatten die beiden Frauen sich gegenüber dem MfS-Agentenführer »Onkel Heinz« in Ost-Berlin mit der Spionagetätigkeit einverstanden erklärt. Auf sein Drängen bewarb sich die Tochter (Deckname: »Bussard«) im Oktober 1978 erfolgreich beim Bundeskriminalamt. Von dort beschaffte sie Organisationspläne, Protokolle von Dienstbesprechungen und die Namen der Beamten im höheren Dienst. Die von Ost-Berlin gewünschten Nachrichten über den legendären Detektiv Werner Maus konnte sie allerdings nicht besorgen. Die Befürchtung, sie hätte vertrauliche Ermittlungsakten des BKA über die RAF an die MfS-Zentrale weitergeleitet (und diese hätte dann die in der DDR lebenden Terroristen gewarnt), trifft nicht zu. Das Endziel der HVA, die Agentin in die Staatsschutzabteilung des Bundeskriminalamtes nach Meckenheim aufsteigen zu lassen, blieb ebenfalls ohne Erfolg.

Der Frankfurter Oberstaatsanwalt Gernot Broschat nimmt an, daß Ost-Berlin beim BKA »noch sehr viele hochkarätige Agenten«[94] placiert habe; bundesdeutsche Sicherheitsstellen hingegen erachten dies nicht für realistisch.

Mit den Worten »Alles Lüge« wird von diesen die Darstellung eines Rainer K. bewertet, er sei HVA-Führungsoffizier gewesen, im Rahmen eines Häftlingsfreikaufs in den Westen geschmuggelt worden und habe dann u. a. zwei Polizisten im Wiesbadener Bundeskriminalamt geführt. Tatsächlich hatte er seine »Story« aus einem einschlägigen Buch eines bundesdeutschen Publizisten zusammengebraut (das zu dieser Zeit bezüglich einiger personeller Fragen allerdings schon überholt war) und sich bei westdeutschen Zeitungen interessant gemacht . . .[95]

Ruth Wiegand hatte sich schon 1957 dem MfS zur Mitarbeit aufgedrängt. Seit 1970 arbeitete sie als Fernschreiberin beim Landeskriminalamt Nordrhein-Westfalen und übermittelte der Gegenseite mehr als 5400 Einzelinformationen, darunter über 3000 Originalfernschreiben; praktisch verriet sie den gesamten Fernschreibverkehr ihrer Behörde. Nach ihrem Ausscheiden aus Altersgründen lieferte sie noch bis Ende 1988 Informationen über frühere Arbeitskollegen. Inklusive Spesenerstattung erhielten sie und ihr Ehemann 846 000 DM als nachrichtendienstliches Entgelt[96] – eine fast einmalige Summe in diesem Milieu! Dabei war sie gar nicht so wichtig; von der HA II aber wurden ihre oftmals recht unwahren Behauptungen geglaubt, insbesondere über den – angeblichen – Aufenthaltsort Werner Stillers.

Vieles auch aus den Landeskriminalämtern Hessens und Bayerns verraten zu haben, wirft die Bundesanwaltschaft dem Detektiv Karl-Heinz Moritz vor.

Die HVA war regelmäßig in der Lage, sich die aktuellen Fahndungsbücher der westdeutschen Polizei zu beschaffen; aus MfS-Unterlagen aus den Jahren 1977 und 1978 beispielsweise geht eindeutig hervor, daß sie vor Anlaufen einer Fahndung gegen Terroristen in Bayern ihre Agenten mit sehr detaillierten Hinweisen versorgen konnte.

Ging dieses Wissen Ost-Berlins auf den »Kundschafter«

Walter Schrabonat beim Staatsschutz der Duisburger Polizei zurück? Angesichts seiner Schulden bei Pferdewetten hatte er sich 1970 selber der DDR-Spionage angeboten. Gegen monatlich 500 DM bis später 1000 DM händigte »Luchs« (so sein Deckname) bei Treffen Fahndungsdokumente aus, minox-verfilmte Unterlagen über Organisationspläne verschiedener Polizeibehörden in Nordrhein-Westfalen, polizeiliche Lageberichte über den Links- und Rechtsradikalismus sowie ebenso über die Spionage-Verdachtsfälle. Seine Dreistigkeit ging so weit, daß er seinen HVA-Instrukteur sogar mit in seine Dienststelle nahm – um Akten seiner Behörde für das MfS zu kopieren! Von diesem und seinem Führungsoffizier wurde er allerdings auch nach der Wende eindeutig überführt. Bei der Polizei galt der Hauptkommissar als netter und überaus fleißiger Kollege. »Keiner hat so viele Ermittlungsverfahren eingeleitet, keiner ging so hart gegen die extreme Linke vor«, erklärte ein Mitarbeiter später im Zeugenstand. Das letzte Wort sprachen die Richter Ende November 1991: Drei Jahre Freiheitsentzug und Zahlung von 45000 DM (sein Agenten-Entgelt) an die Staatskasse.

Polizeipräsident von West-Berlin wurde im Mai 1987 Georg Schertz, den bereits seit zwei Jahren sein im Ostsektor wohnender Cousin Karl-Heinz Schmidt im Auftrage des Ministeriums der Staatssicherheit auszuhorchen versuchte. Entgegen anderslautenden Veröffentlichungen brachten die Besuche nur den üblichen Kaffeeklatsch, wie nach der Wende auch der HVA-Führungsoffizier bestätigte. Daß Schertz 1992 zurücktrat, ist auf andere Gründe zurückzuführen – wahrscheinlich waren es parteipolitische Rivalitäten.

Auf Drängen seines kommunistisch überzeugten Vaters verdingte sich 1962 der West-Berliner Polizeioberkommissar Harald Weichert zur Mitarbeit beim militärischen Spionagedienst der DDR. Er erhielt ein Infrarot-Lichtsprechgerät zur Vereinbarung von »Treffs«, bei denen er sämtliche erreichbaren Unterlagen übergab; darunter befanden sich Einsatzbefehle, Fahndungslisten, Dienstanweisungen, Informationen aus dem Polizei-Computer und Personallisten sowie Stärke- und Strukturübersichten. Ost-Berlin beglich den Verrat mit mehreren Orden in Bronze, Silber und Gold und bezahlte ihn sowie seinen Bruder, der seit 1975 die Kuriertätigkeit ausübte, mit wenigstens 70 000 DM – sicherlich waren es weitaus mehr: Allein bei der »Entpflichtung« im Sommer 1990 betrugen die Abstandsgelder für sie 40 000 bzw. 25 000 DM. Nach sehr langem Leugnen der Angeklagten verhängte das Kammergericht etwa 27 Monate später gegen sie Freiheitsstrafen von zwei bzw. einem Jahr – auf Bewährung! –, zu denen noch Geldbußen in Höhe von 5000 und 3000 DM hinzukamen.

Der ebenfalls in West-Berlin lebende IM »Genua« (wahrer Name: Bernhard S.) war von 1976 bis Ende 1988 mit der Beschaffung von sogenannter Schließtechnik befaßt; so spielt er dem Staatssicherheitsdienst einen speziellen Sicherheitsschlüssel der Polizei zu, welcher auch zum Öffnen von Eingangstüren aller Polizei-Reviere eingesetzt werden konnte. Mitte Juni 1992 erging gegen ihn Haftbefehl.

Ein Polizeibeamter von der Paßkontrolle auf dem Flughafen Berlin-Tegel bot sich 1982 selber dem MfS an; das Motiv waren finanzielle Probleme. Für die übermittelten dienstlichen Interna erhielt er bis 1990 etwa 228 000 DM und drei Jahre später die Anklageschrift der Berliner Staatsanwaltschaft.

In Hamburg geriet der Polizeihauptmeister Eckhart Kurschat in Verdacht, als »Peter Cordt« der DDR-Spionage seit mindestens 1975 Dienststellenpläne und ebenfalls vorgesehene Polizeimaßnahmen aus dem Großraum der Elbe-Stadt ausgehändigt zu haben. In seiner Wohnung konnte ein Radio zum Empfang des Agentenfunks von »drüben« sichergestellt werden; angeblich hatte man ihn bei Besuchen der Verwandten seiner Frau angeworben. Seine Kollegen glauben, er habe viel verraten und vielleicht sogar nach der Wende für den Sowjetgeheimdienst weitergearbeitet. Die Wahrheit wird hoffentlich der – bisher immer noch nicht stattgefundene – Gerichtsprozeß erbringen.

Ein Polizeiobermeister der Hansestadt, welcher zwölf Jahre hindurch für das MfS spionierte und dafür rund 30000 DM bezog, wurde Anfang September 1992 zu 21 Monaten Bewährungsstrafe verurteilt sowie zur Zahlung von allerdings nur 2000 DM seines Agentenlohns – also lediglich den 15. Teil!

Die Niederbayerin und bisherige Kriminalobermeisterin Maria Trautmann hatte nach 13 Jahren ihren Dienst aus Frust über ihre unterqualifizierte Tätigkeit und wegen Zudringlichkeiten ihrer männlichen Kollegen aufgegeben und dann am 12. Februar 1986 einen Brief »An die Stasi, Ostberlin, DDR« geschrieben: »Ich bitte Sie, mir mitzuteilen, ob eine Übernahme in Ihren Dienst möglich ist.« Gab es mit der sehr mißtrauischen Spionageabwehr der MfS bis dato nur telefonische und briefliche Verbindung, so war ihre Diktion im Herbst 1987 schon vertraulicher: »Liebe Freunde und Genossen ... Ich würde gerne Sonderaufträge für Euch übernehmen, Eure Maria.« Bei einer Begegnung auf dem Alexanderplatz in Ost-Berlin bekam sie dann gegen das Versprechen von einem MfS-Monatsverdienst von 2000 DM – »und 20000 DM für den Anfang« – den Auftrag, sich bei ihrer bisherigen Dienststelle in Regensburg sowie beim Verfassungsschutz in München zu bewerben. Auf ihre angeblich aus Angst und nur zum Schein geschriebenen Bewerbungen erhielt sie von beiden Stellen Zusagen! Daß sie nur geringen Verrat üben konnte, verdankte die politische Linksauslegerin gänzlich und allein ausgerechnet dem Fall der Berliner Mauer und dem Ende der DDR. Da sie sich in einem depressiven Zustand befunden hätte und verschuldet gewesen sei, erging ein Urteil mit einer Freiheitsstrafe von lediglich eineinhalb Jahren – ausgesetzt zur Bewährung gegen eine Buße in Höhe von 1500 DM.[97]

Daß die Gegenseite im Bundesgrenzschutz (BGS) mehrere »Maulwürfe« besaß, ahnten die westdeutschen Stellen schon seit Jahren. Soweit ersichtlich, konnten bisher allerdings nur zwei von ihnen aufgedeckt werden. Einmal mußte der Generalbundesanwalt Anklage gegen den Polizeidirektor Alexander Andreas Wolfgang Dahms (allgemeiner Spitzname »Minitou«) erheben, der sich aus ideologischen Motiven bereits 1963 dem Geheimdienst Ost-Berlins angeschlossen hatte. Dieser wies ihn an, Jura zu studieren. Die vorgesehene Berufs-Perspektive war, den späteren persönlichen Referenten beim CDU-Bundestagsabgeordneten Elmar Pieroth in den diplomatischen Dienst eintreten zu lassen. Als dies fehlschlug, bewarb Dahms sich erfolgreich beim Bundesgrenzschutz und lieferte der Abteilung I der HVA Verratsmaterial »von herausgehobener Bedeutung«[98]: Unterlagen über Amtsersuchen des BND und des BfV sowie über Fahndungen und auch Einzelheiten über Kontrollen an der deutsch-deutschen Demarkationslinie – das MfS konnte daraufhin rechtzeitig genügende Gegenmaßnahmen einleiten. An einem der Treffen, welche in der DDR und der Bundesrepublik sowie in verschiedenen Städten mehrerer westeuropäische Länder stattfanden, nahm auch der damalige stellvertretende HVA-Leiter Generalleutnant Großmann teil. Anläßlich seiner 20jährigen Spionagetätigkeit wurde der Agent bei einer Zusammenkunft in Athen zum Oberstleutnant des DDR-Ministeriums für Staatssicherheit befördert. Anfang 1991 verurteilte das Oberlandesgericht Koblenz ihn zu sechseinhalb Jahren Haft und zur Zahlung von 40000 DM, die er vom MfS erhalten hatte (angesichts der zeitlichen Dauer und besonders des Umfangs seines Verrats erscheint diese Summe recht gering, doch hat es Derartiges gerade bei ideologisch-motivierten »Kundschaftern« oft gegeben).

»Frust über meine Tätigkeit beim BGS«[99] war der Grund, weshalb Helmut B. sich 1976 von dem Freund eines Kollegen überreden ließ: Seine Vorgesetzten, erzählte er während des späteren Prozesses gegen ihn vor dem Oberlandesgericht Celle, hätten niemals auf seine Verbesserungsvorschläge gehört und stattdessen ihn ständig kritisiert. So habe er aus »stinknormaler Rache« heraus dann zwölf Jahre für die DDR spioniert und dabei primär Skizzen und Waffenlisten von Grenzanlagen in Niedersachsen weitergegeben. Durchschnittlich alle sechs Monate wurde er im Harz über die Grenze geschleust und traf sich in der DDR mit seinem Führungsoffizier. Die letzte Begegnung fand noch im Mai 1990 statt! Von den wahrscheinlich erhaltenen 36000 DM mußte er nach dem Gerichtsurteil lediglich 8000 DM zurückzahlen.

Kirchen, Menschenrechtsorganisationen

Es zählt zu den niederdrückendsten Erfahrungen, daß selbst im westdeutschen Kirchenbereich etliche – angeblich waren es sogar 40 – Personen geheimdienstlich mit dem MfS zusammenarbeiteten. Am häufigsten taucht in diesem Bereich ein Helfershelfer mit dem Decknamen »Wanda« auf, der durchaus zur Zentrale der Evangelischen Kirche in Hannover gehören könnte. Neben dem friedenspolitischen Engagement war entscheidendes Motiv in den meisten Fällen auch hier die rein pecuniäre Habgier![100] Erscheinen schon die Kirchen in den neuen Bundesländern ziemlich zurückhaltend mit der Vergangenheitsbewältigung der IM in ihren Reihen, so gilt dies bedauerlicherweise um so mehr für diejenigen im Alt-Bundesgebiet. Daß bisher nur zwei Spionagefälle aufgedeckt und ein dritter wegen Verjährung nicht weiter verfolgt werden konnte, ist letztlich eher eine Bestätigung. Anfang Februar 1992 gestand der Theologe Frank Rudolph, für die Staatssicherheit seit 1963 tätig gewesen zu sein: Aus Angst, nicht zum Abitur und zum Theologie-Studium zugelassen zu werden, habe er seine Bereitschaft erklärt. Später wurde er Pfarrer in der Berlin-Brandenburgischen Kirche; 1985 kam er in die Bundesrepublik und wurde 1989 als Korrektor in der Zentralredaktion des »Evangelischen Pressedienstes« angestellt. Sein langes Schweigen begründet er mit »Angst und Scham« – immerhin ist er der einzige im gesamten Kirchenbereich, der bis zum heutigen Tag den Mut aufbrachte, sich freiwillig zu stellen.[101]

Anfang 1994 wurde der Bonner Pfarrer Gottfried Busch verurteilt; der Leipziger Student war 1960 in die Dienste der Staatssicherheit getreten und rund zwölf Monate später über die grüne Grenze nach Westdeutschland eingeschleust worden.

Je stärker das DDR-Regime »seine« Bevölkerung unterdrückte, je intensiver wurden die Bemühungen westdeutscher Menschenrechtsgruppen, auf die Wahrheit aufmerksam zu machen, und um so heftiger waren die Angriffe des MfS auf sie. Gegen die Internationale Gesellschaft für Menschenrechte (IGFM) in Frankfurt/M. hatte Mielke bereits 1978 in einer Verschlußsache befohlen, »die politisch-operative Arbeit weiter zu verstärken und zu qualifizieren«. Die Bezirksverwaltung Leipzig des Staatssicherheitsdienstes beispielsweise sah in ihrem »Jahresplan des Leiters der Abteilung XX« vom 28. 12. 1988 unter den 1989 zu lösenden Aufgaben vor[102] –

> »die Schaffung operativer Voraussetzungen zur Kompromittierung der Führungskader der Feindorganisationen als Grundlage für das Zurückdrängen ihrer Öffentlichkeitswirksamkeit in der BRD und in internationalen Gremien.«

Verbindungen in die DDR sollten enttarnt und unterbrochen werden mit dem Ziel der »Zerschlagung geplanter Feindaktivitäten«. Dazu sei die »allseitige Nutzung von IM zur Arbeit in und nach dem Operationsgebiet auf der Grundlage der mit der Abteilung XV getroffenen Vereinbarung fortzusetzen und in hoher Qualität zu realisieren«. Die bereits arbeitenden Agenten »Unterberger«[103] und »Ursula« sollten »durch den Ausbau vertrauensvoller Kontakte zu Führungskadern zur intensiven Aufklärung von Feindaktivitäten« besonders gegen den IGFM-Vorsitzenden Iwan Agrusow, gegen Ehrhard Göhl und Wulf Rothenbächer eingesetzt werden. Neben solchen eingeschleusten Agenten, die nach bisher vorliegenden Informationen auch auf jeder Jahresversammlung der IGFM anwesend waren, verbreitete das Ministerium für Staatssicherheit besondere »dokumentierte Tatsachen«. Eine Lüge war dabei die Behauptung, der genannte Vorsitzende der Gesellschaft habe sich »mehrere Jahre zur geheimdienstlichen Ausbildung in den USA aufgehalten«, genauso wie diejenige, die IGFM werde von den Regierungen Südafrikas und der Vereinigten Staaten von Amerika finanziert. Es ist schon sehr merkwürdig, daß diese Desinformationen im Westen Deutschlands oft ohne nähere Prüfung geglaubt wurden – etwa von der rot-grünen Mehrheit der Frankfurter Stadtverordnetenversammlung oder sogar vom Präsidium des Deutschen Evangelischen Kirchentages. Mit einem Anflug von berechtigter Verbitterung schrieb das Organ der Gesellschaft im Rückblick nach der Wende:

> »Leider hat die Stasi bei ihrer Tätigkeit auf viele Menschen in der Bundesrepublik Deutschland zählen können, die ihr bewußt oder unbewußt und aus den unterschiedlichsten Beweggründen heraus dabei geholfen haben.«[104]

Aber wer hörte schon – wie bereits in der Hitler-Zeit – gerne etwas über politisch Verfolgte hinter Stacheldraht?

Der Agent »Unterberger« war zugleich auf den Kreis »Hilferufe von drüben« in Lippstadt angesetzt. Nach Stasi-Akten, die dem Leipziger Bürgerkomitee in die Hände fielen, bezog er vom MfS in dem Zeitraum vom 10. 11. 1975 bis zum 25. 4. 1989 für »Aufgaben und Einsätze BRD« 33620 DM. Allein auf diese, lediglich 15 Mitglieder zählende Gruppe – die allerdings eine große Aktivität entfaltete – waren insgesamt 83 IM angesetzt. Ihre Berichte umfaßten in der Zentrale der DDR-Staatssicherheit 25 Aktenordner![105]

Von der »Vereinigung der Opfer des Stalinismus« stand ihr Berliner Vorsitzender Hartmut Pfeiffer sieben Jahre lang im Solde der DDR-Spionage; 1968 hatte er als NVA-Soldat beim Einmarsch in die CSSR den Befehl verweigert und kam deswegen für lange Zeit ins Gefängnis. Wurde er dort gebrochen, daß nach seiner späteren Ausweisung nach West-Berlin ihn die HVA erfolgreich »ansprechen« konnte? Noch heute sind von den meisten der in die »VOS« eingeschleusten Stasi-Helfershelfer lediglich die Decknamen bekannt.

Rainer Hildebrandt, einst der Leiter der Widerstandsorganisation »Kampfgruppe gegen Unmenschlichkeit« und später der Leiter der ebenfalls in West-Berlin tätigen »Arbeitsgemeinschaft 13. August« mußte im Sommer 1992 zu seiner sehr tiefen Erschütterung erfahren, daß einer seiner engsten Freunde in Wahrheit im Solde der roten Gestapo stand und ihn ganz offensichtlich entführen sollte! Angeblich waren rund zehn IM in diese Gruppe eingeschleust worden.

Einen Schwerpunkt der operativen Tätigkeit des Ministeriums für Staatssicherheit stellte die Zersetzung der Fluchthilfe-Organisationen dar. Manche Spitzel wurden sogar deren Mitglieder und verrieten dann auftragsgemäß solche DDR-Bewohner, die sich vertrauensvoll an sie gewandt und gegen beträchtliche Geldsummen um eine Ausschleusung aus ihrer verhaßt gewordenen Heimat gebeten hatten. Einer von ihnen mit dem Decknamen »Axel« soll für diese »Arbeit« vom MfS ganze 200 000 DM bezogen haben. Im Mai 1992 stand vor den Schranken des Bayerischen Obersten Landesgerichts ein früherer Bürger der DDR, der 1978 in den Westen übergesiedelt war und bei seinen späteren Besuchen in Ost-Berlin aus Liebe zu einem Mädchen die Transitstrecke verlassen hatte. Vor die Alternative gestellt, dieserhalb bestraft zu werden oder mit der Stasi zusammenzuarbeiten, entschied er sich für die letztere Möglichkeit und meldete mutmaßliche Fluchthelfer.

Mai 1993 stand der heutige Maschinenbau-Ingenieur Hans-Christian S. vor der Strafkammer in Berlin-Moabit. Ihn hatte die Stasi vor Jahren in 14 Tagen »Untersuchungshaft« gezwungen, den West-Berliner Fluchthelfer Rainer Schubert in eine Falle zu locken. Dieser wurde dann im Ostteil der Stadt zu 106 Monaten Haft verurteilt, geschlagen und erniedrigt – S. hingegen erhielt nunmehr im Westen derselben Stadt neun Monate auf Bewährung . . .

Die Zersetzungsarbeit des MfS hörte aber selbst dann nicht auf, wenn die Regimekritiker aus der DDR ausgewiesen worden waren und in West-Berlin bzw. der Bundesrepublik lebten – sofern sie sich nicht von ihrem Kampf zurückziehen wollten. Roland Jahn, Mitglied des Jenaer Friedenskreises, war eine der maßgeblichen Personen, die auch nach ihrer Abschiebung die Verbindungen zwischen Oppositionellen in der DDR und dem Westen aufrechterhielten. So begann der Staatssicherheitsdienst 1987, an die Alternative Liste in West-Berlin und an die »Grünen« in Westdeutschland anonyme Briefe zu verschicken; in einem Gemisch von Halbwahrheiten und Verleumdungen wurde er als »BND-Mitarbeiter« hingestellt, zu dem man jede Verbindung abbrechen sollte. Andererseits schrieb das MfS seine alten Freunde in der DDR an mit der ähnlichen Lüge, er würde sie in der Bundesrepublik diffamieren; ebenso brachte es ein verfälschtes Deckblatt des Nachrichtenmagazins »Der Spiegel« in Umlauf, welches ihn mit einem 1000-DM-Geldschein und der Titelzeile zeigte: »Roland Jahn und das Geschäft mit der DDR«.[106] Gegen den Liedermacher Wolf Biermann wollte das MfS »geeignete Journalisten-IM zur Diffamierung einsetzen«; als »Maßnahmen zur Schaffung psychischer Belastung« war u. a. vorgesehen, die »Zerstörung seines Persönlichkeitsbildes durch negative Beeinflussung seiner Lebensgewohnheiten, zum Beispiel zum Alkoholmißbrauch veranlassen, zu sexuellen Ausschweifungen (Minderjährige) veranlassen . . . Liebesverhältnisse, die bestehen, zerstören, falsche ärztliche Betreuung, persönliches Eigentum beschädigen, . . . anonyme Anrufe«.

Auch der DDR-Lyriker Alexander Anderson soll DDR-Bürgerrechtler jahrelang in West-Berlin verfolgt haben. Er weist zwar alle Vorwürfe zurück, doch hat die Generalbundesanwaltschaft längst ein Ermittlungsverfahren eingeleitet und inzwischen an das Kammergericht in Berlin weitergeleitet. Geklärt werden sollte im Prozeß auch der Verdacht, er habe ebenfalls die Ständige Vertretung der Bundesrepublik in Ost-Berlin auszuspionieren versucht.

Ein Zwischenbericht der HA XX/5 über die »Feindtätigkeit« des in West-Berlin lebenden DDR-Schriftstellers Jürgen Fuchs führt recht plastisch aus, wie das MfS ihn zermürben und zerstören wollte:

> »Fuchs wurde kontinuierlich, vor allem in den Nachtstunden, in seiner Wohnung angerufen . . . Mehrfach wurden Taxis und Notdienste . . . vorwiegend nachts zur Wohnung des Fuchs bestellt . . . Im Namen von Fuchs wurde eine Vielzahl von Bestellungen von Zeitungen, Zeitschriften, Prospekten, Offerten u. dgl. aufgegeben, darunter Bestellungen, die zur Kompromittierung des Fuchs geeignet sind.«[107]

So geschehen in West-Berlin, wo das MfS ebenfalls in recht großem Maße eine Machtfülle entfalten konnte! Sofern heutzutage diese vielen, vielen kleinen Zuträger überhaupt verfolgt werden – mancher fällt inzwischen unter die Verjährung –, werden sie sich als »unbedeutend« oder gar selbst als »Opfer« der Stasi hinstellen . . .

Die wohl seriöseste Widerstandsorganisation, welche ab 1949 in der DDR mit Flugschriften, Steckbriefen und Warnungen das Unrechtssystem und gerade den bald entstehenden Staatssicherheitsdienst bekämpfte und diese auch im Westen anprangerte, war der »Untersuchungsausschuß freiheitlicher Juristen« (UfJ). Als im März 1992 die Fernsehsendung »Panorama« und dann ebenso Zeitungen berichteten, Walter Rosenthal – lange Jahre der stellvertretende Leiter und ab 1958 der Vorsitzende – sei Spitzel des KGB gewesen und dann 1954 vom MfS übernommen worden, rief dies in der deutschen Öffentlichkeit verständlicherweise eine sehr große Bestürzung hervor.[108] Die Tatsachen, daß er damals einen im UfJ arbeitenden DDR-

Spion verhaften ließ und etwa noch vor der Einschleusung eines Günter Guillaume in die Bundesrepublik westlichen Behörden eine Warnung wegen Verdachts auf Spionage zukommen ließ, stellten zwar ein recht starkes Indiz dar – aber keinen Gegenbeweis; hätte dies doch mit dem einzigen Ziel erfolgen können, dadurch in westlichen Kreisen noch glaubwürdiger zu erscheinen und somit ungefährdet für die östliche Spionage zu arbeiten! Unbestritten ist, daß der damalige Oberrichter in Potsdam sich am 7. Januar 1950 gegenüber »der sowjetischen Aufklärung« bereit erklärte, »wesentliche dienstliche Angelegenheiten mitzuteilen«, und fortan den Decknamen »Schmidt« trug. Seine baldige Flucht nach West-Berlin indes, so ging aus einer »Geheimen Verschlußsache« des Leiters der MfS-Bezirksverwaltung Potsdam vom 13. 9. 1954 hervor, sei eine gezielte Einschleusungs-Aktion in den UfJ gewesen; ferner betonte das Schreiben seine Übernahme aus dem KGB jetzt in MfS-Dienste.[109]

Im Herbst 1955 spielte der Staatssicherheitsdienst diese Unterlagen den Strafverfolgungsbehörden West-Berlins in die Hände mit der beabsichtigten Folge, daß gegen Rosenthal ein Ermittlungsverfahren eröffnet wurde – das ihn allerdings sehr bald vollständig rehabilitierte. Bestand damals allgemein die Ansicht, diese verschiedenen Dokumente seien absichtlich vom MfS gefälscht worden, so wurde dies nunmehr in den ersten Monaten des Jahres 1992 bestritten. Bester Beweis gegen den Verdacht ist ein inzwischen aufgefundener »Plan zur Wiederaufnahme der Kombination gegen den jetzigen Leiter des UfJ Rosenthal, Walter« vom 16. 9. 1958, der von einem (inzwischen verstorbenen) Major Volpert unterzeichnet worden war und worin es hieß: »Wir verfügen heute über mehr Möglichkeiten, um Verdacht gegen Rosenthal zu verstärken, als das damals der Fall war. Durch das Vorhandensein der . . . sind wir in der Lage, solche Berichte und Materialien zusammenzustellen, die bei jeder Überprüfung den Beweis erbringen müßten, daß Rosenthal der Mann für uns ist.«[110]

Natürlich könnte auch dieses Dokument von der Stasi

gefälscht worden sein, doch gibt es bei der Staatsanwaltschaft West-Berlins keinen Zweifel an der Echtheit. Andererseits herrscht in jüngster Zeit erneut stärkeres Mißtrauen im Zusammenhang mit der durch ihn erfolgten
Aufnahme des MfS-Agenten Schlicht in den UfJ – trotz
massiver Warnung eines hochgestellten Flüchtlings aus der
DDR.

Militärspionage

Das Bundesministerium der Verteidigung

Hier war der Angestellte Wolf-Heinrich Prellwitz auf einem Kölner Karneval von dem angeblichen Geschäftsmann »Kempendorf« alias Werner Kunadt angesprochen worden, der von seinen guten Verbindungen zu finanzkräftigen französischen Lobbyisten erzählte. Scheinbar beiläufig fragte er ihn, ob er nicht sein Einkommen aufbessern und das gerade gebaute Häuschen in Alfter-Witterschlick, Esserstraße, komfortabler einrichten wolle. Dieser willigte ein und nahm dabei in Kauf, daß der wahre Auftraggeber ein östlicher Spionagedienst sei. Mit einer von der MfS-Bezirksverwaltung Karl-Marx-Stadt – die ihn führte – dann bald ausgehändigten Kleinstbildkamera lieferte er während der folgenden Jahre vor allem Dokumente von Waffensystemen der Bundeswehr wie dem Mehrzweckkampfflugzeug »Tornado« und zum Kampfpanzer »Leopard 2« sowie Leistungsbewertungen verschiedener Waffensysteme des Warschauer Paktes seitens der Hardthöhe. Insgesamt waren es über 100000 Blatt verfilmter Unterlagen! »Zeitweilig waren seine Lieferungen von Verratsmaterial derart umfangreich, daß sie im MfS nicht mehr ausgewertet werden konnten.«[111] Prellwitz stellte bald einen der bedeutendsten Agenten der DDR-Spionage im militärischen Bereich dar; in Berlin-Lichtenberg bewertete man die Unterlagen zumeist als »außerordentlich wertvoll« oder »wertvoll« und leitete regelmäßig Kopien an den KGB weiter. Daß in seinem Heimatort niemand von dieser Neben-(oder Haupt-?) Tätigkeit etwas ahnte, erscheint verständlich: An seinem Haus bröckelte der Putz, der Agent trug frühmorgens noch Zeitungen aus und fuhr einen alten Ford Taunus, der 1991 knapp 17 Jahre alt war; seine Frau nahm verschiedene Aushilfsarbeiten an – ganz offensichtlich hatten beide keine glückliche Hand im Umgang mit Geld. Um so vorsichtiger waren die HVA-Führungsoffiziere: Damit ihr »Kundschafter« in seiner überaus großen Lebens- und Trinkfreudigkeit – verbunden dann mit einem großzügigen Verhalten mit größeren Geldscheinen – nicht auffiel, überwiesen sie einen Teil seines Agenten-Soldes auf ein Nummernkonto bei einer schweizerischen Bank. Doch daß in all den 22 Jahren des Verrats niemand im Verteidigungsministerium etwas bemerkte oder auch nur argwöhnisch wurde, muß zu denken geben. Am 21. Mai 1992 erhielt Prellwitz wegen besonders schweren Landesverrats eine Strafe von zehn Jahren Haft; sein Agentenlohn von insgesamt 820 000 DM – die (gewiß) zweithöchste, bisher vom MfS gezahlte Summe! – verfiel der Staatskasse.

Im Frühjahr 1989 übersandte Mielke einen sehr ausführlichen Bericht an Honecker über »Rüstungsplanungen BRD – US«. Stammten die Unterlagen hierzu auch von Prellwitz? Oder von einem weiteren, bis heute noch nicht aufgespürten Agenten?

Von dem Baudirektor Ulrich Steinmann bezog der militärische Nachrichtendienst der DDR viele Erkenntnisse aus dem Bundesamt für Wehrtechnik und Beschaffung in Koblenz und dann ab 1977 aus mit Rüstungsfragen befaßten Referaten des Ministeriums; er hatte sich bereit 1967 als Student zur Spionage bereit erklärt. Seine über 100 »Treffs« in Österreich, der Schweiz, in Frankreich und den Niederlanden fielen genauso wenig auf wie seine kommunistische Überzeugung!

Ein anderer Bediensteter auf der Hardthöhe stand längere Zeit unter ähnlichem Verdacht, der sich jedoch als falsch erwies. Er wurde daher völlig rehabilitiert und arbeitet auch wieder an seinem bisherigen Dienstposten.

Am 6. September 1991 erließ der Ermittlungsrichter des Bundesgerichtshofes auf Antrag des Generalbundesanwalts Haftbefehl gegen die Angestellte Doris Krause. Sie soll seit 1968 dem MfS Unterlagen aus dem Verteidigungsministerium zugespielt haben – besonders solche, die ihr als Schreibkraft im Geheimschutzreferat des Hauses zugänglich waren.

Keine Woche später fand das Agentenleben der 55jährigen Fremdsprachenassistentin Margarethe Lubig ein jähes Ende. Nach der Pressemitteilung der Bundesanwaltschaft ist sie dringend verdächtig, spätestens seit Anfang der 70er Jahre für die HVA tätig gewesen zu sein: »Bis in das Jahr 1989 lieferte sie ihren nachrichtendienstlichen Auftraggebern zahlreiche Dokumente zu den Themen Verteidigungspolitik und Rüstungsplanung, die ihr während der Tätigkeiten im Bundesministerium der Verteidigung in Bonn, beim Militärattaché der Deutschen Botschaft in Rom, in der Ständigen Vertretung der Bundesrepublik Deutschland bei der NATO in Brüssel und bei dem deutschen militärischen Vertreter bei der NATO in Brüssel dienstlich zugänglich waren. Die Beschuldigte führte den Decknamen ›Rose‹«.[112]

Dahinter verbirgt sich ein Coup der Hauptverwaltung Aufklärung, der angesichts seiner Raffinesse und auch der zeitlichen Beharrlichkeit der Anwerbung verdient, näher dargestellt zu werden: Die Vorgeschichte begann bereits im Jahre 1960 mit der Schwester der späteren Agentin, die von einer Freundin nach West-Berlin eingeladen wurde; Anlaß war deren angebliche Verlobungsfeier mit einem dänischen Staatsbürger. Später fuhr man nach Ost-Berlin, wo sie zwei Angehörige der »dänischen Militärkommission« kennenlernten. Diesen gelang es schließlich, die Schwester – damals in einer Fernschreibstelle eines Ministeriums tätig – zu einer nachrichtendienstlichen Tätigkeit für deren vermeintliches Heimatland zu überreden. In Wahrheit handelte es sich bei allen Personen um Hauptamtliche des MfS, die selbst die Verlobungsfeier inszeniert hatten! Rund zwei Jahre später wurde Margarethe Lubig von ihrer Schwester zu einem Wochenendausflug nach Wien für ein Treffen mit einem Bekannten eingeladen, auf dessen Bitte sie in der Folgezeit mehrmals in die österreichische Metropole reiste. Bei einem ihrer Besuche lernte sie einen ihr wiederholt angekündigten Freund kennen, der sich als »Angehöriger des dänischen Nachrichtendienstes« vorstellte und sie bereits nach kurzer Zeit ebenfalls zur konspirativen Mitarbeit verpflichtete. Nicht ungeschickt operierte er mit dem Argument. Dänemark würde als kleines NATO-Land von den Verbündeten oft hintergangen und zudem stelle ihre zukünftige Hilfe juristisch keine Spionage dar (Derartiges wäre »nur für den Osten strafbar«). Bald kam es zu einer Verlobung mit jenem – HVA-Bediensteten, wobei sie während des Sommers 1963 in Dänemark auch seine »Mutter« und einen älteren Herrn kennenlernte, der als »General« und Vorgesetzter ihres Verlobten auftrat. Als sie den Wunsch äußerte, aus Gewissensgründen ihre geheime Tätigkeit einem katholischen Geistlichen zu beichten, arrangierte der DDR-Staatssicherheitsdienst selbst dieses: Der »Beichtvater« war in Wirklichkeit ein »Reisekader« einer MfS-Bezirksverwaltung, der ihr dann die »Beichte« in einer kleinen Kirche Kopenhagens »abnahm«.[113] Nachdem der Führungsoffizier auch diese Schwierigkeit gut überwunden hatte, wurde er in Ost-Berlin mit der Verdienstmedaille der NVA in Gold ausgezeichnet. Innerhalb der Hauptverwaltung Aufklärung bestand ganz offenbar die Hoffnung, daß die Agentin weiterhin Karriere machen und vielleicht eine noch wichtigere Schlüsselposition in Brüssel oder Bonn erreichen könnte. Bei den Lehrgängen in den HVA-Schulungsstätten wurde der Fall als Beweis für die Möglichkeiten sowie die Erfolge der DDR-Spionage und gewiß auch zur weiteren Motivation der »Kursanten« groß herausgestellt. Dieses Bekanntwerden war andererseits wohl aber auch der Grund dafür, daß die Agentin nach der Wende von einem der vielen Überläufer benannt werden konnte. Sie selber hatte in ihrer Liebe bis zuletzt alles geglaubt und niemals irgendwelche Zweifel verspürt!

Den schwersten Schaden im Verteidigungsministerium, vielleicht sogar für die gesamte Bundesrepublik aber richtete der Bürosachbearbeiter Egon Streffer (Deckname: »Aurikel«) an. Angeworben wurde er 1969 durch seinen Freund, den Versicherungsangestellten Dieter Popp – ein äußerst seltener »Romeo«-Fall unter Homosexuellen. Dieser hatte sich aus Geldgier bereits 1966 der Verwaltung

Aufklärung angeboten und erhielt für seine Tätigkeit insgesamt wenigstens 110000 DM und andererseits im Dezember 1991 von dem Oberlandesgericht Düsseldorf eine Strafe von sechs Jahren Freiheitsentzug. Streffer arbeitete seit Ende 1970 im Geschäftszimmer des Planungsstabes des Verteidigungsministeriums und verriet dort alle Unterlagen, wie auch Ministervorlagen, Notizen von Ministergesprächen sowie Strategiepläne, die in Ost-Berlin wiederholt als »sehr wertvoll« eingestuft und ebenfalls der GRU zugänglich gemacht wurden. Praktisch bedeutete dies, wie einmal ein Kenner der Materie äußerte[114]–

»Der Osten kannte sämtliche Pläne unserer Verteidigung!«

Schon nach nur wenigen Monaten hatte Streffer Zugang zu Akten mit dem Sicherheitsgrad »NATO secret«, und es war für ihn wirklich sehr einfach, in der Mittagspause ein Päckchen derartige Papiere unter sein Hemd zu stopfen. Wohl gibt es Kontrollen und auch Leibesvisitationen beim Verlassen des Ministeriums, faktisch jedoch scheinen sie kaum zu existieren – denn daß man damit jemals einen »Kundschafter« überführen konnte, ist nicht bekannt geworden. In der Wohnung seines Freundes wurden die Unterlagen fotografiert; dieser übergab die Filme dann in einem bestimmten Bonner Lokal einem Kurier in der Weise, daß beide in einem bestimmten Moment ihre gleichaussehenden Portemonnaies austauschten: In einem befand sich das Verratsmaterial, im anderen das Salär seitens des Führungsoffiziers Horst Lippelt. Als Streffer am 22. August 1989 im 44. Lebensjahr an Aids starb, hieß es im – allerdings üblichen – Nachruf des Verteidigungsministers Stoltenberg und des Personalratsvorsitzenden[115], das Bundesministerium der Verteidigung habe »einen pflichtgetreuen und beliebten Mitarbeiter verloren« und »Wir halten sein Andenken in Ehren« . . .

Im letzten vollständigen Jahr der DDR, 1988, gab es hinsichtlich der – bekannt gewordenen – Spionage-Aufträge gegen die bundesdeutschen Streitkräfte folgende Zahlen:

> 55,5 % bezogen sich auf Ausrüstung und Stärke,
> 24,1 % auf Mobilmachungspläne und Alarmwesen
> 13 % auf Personen-»Abklärung«
> 1,74 % auf Manöverbeobachtung
> 5,66 % auf Vorschriften der Bundeswehr.

Gerade auf diesem Gebiet setzte die Gegenseite übermäßig viele »Marschaufklärer« ein, die durchweg kurzfristige Besucher aus der DDR waren und nach ihrer Rückkehr über beobachtete Truppenbewegungen und Kasernenanlagen zu berichten hatten. Spontan wurden aber auch Bundesbürger in Ost-Berlin »angesprochen« – wie etwa ein Schüler, der in seiner westdeutschen Heimatstadt militärische Anlagen fotografieren sollte oder auch der Taxifahrer, den die Staatssicherheit während einer Leipziger Messe auf eine »lukrative Nebentätigkeit« hinwies und ihn anregte, er möge Militärisches aus dem Raum Düsseldorf melden. In den letzten zehn Jahren nahmen die DDR-Geheimdienste auf diesem Sektor fast alle »Quellen«, die sie nur bekommen konnten. Ende Oktober 1990 mußte sich der Schreiner Ludwig H. vor einem Gericht rechtfertigen: Vor 24 Jahren, im Alter von 18 Jahren hatte ihn sein eigener Vater – seit längerem als »Kundschafter« für Ost-Berlin tätig – der Spionage zugeführt. Nach der Parole »Der Vater war halt in der Familie der Chef, was er tat, war richtig«[116] übermittelte er unter dem Decknamen »Hans Winkler« ab sofort Informationen über militärische Anlagen im bayerischen Grenzgebiet zur DDR. Diese waren dem MfS wertvoll genug, ihn mit Medaillen in Bronze, Silber und Gold zu dekorieren und mit knapp 58 000 DM zu »honorieren«. Die Münchner Richter verurteilten ihn zu zwei Jahren Haft mit Bewährung und zur Zahlung einer Geldbuße von 10 000 DM.

Innerhalb des eigentlichen Bereichs der Bundeswehr wurde »der große Schaden für die äußere Sicherheit der Bundesrepublik weniger von hochrangigen Mitarbeitern als vielmehr von Geschäftszimmer-Beamten, Bürokräften und EDV-Fachleuten verursacht. Sie schafften Verratsmaterial in Kopien und auf Datenträgern in unvorstellbaren Mengen beiseite.«[117] Ganz bewußt scheinen sich die HVA und VA auf die Anwerbung solcher Schlüsselpositionen konzentriert zu haben, deren Inhaber zwar keine höhere Funktion besaßen, jedoch über guten Zugang verfügten – und im Gegensatz dazu eine vergleichsweise niedrige Dotierung hatten. Die sich aufdrängende Frage, ob die jeweiligen Vorgesetzten stets ihrer Sorgfaltspflicht nachgekommen sind, ist nach einhelliger Ansicht leider zu verneinen. Andererseits wurden die Sicherheitsüberprüfungen des MAD in Ost-Berlin überschätzt: Nicht nur in einem Falle mußten eingesetzte »Kundschafter« dann aus Vorsichtsgründen etliche Monate mit ihrer Tätigkeit aussetzen.

Hinsichtlich des Kenntnisstandes der DDR-Spionage heißt es in dem vom Generalinspekteur der Bundeswehr Klaus Naumann herausgegebenen Buch »NVA – Anspruch und Wirklichkeit« doch recht ungeschminkt,

»daß den Agenten im Ausland und ihren Auswertern ... so gut wie nichts über die in der Bundesrepublik und ihren Nachbarländern stationierten und geplanten Streitkräften entgangen ist ... Die politische und militärische Führung dürfte aufgrund von geheimen und streng geheimen Informationen über Bundeswehr und NATO ausgezeichnet im Bilde gewesen sein. Dieses Bild stützte sich auf Aufklärungsergebnisse und Erkenntnisse, die das MfS und die Militärische Aufklärung der NVA aus Originaldaten von NATO und Bundeswehr gewonnen hatten ...«[118]

Es gab schon viele Verräter, ein Großteil bestand aus »kleinen Fischen«. Einer war der Regierungsinspektor Thomas Hartmann, den man mit 18 Jahren anläßlich eines

Besuchs seines Onkels in Brandenburg überredet hatte. Während seiner aktiven Dienstzeit bei der Bundeswehr berichtete er regelmäßig über militärische Vorgänge, und ab 1985 fotografierte er beim Kreiswehrersatzamt in Detmold die Personalakten. Während der fast 17 Jahre dauernden Spionagetätigkeit bezog er von DDR-Seite lediglich 15 000 DM. Sein Hauptmotiv war allerdings auch sein Wunsch, die Verbindung zu seinem Onkel – den die VA wohl ganz bewußt als Kurier einsetzte – und dessen Söhnen im anderen Teil Deutschlands aufrechtzuerhalten; dabei hatten gerade diese, die Offiziere in der Armee waren, den Kontakt zum militärischen Nachrichtendienst geknüpft, der ihn anwarb . . .

Ein schwerwiegenderes Beispiel stellte Bernd Hünker dar, der sich schon 1969 der MfS-Bezirksverwaltung Karl-Marx-Stadt verdingte, mit deren finanzieller Unterstützung eine Ausbildung zum Programmierer durchlief und ein Jahr später in diesem Arbeitsbereich beim Bundesamt für Wehrverwaltung in Bonn-Oberkassel begann. Ausgerüstet mit diversen nachrichtendienstlichen Hilfsmitteln wie falschen Papieren, Geheimschreibverfahren und Containern beschaffte er von hier 19 Jahre gegen 80 000 DM viele Unterlagen, darunter eine Magnetbank mit Dateien der Bundesmarine sowie Angaben über Bewaffnung und Ausrüstung von Schiffseinheiten.

Im Mai 1990 wurde angeblich ein aus der DDR eingeschleuster Wissenschaftler festgenommen; Zeitungen wollten wissen, er habe in seiner unverdächtigen Stellung als Historiker jahrelang die Infrastruktur der Bundesmarine an der Ost- und Nordsee ausgespäht. Seltsam erscheint allerdings, daß keine bundesdeutsche Sicherheitsstelle oder Justizbehörde Nähres wissen will. Sollte alles bloß eine Zeitungsente gewesen sein?

Als sehr ernst mußte jedenfalls die Spionage von Joachim Preuß gewertet werden, dem damaligen stellvertretenden Leiter der Zentraldruckerei im Luftwaffenamt Köln-Wahn. Er verriet 23 Jahre hindurch alle ihm zugänglichen Dokumente über Konferenzen, Pläne und Übungen der Bundeswehr und oft der NATO; es handelte sich dabei auch um Alarmpläne der Luftwaffe und Frequenzen des Funkverkehrs sowie die Maßnahmen der Bundeswehr-Luftstreitkräfte im Verteidigungsfalle einschließlich aller vorgesehenen Notflugplätze. Nach Einschätzung einer gutinformierten Bundesbehörde muß man davon ausgehen, daß die Verwaltung Aufklärung seit spätestens 1975 ein nahezu vollständiges Bild über die verschiedenen Vorgänge der Bundeswehr besaß. Das »Honorar« für diesen DDR-Agenten von immerhin 3000 DM für jede Lieferung (jeweils ca. 500 Fotos von Unterlagen) – insgesamt rund 180 000 DM – sowie seine nachrichtendienstliche Ausstattung von zehn verschiedenen Containern unterstrichen den Wert seiner Informationen. Kontrolliert aber wurde Preuß niemals, bei seinen Vorgesetzten galt er sogar als »absolut zuverlässig«. Die Filme – zumeist in präparierten Cremedosen oder in Zierspinnrädern versteckt – wurden von der Ehefrau zu insgesamt 85 »Treffs« nach Ost-Berlin geschafft oder auch Kurieren im Bundesgebiet übergeben. Noch bei der letzten Begegnung in den Niederlanden, Anfang 1990, hatten die geheimdienstlichen Abgesandten gedrängt, seine »Tätigkeit für den Frieden« müsse weitergeführt werden. Für das nächste Treffen hatte man den 23. März 1990 ausgemacht; ein Funkspruch aus der DDR bestätigte noch einen Abend zuvor den Termin. Inzwischen war es bundesdeutschen Abwehrstellungen gelungen, die Frau »umzudrehen«: Sie war bereit, das Treffen mit den Nachrichtendienstlern von »drüben« zum Schein wahrzunehmen, so daß diese hätten verhaftet werden können. Durch Meldungen in der Bonner-Kölner Presse indessen wurde die Gegenseite ganz offensichtlich in wirklich letzter Minute gewarnt. Zum ersten Mal aber konnten westdeutsche Behörden den vollständigen Umfang des Spionagefalles genau erkennen: Der »Kundschafter« hatte zwar von seinem VA-Führungsoffizier den Befehl erhalten, sich einen Reißwolf zu kaufen und die verratenen Dokumente stets zu vernichten – aus reiner Geldgier jedoch hatte er es unterlassen. Natürlich glaubte auch er, niemals entdeckt zu werden. Die Quittung des Gerichts für das Ehepaar betrug zehn bzw. vier Jahre Haft.

Zu etwa gleicher Zeit konnten der Rentner Hans Wilhelm Preuß – ein bloßer Namensvetter – und Hans Lob festgenommen werden. Der erstere, früher Bergmann und begeisterter Bierdeckelsammler, hatte sich aus politischer Überzeugung Anfang der 70er Jahre der Verwaltung Aufklärung zur Mitarbeit als Kurier für »Kundschafter« im Westen verpflichtet. Nach entsprechender Schulung wurde er Ende 1974 mit dem eigentlichen Agenten zusammengebracht, der als Drucker sowie als Vervielfältiger im heutigen Amt für Studien und Übungen der Bundeswehr in Bensberg beschäftigt war und sich – allerdings aus rein finanziellen Erwägungen – ebenfalls zu einer Zusammenarbeit mit dem militärischen Geheimdienst bereit erklärt hatte. Dieser legte fest, daß Preuß als Kurier die von Lob beschafften Unterlagen übernehmen und bei Treffen in Köln, Duisburg und Minden an VA-Führungsoffiziere weiterreichen sollte. Es handelte sich um Schriftstücke über Konferenzen und Pläne der Bundeswehr, hauptsächlich Material über Bundeswehr-Übungen und dabei vor allem über die Stabsrahmenübung »Wintex/Cimex«; waren es anfangs nur 30 bis 40 Blatt Fotokopien, die pro Treffen ausgehändigt wurden, so stieg der Umfang des Verratsmaterials in den letzten vier Jahren auf etwa 100 bis 400 Blatt. Die letzte Übergabe fand am 2. März 1990 in West-Berlin statt; der nächste »Treff« war für den 7. April vorgesehen. Preuß wurde in all den Jahren niemals von der DDR-Spionage entlohnt, Lob hingegen erhielt mindestens 150 000 DM.[119] Vom Gericht bekamen sie sechs bzw. zwei Jahre Haft.

Februar 1991 mußten Beamte des BKA einen früheren Bundeswehr-Hauptfeldwebel abführen. Bei seinen Vernehmungen gestand er, von 1967 bis März 1989 für die Verwaltung Aufklärung tätig gewesen zu sein und ihr unter anderem Unterlagen über den Panzer »Leopoard 1« und Beschreibungen über Kampfproben mit Giftgas zugespielt zu haben; oft erfolgte der Kontakt im Wege eines

»Schnellgebers« über öffentliche Telefonzellen. Jedes Treffen bezahlte Ost-Berlin mit 1000 DM, obwohl seine Spionage eigentlich nicht von großer Bedeutung war.[120]

Im Mai 1966 schmuggelte der militärische Nachrichtendienst Herbert Ludwig in die Bundesrepublik und zwar unter der Maske eines »Jürgen Kindt«; der wahre Namensträger war zwei Monate vorher aus persönlichen Gründen von West-Berlin in die DDR übergewechselt, und mit dessen Bundespersonalausweis, seinen verschiedenen Zeugnissen und einem Kaufmannsgehilfenbrief wurde nunmehr dieser »Kundschafter« ausgestattet. Seine eigentlichen Aufträge, eine illegale Residentur in Brüssel zur Ausspähung des NATO-Hauptquartiers aufzubauen oder doch Verbindungen zu Angehörigen der Bundeswehr-Führungsakademie in Hamburg herzustellen, scheiterten wegen seiner Kontaktschwierigkeiten. Angesichts seiner Erfolglosigkeit erwog seine Führungsstelle zweitweilig sogar, ihn wieder aus dem Westen abzuziehen. Dann, 1972, aber gelang ihm die Einstellung als Programmierer im Rechenzentrum der Bundeswehr in Bad Neuenahr. Seine Sicherheitsüberprüfung muß recht mangelhaft gewesen sein: Schon ein Anruf bei seinen – vermeintlichen – Eltern in West-Berlin hätte ergeben, daß ihr wahrer Sohn in der DDR lebte! Im Laufe der Zeit standen dem Agenten alle gespeicherten Daten der 13 vernetzten Rechenzentren offen, und so war ihm ohne weiteres möglich, fast 20 Jahre hindurch sämtliche Informationen über den aktuellen Depot- und Ausrüstungsbestand jedes einzelnen Truppenteils des Heeres sowie über alle Beschaffungsplanungen zu verraten. »Die letzte vorhandene oder vorgesehene Schraube war dem Osten bekannt!«[121] Tatsächlich gab die VA seine Informationen stets sofort an die GRU-Zentrale weiter. Er konnte sich wirklich rühmen, einer der wichtigsten »Kundschafter« der Verwaltung Aufklärung zu sein. Aufgrund seiner Verdienste für die DDR-Spionage beförderte diese ihn zum Oberstleutnant der NVA und zeichnete ihn mit vielen Orden bis hin zum Vaterländischen Verdienstorden in Gold aus. Auf seinem Bankkonto in Ost-Berlin hatte sich am Tage der deutschen Einheit bereits ein Betrag von 288 000 DDR-Mark angesammelt; andererseits bezog er in der Bundesrepublik für seine Agententätigkeit lediglich 500 DM pro Monat. Angesichts seiner Wichtigkeit stellte ihm die VA den Armee-Offizier Dietrich Weißelberg zur Seite, der unter Verwendung der Personalien des in die DDR übergesiedelten Bundesbürgers Rainer Grube nach Koblenz gebracht wurde. Dort arbeitete er unauffällig als Aushilfstankwart und leitete das ihm übergebene Verrats-material per Personalcomputer und Post-Modem an seine Führungsstelle weiter. Nach der Festnahme von »Jürgen Kindt« am 20. April 1990, von der er durch die Presse er-fuhr, setzte er sich in die noch existente DDR ab. Knapp sechs Monate später wurde er in Berlin-Lichtenberg fest-genommen. Als 1985 die leitenden Beamten des Bundes-kriminalamtes Meckenheim im Rahmen der dienstlichen Weiterbildung jenes Materialamt besuchten und beiläufig fragten, ob es schon Ausspähungsziel der östlichen Spio-nage gewesen sei, entgegnete der Leiter: »Wir haben hier keine Geheimnisse!« War das schon reichlich naiv – sind die dortigen Unterlagen, gerade auch die Nachschub-Pla-nung, doch äußerst interessant für einen potentiellen An-greifer! –, so hatte er zweifellos recht: Es gab hier wirklich keine Geheimnisse (mehr) . . .[122]

Zu Ehren des Bundeswehr-Offizierskorps sei eine Äu-ßerung eines bisherigen Oberstleutnants der Verwaltung Aufklärung zitiert: »Es wurde für uns allerdings immer schwieriger, mit höheren Chargen eine Zusammenarbeit anzubahnen.«[123] Seit dem Spätherbst 1989 bis heute wur-den in der Tat lediglich drei (hauptamtliche) Bundeswehr-Offiziere wegen Spionage verurteilt. Ob diese durch genü-gend Aufmerksamkeit von Mit-Kameraden hätten vermie-den oder schneller enttarnt werden können, werden diese sich selber fragen müssen; die Verratsfälle von General-leutnant Edgar Feuchtinger und wohl auch Flottenadmiral Hermann Lüdke[124] hätten wohl mehr zu denken geben müssen.

Im April 1992 erging Haftbefehl »wegen Verdachts ge-

heimdienstlicher Tätigkeit im besonders schweren Fall«
gegen den Betriebsberater Ulrich Schatte in Heilbronn.
Der Oberstleutnant der Reserve hatte sich im Juni 1970
gegenüber der Verwaltung Aufklärung zur geheimdienstlichen Tätigkeit verdingt und bis zum April 1990 ihr viele
Dokumente und Erkenntnisse zugespielt. Auftragsgemäß
nahm er an den NATO-Übungen »Wintex/Cimex« und
»Reforger« teil. Ost-Berlin stufte ihn bald als »Spitzen-
kraft« ein und versah ihn mit der üblichen nachrichtendienstlichen Ausstattung in Form von falschen Ausweisen
sowie Chiffrier- und Geheimschreibmitteln. Sein Agenten-
Sold betrug mindestens 120000 DM. Ende 1993 stand der
Marburger Politik-Wissenschaftler Johannes Becker unter
Anklage: Der Major der Reserve – während eines Spa-
nien-Urlaubs von einem Bekannten zur Spionage überredet – hatte Informationen über die Flugabwehr und über
Wehrübungen weitergegeben.

Wegen familiärer Probleme wollte Reinhold Ginolas
aus Essen Anfang 1958 eigentlich nach »drüben« übersie-
deln; die DDR-Grenzer aber legten ihm überaus deutlich
nahe, in der Bundesrepublik »für den Frieden der Welt« zu
arbeiten. Es kam zur Verpflichtung gegenüber dem militärischen Spionagedienst, und mit dessen Einvernehmen trat
der bisherige BGS-Angehörige noch im Mai desselben Jahren in die Bundeswehr ein. Rund 30 Jahre übergab er dessen Kurieren und Führungsoffizieren eine Fülle von Unterlagen aus seinen einzelnen Verwendungsbereichen wie
der Truppenschule in Hamburg-Ostdorf, dem Führungs-
stab der Luftwaffe in Bonn, dem Streitkräfteamt in Bonn,
einem Luftwaffenversorgungsamt in Husum und schließlich den Verteidigungskreiskommandos in Wesel und Essen. »Das verratene Material ermöglichte diesem eine ver-
besserte Beurteilung der Qualität der Ausbildung in der
Bundesluftwaffe, der Leistungsfähigkeit des Materialam-
tes und des Ausbildungswesens sowie des Ausbildungs-
standes der Streitkräfte.«[125] Von seiten Ost-Berlins erhielt
der inzwischen zum Hauptmann Beförderte wenigstens
60000 DM. Während des Gerichtsprozesses gegen ihn

brachte er zu seiner Entschuldigung vor, in seiner Dienstzeit zumeist über seine Verhältnisse gelebt und monatlich allein mehrere hundert Mark an Automaten verspielt zu haben. Angesichts der Spionage in einem besonders schweren Fall lautete das Urteil dann auch auf viereinhalb Jahre. Nicht so viele Jahre zuvor hatte das Bundesverteidigungsministerium dem Agenten für seine Tätigkeit in der Bundeswehr noch in einer Dankurkunde »treue Dienste für das deutsche Volk« bescheinigt.

Mitte Juni 1990 wurde in der Wittekind-Kaserne in Wildeshausen der Oberleutnant Wolfgang Nolte verhaftet: Seit 1967 hatte er bei etwa 100 konspirativen Zusammenkünften sowie durch postalische Verbindungen an Deckadressen in der DDR und auch direkt per Telefon umfangreiche militärische Informationen weitergegeben, die ihm aufgrund seiner Tätigkeiten als Funker, Nachschubunteroffizier in der Fernmeldeaufklärung und schließlich als Personaloffizier an verschiedenen Standorten zugänglich waren. Darunter befanden sich auch streng geheime Unterlagen, zu denen er als S 1-Fachoffizier eigentlich wohl kaum Zugang haben durfte. Die von ihm gelieferten geheimen Alarmunterlagen stufte die Auswertung der Verwaltung Aufklärung als »außerordentlich wertvoll« ein. Sein »Entgelt« belief sich dann auch auf 120 000 DM, wie er ohnehin aus Geldgier gehandelt haben dürfte. Anfang 1990 kam es zur letzten Übergabe von Verratsmaterial; etwa eine Woche später erhielt er per verschlüsseltem Funkspruch die Anweisung, alle Unterlagen einschließlich seiner nachrichtendienstlichen Hilfsmittel zu vernichten. Im Februar 1993 verhängte ein Gericht gegen ihn eine Freiheitsstrafe von sieben Jahren.

Der Kapitänleutnant Erhard Müller, der im November 1978 in den anderen Teil Deutschlands übergewechselt war, konnte im April 1991 unter falscher Identität in Dresden aufgestöbert werden. Der damalige Nachrichtenoffizier – in der elektronischen Funkaufklärung? – des Marinegeschwaders in Tarp (Schleswig-Holstein) hatte sich nach Ansicht der Generalbundesanwaltschaft[126] 1974 einem Spionagedienst der DDR oder der UdSSR verpflichtet; bundesdeutsche Stellen hingegen vertreten die Ansicht, eine Frau hätte ihn in die DDR gelockt und dort sei er erstmals mit dem MfS in Berührung gekommen. Unbestritten ist, daß er später stolz im Fernsehen Ost-Berlin äußerte, er habe sein gesamtes militärisches Wissen preisgegeben.

Noch im Frühjahr 1992 bot sich der Bundeswehr-Major Klaus Gold der polnischen Botschaft in Köln als Agent an! Er war bisher zum BND abgestellt worden und als Stabsoffizier beim Amt für Nachrichtenwesen der Bundeswehr in Bad Neuenahr eingesetzt. Seine Motive waren »Frust und Geldgier«.[127]

Sehr hohe Bundeswehr-Offiziere zeigten sich zutiefst erschüttert, als sie unmittelbar nach der Wiedervereinigung bei Generälen der DDR-Streitkräfte den GDP (General Defense Plan – das westliche Gesamtverteidigungskonzept) in Kopie vorfanden![128] Erwiesen ist, daß zumindest Teile davon durch den Hauptmann Axel Richter verraten wurden. Der spätere technische Sicherheitsoffizier im Fallschirmjäger-Bataillon 252 in Nagold und sein Bruder Hans-Rüdiger hatten 1974 gegenüber einem Angehörigen der VA die Verpflichtungserklärung unterschrieben. Die Dokumente aus dem Bundeswehr-Bereich fotografierte der Bruder; in Plastikfolien eingeschweißt und versteckt in undurchsichtigen Plastik-Kosmetikflaschen, transportierte seine Ehefrau Gerlinde die Aufnahmen dann zu einem weiteren Kurier, der für die Weiterleitung nach Ost-Berlin sorgte. Von dort war das Trio mit diversen geheimdienstlichen Mitteln ausgestattet worden, darunter auch mit einer Brotschneidemaschine mit eingebautem Versteck für Reisepässe und einer Minox-Kamera. Beim Gerichtsprozeß erklärte die Verteidigung, Axel habe lediglich aus ideologischer Überzeugung, »immer aus einem Motiv des Frieden-Schaffen-Wollens« gehandelt. Ähnlich wurde nunmehr auch sein Bruder hingestellt als »Idealist, mittlerweile mit gebrochenen Flügeln, aber er ist es geblieben«; der Vietnam-Krieg hätte ihn zur marxistisch-leninistischen

Weltanschauung gebracht, erst später habe er die wirklichen Zustände und Widersprüche in Europa erkannt. Ihnen allen seien »mehr und mehr Zweifel gekommen«, ob sie für eine gerechte Sache kämpften, und sie hätten deshalb die Spionage aufgegeben. Schönklingende Worte, die man nach der deutschen Einheit immer wieder in Gerichtssälen hören muß. Die Wahrheit ist auch in diesem Falle: Nur der Zusammenbruch der SED-Diktatur machte den weiteren Verrat unmöglich! Tatsache ist ebenfalls, daß in einem Kriege der militärische Gegner über die Positionen der Nagolder Fallschirmjäger genauestens informiert gewesen wäre und sie mit einem Schlag hätte vernichten können.[129] Offen bleibt bis zum heutigen Tage aber die Frage, ob der der DDR bekannte GDP allein auf dieses Trio zurückgeht: Er beinhaltete die Grundstruktur einer Division, die sich jedoch leicht hochrechnen läßt. Allgemein wird ein solcher Plan erst auf der Ebene eines Korps bzw. einer Heeresgruppe geheimdienstlich von Interesse. Oder gibt es noch einen anderen, bisher unbekannten Bundeswehr-Offizier, der womöglich derartige Pläne heute der Spionage Moskaus zuleitet? Der Hinweis, der Verrat sei wahrscheinlich von dem früheren US-Soldaten Clyde Lee Conrad erfolgt, der auch General Defense-Pläne weitergegeben hätte, ist nicht zutreffend: Die bei der DDR-Armeeführung aufgefundenen Kopien waren in deutscher Sprache.

Auch während der letzten Jahre arbeitete die DDR-Spionage noch mit Sabotage-Agenten. In Bremerhaven sollte das Ehepaar Udo und Heidi Neubauer – er war als Hausmeister und Heizer bei der Lloyd-Werft angestellt – als solche im Ernstfall eingesetzt werden.

Ein bloßer Warte-Agent war gewiß Gerd Kretzschmar aus Hannover, der nach eingehender Ausbildung am A 3-Funkverkehr im April 1987 auftragsgemäß in die Bundesrepublik übersiedelte. Er hielt über eine Deckadresse Kontakt mit seiner Führungsstelle des MfS, von der er auch mehrere Funksprüche bekam. Der letzte Treff erfolgte im Januar 1990 in Ost-Berlin, bei dem er 3000 DM erhielt.

Der »Kundschafter« Georg J. aus Rüsselsheim hatte Objekte »abzuklären«; allgemein handelte es sich um öffentliche Versorgungseinrichtungen und andere Gebäude, deren unbeeinträchtigter Betrieb besonders in Krisenzeiten für die Bevölkerung von Wichtigkeit ist.

Als zunächst ruhende Agenten besaß die Magdeburger Abteilung der sowjetischen Verwaltung für Erkundung (RU), die der GRU-Hauptverwaltung unterstand, ein Ehepaar in Mannheim; ihr Wunsch, in die Bundesrepublik ausreisen zu können, war Anlaß zu ihrer Spionage-Verpflichtung gewesen. Im März 1990 desertierte ihr russischer Führungsoffizier und enttarnte sie ... Ob die Bundeswehr aus all diesen Fehlern und Versäumnissen gelernt hat? Im August 1990 jedenfalls mußte der »Bericht des Bundesrechnungshofes über die Sicherheit der Informationsverarbeitung in Rechenzentren der Bundesverwaltung«[130] ein Rechenzentrum der Bundeswehr rügen, das »ungeschützt unmittelbar an einer öffentlichen Straße« liegt. Für die Schutzvorkehrungen wurde »nicht abstrahlsichere und nicht zugelassene Hardware benutzt«. Bereits 1988 sei das Ministerium bei der Prüfung eines anderen Rechenzentrums zur Erstellung eines Konzeptes aufgefordert worden – es »liegt (bis heute) noch nicht vor«. Knapp zwei Jahre später hatte der Bundesrechnungshof dem Bundesministerium der Verteidigung erneut schwere Versäumnisse beim Schutz der elektronischen Nervenzentren der Bundeswehr vorzuwerfen: Als besonderer Mangel wurde hervorgehoben, daß Katastrophenpläne zum Schutz der Computerzentren nicht vorlägen oder zumindest veraltert seien. Aufgrund nicht eingehaltener Sicherheitsabstände zu anderen Grundstücken bestehe weiterhin ein hohes Risiko bezüglich Sabotageaktionen. Auch seien die Gebäude gegen Sabotage kaum gesichert. In einem Rechenzentrum wäre sogar sicherheitsmäßig nicht überprüftes Personal federführend beim Aufbau beteiligt gewesen.[131]

Seit dem NATO-Doppelbeschluß wandte sich die DDR-Spionage verstärkt ihnen zu, primär den amerikanischen Einheiten. Gerhard Wolf aus Bochum, der im Oktober 1986 bei einem Verwandtenbesuch in Erfurt auf das Angebot zur Mitarbeit beim MfS eingegangen war, erhielt den Auftrag, seinen eigenen Sohn bei den US-Streitkräften in Bad Kreuznach zur Spionage anzuwerben. Nachdem seine Bemühungen erfolglos blieben, kam es immerhin noch Mitte Dezember 1989 zu einem Gespräch der beiden Westdeutschen mit dem MfS-Führungsoffizier. Der Sohn aber lehnte jede nachrichtendienstliche Tätigkeit weiterhin ab. Ob er es war, der sich daraufhin offenbarte und in diesem Zusammenhang auch seinen Vater nannte, ist unbekannt. Dieser wurde jedenfalls Mitte Februar 1990 vorläufig festgenommen, das Verfahren indes bald eingestellt.

Acht Monate später gestand Werner Muths, Sprecher des britischen Militärflughafens Gatow, seine jahrelange Zusammenarbeit mit dem MfS.

Ein Schildermacher war sieben Jahre für die Verwaltung Aufklärung tätig, indem er ihr Informationen über die in Frankfurt/M. stationierten amerikanischen Einheiten zukommen ließ. Als er 1987 beim Fotografieren einer US-Wohnsiedlung auffiel, wurde er von seinen Auftraggebern »abgeschaltet« – bis dahin hatten diese ihm rund 15 000 DM gezahlt.

Einen weiteren »Kundschafter« im Solde Ost-Berlins überraschten BKA-Beamte Ende März 1990 in einer Heidelberger Gaststätte, als er gerade von einer Kontaktperson geheime Dokumente aus dem US-Hauptquartier entgegennahm. Getarnt als Vertreter einer dänischen Bekleidungsfirma, suchte er Verbindungen zu den amerikanischen Streitkräften – sein besonderes Interesse galt Nachrichten über Abrüstungsschritte des Westens. Er gab sich dabei als »Dr. Björn-Tony Friis-Baastadt« aus; tatsächlich existiert ein solcher Namensträger in Österreich, doch erwies sich dieser als völlig unbeteiligt. In Wahrheit hieß er

Burkhard Krupa und kam aus der DDR. Die Quittung des Gerichts lautete auf zwei Jahre und vier Monate Freiheitsentzug. Wahrscheinlich sinniert er noch heute, ob seine damalige Festnahme nur Zufall war oder »Zufall«, das heißt, daß man ihn in eine Falle der US-Abwehr gelockt hatte.

Manfred Piroth wurde bis zum Mai 1990 – also noch nach den Wahlen in der DDR! – von der Verwaltung Aufklärung nachrichtendienstlich ausgebildet. Er fertigte Fotos von Stellungen der nordamerikanischen Streitkräfte im Hunsrück an und sammelte Informationen über ihre Wachverstärkungen. Wichtige Erkenntnisse gab er sogleich an eine Deck-Telefonnummer in Ost-Berlin durch. Insgesamt bezog er dafür 12 000 DM.

Mitte Februar 1990 nahm die US-Spionageabwehr einen Oberstleutnant der Reserve der DDR-Streitkräfte fest, der amerikanische Truppen in West-Berlin ausspähen sollte. Er war erst drei Monate zuvor (d. h. unter der Modrow-Regierung) angeworben worden.

In der Bogenstraße Bremerhavens durchsuchten Angehörige des Bundeskriminalamtes die Wohnung des Albrecht W. Der Mitarbeiter des Magistrats wurde beschuldigt, mehrere Jahre dem Sowjetgeheimdienst Truppen- und Schiffsbewegungen der USA im Hafen gemeldet zu haben. Wie es heißt, führten Aussagen eines Doppelagenten im KGB auf seine Spur. Zwar läge für seine Spionage eine »erdrückende Beweislast« vor, berichtete eine Zeitung, doch: »Der Tatverdächtige bleibt weiterhin im Dienst. Er gilt in seinem Arbeitsfeld und im privaten Bereich als engagiert und beliebt.«[132] Aus kommunistischer Überzeugung kundschaftete Ernst Schupp – zusammen mit seiner Frau und seinem Sohn – militärische Objekte der US-Armee aus. In einem weiteren Fall verschaffte ein ziviler Mitarbeiter der amerikanischen Streitkräfte in Frankfurt seinen Hintermännern in Ost-Berlin gegen mehrere 100 000 DM geheime Planungsmanöver des V. Korps und unterrichtete sie über Truppenbewegungen sowie über NATO-Alarme.

Während des November 1989 mußten Wolfgang und Sybille Hatko aus Reutlingen ihre bisherige Agententätigkeit mit Freiheitsstrafen von je zweieinhalb Jahren bezahlen. Das Ehepaar hatte sich (auf Weisung seines Führungsoffiziers?) Monate zuvor beim BKA in Meckenheim zu einem gewissen Teil offenbart – ganz bestimmt in der Absicht, durch einen solchen Schritt etwaige Zweifel gegen sich auszuräumen und möglichst Vertrauen zu gewinnen; allerdings verwickelte es sich dabei so in Widersprüche, daß man dort sehr schnell an einen größeren Fall glaubte. Es hatte damit begonnen, daß der spätere Ehemann 1961 aus der DDR in den Westen übergesiedelt war und dann bei einem Verwandtenbesuch im Raum Magdeburg zum Jahreswechsel 1982/1983 sein Bruder ihn mit einem vermeintlichen Pädagogik-Studenten »German« bekannt machte – in Wahrheit handelte es sich um den stellvertretenden Kommandeur des RU-Stützpunktes Magdeburg! Er stellte ihm in Aussicht, bei der geplanten Heirat seiner in der DDR kennengelernten Frau und ihrer anschließenden Übersiedlung behilflich zu sein, sofern er allerdings eine Zusammenarbeit mit dem »sowjetischen Informationsdienst« eingehe. Während er selber lediglich eine Unterweisung im Geheimschreibverfahren erhielt, war seine Frau in den Augen der RU-Führungsstelle wesentlich wichtiger: Sie wurde monatelang intensiv im Agentenfunkverkehr, im Chiffrieren und Dechiffrieren, in der Bedienung eines Funkgeräts sowie im Anlegen und Leeren von »Toten Briefkästen« ausgebildet. Aus dem Südwesten Deutschlands meldeten beide dann Stationierungen, Bewegungen und Manöver der französischen Truppen. Das grundsätzlich zur nachrichtendienstlichen Ausstattung von RU-Agenten gehörende Funkgerät fand sich – wie üblich – in einem nahegelegenen Waldstück; es war ein Fabrikat neuerer sowjetischer Bauart und ihnen erst Ende 1987 zugeleitet worden. Auch in diesem Falle hatte das Ehepaar es nach einem kurzen Test-Funkspruch zu vergraben, um es erst wieder in Spannungszeiten zu benutzen. Sicherlich sollten die Agenten dann auch zur Sabotage eingesetzt werden.[133]

Wie schon in den vorangegangenen Jahren waren die amerikanischen Abhörstationen in West-Berlin ein äußerst begehrtes Ausspähungsziel der DDR-Spionage. So scheint einmal der in Prag geborene US-Luftwaffen-Hauptmann John Wladimir Hirsch, der in Berlin-Tempelhof auf einem der modernsten dieser Objekte der USA arbeitete und seit 1987 Chef der Wartungsabteilung war, für die DDR und die UdSSR spioniert zu haben. Er mußte zumindest in der Lage gewesen sein, alle Daten des osteuropäischen Radar- und Kommunikationssystems zu besorgen, die in Tempelhof aufgezeichnet wurden. Bei der Durchsuchung seiner Wohnung konnten Bankauszüge in Höhe von 120000 US-Dollar sowie etliche, als geheim eingestufte Papiere beschlagnahmt werden.

Den größten Schaden wird der US-Armeeoffizier James W. Hall hervorgerufen haben, der sich in der zentralen Station der fernmelde-elektronischen Ausspähung der USA auf dem 115 Meter hohen Teufelsberg in West-Berlin befand. Der türkische Automechaniker Hussein Yildrim hatte der Hauptverwaltung Aufklärung einen Tip gegeben, die ihn dann mit 300000 US-Dollar regelrecht kaufte. Aus seinen Einsatzorten in der Bundesrepublik – dem Befehlszentrum in Stuttgart-Vaihingen? – verriet er insbesondere das 47seitige Papier »Canopy Wing«: Dieses sollte Möglichkeiten ausarbeiten, »dem sowjetischen Oberkommando die Fähigkeit zu nehmen, effektiv konventionale Hochfrequenz-Verbindungen zur Führung und Kontrolle der Streitkräfte einzusetzen« – was bedeutet, im Kriegsfalle sollte der Funkverkehr der sowjetischen Führung derart massiv gestört werden, daß keine Kontakte mehr zu ihren Atom-U-Booten und strategischen Raketen-Einheiten möglich gewesen wären! Ein Plan, dessen Brisanz naturgemäß die Führung des MfS, aber gewiß noch mehr diejenige der sowjetischen Geheimdienste interessierte! Anfang Mai 1989 wurde Hall in den USA zu 40 Jahren Gefängnis abgeurteilt. Angeblich kamen die US-Stellen ihm durch einen Hinweis eines CIA-Agenten in Ost-Berlin auf die Spur.[134]

Auf die im Raum Siegen stationierte belgische Panzerbrigade war ein deutsches Agenten-Ehepaar angesetzt, das über einen Kurier mit dem Decknamen »Kloß« für den RU-Stützpunkt Magdeburg arbeitete; es scheint bis heute noch nicht entdeckt worden zu sein.

Zweifellos werden während der zurückliegenden Jahre Spionagefälle auch innerhalb der britischen und französischen Armee-Einheiten vorgekommen sein, doch ist davon nichts an die Öffentlichkeit gedrungen.

Die NATO

Der Sicherheitsbeauftragte J. K. einer Firma ging 1978 gegenüber der GRU-Zentrale eine geheimdienstliche Mitarbeit ein. Bald berichtete er über den NATO-Stützpunkt Geilenkirchen-Teveren bei Aachen, und zwar besonders über die dort stationierten Frühwarn-Flugzeuge AWACS, wobei er sogar genaue Skizzen der einzelnen Raketenbunker anfertigte. Aus bisher unerklärlichen Gründen hielt er ab 1986 zu seiner Führungsstelle nur noch lose Verbindung und lieferte auch keine Informationen mehr.

Aus Akten der Hauptverwaltung Aufklärung – soweit sie überhaupt bereits gesichtet werden konnten – ergibt sich, daß diese sechs – sieben »Kundschafter« in Brüssel besaß. Bekannt sind zwar deren Decknamen, doch fehlen jegliche Hinweise auf ihre Identität. Daß sie fast ausschließlich auf die NATO konzentriert waren, gilt als sicher.

Annähernd drei Jahre bemühte sich eine Expertengruppe bundesdeutscher Stellen nahezu krampfhaft, einen bisherigen Top-Spion des MfS in der NATO-Führung zu enttarnen; die wiederholten Aufforderungen des Generalsekretärs Manfred Wörner, »Druck« zu machen und ihn »endlich« zu entdecken, halfen natürlich auch keinen Deut weiter. Unter dem Decknamen »Topas« trat dieser direkt die Nachfolge von Ursel Lorenzen an und erhielt sogar ihre Registriernummer XV 3334/68 – ein außergewöhnlicher Vorgang. Seine Lieferungen an Ost-Berlin umfaßten pro Sendung bis zu 3000 Seiten und beinhalteten die NATO-Langzeitprogramme, Streitkräfte- und Rüstungsplanungen sowie Einsatzkonzeptionen. Endlich, Ende Juli 1993 konnte dieser wahrscheinlich gefährlichste »Kundschafter« der DDR gegen den Westen aufgrund gefundener Unterlagen enttarnt werden: Es war der Volkswirt Rainer Rupp, der seit 1977 im Internationalen Stab der Wirtschaftsabteilung der NATO in Brüssel arbeitete und zusammen mit seiner britischen Ehefrau Christine-Ann (»Türkis«), welche im Sicherheitsbüro des NATO-Generalsekretärs saß, alle ihnen zugänglichen Unterlagen verriet. Diese, wie der Generalbundesanwalt ausführte,

> »gaben der DDR einen zuverlässigen und stets aktuellen Einblick in die Planungen der NATO.«

Ost-Berlin und Moskau waren jederzeit, so ein Bundeswehr-Oberst als Sachverständiger vor dem Oberlandesgericht Düsseldorf »hervorragend informiert – besser«, als er sich »das jemals habe vorstellen können«; im Ernstfall sei die Lage für das westliche Verteidigungsbündnis »katastrophal« gewesen!

Neben zwei HVA-Führungsoffizieren stand Rupp ein Heinz Schmidt aus Schwerin zur Seite, der als illegaler Resident in die Bundesrepublik eingeschleust worden war und nach 1980 als sein Kurier eingesetzt wurde. Der Judaslohn Ost-Berlins für das Agenten-Ehepaar betrug monatlich wenigstens 2000 DM. Es wollte seinen Lebensabend eigentlich in der DDR verbringen und daher auch in Brüssel kein eigenes Haus besitzen. Da ein solches aber »seriöser« wirke, drängte die HVA auf einen Kauf im Nobelvorort Tervuren; zu dem Preis von 380 000 DM steuerte die DDR-Spionage 200 000 als Darlehen zu – versteckt in einer Bierdose!

Angeworben war »Topas« in der Mainzer Bahnhofsgaststätte nach einer Demonstration gegen die Bonner Notstandsgesetze: Bei einem Verzehr einer ihm spendier-

ten Gulaschsuppe geriet er mit dem Unbekannten in eine
politische Diskussion. Ein Jahr später trafen sich beide im
Ostsektor Berlins wieder, und der Volkswirtschaft-Stu-
dent ließ sich überreden, »für den Frieden zu arbeiten«.
Ebenso ist Tatsache, daß Rupp beim Zusammenbruch der
DDR – einen Weinkrampf bekam ...[135]

Wirtschaftsspionage

Bundesministerium für Wirtschaft

Die bereits erwähnte MfS-»Kundschafterin« Johanna Olbrich alias »Sonja Lüneburg« war einige Zeit hindurch 1. Vorzimmersekretärin des Bundeswirtschaftsministers. Äußerungen, im Ministerium seien keine großen Geheimnisse auszuspähen gewesen, stellten die übliche Beschwichtigung dar und gingen an der Spionage-Realität sehr vorbei. Anfang August 1992 erhob der Generalbundesanwalt gegen sie Anklage; da ihr Zugang auf Staatsgeheimnisse nicht beweisbar erschien, ließ man den Verdacht auf Landesverrat fallen. Die ausgebildete Lehrerin hatte sich 1964, während eines Lehrgangs an der SED-Bezirksparteischule Berlin gegenüber der Hauptverwaltung Aufklärung zur Mitarbeit einverstanden erklärt und wurde daraufhin intensiv nachrichtendienstlich geschult, besonders in Dokumentenfotografie, im Ver- und Entschlüsseln geheimer Nachrichten sowie im Bedienen von »Toten Briefkästen«. Anfang 1967 erfolgte via Frankreich die Einschleusung als »Sonja Lüneburg« ins Bundesgebiet. Die echte Namensträgerin besaß in West-Berlin einen Frisörsalon und zog im September 1966 in den Ostteil der Stadt. Presseberichte, sie sei dort in ein Irrenhaus gebracht worden, treffen zu – doch war sie schon früher durch ihr Verhalten aufgefallen und wirklich krank: Von Oktober 1968 bis November 1971 kam sie deshalb in die Psychiatrische Klinik Berlin-Buch, was sich von August 1975 bis April 1976 wiederholte; seit 1983 lebt sie in einem Altersheim in Berlin-Pankow. Inzwischen fotografierte die Pseudo-»Lüneburg« unter ihrem Decknamen »Anna« die Ministeriums-Unterlagen in ihrer Bonner Wohnung mit einer Minox-Kamera und übergab die Filme einem Kurier; später gingen sie per »rollenden Toten Briefkasten« in die DDR. Nach einem »Treff« dort Ende Juli 1985, den sie gegenüber ihrer Dienststelle als

»Griechenland-Urlaub« deklariert hatte, nahm die Top-Spionin ihre Rückreise aus Tarnungsgründen über Rom; als sie dort ihren vom MfS hergestellten Falschausweis verloren hatte, befahl Markus Wolf ihren Abzug aus dem bisherigen Operationsgebiet. Am 3. August 1985 wurde sie in der Nähe von Lübeck über die Demarkationslinie geschleust und erhielt dann in Ost-Berlin aus seiner Hand den »Vaterländischen Verdienstorden in Gold«. Und im Februar 1994 vom Oberlandesgericht Düsseldorf zweieinhalb Jahre Haft.

Embargoschmuggel u. a.

Ideologisch rechtfertigte das DDR-Ministerium für Staatssicherheit diese Wirtschaftsspionage mit dem Argument, daß der Westen vieles »eben nicht freiwillig hergeben wollte«[136] und man somit zu ihr geradezu gezwungen werde. Zutreffend sind die Worte Markus Wolfs, dieser Sektor sei »eines der erfolgreichen Gebiete«[137] seiner Spionage gewesen. Ebenso entsprach der im gleichen Zusammenhang geäußerte Satz des früheren MfS-Generals Schwanitz »Wenn man Geld hat, kriegt man alles auf der Welt«[138] insofern leider durchaus allzuoft der Realität.

Von den überaus vielen bekanntgewordenen Fällen – und auch die Dunkelziffer dürfte recht beträchtlich sein – sei der Kaufmann Konrad Wasmer genannt, der von Anfang 1983 bis August 1989 für etwa 4,5 Millionen DM Hochtechnologien (damit embargo-geschützt) an einen »Geschäftspartner« in Ost-Berlin lieferte. Obwohl er schon nach zwei Jahren den nachrichtendienstlichen Hintergrund des MfS erkannte, brach er die Beziehung erst im August 1989 ab, als die Gegenseite neben jenen Warenlieferungen noch zusätzliche geheimdienstliche Aktivitäten verlangte. Noch am 9. Mai 1990 forderte ein Telegramm seines »Geschäftspartners« ihn zu einer Zusammenkunft in Ost-Berlin auf.

Embargo-Güter, besonders aus dem Elektronik-Bereich, beschaffte jahrelang auch der Diplom-Ingenieur Helmut M. aus dem Bodensee-Raum. Der Maschinenschlosser Manfred Wittich und seine Ehefrau Rosemarie im Kölner Gebiet standen annähernd 30 Jahre hindurch in Verbindung zum MfS. Das Ehepaar verriet vieles von BASF und sehr viel über die PVC-Herstellung an die DDR, die dadurch »Einsparungen in Millionenhöhe«[139] hatte.

Gleiches gilt nach Ansicht von Fachleuten für den Diplom-Ingenieur Siegfried S., der kurz nach dem Bau der Berliner Mauer in die Bundesrepublik gebracht worden war; die »Flucht« seiner Frau erfolgte Mitte der 60er Jahre über ein Ostblock-Land. Rund zehn Jahre später fand der Agent in einem großen westdeutschen Chemie-Unternehmen eine Anstellung und konnte im Laufe der Zeit in eine führende Position aufsteigen, von der er sämtliche erreichbaren Unterlagen und Erkenntnisse an das MfS weitergab.

Eingeschleust in den Westen wurde Ende August 1956 auch Gerhard Müller. Noch im selben Jahr fand er Beschäftigung bei einer bekannten Elektronik-Firma in Stuttgart; diese hatte für ein System einer digitalen Vermittlungstechnik rund drei Milliarden DM investiert, an dem der Sektor Wissenschaft und Technik der HVA »ein hervorragendes Interesse«[140] hatte. Der »Kundschafter« verschaffte sich Kopien der Unterlagen, die er seinem Führungsoffizier zumeist bei Besuchen der Leipziger Messe übergab – allerdings hatte die DRR-Wirtschaft keinen Erfolg bei ihren Bemühungen, das System nachzubauen. Trotzdem spionierte Müller weiter bis zum Zusammenbruch des SED-Reiches . . .

Von 1982 bis 1989 belieferte ein vietnamesischer Diplom-Ingenieur, der nach seinem Studium in der DDR in den Westen geflohen und hier bei einem Konzern für Kraftwerksanlagen als Projektleiter angestellt war, Ost-Berlin mit Konzentrationsplänen sowie gerade mit Ausschreibungs- und Angebotsunterlagen für Großfeuerungsanlagen, die im Nahen und Mittleren Osten gebaut werden sollten. Die Papiere – für die er mit 200 000 DM bezahlt wurde – schmuggelte er zu seinen »Treffs« in Italien und in zwei Ostblockländern in einem ausgehöhlten Holzbrett, das als Unterlage für einen Wagenheber getarnt war. Die Angebote seiner Firma gelangten über das MfS in die UdSSR und versetzten dortige Unternehmen in die Lage, durch preisgünstigere Angebote den Zuschlag für ein Groß-Projekt zu erhalten. »Dem Arbeitgeber des Agenten ist dadurch Schaden in Millionenhöhe entstanden.«[141]

Informationen über Interatom in Bensberg, speziell über Prüfungs- und Überwachungsanlagen am »Schnellen Brüter« in Kalkar und dem französischen Atommeiler »Superphönix«, besorgte ab Mai 1977 der Ingenieur Detlev Schmidt aus Köln und bezog dafür ca. 100 000 DM. Aufgrund einer Zeitungsannonce seines Büros war er 1976 in Kontakt mit einem Offizier der Verwaltung Aufklärung gekommen. Totensonntag 1992 wurde der Überraschte vorläufig festgenommen.

Drei Wochen zuvor stand ein Elektromeister aus Langelsheim am Harz vor den Schranken des Oberlandesgerichts Celle. Bei einem Besuch seines Vaters in der DDR hatte er sich aus finanziellen Gründen zur Weitergabe von Nachrichten über seine Arbeit bei einer Chemie-Firma bereit erklärt. Angeblich will er erst nach ganzen fünf Jahren gemerkt haben, für wen er tätig wurde ...

Glaubt man den Stasi-Akten, so besaß die HVA ebenfalls im Bundesverband der deutschen Industrie in Köln einen IM. War es der inzwischen verstorbene Drucker? Ende August 1992 konnte das dazu gehörende Residenten-Ehepaar Teske gestellt werden.

Rüstungsindustrie

Als das kleine Unternehmen des Bundesbürgers K. 1984 in die roten Zahlen geriet, erhielt er von einer in West-Berlin mit einem Büro vertretenen sowjetischen Außenhandelsvereinigung einige Bagatell-Aufträge. Bald aber bezogen sich diese auf militärische – und damit embargo-geschützte – Güter. Dabei geriet er mehr und mehr in eine völlige wirtschaftliche Abhängigkeit, so daß er sich finanziell auf jede weitere Zusammenarbeit angewiesen sah. Er setzte sie daher auch fort trotz der damit verbundenen Gesetzesverstöße und der zunehmenden Verlagerung der »Wünsche« der Gegenseite auf spezielle Wehrtechnik – etwa die Beschaffung von Horchmikrosendern bzw. eines Rundumblickperiskops für den Panzer »Leopard II« sowie von hülsenloser Munition für ein neuentwickeltes Bundeswehr-Infanteriegewehr. Ob er angesichts der ungewöhnlichen Geschäftspraktiken – etwa die Übergabe der Waren auf der Transitstrecke nach West-Berlin oder auch die stets in bar erfolgten Zahlungen – wirklich nicht die Gegenwart des KGB ahnte? Insgesamt dürften seine Lieferungen einen Wert von wenigstens drei Millionen DM gehabt haben; die von ihm erzielte Gewinnspanne betrug bis zu 35 Prozent, so daß sich ein Nettogewinn auf 650 000 DM belaufen dürfte.[142]

In mehrfacher Hinsicht bemerkenswert ist die Agenten-Tätigkeit des Diplom-Ingenieurs Dieter Feuerstein aus München, der noch als Schüler 1973 auf ideologischer Basis für eine Zusammenarbeit mit dem Ministerium für Staatssicherheit gewonnen worden war; schon sein Vater, dem er gerne nacheifern wollte, hatte nachrichtendienstlich für die DDR gearbeitet. Sein Führungsoffizier Kurt Thiemann konnte ihn daher auch überreden, entgegen seinen eigentlichen Neigungen Luft- und Raumfahrttechnik zu studieren. Der operative Einsatz des »Kundschafters« begann mit seinem Eintritt in die Firma Messerschmitt-Bölkow-Blohm (MBB) 1984 als Systemingenieur; dort verriet er Papiere über den »Jäger 90« und einen Panzerabwehr-Hubschrauber sowie solche Unterlagen, deren Kenntnis im Ostblock den Einsatzwert des Kampfflugzeuges »Tornado« beeinträchtigen konnte. Auch bei dieser Spionage gingen die verfilmten Dokumente per »rollenden Toten Briefkasten« in die DDR. Ab Mitte 1985 wurden sie zumeist dem MfS-Instrukteur Uwe Albrecht alias »Ronald« bei Treffen in Italien und Österreich ausgehändigt; manchmal fanden die Zusammenkünfte in der Wohnung seiner Mutter Gerlinde statt, die bereits seit 1960 für den Staatssicherheitsdienst tätig gewesen sein dürfte und für die Überlassung ihrer Räume von ihm pro Jahr mindestens 4000 DM erhielt. Im Zusammenhang mit der Frage, was im Falle ihrer Enttarnung mit ihren Kindern geschehe, beantragten Feuerstein und seine Frau Kerstin – die sich 1978 zur Mitarbeit bereit erklärt hatte – 1987 die DDR-Staatsbürgerschaft und ebenfalls die Mitgliedschaft in der SED. Obwohl das Amt für Nationale Sicherheit seine Tätigkeit Ende März 1990 offiziell eingestellt hatte, wurde er über Funk noch zu einem »Treff« am 26. Mai nach Ost-Berlin beordert. Hier erklärte er seine grundsätzliche Bereitschaft, die Tätigkeit für den sowjetischen Geheimdienst fortzusetzen. Im Kriegsfalle wäre durch seine Handlungen die Position der Bundesrepublik »entscheidend vermindert« worden, stellte der Vorsitzende Richter des Bayerischen Obersten Landesgerichtes fest. Das Mitte März 1992 ergangene Urteil gegen das Ehepaar lautete dann auch auf acht Jahre Haft bzw. 21 Monate auf Bewährung.

Ebenfalls bei MBB betrieb ein technischer Zeichner Spionage; er ließ sich hierzu vor 27 Jahren überreden, als er sich eigentlich als Freiwilliger für den Vietnam-Krieg auf seiten der Vietkong hatte melden wollen! Das Gericht kam Mitte November 1992 zu einer Bewährungsstrafe von zwei Jahren sowie zu 30 000 DM Geldbuße.

Wehrtechnische Studien aus zwei Unternehmen, die auf Luft- und Raumfahrt konzentriert sind, erhielt die Staatssicherheit seit 1981 von dem in Essen lebenden Manfred Haaker. Vor Gericht gab er als Motiv an, er hätte seiner krebskranken Frau den Kontakt zu ihren Angehörigen aufrechterhalten wollen und mit seinem Agenten-Sold (etwa 10 000 DM) ihre »Wünsche erfüllen können«.

Januar 1994 sprach der 1. Strafsenat des Berliner Kammergerichts gegen Karl Gebauer, den Sicherheitsbeauftragten bei IBM in Wilhelmshaven, eine Strafe von zwölf Jahren Haft aus. Im März 1975 hatte er sich selbst dem MfS als »Kundschafter« angeboten und lieferte dann dessen Abwehr-Abteilung unter dem Decknamen »Claus Reuter« bis 1983 rund 35000 Blatt verschiedener militärischer Geheimdokumente. Dadurch erhielten die DDR und ebenfalls die UdSSR umfassende Einblicke in die Computer-Programme und das Funk-Führungssystem des damals modernsten Raketenabwehrsystems der Marinestreitkräfte der NATO. Durch gezielte Manipulationen hätten in einem Kriege deren Waffen außer Kraft gesetzt oder so doch in falsche Richtungen gelenkt werden können. Zu Recht sprach die Bundesanwaltschaft von einem der schwersten Verratsfälle in der Spionage-Geschichte Deutschlands. In der Urteilsbegründung hieß es, die westliche Flotte hätte »im Ernstfall vor ihrer Vernichtung gestanden«. Bis zur Wende habe man im Westen nichts von diesem Spionagefall gewußt, so daß Gegenmaßnahmen nicht möglich gewesen wären. Von einer lebenslangen Strafe sah das Gericht nur ab, weil sich die Gefahr für die Bundesrepublik durch die Veränderung der weltpolitischen Lage vermindert habe. Strafmildernd wertete der Senat den »äußersten Leichtsinn« des für die Sicherheitsüberprüfung des Verurteilten zuständigen Bundeswirtschaftsministeriums, wo man sich über Bedenken des Verfassungsschutzes wegen seiner Eignung hinweggesetzt habe (er war mehrfach vorbestraft, unter anderem wegen Tötung eines US-Soldaten kurz nach Kriegsende). Gebauer »ging hoch« durch einen Überläufer aus der DDR.[143]

Von Katharina G. aus ihrem Arbeitsbereich im Bundesamt für Wirtschaft in Eschborn erhielt die HVA Unterlagen über ein U-Boot-Antriebssystem. Walter Liewer hatte sich bereits 1976 als Student zur Agententätigkeit verpflichtet: Er verschaffte der HVA-Abteilung IV (»Militärstrategische Aufklärung«) während seiner Anstellung bei der Forschungsstelle für Angewandte Naturwissenschaften in der Nähe Bonns umfangreiche Erkenntnisse aus den Bereichen Radarbeobachtung, Nuklearphysik und Lasertechnologie. Wie bei vielen anderen Spionagefällen versteckte er die Unterlagen in der Toilette des Interzonenzuges Köln–Berlin. Drei Jahre Freiheitsentzug waren die Quittung des Gerichts im Februar 1994.

Franz M. bei MBB in Ottobrunn verkaufte der DDR-Spionage von 1961 bis 1990 Unterlagen und Erkenntnisse über Militär-Hubschrauber. Der bei Krupp-Atlas-Elektronik in Bremen angestellte Handwerker Walter Ehrhold spielte dem militärischen Nachrichtendienst Ost-Berlins seit 1974 überaus viele Dokumente über die Erprobung und Produktion elektronischer Geräte für die westdeutschen Streitkräfte zu. Ab spätestens 1982 muß sich ein Agent ebenfalls in einem Forschungsinstitut von Krupp befunden haben. Er war primär auf Forschungsvorhaben hinsichtlich eines geräuschlosen Materials angesetzt, das nach Ansicht des MfS zur Herstellung von Panzerketten hätte dienen können. Auch er ist bis heute unerkannt geblieben . . .

Angesichts der inzwischen eingetretenen Verjährung mußten die bundesdeutschen Behörden die Ermittlungen gegen das Ehepaar Lothar und Katharine Straube aus München einstellen. Es war bereits 1958 in den Westen gekommen. Nach der Wende wurde die Frau dringend verdächtigt, aus ihren Arbeitsbereichen als Sekretärin zunächst bei den Junkers-Flugzeug-Motorenwerken und dann bei der Firma MBB der DDR-Spionage viele Unterlagen verraten zu haben. Dabei handelte es sich auch um solche aus dem Bereich »Entwicklung«, die ebenfalls als Staatsgeheimnisse angesehen waren. Über den Ehemann wurde das Material dann auf verschiedenen Wegen dem MfS zugänglich gemacht. Daß die Tätigkeit bereits 1982 aus Sicherheitsgründen von seiten des DDR-Geheimdienstes plötzlich ihr Ende fand, beruhte auf einem bloßen Mißverständnis in Ost-Berlin.

Wegen Verdachts des Landesverrats im besonders schweren Fall erhob der Generalbundesanwalt Ende August 1992 Anklage: Der heute 70 Jahre alte Rentner Hans Schrepfer aus Würzburg hatte sich 1969 dem Staatssicherheitsdienst verschrieben, und bald führte ihn die Abteilung XV der Bezirksverwaltung Suhl unter dem Namen »Jochen« und nach gewisser Zeit ebenfalls seine Ehefrau Brigitte als »Grit«. Nach etwa einem Jahr konnte er das

Ehepaar Peter und Heidrun Kraut in München anwerben – allerdings unter »falscher Flagge«: Es sollte »für den amerikanischen Geheimdienst« tätig werden; beiden (welche die Decknamen »Siegfried« und »Krimhild« erhalten hatten) wurde allerdings bereits 1971 bewußt, daß sie in Wahrheit im Dienst des MfS standen. Der Mann war bei der Firma IABG beschäftigt, die intensive Beziehungen zum Bundesministerium der Verteidigung und auch zum Bundesnachrichtendienst pflegte, und vermittelte der DDR-Spionage u. a. Studien über ein Kleinstfluggerät für die Zielortung, aber wohl ebenso Informationen über Panzer. Seine Frau – Diplom-Mathematikerin beim Rüstungskonzern MBB – arbeitete an Bodensensoren und Seegrundminen und besorgte ebenfalls Unterlagen zur Verwundbarkeit von Waffen des Warschauer Paktes. Bereits nach zwei Jahren ging ihre nachrichtendienstliche Führung direkt auf die Abteilung IV (»Militärstrategische Aufklärung«) der Hauptverwaltung Aufklärung in Berlin-Lichtenberg über, galten die beiden doch als deren »wertvollste Quellen«.[144] Alle acht bis zehn Wochen hielten sie bis zu 250 Seiten in verfilmter Form für das Ehepaar Schrepfer bereit, das als Residentur arbeitete: Es gab die Aufträge der HVA an die beiden Agenten weiter, übernahm andererseits deren Spionage-Material und sorgte für den sicheren Transport in die DDR – zumeist im Toilettenraum des von Frankfurt/M. nach Ost-Berlin fahrenden Interzonenzuges.

Im Kasseler Rüstungsbetrieb Thyssen-Henschel fotografierte von 1985 bis zum März 1990 die Angestellte Helga Lotz-Gesell viele Konstruktionszeichnungen der Panzer »Marder«, »Lux«, »Jaguar«, »Milan« und »Roland«. Außerdem schmuggelte sie ein ganzes Panzerperiskop sowie ein Funkgerät zur VA. Bei einem Besuch von Verwandten einer Freundin 1984 in der DDR hatte sie ihren späteren Führungsoffizier kennen- und ein Jahr später während eines gemeinsamen Urlaubs in Ungarn auch lieben gelernt. Vor Gericht gab sie als Motiv an: »Er brauchte mich nur anzusehen, dann machte ich, was er wollte.«[145]

Anfang Dezember 1992 kam der Angestellte Siegfried S.

aus Koblenz in Untersuchungshaft; er steht unter dringendem Tatverdacht, seit 1975 Erkenntnisse aus seinem dienstlichen Tätigkeitsbereich beim Bundesamt für Wehrtechnik und Beschaffung, darunter Unterlagen zur Entwicklung der Waffensysteme »Tornado« und »Milan« verraten zu haben.

Computer-Spionage

Bis Mai 1991 und damit 30 Jahre lang war Wilhelm Paproth (Deckname: »Wolfgang«) als Vertriebsbeauftragter beim Computerkonzern IBM in Essen beschäftigt; 1962 hatte ihn aber auch die Verwaltung Aufklärung in ihre Dienste gestellt und dann 1978 der Hauptverwaltung Aufklärung übergeben. Experten glauben, daß seine Lieferungen von modernster Software dem Ost-Berliner Regime etliche hundert Millionen Mark Entwicklungskosten erspart haben. Ohne Übertreibung sind er und (der bereits 1979 verhaftete) Gerhard Arnold als »die Väter der Datenverarbeitungsanlagen der DDR« anzusehen.[146] Für seine vom MfS oft als »sehr wertvoll« eingestuften Papiere – u. a. über den Einsatz von Rechnern im Hauptquartier der Bundesmarine – wurde Paproth mit der »Medaille für treue Dienste« in Bronze, Silber und Gold sowie mit dem »Kampforden der Deutschen Demokratischen Republik« in Gold ausgezeichnet. Sein angeblicher Beweggrund war, seine in der DDR lebende Verlobte heiraten zu können; doch auch nach ihrer Ausreise in den Westen fand er nicht den Mut zur Beendigung seiner Spionage – schließlich hätten seine Verwandten und diejenigen seiner Frau weiterhin »drüben« gelebt, versuchte er sich während des Prozesses zu rechtfertigen. Das Gericht sprach eine Strafe von drei Jahren Haft aus, außerdem muß er seinen Agenten-»Sold« von mindestens 44 000 DM an die Staatskasse zahlen.

Holger-Michael Wilhelm und Stefan Jeber verbrachten ab 1987 Datenverarbeitungs-Zubehör im Werte von mehreren Millionen DM in die DDR; daß die Lieferungen vom MfS veranlaßt worden waren, hatten sie sehr wohl erkannt. Spätestens ab Frühjahr 1989 nutzten sie ihre Verbindungen zu Ost-Berlin auch dazu, Datenverarbeitungsanlagen und -zubehör über die DDR nach Moskau zu schleusen: Es waren in mindestens drei Fällen EDV-Anlagen und noch bis März 1990 in wenigstens fünf Fällen DV-Zubehör. Dabei nahmen sie durchaus in Kauf, geheimdienstliche Aufträge des KGB zu erfüllen.

Haftbefehl erging ebenfalls gegen die Kaufleute Burkhard Schindler aus München, Holger Guntrum aus dem Raum Darmstadt sowie gegen Joachim May und seine Ehefrau Monika aus dem Gebiet Augsburg. Die Bundesanwaltschaft hält ihnen vor, ab Mitte 1988 bzw. 1989 an einen östlichen Geheimdienst besonders wertvolle Hochtechnologie-Erzeugnisse, die dem Embargo unterlagen, beschafft zu haben. So besorgten zwei von ihnen Ende 1989 in den USA einen Rechner der Firma Digita Equipment Corporation des Typs VAX, den sie in einer Nacht bei einer Tankstelle an der Transitstrecke zwischen Helmstedt und West-Berlin der Gegenseite übergaben. Drei Wochen später lieferten sie über eine dritte Person einen weiteren VAX-Rechner. Im November 1989 bemühte sich Guntrum um ein hochentwickeltes Software-Programm, welches auch in der Luft- und Raumfahrt eingesetzt wird. Noch im Februar 1990 versuchte Schindler, seinen Auftraggebern einen weiteren VAX-Großrechner zukommen zu lassen.

Es war der »größte Berliner Wirtschaftsspionage-Fall seit der Wende«[147], als Anfang 1992 vor dem Kammergericht das Ehepaar Gerhard und Annemarie P. angeklagt wurde, über 20 Jahre hindurch für das MfS den Elektronikkonzern Siemens und speziell dessen Computertechnologie ausgespäht zu haben. Der einstige DDR-Bewohner hatte seine spätere Frau in Zittau kennengelernt; weil sie beide im Westen leben wollten, stellten sie Verbindung zum Staatssicherheitsdienst her, und 1970 erhielt die Frau mit ihren zwei Kindern die Möglichkeit zur Ausreise – unter der Bedingung einer Zusammenarbeit seitens ihres zukünftigen Ehemannes. Doch auch nach der Zusammenführung offenbarten sie sich nicht den West-Berliner Behörden, weil sie Repressalien durch den DDR-Geheimdienst befürchteten. Für seine als »wertvoll« eingestuften Informationen dürfte der Siemens-Abteilungsleiter insgesamt wohl 100 000 DM bekommen haben; seine Frau, die den Transport der Unterlagen übernommen hatte und sie zumeist in eine der drei verschiedenen »konspirativen Wohnungen« in Ost-Berlin überbrachte, erhielt kleine Geldzuwendungen. Ebenfalls war eine »Wurfschleuse« bei Frohnau vereinbart worden, wo das Material leicht über die Grenze geworfen werden konnte. Aber selbst nach der Wende befürchtete das Ehepaar angeblich, im Falle seiner Offenbarung von Stasi-Angehörigen bedrängt zu werden. Ende November desselben Jahres fanden sie recht milde Richter: 18 Monate Haft auf Bewährung und 4000 DM Geldbuße sowie zehn Monate Haft auf Bewährung.

Vier Jahre hindurch hatten zwei West-Berliner dem MfS Computerteile zugeschoben, die mit einem Export-Verbot in die Ostblockstaaten belegt waren. Sie erhielten damals jeweils 30 000 DM »Lohn« und nunmehr Bewährungsstrafen – in einem Falle allerdings mit einer Geldstrafe von 5000 DM verbunden.

Dem früheren Hamburger CDU-Bürgerschaftsabgeordneten Gerd Löffler legte die Generalbundesanwaltschaft zur Last, sich 1974 der Verwaltung Aufklärung verpflichtet und im Laufe der Jahre »eine Fülle von Unterlagen, und zwar vor allem aus den Bereichen Datenverarbeitung, EDV-Technologie, Elektronik«[148] sowie Energieerzeugung geliefert und dafür mindestens 60 000 DM bezogen zu haben. Der stellvertretende Leiter des Hamburger Verfassungsschutzes bezeichnete ihn sogar als eine »Spitzenquelle« des militärischen Nachrichtendienstes. Löffler selbst bestritt zwar ständig die Vorwürfe, doch setzte er sich im August 1991 nach Österreich ab – von dort erfolgt bei einem Verdacht auf Spionage grundsätzlich keine Auslieferung. Er begründete seinen Schritt mit der öffentlichen Rufmordkampagne gegen ihn; zehn Monate zuvor hatte er solche Gedanken noch scharf verworfen, »denn das Ende einer Flucht wäre auch das totale Ende.«[149]

Am 3. Dezember 1992 wurde dem 50 Jahre alten Ingenieur Peter Köhler in München der Haftbefehl eröffnet. Er soll danach bei der Computer-Firma »Texas-Instruments« seit Mitte der 70er Jahre einigen Offizieren des Sektors Wissenschaft und Technik »Verratsmaterial von außergewöhnlichem Umfang« übergeben haben; dabei handelte es sich um Unterlagen über das Know-how zur Herstellung von Chips und Schaltkreisen, die auf legalem Wege für die DDR nicht zu beschaffen waren. Als Entgelt erhielt der – anfangs alles ableugnende – Beschuldigte nach Meinung des Generalbundesanwalts allein von 1985 bis Ende 1989 einen Betrag von 1,1 Millionen DM nebst recht großzügigen Spesen. Damit war er – bisher – der bestbezahlte Agent der DDR!

In recht großem Umfange und ebenfalls gegen viel Geld lieferte der Münchner Kaufmann Peter Dölling Computer-Hard- und Software. Die Übergabe des hochwertigen Materials dürfte bei etwa 80 »Treffs« an der Transitautobahn nach Berlin erfolgt sein.

Behauptungen nach der Wende, das MfS hätte jahrelang Daten und Informationen aus geheimen westdeutschen Computernetzen abzapfen können, scheinen zumindest in jener Form nicht zuzutreffen. Allerdings waren die DDR-Geheimdienste durch menschliche »Quellen« oft in der Lage, in Datenbanken einzudringen. Über das Ausmaß ist bisher allerdings nur sehr wenig bekannt geworden. In einer High-Tech-Gesellschaft wie gerade auch Deutschland hätte eine Störung oder gar ein Ausfall zentraler Rechner allerdings katastrophale Folgen. Ob das Hacker-System des MfS bzw. des KGB so weit gediehen war bzw. ist, im Ernstfall zu sabotieren, muß nach Einschätzung von Sicherheitsexperten bezweifelt werden. Wohl hat das DDR-Ministerium für Staatssicherheit den Sowjetgeheimdienst bei dessen Versuchen unterstützt, »Killer-Viren« in Datensysteme des Westens einzubringen, doch war die Entwicklung Ende 1989 noch nicht abgeschlossen.[150]

Die Abstrahlung bei Bildschirmen von Computern aufzufangen, hat die HA III des MfS während der zurückliegenden Jahre in einer bisher unbekannten – gewiß aber nicht niedrigen – Zahl von Fällen innerhalb der Bundesrepublik versucht: Die elektromagnetischen Wellen, welche eigentlich von jedem Computer ausgehen, werden vor dem jeweiligen Gebäude von einem Auto mit eingebauter Dipol-Antenne aufgezeichnet. Dies ist allgemein in einer Entfernung von 200 Metern möglich; der KGB war allerdings bereits vor bald 15 Jahren in der Lage, noch in einer Distanz bis zu 1000 Metern erfolgreich vorzugehen – späterhin werden die Computer-Programme dann entziffert.[151] Derartige Aktionen des MfS sind ganz offensichtlich in etlichen Fällen – auch im Raume Bonn! – erfolgreich verlaufen. Nicht hingegen dürfte es bei den westdeutschen Sicherheitsbehörden gelungen sein, weil dort seit Jahren auf Abstrahlungs-Sicherheit geachtet wird. Firmen und Behörden könnten sich gegen derartige Angriffe durch eine »Abhörschutz-Verglasung« (eine mit einer elektrischen Schicht produzierte Scheibe) wirksam schützen, sofern sie nicht die Kosten scheuen. »Die Wissenssicherheit – Knowledge-Security – wird schon heute als das beherrschende Thema der Zukunft bezeichnet.«[152]

Die EG

Hier wurde Cornelia Nauen unter dem Decknamen »Ramona« vom Sektor Wissenschaft und Technik der HVA geführt. Seit Oktober 1985 war die deutsche Beamtin in der Technischen Division der Kommission der Europäischen Gemeinschaft in Brüssel beschäftigt.

In der Luxemburger EG-Bürokratie arbeitete in der Abteilung 4 die Sekretärin Irene Pfeifer einerseits für ihren Dienstherrn und primär zum anderen für die DDR-Spionage. Ihr Ehemann Heinz fungierte als Kurier. Ob das

Nachbarland das Ehepaar (Deckname »Peters«) nach
Deutschland ausliefern wird, erscheint indes bisher fraglich ...

Bundesdeutsche Journalisten

Einige spezielle Worte seien den Männern und Frauen der spitzen Feder gewidmet, lassen sie sich doch schwer in die einzelnen Spionage-Rubriken einordnen. Arbeitet ein Journalist zugleich für einen Nachrichtendienst, so stellt er für diesen allgemein ein großes Plus dar (der Fall Richard Sorge ist das beste Beispiel). Denn schon von Berufs wegen muß er neugierig sein, darf hartnäckig Fragen stellen und hat zu recherchieren – ohne daß dies sofort Verdacht erregt. Bereits vor Jahren schrieb ein Überläufer aus dem CSSR-Geheimdienst, »daß ein beachtlicher Prozentsatz von Agenten von Journalisten gestellt wird«[153] und ein bulgarischer Ex-Spionage-Führungsoffizier berichtete über französische Journalisten, »viele« seien für materielle und andere Vergünstigungen empfänglich gewesen.[154] In Deutschland aber war bis zur Wende kaum ein Journalist als MfS-Agent bekannt, obschon damals größere Zweifel aufkamen. Denn bei dem massiven Vorgehen der DDR-Spionagedienste in der Bundesrepublik, die alle Bereiche abzudecken versuchten, wäre es mehr als verwunderlich gewesen, wenn sie nicht auch in den Redaktionsstuben von Zeitungen, in Rundfunksendern und beim Fernsehen Helfershelfer gesucht und ebenso gefunden hätten.[155]

Einen spektakulären Fall stellte derjenige von Stephan Laufer dar, der seit 1977 im Dienst des KGB stand. Zunächst versah der damalige Volontär und Reporter zweier West-Berliner Zeitungen den Sowjetgeheimdienst mit allgemeinen politischen Stimmungsbildern. Von 1984 bis Dezember 1987 war er als »Redenschreiber« für den Regierenden Bürgermeister Diepgen angestellt und nahm auch mehrfach an den morgendlichen Lagebesprechungen der Senatskanzlei teil. Damals lieferte er seinen Auftraggebern Informationen über das Verhältnis zwischen dem Senat und den Alliierten, über Lageeinschätzungen und Planungen des Senats sowie dessen taktische Überlegungen im Verhältnis zum Osten. Seine Erkenntnisse wurden 1988 noch wichtiger, als er zur Presseabteilung der US-Mission wechselte und die Ansichten von amerikanischen Diplomaten und ranghohen Militärs melden konnte. Während des Gerichtsprozesses verteidigte er sein Handeln mit den Worten, er habe zu einer Stabilisierung der Weltlage und »einer besseren gegenseitigen Verständigung« beitragen wollen. Vor vielen Jahren waren seine Eltern aus Südafrika (der Vater hatte 1937 aus rassischen Gründen Österreich verlassen, seine Mutter gehörte den Kommunisten an) unter dem Druck der Verhältnisse zunächst in die Bundesrepublik übergesiedelt und dann nach Ost-Berlin gegangen. Dort brachte ihn sein Vater mit dem KGB zusammen unter dem Hinweis, eine Hilfe der UdSSR diene auch dem Kampf gegen die Apartheid in der alten Heimat. Offiziell aber lebten die Eltern in Wien. Als Mitte 1988 die Mutter im Ostsektor verstarb, wollte der KGB verständlicherweise verhindern, daß ihr wahrer Aufenthaltsort bekannt würde – insbesondere sollten die USA-Vertreter in West-Berlin dies nicht bemerken. Die Geheimdienstler legten also die Tote in eine U-Bahn, die zwischen den beiden Stadtteilen fuhr, und erweckten so den Eindruck, als sei sie hier – vielleicht sogar anläßlich einer Reise aus Österreich – gestorben. Diese Leiche wurde allerdings zu seiner eigenen »Leiche im Keller«: Das KGB hatte sich damals hilfesuchend an die Abteilung IX der HVA gewandt, doch einer der dortigen Bediensteten hatte die Hintergründe damals zumindest geahnt und teilte sie später bundesdeutschen Dienststellen mit. Im Juni 1992 wurde Laufer zu 18 Monaten Haft auf Bewährung, zu einer Geldstrafe von 20000 DM zugunsten der Landeskasse Berlin und zur Zahlung des erhaltenen Spionage-»Lohnes« von (angeblich nur) 3000 DM an die Staatskasse verurteilt; sein umfassendes Geständnis wirkte strafmildernd.[156]

Am 26. Januar 1992 gab Till Meyer, der ehemalige Redakteur bei »Die Tageszeitung«, in der Fernsehsendung »Spiegel-TV« bekannt, er sei seit Frühjahr 1987 »Kundschafter« der Hauptabteilung XXII des MfS gewesen und habe bis zuletzt für die DDR gekämpft. Er gehörte zu den

Gründungsmitgliedern der Stadtguerilla-Bewegung »2. Juni« und war an der Entführung des West-Berliner CDU-Vorsitzenden Peter Lorenz beteiligt; 1978 allerdings konnte ein »Kommando« ihn und andere Häftlinge aus der Untersuchungshaft befreien. Während der DDR-Generalstaatsanwalt in offizieller Funktion eine Mitfahndung und im Falle der Ergreifung eine Auslieferung an die Bundesrepublik versprach, ermöglichte das MfS der Gruppe die Flucht nach Bulgarien. Dort, am Schwarzen Meer wurde sie indessen von einem BKA-Zielkommando gestellt; Zeitungsmeldungen wollen die Möglichkeit hierfür auf ein angebliches Abhören der Telefongespräche aus dem Ostblock seitens des Bundesnachrichtendienstes zurückführen. Oktober 1980 erhielt Meyer wegen der damaligen Entführung eine Freiheitsstrafe von 15 Jahren, doch bot ihm sechs Jahre später »Die Tageszeitung« eine Stelle als Volontär an, damit er als Freigänger früher aus dem Gefängnis käme. Hier meldete er dann unter dem Decknamen »Willy Waldorf« dem MfS Interna über die linke Szene – also über seine eigenen Genossen. Außerdem benutzte er seine Stellung dazu, Falschinformationen über die in der DDR untergetauchten Terroristen zu veröffentlichen. Zu Recht und wohl nicht ohne Selbstkritik schrieb »Die Tageszeitung« später hierzu von einem »Lehrstück für die Anfälligkeit der ideologisch motivierten Überzeugungstäter im links-grün-alternativen Netzwerk gegenüber den Anwerbungsversuchen durch die Stasi«.[157]

Bernd Michels, zuletzt Redakteur beim Norddeutschen Rundfunk, berichtete von 1973 bis zum Sommer 1989 über Interna der SPD in Schleswig-Holstein, zu denen er als persönlicher Mitarbeiter der Landesvorsitzenden Jochen Steffen und Günther Jansen sowie als Referent für Öffentlichkeitsarbeit der dortigen Landesgeschäftsstelle Zugang hatte. Auch über Egon Bahr, die Barschel-Pfeiffer-Affäre und gerade über Björn Engholm berichtete er laufend nach Ost-Berlin. Ob der letztere wegen seiner Unwahrheiten von der Stasi hätte erpreßt werde können (wenn nicht die Wiedervereinigung gekommen wäre), ist eine immer noch ungeklärte Frage ... Auch in diesem Falle kam es zu den üblichen Behauptungen der nächsten politischen Freunde, »Daß aber einer von uns für sie gearbeitet hat, das hätte ich nie für möglich gehalten«, »Ich kann es nicht begreifen und will es nicht glauben« und er habe »nichts ausspionieren« können. Als der Generalbundesanwalt in einem Vortrag vor einer Akademie in Kiel über Spionage ebenfalls auf dieses laufende Verfahren einging, bezeichnete Engholm dies als »ausgesprochen merkwürdigen und fragwürdigen Stil«, während Landesminister Jansen von einer »Frechheit« und einem »unerhörten Vorgang« sprach. Wieder einmal war nicht der Spion schuld, sondern derjenige, der es wagte, den Spion auch Spion zu nennen! Zudem dokumentierten die ersten Formulierungen nur erneut die allgemein im Westen Deutschlands anzutreffende sicherheitspolitische Unkenntnis: Hatte sich doch Mitte der 80er Jahre gerade dieser Landesverband wie kaum ein anderer der DDR geöffnet, und selbstverständlich waren für das MfS generell alle Informationen über die SPD-Strategie in der Deutschland-Politik interessant sowie speziell dessen Einstellung zum NATO-Doppelbeschluß – steuerte er doch gegen den Kurs des damaligen Bundeskanzlers Helmut Schmidt. Aufschlußreich erscheint, daß Michels von der Desinformations-Abteilung der HVA angeworben wurde. Seine wiederholten Äußerungen nach seiner Festnahme, er habe kein Geständnis abgelegt, waren eindeutig falsch; entgegen seinen mehrfachen Dementis wurde in seiner Wohnung sehr wohl ein Container sichergestellt. Es verging auch kein volles Jahr, als er eine totale Kehrtwende vollzog und – ein Novum in der Agenten-Welt! – ein Geständnis in Form seines 165 Seiten langen Buches »Spionage auf Deutsch« ablegte. Zweck der Veröffentlichung war gewiß auch, seine eigene Rolle als DDR-Agent zu verharmlosen und sich als einen »kleinen Fisch« hinzustellen. Seine Ansicht, den Generalbundesanwalt »erwartet ein Knüller«, zeigte wohl mehr seine ziemlich große Selbstüberschätzung.[158] Daß er sogar öffentliche Lesungen seines Buches durchführte, stellte in manchen Augen eine reichliche Frechheit dar.

Diethelm Schröder war 16 Jahre Redakteur beim Nachrichtenmagazin »Der Spiegel«, zuletzt einer der Leiter des Berliner Büros und zuvor elf Jahre in Bonn eingesetzt und galt als einer der bestinformierten Militärexperten mit den wirklich besten Verbindungen zur Führungsspitze des Bundesverteidigungsministeriums. In den letzten Kriegstagen hatten die Russen das Mitglied eines Panzervernichtungskommandos der Hitler-Jugend für rund drei Jahre in ein Lager gesperrt; 1956 dann – nach seinen Worten unter dem Eindruck der russischen Niederschlagung des Ungarn-Aufstandes – ging er in den Westen. Acht Jahre später indes kam es gegen ihn zu einem Verfahren wegen landesverräterischer Beziehungen; er stand unter Verdacht, im Mikrat-Verfahren (verkleinerte Fotografie im Spionagebereich) ausgebildet zu sein. Angeblich konnte er die Unterlagen vernichten, jedenfalls wurde das Verfahren eingestellt. Im Verfassungsschutz blieb das Mißtrauen, auf der Hardthöhe hingegen stieg das Vertrauen. Wörner machte ihn zu seinem Duz-Freund und hätte ihm gewiß sogar die einflußreiche Position eines Pressesprechers verschafft, wenn Schröder nicht als SPD-Mann bekannt gewesen wäre. Im Bundesverteidigungsministerium machte sich dann auch – wie Zeitungen meldeten – »Entsetzen breit«, als gegen den Redakteur Mitte Dezember 1990 erneut Verdacht auf Spionage zugunsten der DDR aufkam. Dennoch wurde es bald recht still um ihn, und allgemein glaubte man nicht, daß es noch zu einem gerichtlichen Verfahren käme: Einmal schien sein früherer Führungsoffizier nach seiner Namensnennung in einem »Spiegel«-Artikel[159] »kalte Füße« bekommen zu haben – warum eigentlich? –, zum anderen war nach überwiegender Ansicht bereits eine Verjährung eingetreten. Um so mehr überraschte dann die Anklage der Generalbundesanwaltschaft beim Oberlandesgericht Düsseldorf. Danach hatte Schröder sich 1956 dem MfS verpflichtet (Deckname: »Schrammel«) und in den folgenden Jahren bei seinen zahlreichen »Treffs«

überwiegend Material geliefert, das aus journalistischer Bewertung zur jeweils aktuellen Lage bestand; ebenfalls berichtete er über seine Gespräche mit führenden Politikern, über Manöver der Bundeswehr und Übungsflüge des »Tornado«, an denen er teilgenommen hatte. Etwa zu Beginn der 80er Jahre ließ seine Spionage-Intensität nach, 1986 kam es zur letzten Begegnung mit seinem Instrukteur und ein Jahr später wurde er angesichts fehlender Aktivitäten »abgeschaltet«. Der Angeklagte seinerseits wies alle Vorwürfe gegen ihn zurück und bestritt bis zuletzt jede Zusammenarbeit mit dem Ministerium für Staatssicherheit. Bekannt wurde im Prozeß, daß das damalige Ermittlungsverfahren eingestellt worden war, weil das Bundesamt für Verfassungsschutz seinerzeit in der Öffentlichkeit und damit praktisch auch der Gegenseite nicht bekannt werden lassen wollte, daß es den Funkcode des MfS kannte. Von »Schrammel« allein konnte es 58 Agentenfunksprüche entschlüsseln. Am 4. November 1992 wurde der »Spiegel«-Redakteur zu einer Bewährungsstrafe von 21 Monaten verurteilt. Das Gericht sah seine drei Jahrzehnte andauernde Spionage für Ost-Berlin als erwiesen an, wenngleich der Schaden für die Bundesrepublik gering geblieben war. Aussagen von Ex-MfS-Angehörigen müßten zwar mit Vorsicht bewertet werden, doch sei ein Motiv für etwaige Falschaussagen nicht zu erkennen. »Die Vorstellung, die Stasi habe 30 Jahre lang einen nicht existierenden Spion in ihren Akten geführt, ist zu abenteuerlich.«[160]

Walter Hesse von der »Westdeutschen Allgemeinen Zeitung« filmte von 1971/1972 bis 1990 – mit Genehmigung der Hardthöhe – Bundeswehr-Manöver, allerdings in erster Linie für die Verwaltung Aufklärung; sie zahlte ihm dann auch 100 000 DM zur Anschaffung von Geräten und seines Fotolabors sowie 120 000 DM Agenten-»Lohn« . . .

Im Februar 1992 wurde der Redakteur der »Bild«-Zeitung Holger Oehrens, seit Jahren Ressortleiter der Regionalausgabe Hamburg, vorläufig festgenommen; angeblich gingen seine Verbindungen zum MfS bis auf das Jahr 1974 zurück.

Im Sender Freies Berlin saß der Redakteur Jürgen Horst Otto Schwarze, der seit 1976 für die HVA gegen 30 000 DM primär bestimmte Objekte und Veranstaltungen im Bundesgebiet ausforschte. So nahm er an einem Bundeswehr-Seminar teil und meldete die Namen der Referenten und Teilnehmer, besuchte in gleicher Absicht die »Gesellschaft für Wehrkunde« in West-Berlin und besorgte 1984 eine »konspirative Wohnung« für die DDR-Staatssicherheit in Köln.

Denselben Sender sowie die »Berliner Morgenpost« versuchte ab 1984 ein Karl K. auszuspähen. Unter dem Decknamen »Alexander Prinz« bezog er vom MfS ca. 85 000 DM. Im Zweiten Deutschen Fernsehen war ein gewisser Zuber (der Ehemann der Agentin im BKA) tätig, der von dort die Privatanschriften sowie die Arbeitsgebiete von ZDF-Mitarbeitern nach Ost-Berlin weitergab. Die Journalistin Ariane Mousa meldete seit 1986 Informationen über den Hessischen Rundfunk und den CDU-Kreisverband Frankfurt/M.; ebenfalls hatte sie zahlreiche Übersiedler aus der DDR »abzuklären«. Auch gegen den Journalisten Frank Berger leitete der Generalbundesanwalt ein Ermittlungsverfahren ein: Er beschuldigte ihn, von 1978 bis Anfang März 1990 dem MfS Nachrichten über die SPD zugespielt und bei jeder Begegnung – die allerdings nur in der DDR stattfanden – 1000 bis 2000 DM erhalten zu haben.

Inzwischen konnte auch die Journalistin identifiziert werden, die gute Zugänge zu SPD-Führungsgremien in Norddeutschland hatte und etwa seit den 60er Jahren im Dienst der HVA stand. 1986 konstatierte diese bei ihr massive psychische Störungen; anläßlich eines Treffens im mecklenburgischen Neubrandenburg, bei dem Markus Wolf und ein Psychologe teilnahmen, gelang es durch einfühlsame Gespräche, die Agentin derart zu stabilisieren, daß sie ihre heimliche Arbeit fortsetzen konnte. Bei einer weiteren Zusammenkunft, Mitte 1987, die dem gleichen Zweck dienen sollte, war Markus Wolf ebenfalls anwesend – obwohl er offiziell doch längst aus der Hauptverwaltung

Aufklärung ausgeschieden war und angeblich mit dem Metier nichts mehr zu tun haben wollte.[161]

Ende 1966 erklärte sich Lutz Kuche gegenüber der MfS-Bezirksverwaltung Magdeburg zur Zusammenarbeit bereit. Auftragsgemäß trat er noch im gleichen Jahr der NPD bei und war bald Bundesvorsitzender deren Hochschulbundes und gehörte damit dem NPD-Bundesvorstand an! Nach seinem späteren Austritt arbeitete er seit 1987 für den »Rheinischen Merkur« und war in erster Linie auf den konservativen Flügel der CDU-Bundestagsabgeordneten angesetzt. Sein Stasi-Salär betrug mindestens 850 000 DM – eine bis heute einmalige Summe auf diesem Sektor!

Am 7. Januar 1994 mußte der 71jährige Heinz Stuckmann verhaftet werden, der Direktor der »Kölner Schule – Institut für Publizistik«. Er war spätestens 1973 auf ideologischer Basis angeworben worden und hatte im Laufe der folgenden Jahre wenigstens 30 seiner eigenen Schüler und Schülerinnen der HVA als »ansprechbare« Personen für eine eventuelle Spionage-Mitarbeit benannt.

Drei Wochen später klingelten Beamte des Bundeskriminalamtes an der Kölner Wohnungstür des Leiters der Redaktion »Politik und Zeitgeschehen« im Deutschlandfunk, Gerhard Fleischle. Bereits seit 1960 unterhielt er nachrichtendienstliche Verbindung zum DDR-Geheimdienst. Von 1979 bis 1984 war er als Korrespondent in Brüssel tätig und dürfte primär die Bereiche EG und NATO ausgekundschaftet haben. Nach seiner Festnahme leugnete er beharrlich; 48 Tage später erfolgte sein Geständnis. Erhard Barunke, früher Personalratsvorsitzender desselben Senders, erahnte allmählich sein Schicksal: Unmittelbar vor seiner Verhaftung stellte er sich den Behörden. Seit 1979 war er auch SPD-Ratsherr in der Domstadt, Mitglied der Ausschüsse Wirtschaft sowie Kunst und Kultur und gehörte ebenso dem Aufsichtsrat der Kölner Messe an.

An der Spree wurde ein früherer Chefredakteur der F.D.P. – »Berliner Liberalen Zeitung« zu einer einjährigen Bewährungsstrafe und 12 000 DM Geldbuße verurteilt: Er hatte gegen insgesamt 50000 DM 17 Jahre lang Erkenntnisse über seine Partei sowie die SPD, über die Freie Universität und die Freiwillige Polizeireserve geliefert.

Ermittlungen wurden inzwischen auch gegen den freien Journalisten Felix-Erik Laue eingeleitet. Der gleichzeitige Vorsitzende des Landesverbandes Berlin des Bundes der Steuerzahler gab einen der CDU nahestehenden Pressedienst heraus und bemühte sich auf Geheiß seiner nachrichtendienstlichen Auftraggeber, den Staatssekretär im Bundeskanzleramt, Professor Waldemar Schreckenberger, »abzuschöpfen«.

Dem freischaffenden Journalisten Gerd F. wird vorgeworfen, fast 20 Jahre lang den damaligen Bundeskanzler Willy Brandt, den früheren Regierenden Bürgermeister von Berlin, Walter Momper, sowie seine eigenen SPD-Genossen und Vertreter der AL und ebenso Fluchthilfe-Organisationen in Berlin bespitzelt zu haben. Er wurde Ende Februar 1994 in Bangkok verhaftet und nach Deutschland abgeschoben.

Keinen Monat später erging Haftbefehl gegen den 70jährigen Journalisten Georg F. aus dem Raum Passau, der seit 1968/1969 für die HVA operativ interessante Personen »getippt« und angeworben hatte. Als Entgelt sowie für den Aufbau einer wirtschaftlichen Existenz in Österreich erhielt er eine Prämie von 300000 DM.

Nicht zuletzt verfügte die Hauptabteilung II des MfS im Verlegerbüro von Axel Springer über eine Sekretärin (ihr Verbindungsmann war der DDR-IM Horst Dressler). Sie verriet die Verbindungen Springers – besonders seinen gesamten Briefverkehr – zu höchsten bundesdeutschen Politikern. Angeblich hat sie dabei nicht den nachrichtendienstlichen Hintergrund bemerkt, sondern ihre Tätigkeit als reine Hilfe für eine Dissertation gesehen. Da Gegenteiliges nicht bewiesen werden konnte, kam es auch niemals zu einem Gerichtsverfahren.

IV Der Westen Deutschlands nach der Wiedervereinigung

Es ist nicht zu leugnen, daß kaum jemand im freien Teil Deutschlands einen Zusammenbruch des SED-Systems für möglich hielt noch an die Einheit glaubte. Sie lag außerhalb der Vorstellungswelt der politischen Parteien, insbesondere allerdings der SPD (selbst wenn sie heutzutage das Gegenteil behauptet). Doch auch der CDU/MdB Johannes Gerster fuhr einmal einen CDU-Funktionär an: »Erzählen Sie mir nicht das Märchen von der Wiedervereinigung, keiner hat das geglaubt, keiner hat damit gerechnet!«[1] Die Herstellung der deutschen Einheit war zwar nach der Verfassung eines der höchsten Ziele, doch das Wort »Wiedervereinigung« fiel in der politischen Öffentlichkeit westlich der Demarkationslinie eigentlich überhaupt nicht mehr.

Es fehlte an Kenntnissen, oftmals aber schon am Willen, die Wirklichkeit der DDR zu sehen; das Wunschdenken führte überaus häufig zu einem schon überstarken Verlust an Realitätssinn: Noch zur Jahreswende 1988/1989 konnte man überall im Westen lesen, der Lebensstandard der DDR sei höher als derjenige Englands, und wirtschaftlich stünde der SED-Staat an siebter Stelle im gesamten Europa. Hatte der Bundesnachrichtendienst keine entsprechenden Erkenntnisse oder wollte Bonn diese etwa nicht zur Kenntnis nehmen? Ebenfalls müßte einmal die schwerwiegende Frage beantwortet werden, weshalb ab 1988 eine nachdrückliche Unterstützung der Opposition in der DDR unterblieb; zu Recht beklagten deutsche Historiker die Passivität in London und Washington hinsichtlich der deutschen Opposition gegen Hitler – doch die Westdeutschen verhielten sich in der Zeitspanne bis zum Herbst 1989 gegenüber ihren eigenen Landsleuten keinen Deut besser –, es fanden in den letzten Jahren keine Demonstra-

tionen für die Wiedervereinigung statt, für die Freiheit der
politischen Gefangenen, nicht einmal für ein Minimum an
Menschenwürde »drüben«! Die deutsche Dauerausrede
seit 1933, man hätte es nicht gewußt, wirkt allmählich
dümmlich.

War es wirklich so, daß, wenn man wissen wollte, nicht
hat wissen können? Oder war man froh, nicht wissen
zu müssen, was man hätte wissen können?

Der Fall der Berliner Mauer

Es gab sehr früh Hinweise auf bevorstehende tiefgreifende Erschütterungen in der DDR: Im Frühjahr 1989 forderte der Parteitag der Exil-CDU in klarer Voraussicht die Kontaktaufnahme zu den Mitgliedern der CDU in der DDR, und im Juni/Juli 1989 sagte ein hoher Vertreter des BND in Bonn ebenfalls sehr zutreffend die nächste Entwicklung voraus, doch auch er wurde nur – belächelt. Da fast niemand – das gilt ebenfalls für den Herbst 1989 – mit der Wiedervereinigung rechnete, wurden auch keinerlei ernsthafte Überlegungen für diesen Tag angestellt, geschweige denn irgendwelche Konzepte erarbeitet.[2] Das war nicht im innerdeutschen Ministerium der Fall, auch nicht in der Wirtschaft – erst recht nicht in der Justiz, die bis heute oft eine merkwürdige Hilflosigkeit im Umgang mit den politischen Verbrechen der DDR und besonders der Stasi zeigt; eigentlich sollte sie seit spätestens 1945 wissen, daß politische Macht kein juristischer Freibrief ist! Viele Fehleinschätzungen in der »alten« Bundesrepublik bezüglich der DDR und daraus sich ergebende Versäumnisse und Fehler hätten durchaus vermieden werden können.

Dieses – man muß es bedauerlicherweise wohl so nennen – Versagen im Westteil Deutschlands bezog sich nach all dem Vorangegangenen besonders auf das Ministerium für Staatssicherheit. Was soll man etwa dazu sagen, wenn Berlins Regierender Bürgermeister Walter Momper in seinem Buch im Zusammenhang mit seinem Vorschlag nach einem »Runden Tisch« schreibt: »Diesem ›Runden Tisch‹ sollten alle Oppositionsgruppen und eine Reihe integrer Persönlichkeiten wie Kurt Masur . . ., Rainer Eppelmann sowie Markus Wolf angehören, nicht aber Vertreter der alten Blockparteien und der SED . . .«[3] Daß es sich dabei um den früheren Chef der Spionage des MfS gegen die Bundesrepublik und gerade auch gegen West-Berlin handelte, hatte er 141 Seiten zuvor selber dargelegt; daß eine solche »integre Persönlichkeit« – wie er glaubte, es definieren zu müssen – in einer solchen entscheidenden Position für die DDR-Regierung zwangsläufig der SED-Staatspartei angehört, hätte man eigentlich schon bei einem geringen Wissensstand um die Strukturen der DDR-Diktatur wissen müssen.

Ob der Bundesnachrichtendienst in jenen Tagen und Wochen ein direktes Verbot – aus welchen (vielleicht außenpolitischen) Gründen auch immer – hatte, in der untergehenden DDR besonders aktiv zu werden[4] oder andererseits den Sturz der Berliner Mauer vorher genau wußte[5], erscheint bis heute umstritten und wird auch weiterhin mit einem tiefen Schleier des Geheimnisses umhüllt. Unbestritten hingegen ist, daß man in Bonn sich zwar vor jenem 3. Oktober 1990 Gedanken über das weitere Verhalten gegenüber dem MfS und seinen »Kundschaftern« machte, jedoch letztlich viel zu spät Fachleute konsultierte, die dann noch innerhalb einiger Stunden antworten mußten. Gewiß, das Entsetzen über den Umfang der »Arbeit« der Staatssicherheit nach innen und nach außen war später echt, doch mißtrauische Zeitungskommentare aus den neuen Bundesländern fragten:

> »Demonstriert man heute so viel Betroffenheit, um von den Unterlassungen der Vergangenheit abzulenken?«[6]

Die »Amnestie«

Mit ihren Demonstrationen im Herbst 1989 bewiesen die Menschen in Leipzig, Erfurt und Rostock der DDR-Diktatur, aber auch einer satten Anpassergesellschaft im Westen ihren Mut. Sie allein waren es, welche die Wiedervereinigung herbeiführten. Die Achtung vor ihnen und die eigene politische Moral hätten den Deutschen Bundestag eigentlich sofort veranlassen müssen, all diejenigen zu ehren, die nach 1945 unter Einsatz von Freiheit und Leben gegen diese neue deutsche Diktatur Widerstand leisteten und ebenso all die vielen Menschen, welche Opfer des SED-Regimes wurden. Indes sah sich das Parlament erst am 17. Juni 1992 veranlaßt, in ganzen 58 Worten seinen »tiefen Respekt und Dank« auszudrücken. Zugleich erließ es ein Unrechtsbeseitigungsgesetz für die bisherigen politischen Häftlinge in der DDR, deren Höhe nicht einmal die gesetzlich vorgeschriebenen Leistungen für nichtverurteilte Untersuchungshäftlinge erreicht. Eine beschämende Regelung, »ein historisches Versagen«.[7] Die Täter des Staatssicherheitsdienstes beziehen teilweise erheblich höhere Renten; gewiß ist dies ein ganz anders gelagertes Problem – berührt letztlich aber die Frage der Gerechtigkeit, an der auch ein Staat gemessen wird. Natürlich muß gespart werden, warum jedoch ist gerade bei den Opfern zu beginnen? Weshalb wurden die Vermögen der SED und besonders des MfS dafür nicht verwendet?

Diese Vorwürfe sind um so schwerwiegender, als man am Rhein ziemlich schnell – noch vor der eigentlich noch dringenderen Regelung zugunsten der Opfer von SED-Verbrechen – Überlegungen für eine »Amnestie« (ein zudem völlig falscher Ausdruck)[8] anstellte. Verbarg sich hinter dem Motiv die große Unsicherheit, die bei der Aufarbeitung dieser Vergangenheit herrschte? Es war wohl primär die Angst, das schlechte Gewissen vor dem Herrschaftswissen der Staatssicherheit, welche den Tätern schnellere Fürsorge zuteil werden ließ als jenen Opfern. Eigentlich hätte es überaus viele andere Probleme gegeben, die eiliger und wichtiger waren als jene Straffreiheit von Spionen – die gerade den Staat Bundesrepublik unterwühlt hatten!

Nach dem Gesetzesentwurf sollten die Bediensteten der HVA und der VA, die also hauptberuflich zur Spionage eingesetzt waren, straffrei bleiben. Ihnen wollte man »Ehrenhaftigkeit« und echten Glauben an die DDR-Verfassung sowie die dortigen Gesetze unterstellen und ihnen im Rahmen der sogenannten Amnestie quasi nachträglich den Kombattantenstatus ehrbarer Offiziere geben – was politisch-moralisch recht fragwürdig ist. Haben diese doch vielleicht sogar stärker als die eigentlichen »Kundschafter« gegen bundesdeutsche Sicherheitsinteressen verstoßen. Auch die Unterscheidung zwischen diesen »guten« und den anderen »bösen« Angehörigen des MfS mußte schon im Ansatz falsch sein, da die HVA ebenfalls Teil des Unterdrückungsapparates war. Manche Stimmen verwiesen dabei gerne auf die – angebliche – Parallele beim seinerzeitigen Beitritt des Saarlandes zur Bundesrepublik: Damals wurde allen Personen, die dagegen operiert hatten, zugesichert, sie würden keine Nachteile im öffentlichen Dienst oder auch bei ihrer Altersversorgung erleiden. Nur muß man wohl schon recht blauäugig sein, die damalige Situation im Saargebiet mit dem 40 Jahre andauernden Leiden der DDR-Bevölkerung durch die Stasi zu vergleichen!

Die These schließlich, »die Stasi-Offiziere« fühlen sich in ihrer Offiziersehre gekränkt und unrecht behandelt, verweigern deshalb jede Zusammenarbeit«[9], dürfte den Begriff einer echten Offiziersehre ziemlich verkennen und scheint moralisch-politische Wertvorstellungen zwischen einem Rechtsstaat und einer Diktatur für überflüssig zu erachten. Ohnehin steht solchen Führungsoffizieren die Vorschrift des § 153^e der Strafprozeßordnung zur Seite, wonach von einer Strafverfolgung abgesehen werden kann – sofern diese allerdings ihr gesamtes Wissen preisgeben, also speziell die Namen ihrer Agenten.

Wenn dieser Personenkreis von der Bundesrepublik eine Straffreiheit anstrebt, sollte er sich zumindest seinerseits von den Schatten der Vergangenheit lösen und die von ihm geführten »Kundschafter« im Westen Deutschlands benennen. Indes sah der Entwurf vor, diese Gruppe solle »grundsätzlich ohne Einschränkung«[10] straffrei sein.

Gleiches sollte für DDR-Bewohner gelten, die nach der Bundesrepublik eingeschleust worden waren und hier nachrichtendienstlich tätig wurden; ob das auch für bereits enttarnte oder sogar abgeurteilte »Kundschafter« gelten oder einen Bonus für die bisher unentdeckten geben sollte, blieb unklar. Die These, sie hätten »unter dem Druck des Systems« Spionage betrieben und »man solle hier einen

Schlußstrich ziehen«[11], muß reichlich realitätsfremd erscheinen.

Lange übersehen hat man, daß eine Strafbefreiung nicht für solche »Kundschafter« zutreffen konnte, die gegen NATO-Einheiten im Westen Deutschlands gearbeitet hatten: Nach dem NATO-Truppenstatut, Artikel 7, ist die Bundesrepublik zu einer Strafverfolgung geradezu verpflichtet.[12]

Ebenso konnte sich die »Amnestie« nicht auf Agenten erstrecken, die für die Sowjetgeheimdienste tätig waren. Ohnehin ist sehr schwer festzustellen, wieweit dies sogar für MfS-Spione zu gelten hätte, deren Erkenntnisse ja durchweg an das KGB bzw. die GRU weitergegeben wurden und für die sie somit indirekt – wenn zumeist gewiß ohne Wissen – ebenfalls gearbeitet hatten. Das Drängen Moskauer Unterhändler, für ihre heimlichen Helfershelfer eine Art »stillschweigende Strafbefreiung« zu erreichen, hätte bei einer Realisierung gegen alle Prinzipien eines Rechtsstaates verstoßen. Wenn aber der sowjetische Gesandte in Ost-Berlin dies unüberhörbar, wenn auch indirekt einforderte mit den Worten: »Die politische Kultur in Deutschland werden wir daran ermessen, wie man unsere Freunde behandelt«[13] und Radio Moskau in gleichem Zusammenhang »Toleranz, Versöhnung und gegenseitige Hilfe«[14] verlangte, so stünde es der UdSSR gut an, sich ihrer großen Mitschuld zu erinnern: Wurde das Ministerium für Staatssicherheit der DDR seinerzeit doch mit sowjetischer Hilfe errichtet!

Unter eine »Amnestie« fallen sollten andererseits sogar Bundesbürger, welche die Bundesrepublik Deutschland – also ihren eigenen Staat – verraten hatten. Eigentlich hatte sich in deren politischer Haltung bzw. Geldgier nach der Wende nichts geändert – höchstens, daß das hinter ihren Auftraggebern stehende Regime, zu dessen Stabilisierung sie durch ihre Spionage beitrugen, von dem Votum der DDR-Bevölkerung beseitigt worden war. Nach einer weitaus häufiger vertretenen Ansicht sollten sie in den Genuß der Straffreiheit nur dann kommen, wenn sie – manche meinten, innerhalb eines Zeitraumes von einem Jahr nach der Wiedervereinigung – ihre »Kundschafter«-Tätigkeit bei den entsprechenden Stellen offenbaren.

Die bayerische Justizministerin Berghofer-Weichner, in jenen Monaten Vorsitzende der westdeutschen Justizministerkonferenz, machte den Vorschlag, man müsse Agenten aus politischer Überzeugung von denen trennen, die für Geld gearbeitet hätten.[15] Indes war ihre Theorie, die letzteren würden zukünftig für andere Staaten spionieren, die »Idealisten« aber nicht (weil die DDR zusammengebrochen war), ziemlich theoretisch – bei Linksfanatikern wird es auch morgen noch Anbeter des Kommunismus geben. Zudem: Wie sollten die Motive der einzelnen »Kundschafter« festgestellt werden, sofern man sie überhaupt aufdecken kann?

Der Traum, man werde bald alle DDR-Agenten in Westdeutschland haben, blieb bisher eine große Illusion. »Kein einziger« von den untergetauchten Spionen habe sich gestellt, erklärte der BfV-Präsident Werthebach in einem Interview Ende März 1992.[16] Das stimmt im Prinzip, es muß aber insofern relativiert werden, als sich ein Agent – allerdings auf Drängen seines eigenen Führungsoffiziers – einer MfS-Bezirksverwaltung sowie zwei »Marschaufklärer« freiwillig stellten (bei Kuron wird man diese »Freiwilligkeit« in seiner Situation kaum unterstellen dürfen, und Till Meyer offenbarte sich im Fernsehen und Frank Rudolph gegenüber seinen Vorgesetzten). Die Ursachen für dieses Verhalten sind leicht zu ergründen: Einmal wird es die Hoffnung aller Rechtsbrecher gewesen sein, sie würden für immer unentdeckt bleiben; glaubten sie doch an das Versprechen ihrer Führungsoffiziere, ihre Akten sowie alle sonstigen Hinweise auf ihre Tätigkeit seien vernichtet worden – was zumeist allerdings auch zutrifft. Insbesondere aber sollte die Straffreiheit nur im Rahmen des Strafrechts erfolgen, sie konnte sich jedoch nicht auch auf das Disziplinarrecht erstrecken.[17] Demgemäß wogen die zu erwartende Kündigung im Berufsleben sowie die damit verbundene gesellschaftliche Ächtung weitaus schwerer als die ohnehin nicht zu langen Gefängnisstrafen und hielten sie von einem Sich-Offenbaren ab.

Aus gleichen Gründen traf aber auch das Argument nicht zu, ohne eine »Amnestie« seien die DDR-Spione vom sowjetischen Geheimdienst erpreßbar und könnten leicht in dessen weitere Aktivitäten eingebunden werden: Generell hätte ein solcher Schritt sofort, also noch im Frühjahr 1990 und nicht erst ein – zwei Jahre später erfolgen müssen. Zum anderen wäre auch sie kein vollwertiger Schutz gegen Anwerbungen seitens des KGB gewesen – gerade nicht gegen dessen Erpressungen hinsichtlich einer Kündigung. Insbesondere aber können derartige rein praktische Erwägungen nach deutschem Rechtsverständnis noch keine Strafbefreiung herbeiführen.

Auch der Hinweis[18], die Justiz sei kaum in der Lage, die etwa 3000 zu erwartenden Verfahren zu bewältigen – das sei »ein Unding und einfach nicht machbar«[19] – und die meisten Fälle würden nach fünf Jahren wegen Verjährung nicht mehr verfolgt werden können, was einer Willkür gleichkomme und deshalb auch verfassungsrechtlich bedenklich sei, muß fragwürdig erscheinen: Die Kapitulation einer Justiz angesichts einer Masse von Straffällen soll als Argument für Straffreiheit herhalten müssen? Im übrigen sah die Bundesanwaltschaft damals selber nicht jene drohenden Gefahren einer Verjährung.[20]

Voraussetzung für die Strafbefreiung sollte in allen diesen Fällen allerdings sein, daß im Einzelfall nicht eine Strafe von über drei Jahren Freiheitsentzug zu erwarten gewesen sei: Man wollte sowohl Markus Wolf als andererseits auch Hansjoachim Tiedge nicht in den Genuß einer solchen Regelung kommen lassen, obwohl gegenüber dem ersteren selbst der Generalbundesanwalt und der Präsident des Bundesamtes für Verfassungsschutz zeitweilig eine andere Ansicht vertraten.[21]

Sehr bedenklich erscheint bei all den Erörterungen, daß selbst führende Politiker der Bundesrepublik glaubten, die Helfershelfer des Bundesnachrichtendienstes und die »Kundschafter« der DDR-Spionagedienste auf eine gleiche – auch moralische oder rechtliche? – Stufe stellen zu können.[22]

Die Führungsspitzen des MfS und gerade der HVA erklärten damals sehr schnell ihre Loyalität zur neuen Bundesrepublik (im Sinne Gesamtdeutschlands) – etwas zu schnell, um zumindest bei DDR-Kennern glaubwürdig zu wirken. Mit einem Schreiben vom 17. 1. 1991 an den damaligen Bundesinnenminister schlugen sie der Bundesregierung einen »Deal« vor – eine »Unverschämtheit«, wie Gauck es nannte: Denn die Herren des einstigen Mielke-Apparates wollten als gleichberechtigte Verhandlungspartner akzeptiert werden; eine (schon längst durch die Ereignisse erfolgte) Kapitulation lehnten sie ab, sondern strebten einen Friedensschluß mit Bedingungen an! Sie lebten wohl noch zu sehr in ihrer alten, inzwischen aber untergegangenen Welt, wenn sie meinten, der deutschen Bundesregierung mit Hinblick auf das Unruhepotential der MfS-Angehörigen drohen zu können. Auch ihr Auftritt im »Spiegel TV« am 14. April 1991 mit ihrer gleichinhaltlichen Forderung blieb ohne das gewünschte Echo. Die Worte Großmanns, ihre Loyalität bestünde im Schweigen über interne Erkenntnisse, deren Bekanntwerden der Bundesrepublik Deutschland politischen Schaden zufügen würde, mußten im Westteil Deutschlands doch allzu sehr den Geruch einer Erpressung haben. Im Frühjahr 1992 erfolgte ein neuer Brief, der – neben einer Verunglimpfung der Gauck-Behörde – angeblich von der »Sorge um den inneren Frieden in den neuen Bundesländern« getrieben war. Erwartungsgemäß forderten die Absender auch diesmal eine Aufbesserung der Stasi-Renten.[23]

Der von der Bundesregierung damals eingebrachte Vorschlag auf »Amnestie« wurde von der SPD und den »Grünen« verneint: Die Sozialdemokraten vertraten die Meinung, »daß mindestens ebenso amnestiewürdig die sind, die aus den Reihen der Friedensbewegung wegen ihrer Sitzblockaden Strafverfahren wegen Nötigung über sich ergehen lassen mußten«, und die stellvertretende Parteivorsitzende Herta Däubler-Gmelin trat ebenfalls für diejenigen ein, die wegen ihrer Zugehörigkeit zur DKP entlassen worden waren.[24] Das wiederum lehnte die Bundesregierung in ihrer Gegenäußerung ab.

Man hat in jenen Wochen viel von »Rechtsfrieden« und »innerem Frieden« geredet – für manche wäre ein Verdrängen und Vergessen sicherlich gut gewesen –, doch ist solches ohne Wahrheit letztlich möglich? Ohnehin sollten Nichtbetroffene in all diesen Fragen besser die Antwort der Betroffenen abwarten, bevor über ihre Köpfe hinweg wohlfeile Gnadenerweise ausgeteilt werden! Spürte man nicht, daß eine »Stasi-Amnestie« – wie sie (allerdings fälschlich) genannt wurde – eine Beleidigung der Opfer und zugleich eine Ermunterung für Uneinsichtige und für zukünftige Täter gewesen wäre? Es ging gerade auch um die Glaubwürdigkeit und die Selbstachtung des Rechtsstaates! Sehr zutreffend schrieb die »Kölnische Rundschau«:

> »Würde eine derartige Amnestie nicht jedes Rechtsgefühl, jede Achtung vor der moralischen Integrität unserer Republik verletzen? Das hätte nichts mit Großzügigkeit oder der Bereitschaft zu einem neuen unbelasteten Anfang zu tun – es wäre allein eine Schwäche des Staates, ein Zeichen für eine Unfähigkeit, die Vergangenheit der letzten 40 Jahre zu bewältigen.«[25]

Der Gedanke dieser Strafbefreiung scheiterte, weil es die fünf Justizminister der neuen Bundesländer waren, die eindeutig erklärten, die dortige Stimmung lasse eine »Amnestie« nicht zu. »Wir haben die moralische Komponente übersehen«, gestand später der Leiter eines bundesdeutschen Nachrichtendienstes ein.[26] Man sollte hinzufügen, daß selbst bei diesen Stellen in der HVA bzw. VA wohl zu oft lediglich der reine, geheimdienstliche Gegner gesehen wurde und die Unterscheidung zwischen einem Rechtsstaat und einer Diktatur vergessen worden war. Gedanken, die bei der Bevölkerung der Ex-DDR hingegen noch heute sehr stark verwurzelt sind – gewiß bleibt es noch für viele Jahre ein großer Unterschied, ob man den Staatssicherheitsdienst im tristen Alltag der DDR erleben mußte oder von einem bequemen Ledersessel fernab am Rhein sah. Der seinerzeitige Bundesjustizminister Klaus Kinkel schlug nach dem Fehlschlagen dieser Gedankengänge vor, von einem solchen Schritt der Strafbefreiung abzusehen, denn bei fehlender Akzeptanz in der Bevölkerung würde sie nicht den angestrebten friedensstiftenden Abschlußcharakter haben. Er und auch der heutige Fraktionsvorsitzende Schäuble haben ihre Gedanken indes lediglich für den Augenblick beiseite gelegt. Beide würden nach ihren Worten den Gesetzesentwurf wieder präsentieren, sobald das Meinungsklima für sie günstig wäre.[27]

Anfang November 1992 sprach sich die Berliner Justizsenatorin Limbach für eine »Amnestie« der Mitarbeiter des MfS in zwei Jahren aus. Derartige Vorschläge könnten, so argumentierte der MdB Rolf Schwanitz dagegen, nur dann akzeptiert werden, wenn die Strafverfolgung in einem hinreichenden Umfange begonnen habe. Doch auch für die Strafverfolgungsbehörden liege derzeit das Ausmaß der Straftaten des MfS immer noch »weitgehend im dunkeln«.[28]

Man sollte einmal in aller Ruhe – ohne sogleich in die leider oft in Westdeutschland anzutreffende Überheblichkeit zu verfallen – die Worte des seinerzeitigen DDR-Regierungsbevollmächtigten Werner Fischer überdenken, als er über die Hauptamtlichen im Ministerium für Staatssicherheit ausführte:

»Schließlich hat jeder gewußt, wo und wofür er arbeitet, und jeder hätte die Möglichkeit gehabt, aus dem Geheimdienst – wenngleich damit natürlich auch persönliche Härten verbunden gewesen wären – auszuscheiden oder dort erst gar nicht anzufangen.«[29]

Es mag für viele Menschen im Westen, aber auch im Osten, unrealistisch erscheinen – aber es gab Möglichkeiten, seine Entlassung aus den DDR-Geheimdiensten durchzusetzen! Zahlenangaben hierüber gibt es bisher nur eine einzige, welche die Höhe auf »einige hundert« vermutet.[30] Die meisten Angehörigen, sofern sie eine »innere Kündigung« vollzogen hatten, zögerten aber mit diesem Schritt, weil sie ihre soziale Besserstellung nicht verlieren wollten.[31]

Indes sollten sich die Führungsoffiziere der HVA und VA nicht allzu früh auf eine »Amnestie« freuen, denn dann müßten sie vor Gericht aussagen; ein Zeugnisverweigerungsrecht gibt es für sie nicht. Ihr etwaiges weiteres Schweigen über ihre »Kundschafter« könnte mit Beugehaft geahndet werden – eine solche wird zwar nicht von sehr langer Dauer sein, aber praktisch angesichts fehlender Präsenz des Betroffenen an seinem Arbeitsplatz zur Entlassung und damit zumeist in seine Arbeitslosigkeit führen . . .

Nur freiwillige Stasi-Überprüfung im Bundestag

Nach der Wende wurden die frei gewählte Volkskammer der DDR und die dortigen Landesparlamente verständlicherweise nach IM der Staatssicherheit durchleuchtet. Ein Brief des Leiters des AfNS, Engelhardt, solches sei grundsätzlich zu unterlassen und die ehemaligen Mitarbeiter des MfS stünden aus »Anständigkeit und Fairneß zum international anerkannten Prinzip des Schutzes persönlicher Daten«[32], konnte nur noch Heiterkeit auslösen. Sieht man von wenigen Ausnahmen ab, verlief die Überprüfung überall in den jetzigen neuen Bundesländern reibungslos.

Leider war dem nicht so in – nicht nur geografisch weit entfernten – Bonn: Am 5. Dezember 1991 beschloß der Bundestag Regelungen zur Überprüfung der Abgeordneten auf eine Mitarbeit beim ehemaligen DDR-Staatssicherheitsdienst.[33] Dachte man nicht daran, daß durchaus auch eine Spionage zugunsten der Verwaltung Aufklärung hätte in Betracht kommen können? Bisherige Erkenntnisse lassen die große Vermutung zu, diese verfügte über keine »Kundschafter« im Parlament. Das aber war damals noch nicht bekannt, folglich hatte man diese Möglichkeit einfach – vergessen! Die Überprüfung ist jedoch grundsätzlich freiwillig; nur in Fällen konkreter Hinweise auf Stasi-Kontakte kann (nicht: muß!) der Geschäftsordnungsausschuß mit Zweidrittelmehrheit eine Überprüfung auch gegen den Willen des Betroffenen einleiten und das Ergebnis bewerten. Niemand aber darf gezwungen werden, sein Mandat niederzulegen. Indes: Von den 662 Bonner Volksvertretern ließen sich lediglich 315 – also weniger als die Hälfte! – freiwillig überprüfen: Die Abgeordneten von Bündnis 90/»Grüne« meldeten sich geschlossen, bei der F.D.P. waren alle bis auf einen Abgeordneten bereit, während die CSU eine solche Maßnahme geschlossen ablehnte. Ein ähnliches Bild ergab sich in den Landtagen: Die SPD im hessischen Parlament verneinte eine solche »Stasi-Überprüfungshysterie« scharf, von einem entsprechenden Antrag der Liberalen im Landtag Nordrhein-Westfalens hörte man nichts wieder und aus den anderen Landesparlamenten überhaupt nichts.

In Bonn argumentierten einige Abgeordnete, eine Überprüfung sei unvereinbar mit der Freiheit des Mandats und der Würde des Parlaments. Der CDU-Abgeordnete Heribert Blens erachtete diese als »politisch schädlich, sachlich nicht gerechtfertigt und rechtlich äußerst fragwürdig«, und ein Otto Schily hielt die »Röntgenreihenuntersuchung« für direkt »rechtsstaatswidrig«. Andere Parlamentarier hatten Sorge, sie und ihre Familien könnten möglicherweise bei Irrtümern an den Pranger gestellt werden. Der CDU-Abgeordnete Rudolf Kraus sah einen »grotesken Widerspruch zum Datenschutz« und hielt es für besser, »die Akten zu verbrennen«. Bundesminister Schäuble kam sogar zu der Ansicht, eine flächendeckende Untersuchung »aber wird im Zweifel mehr neues Unrecht schaffen als altes beseitigen«.[34] War es bei den meisten Volksvertretern nicht einfach blanke Furcht, daß Schmutz aus dem politischen oder privaten Leben bekannt und dieses kompromittierende Material sie dann politisch vernichten würde? Die vorgebrachten Argumente müssen zudem sehr an Glaubwürdigkeit verlieren, da sie in Bonn nicht zu hören waren, als die Kollegen in den neuen Bundesländern überprüft wurden. Sollten sie für diese etwa nicht gelten, soll es ungleiche moralische Maßstäbe geben? Der Parlamentarische Staatssekretär Reinhard Göhner meinte recht offen, »daß die Notwendigkeit zu dem Überprüfen sich eigentlich konzentriert auf diejenigen, die in diesem schlimmen System leben mußten, das ist klar.«[35] Anders als ihre Kollegen im Osten, so erklärten CSU-Abgeordnete, seien sie in der Demokratie aufgewachsen und hätten mit dem System der früheren DDR keinerlei Berührungspunkte gehabt – was angesichts der vielen Spionagefälle ebenfalls in Bayern nicht zutrifft und was indes erst durch eine solche Überprüfung hätte bewiesen werden können. Dabei macht man in Bonn den Fehler, das MfS immer nur auf die DDR bezogen zu sehen. Daß es mit seiner Spionage im Westen sehr aktiv und leider überaus erfolgreich war, wird insoweit offensichtlich verdrängt. Es ist nicht nur eine Frage der Gleichbehandlung, der Bundestag hat inzwischen eine gesamtdeutsche Verpflichtung: Die DDR-Staatssicherheit ist längst zu einem Problem des ganzen Deutschlands geworden. Alle diese von den Parlamentariern geäußerten Worte aber riechen stark nach den »besseren Menschen« im Westen, was mit sehr großen Fragezeichen versehen werden muß! »Die Welt« schrieb in jenen Tagen:

> »Da liegt der Grund, warum die ›Wiedervereinigung in den Köpfen‹ noch nicht vollzogen ist: Nicht eine mangelnde Lernfähigkeit im Osten, sondern das vernagelte Gewissen der westlichen politischen Klasse ist das Problem.«

Durch ein äußerliches Verdrängen kann aber die Vergangenheit nicht bewältigt werden. Wenn im Zusammenhang mit der generellen Überprüfung die Präsidentin des Deutschen Bundestages, Frau Rita Süssmuth, ausführt –

»Es wäre mir eine Horrorvorstellung, wenn ich daran denke, denken müßte, daß jetzt über Wochen und Monate der Deutsche Bundestag mit der Verdächtigung arbeitete, jeder könne ja ein Stasi-Mitarbeiter gewesen sein«,[35]

hätte man ihr doch eine bessere Kenntnis vom Umfang der DDR-Spionage in der Bundesrepublik Deutschland gewünscht! Die Parlamentarier sollten wissen: Die Bevölkerung hat das Recht, die Wahrheit gerade über ihre Volksvertreter zu erfahren. Zu glauben, sie wolle bittere Tatsachen nicht hören, stimmt nur sehr bedingt. Ein Verschweigen dezimiert das allgemeine Vertrauen. Zudem beweist die jüngste deutsche Geschichte, daß sich die Wahrheit auf Dauer kaum vertuschen läßt. Das Parlament des wiedervereinigten Deutschlands hätte alle Veranlassung gehabt und sehr gut daran getan, seine sämtlichen Mitglieder einer genauen Überprüfung zu unterziehen. Dann – und nur dann! – hätte der Staatsbürger auch die Gewißheit von wirklich über jeden Verdacht erhabenen Politikern haben können. Nicht zuletzt wäre es vom Bundestag psychologisch weise gewesen, einen Akt echter Solidarität mit den Menschen der Ex-DDR zu vollziehen und andererseits jeden Eindruck zu vermeiden, es gebe im vereinten Deutschland doch eine Zweiklassengesellschaft.

Keine Strafverfolgung von DDR-Spionen?

So große Achtung man der deutschen Jurisprudenz auch entgegenbringen muß, so konnte wohl doch nicht in ihren Reihen die Frage ausbleiben, ob eine Strafverfolgung der DDR-Spione überhaupt rechtens sei. War sie auf eine konstatierende Unsicherheit in der juristischen Bewertung zurückzuführen oder andererseits »ein beachtlicher taktisch-operativer Erfolg der HVA«[37] in ihrer Selbstdarstellung nach der Wende? Gewiß geht man nicht fehl in der Annahme, daß derartige Überlegungen wohl in keinem anderen Land der Welt angestellt würden. Es wäre zu begrüßen gewesen, wenn Justiz und politische Öffentlichkeit schon zu DDR-Zeiten so viel Energie für tiefere Gedankengänge zu diesem Komplex verwendet hätten, doch in jenen Jahren fehlte es wohl am Wissen und vielleicht auch an Zivilcourage, sich gegen den Zeitgeist aufzulehnen. Gerade in Gerichtsurteilen wurde damals die Spionage der DDR zu einem »Kavaliersdelikt« gemacht.

Mit einer Anklageschrift vom 10. Juli 1991 erhob der Generalbundesanwalt vor dem 1. Strafsenat des Kammergerichtes in Berlin Anklage u. a. gegen den früheren Generaloberst Werner Großmann des DDR-Staatssicherheitsministeriums wegen Verdachts des Landesverrats, war er doch ab November 1986 der Leiter deren Hauptverwaltung Aufklärung gewesen und damit für die Spionage gegen die »alte« Bundesrepublik verantwortlich. Das Kammergericht indessen beschloß, das Verfahren auszusetzen und erst eine Entscheidung des Bundesverfassungsgerichts abzuwarten; dieser Schritt erfolgte, obwohl der Bundesgerichtshof in zwei Fällen eindeutig und ohne Vorbehalt die strafrechtliche Verfolgung von Spionen und Spionageführern der bisherigen DDR bejaht hatte.[38]

Behauptet – wenn auch nicht näher begründet – wurde von dem Berliner Gericht zwar nicht die Strafbarkeit der Taten, aber die durch den Beitritt der DDR tatsächlich erst ermöglichte Strafverfolgung der angeschuldigten HVA-

Führer stünde nicht im Einklang mit dem Gleichheitsgrundsatz des Artikels 3 der Verfassung. Der Einigungsvertrag zwischen Bonn und Ost-Berlin habe dazu geführt, daß Angehörige und Agenten der Aufklärung der Bundesrepublik Deutschland straflos seien, während die gegen die Bundesrepublik gerichtete Aufklärung strafbar bleibe. Die Bewertung, ob eine Spionage »offensiv« wie diejenige der DDR oder nur »defensiv« wie die des Bundesnachrichtendienstes ausgeübt worden sei, lasse sich rechtlich nicht halten: »Maßgebend ist allein der Inhalt der nachrichtendienstlichen Tätigkeit«, und die Angeklagten hätten sich dabei nicht von anderen, westlichen Geheimdiensten unterschieden.[39] Eine These, die erwartungsgemäß von Markus Wolf in Interviews bis zur »The Jerusalem Post« unterstützt wurde, während Großmann sogar von einer Gleichwertigkeit der Spionage sprechen zu können meinte.[40]

Gewiß gab es kurz vor der Wende in der MfS-Hauptzentrale in Berlin-Lichtenberg einige Wandzeitungen, welche die HVA mit dem BND gleichsetzen und nichts Gemeinsames (mehr) mit dem allgemeinen MfS haben wollten, doch wurden Autoren von der Mehrzahl der HVA-Bediensteten »wütend bekämpft«.[41]

Sehr richtig liegt nach Ansicht des Bundesgerichtshofes »nur scheinbar eine Ungleichbehandlung« vor, »nur bei ausschließlich formaler Betrachtung« lassen sich die Tätigkeiten der Nachrichtendienste der Bundesrepublik, auch wenn sie operativ Auslandsaufklärung betrieben, letztlich zu deren Schutz tätig wurden, während die gegen die Bundesrepublik gerichtete Tätigkeit der Nachrichtendienste der DDR zur konkreten oder doch abstrakten Gefährdung der äußeren Sicherheit dieses Staates führte.«[42]Die Tätigkeiten seien ungleichwertig, was sich schon aus den in der Verfassung statuierten Bewertungen ergebe: Das Grundgesetz treffe die Festlegung auf eine demokratische Grundordnung. Die DDR-Spionage hingegen sah ihre Arbeit als auf Destabilisierung des politischen Systems der Bundesrepublik Detuschland gerichteten Politik verstanden – eine Tätigkeit, die »klar verfassungswidrig einzustufen« ist. [43] Insbesondere verbietet, so der Generalbundesanwalt [44], die Einbindung der HVA in das Gesamtgefüge des Stasi-Apparates, in das SED-Regime eine Gleichstellung mit dem Bundesnachrichtendienst. Die Ansicht des Kammergerichts, derartiges »haben die Ermittlungen nicht ergeben«, hatte ganz offenbar die dargelegten Dienstanweisungen und die ebenso eindeutigen Aussagen von früheren HVA-Bediensteten übersehen.

Umgekehrt, so argumentierte die Bundesanwaltschaft, verstoße es gegen das Gleichheitsgebot des Grundgesetzes, wenn die »Kundschafter« belangt würden, »während ihre operativen Drahtzieher in Ost-Berlin straffrei bleiben.«[45]

Zutreffend ist, daß erst die Vollendung der deutschen Einheit die tatsächliche Möglichkeit des Zugriffs, die praktische Verfolgbarkeit ermöglichte. Doch eine vielleicht sogar jahrelange tatsächliche Unmöglichkeit eines polizeilich-staatsanwaltschaftlichen Zugriffs – eben weil der Rechtsbrecher außerhalb der Grenzen der Bundesrepublik lebt – ändert nichts an seiner Strafbarkeit. Die Spionage gegen Westdeutschland war bereits vor der Wiedervereinigung strafbar; das galt nach dem juristischen Tatortprinzip auch für Personen, deren Lebensmittelpunkt in der DDR lag. Wären die Angehörigen der HVA vor der staatlichen Vereinigung im Westen gestellt worden, hätte es keinerlei Zweifel an ihrer strafrechtlichen Verfolgung gegeben. Die wiederholten Behauptungen seitens verschiedener Politiker von einer angeblichen Rückwirkung westdeutscher Gesetze auf DDR-Bewohner sind somit in keiner Weise gerechtfertigt.[46] Durch den Beitritt der DDR zur Bundesrepublik aber hat sich nach allgemeiner Ansicht, ebenfalls nach derjenigen des Kammergerichts, nichts geändert. Im Völkerrecht finden sich keine Normen, die in einer solchen Situation die strafrechtliche Verfolgung von Tätern ausschließen; daß der Beitritt freiwillig erfolgte, ändert nichts daran[47] – die Angehörigen des MfS wären zudem auch wohl die Letzten, die sich darauf berufen könnten!

Die Angehörigen der HVA, führt das Kammergericht aus, konnten vor einer Strafverfolgung sicher sein. Erst durch die Wiedervereinigung »haben sie diesen Schutz verloren. Auf dessen Wirksamkeit durften sie aber vertrauen«, und dieses Vertrauen in die Lage vor dem 3. Oktober 1990 genieße »den Vorrang«. Zudem habe die Bundesrepublik Deutschland in Artikel 6 des Grundlagenvertrages die Unabhängigkeit und Selbständigkeit des anderen Staates respektiert.[48] Dabei versäumt das Kammergericht allerdings auf den anläßlich der Unterzeichnung übermittelten Brief der Bundesregierung zur deutschen Einheit und auf die Ausführungen des Urteils des Bundesverfassungsgerichts hinzuweisen: »Die Bundesregierung hat also nichts getan, was die Vorstellung begründen könnte, sie werde darauf verzichten, politisch das Ziel der deutschen Einheit weiter zu verfolgen.«[49] Daß diese Haltung in der HVA – gerade ihr – durchaus bekannt war, dürfte über jeden Zweifel erhaben sein. Die Ansicht, in jenen Gedanken des Vertrauensschutzes stecke dasselbe Prinzip wie im Grundsatz »Keine Strafe ohne Gesetz«, [50] erscheint unrichtig: Die auf die Sicherheit des DDR-Territoriums abgestellten Artikel des Grundlagenvertrages beziehen sich auf Staaten, ohne daß der einzelne sich auf diese Norm berufen kann. Bestimmt haben die HVA-Mitarbeiter nicht an den Freiheitswillen der auch von ihr unterdrückten Bevölkerung geglaubt, sondern bis zuletzt sich an das Fortbestehen ihres Regimes geklammert – doch sollte ihr Glaube an die Ewigkeit der erneuten deutschen Diktatur ernsthaft einen Freibrief für begangene Straftaten darstellen? Ebenfalls wegen dieses Verstoßes gegen den angeblich bestehenden Grundsatz des Vertrauensschutzes lehnte das Berliner Kammergericht im September 1993 auch die Zulassung der Anklageschrift gegen den langjährigen Leiter der DDR-Spionageabwehr, Generalleutnant Günther Kratsch, ab.

Die These Hellenbroichs, Spionage im staatlichen Auftrag sei nicht strafbar, läßt eine schon eigenartige Rechtskenntnis und ein ebensolches Rechtsverständnis erkennen. Es ist allgemein anerkanntes Recht, ergriffene Spione, auch wenn diese staatliche Organe sind und im wesentlichen von ihrem eigenen Staat aus gehandelt haben, zu bestrafen.[51] Sollte irgendjemand in diesem Zusammenhang auf Befehle und Anweisungen pochen wollen, so sei kurz vermerkt, daß nach 1945 auch NS-Gewalttäter darauf sich erfolglos zu stützen versuchten.

Ebenso ändert der deutsche Einigungsvertrag, nach dessen Artikel 8 bisheriges Bundesrecht in Kraft getreten ist, nichts an den Gegebenheiten: Nach dem klaren Wortlaut sind unter den einzelnen Vorschriften des westdeutschen Strafgesetzbuches, die auf dem Gebiet der bisherigen DDR keine Anwendung finden, die Strafbestimmungen des Landesverrats und der geheimdienstlichen Agententätigkeit nicht genannt. Das Berliner Gericht indes glaubt, eine entsprechende Regelung, DDR-Spione zu verfolgen, sei ausgeklammert worden.[52] Der Bundesgerichtshof hingegen sieht in der getroffenen Regelung »eine bewußte Entscheidung«; für die Väter des Einigungsvertrages wäre es nicht schwierig gewesen, eine entsprechende Klausel in den Vertragstext aufzunehmen – sofern sie dies wirklich gewollt hätten.[53]

Ganz im Gegensatz zu ihren üblichen Thesen, »edle Ritter« gewesen zu sein und nur für den »Frieden« gearbeitet zu haben, möchten die Leiter der Hauptverwaltung Aufklärung gerne den Schutz des Artikels 31 der Haager Landkriegsordnung für Spione in Anspruch nehmen; danach darf ein Agent im Kriege für seine früher begangene Spionage nicht verantwortlich gemacht werden. Dem Westen Deutschlands aber blieb gottlob ein Krieg nach dem Muster des nordkoreanischen »Befreiungskampfes« von 1950 erspart. Das Kammergericht glaubt in seinem Beschluß nun, diese Gedanken auch für einen friedlichen und vertraglichen Beitritt eines Staates zu einem anderen anwenden zu können; es steht damit aber in der deutschen Rechtsprechung und dem juristischen Schrifttum allein.[54] Es handele sich, betont der Bundesgerichtshof[55], um eine kriegsrechtliche Sonderregelung; schon die wesensmäßige

Unterschiedlichkeit zwischen Friedens- und Völkerkriegs-recht verbiete eine entsprechende Anwendung dieser Vor-schrift auf Friedensvölkerrecht.

Der Rechtsexperte der SPD, Hans de With, kritisiert, daß DDR-Spione nach bundesdeutschem Recht bestraft werden sollen und meint, eine Bestrafung »mit einer so wackligen Rechtsgrundlage« sei dem Rechtsfrieden nicht dienlich.[56] Es darf daran erinnert werden, daß derartiges nach gültigem und daher zwingend anwendbarem west-deutschen Gesetz bereits seit Anfang der 50er Jahre er-folgt. Dies gilt sowohl für die eigentlichen »Kundschafter« als auch für Kuriere und Führungsoffiziere Ost-Berlins, doch sollte diese 40jährige Gerichtspraxis plötzlich keine Gültigkeit mehr ausgerechnet für die Führungsspitze der Hauptverwaltung Aufklärung haben? Großmann war nicht nur ein »Schreibtischtäter« (auch diese sind bekannt-lich seit 1945 strafbar!): Er hat als Leiter der HVA die Wer-bung und den Einsatz von Agenten in wichtigen Ausfor-schungsobjekten der Bundesrepublik angeordnet, ihre nachrichtendienstliche Führung verantwortlich geleitet und überwacht. Nicht selten war er selbst unmittelbar in die Bearbeitung operativer Vorgänge eingebunden.

Auch die Ansicht, die Spionage sei »als Ausländer im Ausland« erfolgt, kann nicht zutreffen: Wohl sind Ange-schuldigte, die außerhalb des Gebietes der Bundesrepu-blik tätig waren, juristisch in entsprechender Anwendung der Regeln des sogenannten internationalen Strafrechts als Ausländer anzusehen, doch angesichts ihrer Spionage-aktivitäten lag für sie der strafrechtliche Tatort in der Bun-desrepublik – das räumt ebenfalls das Kammergericht ein. Politisch haben sich die HVA-Angehörigen zweifellos ge-genüber Westdeutschland als »Ausländer« gefühlt; das entsprach den damaligen Vorstellungen der DDR, stellte jedoch niemals bundesdeutsches Gedankengut dar. Selbst wenn sie es gewesen wären, vermag das nicht an einer Strafbarkeit zu rütteln: Auch ein polnischer oder sowjeti-scher Spion unterliegt in Westdeutschland der Gerichts-barkeit.

»Wie hätten denn die DDR-Spione das Unrechtsbewußtsein entwickeln können, ohne das kein Täter bestraft werden kann, da doch ihr Staat selbst von der Bundesrepublik anerkannt worden war?«, versucht eine Zeitung die »Kundschafter« zu verteidigen.[57] Das Blatt verwechselt dabei Staats- und Völkerrecht mit dem allgemeinen Strafrecht. Außerdem ist die Frage der völkerrechtlichen Anerkennung der DDR nicht unumstritten, ohnehin kann auch darin keine Freistellung von strafrechtlicher Verantwortung gesehen werden: Hitlers Schergen wurden verurteilt, obwohl das damalige Deutschland ein von allen ausländischen Staaten anerkannter Staat war. Natürlich behaupten die Mitglieder der HVA und der VA heute, sie hätten »in dem guten Glauben gehandelt, das für eine gute Sache zu tun«, und Großmann selber sagt von sich: »Ich habe nichts Unrechtes getan und bin deshalb juristisch nicht zu belangen.«[58] Tatsächlich wußten die »Kundschafter« aus der DDR und ihre Vorgesetzten sehr wohl um ihre Strafbarkeit. Nicht ohne Grund taten sie alles, um hier nicht enttarnt zu werden – sie setzten sich sogar westdeutsche Zahnprothesen ein, um keinerlei Verdacht auf eine Verbindung nach »drüben« entstehen zu lassen! Aus gleicher Absicht erfolgten viele »Treffs« im Ausland. In der HVA-Schule in Belzig (später in Gosen) wurden stets Verhaltensmaßregeln eines Spions im Falle einer Festnahme in der Bundesrepublik gelehrt; man ging davon aus, »daß es möglich sein müsse, strafmildernde Umstände zu erreichen, wenn man geltend machte, nicht im Bewußtsein, Unrechtes zu tun, gehandelt zu haben.«[59] Auch die Richtlinie Nr. 2/79 des MfS für die Arbeit mit einem IM im Operationsgebiet sah einen ganzen Katalog von Verhaltensweisen bei der Verhaftung eines »Kundschafters« im Westen vor.

Eine Wochenzeitschrift glaubt, mit dem (überhaupt nicht im Strafrecht, sondern lediglich im Zivilrecht üblichen) Begriff von »Treu und Glauben« operieren zu können, falls die Bundesanwaltschaft weiterhin bisherige DDR-Agenten mit Strafe verfolge. Die Justiz werde sich dann »für ihre Rechthaberei schämen müssen.«[60] Will das Blatt wirklich unser Strafrecht und damit unseren Rechtsstaat abschaffen – was nach dem Grundgesetz ohnehin nicht möglich ist –, nur um die Haut der Spione Ost-Berlins zu retten (die gegen eben dieses Land arbeiteten)?

Völlig falsch sind die Ausführungen der sowjetischen Presseagentur »Nowosti«[61], die Angehörigen des früheren Ministeriums für Staatssicherheit der DDR »werden im direkten Sinne des Wortes in der Bundesrepublik verfolgt; dies erfolgt, obwohl der Oberste Sowjet der UdSSR . . . die Hoffnung zum Ausdruck gebracht hat, daß das vereinte Deutschland Bürger aus politischen und sonstigen Erwägungen nicht diskriminieren wird. Wie die Tatsachen zeigen, wurden diese Hoffnungen nicht erfüllt.« Tatsache ist vielmehr, daß sie aus strafrechtlichen Gründen vor ein Gericht gestellt und die Verfahren nach rechtsstaatlichen Prinzipien durchgeführt werden, welche die Sowjetunion bekanntlich niemals kannte.

Die Bestrafung, so behaupten nicht nur das SED/PDS-Organ »Neues Deutschland« und Radio Moskau, sei nunmehr »ein Recht des Siegers«; sie zeuge »von bornierter Siegermentalität« und trete »in der Pose eines Siegers auf, der mit dem gestürzten Gegner abrechnet.«[62] In Wahrheit aber könnte davon lediglich dann gesprochen werden, falls die bundesdeutschen Strafgesetze erst nach der Wende erlassen worden wären. . . . Als »Opfer der Siegerjustiz« sah sich auch Ex-Generalmajor Harry Schütt noch 1994 vor dem Obersten Landesgericht in München. Die DDR habe er »als Staat gesehen, die eine Alternative zur deutschen Vergangenheit darstellt« – geradezu eine Frechheit, da die rote Diktatur allzu viele Ähnlichkeiten mit der braunen hatte und ihn selber als einer der führenden Männer des Ministeriums für Staatssicherheit eine größere Mitschuld trifft!

Was soll das heutige Gejammer von den »psychischen Folgen in der Gewißheit, auf der Seite eines Verlierers gestanden zu haben?«[63] Zweifellos ist es ein gewaltiger Sturz, gestern noch Herr über Recht und Menschenschicksale gewesen zu sein und sich nunmehr für Straftaten verantworten zu müssen. Doch soll der Machtmißbrauch in DDR-Zeiten jetzt ein Schuldausschließungsgrund für den Rechtsstaat Bundesrepublik Deutschland darstellen?

Muß es nicht peinlich wirken, wenn in einer großen Zeitung Hessens nachzulesen ist: »Wer diesen Prozeß ablehnt, weil er so lange danach und mit solchem Aufwand betrieben wird, der weckt den Verdacht, daß totgeschwiegen und verdrängt werden soll, was damals in Deutschland geschah.« Gemeint war das laufende Gerichtsverfahren gegen den SS-Mann Schwammberger. Auf derselben Seite hieß es andererseits zum Gerichtsbeschluß hinsichtlich des Verfahrens gegen den stellvertretenden MfS-Minister Großmann: »Mutig hat das Kammergericht ungeachtet der herrschenden Meinung Bedenken gegen diese politische Doppelmoral formuliert.« Tatsächlich könnte hier leicht der Verdacht einer Doppelmoral aufkommen – allerdings im anderen Sinne! Es mutet schon seltsam an, wenn viele Jahre zu hören war, wie vorsichtig man leider nach 1945 die Bewältigung der Vergangenheit angegangen wäre und wieviel härter man hätte Sühne und Vergeltung üben müssen, und heutzutage Verständnis zeigt für die DDR-Spione, ihren »Befehlsnotstand« und ihr »gutes Gewissen«.

Gelegentlich kann man hören, die »Kundschafter« Ost-Berlins hätten dem freien Teil Deutschlands keinen Schaden zufügen können, die Wiedervereinigung beweise es. Richtig ist, daß Kopien der bei der HVA und VA einlaufenden Informationen dem KGB bzw. der GRU zugeleitet wurden, so daß auch von diesem System eine Sicherheitsgefährdung eintrat und diese bis heute andauert.[65] Dabei sollte nicht vergessen werden: Bisher weigern sich die leitenden Offiziere der DDR-Spionagedienste konstant, die bundesdeutschen Behörden in gleicher Ausführlichkeit zu informieren, wie sie es bis zur Wende gegenüber ihren sowjetischen Freunden taten ... Eine Bestrafung der Ex-Agenten würde niemand mehr verstehen, meint eine andere Zeitung.[66] Tatsächlich würde wohl eher umgekehrt ein Freispruch das allgemeine Gerechtigkeitsgefühl verletzen – vom geltenden Recht ganz abgesehen.

Immerhin zeigt der Antrag des Kammergerichts erste Auswirkungen: Im Gerichtsverfahren gegen hauptamtliche DDR-Spionageführer werden durchweg nur noch Strafen von zwei Jahren und diese zudem mit Bewährung ausgesprochen. Dahinter steht die Befürchtung, bei einem etwaigen bejahenden Entscheid des Bundesverfassungsgerichts im Sinne des Kammergerichts dann Haftentschädigung zahlen zu müssen . . .

Während des Strafprozesses gegen die »Kundschafterin« Gabriele Gast erklärte der Vorsitzende des bayerischen Staatsschutzsenates Ermin Brießmann, HVA-Offiziere wie Generalmajor Schütt und Major Schneider hätten ihre Pflicht im Auftrage der DDR getan: »Das ist von der Motivation her im Prinzip ehrenwert und erscheint dem Senat nicht ehrenrührig.«[67] Die Spionage der SED-Diktatur gegen den demokratischen Rechtsstaat Bundesrepublik Deutschland – denn das war sie! – soll also »ehrenwert« gewesen sein? Wann kommen bei dieser Einstellung, fragen Zyniker sich, in weiterer Konsequenz die ersten Mitglieder der bisherigen DDR-Gestapo dann im Westen Deutschlands zu Ehren?

Generaloberst a. D. Markus Wolf

Am 6. Februar 1987 teilte das SED-Zentralorgan in einer dürren Achtzeilenmeldung mit, Generalobert Markus Wolf scheide »auf eigenen Wunsch« aus dem aktiven Dienst des Ministeriums für Staatssicherheit aus. Ob das völlig der Wahrheit entsprach oder auch mit seinem persönlichen Lebensstil und seiner erneuten Heirat zusammenhing, ist eine andere Frage.[68] Seit einiger Zeit jedenfalls kann man vernehmen, daß er bereits zu seinem 60. Geburtstag (1983) seine Rente beantragt und dann im September 1986 faktisch sein Amt verlassen hätte.[69]

Von November 1986 geht die Anklageschrift des Generalbundesanwalts mit ihren 389 Seiten und weiteren 638 Seiten Anmerkungen vom 16. September 1992 aus. Danach trug er nicht nur die Verantwortung für die gesamte von der Hauptverwaltung Aufklärung gegen die damalige Bundesrepublik gerichtete Spionagetätigkeit, sondern ebenfalls für die genutzte Zusammenarbeit mit anderen Hauptabteilungen des MfS. Es war seine Anweisung, ein Doppel der Berichte über nachrichtendienstlich gewonnene Erkenntnisse an die KGB-Verdindungsoffiziere weiterzugeben. Er stellte aber mehr dar als einen distanzierten Denker und Strategen, sondern hat bei etlichen Spionagefällen – die Anklageschrift zählt zwölf auf – entweder den »Kundschafter« unmittelbar geführt oder so doch auf ihre Führung direkten persönlichen Einfluß genommen.

Allgemein verteidigte sich der Ex-Generaloberst (aufgrund seiner zwei Bücher nennt er sich »Buchautor«, was die deutschen Justizbehörden sich ohne Widerspruch anhören) einmal mit dem Argument, das gegen ihn laufende Ermittlungsverfahren sei »ein Relikt des kalten Krieges«.[70] Auch bei ihm ist die These zu hören von der vermeintlichen Rückwirkung der Gesetze des anderen Landes.[71] Einmal äußerte er in der Fernsehsendung »Talk im Turm«[72] sogar, er habe nicht gewußt, daß seine Tätigkeit im Westen Deutschlands strafbar sei! Natürlich fehlt nicht die Phrase: »Die allgemeine Aufgabenstellung (der HVA) war, den Frieden zu erhalten«[73] und seine Spionage sei »ein friedenerhaltendes Element« gewesen[74], was angesichts der Angriffspläne der DDR-Führung gegen Westeuropa mehr als seltsam erscheinen muß. Bei seinen Worten »Wir haben das getan, was jeder Geheimdienst – nur mit umgekehrten Vorzeichen – genauso getan hat und noch tut« und seine HVA habe »mit der Unterdrückung im Innern nichts zu tun gehabt«[75] muß man sich fragen, ob er als stellvertretender Minister für Staatssicherheit die DDR-Wirklichkeit überhaupt gekannt hat.

In seinem Buch »Im eigenen Auftrag« stellt er viele

klare Fragen nach seiner Verantwortung und seiner Schuld, doch bleiben die Antworten auf den 359 Seiten eigentlich im dunkeln. Von den Internierungslagern nach 1945 in der Ostzone (bekanntlich teilweise die alten Hitler-KZ) will er erst 1989 erfahren haben, bei den Säuberungen in der UdSSR und ebenfalls in der DDR hat er sich »nur an die Hoffung geklammert, daß es sich um einen Irrtum handelt« und daß das ganze SED-System nicht funktionierte, will er früher »nie gesehen« haben.[76] Auch von der Unterstützung der westdeutschen Terroristen durch das MfS ist ihm »nichts erinnerlich«.[77] In einem Interview mit der »Süddeutschen Zeitung«[78] erklärte er auf Vorhalt zur Frage seiner Schuld:

> »Nicht im juristischen Sinn und im Sinne des Generalbundesanwalts. Aber zumindest im politischen und moralischen Sinne. Diese Frage muß sich jeder Kommunist heute stellen, der in einem der sogenannten realsozialistischen Länder Verantwortung hatte. Und je höher die Verantwortung war, desto mehr Schuld hat er auf sich geladen, indem er dieses System mittrug. Er wird sich fragen müssen, was er denn an mehr Demokratie und innerer Freiheit zu erreichen versucht hat spätestens seit dem 20. Parteitag der KPdSU 1956, als die Verbrechen Stalins in vollem Umfang für uns klar wurden. Von heute aus gesehen war das in meinem Fall sehr wenig. Und es war, wenn man den Zeitpunkt meines Ausscheidens 1986 nimmt, natürlich zu spät.«

Immerhin meinte er auf seiner ersten Pressekonferenz in Deutschland nach seiner Rückkehr aus Moskau –

> »Ich glaube, daß ich mich unserem Volk gegenüber entschuldigen muß. Jeder, der wie ich in diesem System, in dem viel Unrecht geschehen ist, eingebunden war, hat sicher Schuld und muß sich auch dazu bekennen.«

Damals am 1. Oktober 1946, als das Internationale Militär-
tribunal bei dem Nürnberger Prozeß seine Urteile fällte,
sprach er in einem Rundfunkkommentar recht kluge
Worte von der Verwerflichkeit einer Diktatur, von der
Verantwortung und von der Freiheit anderer Menschen[79],
doch was ist davon bei ihm geblieben? Wenn er am 12. Oktober 1989 gegenüber Mielke ausgerufen haben will: »Ihr
hättet früher den Mund aufmachen sollen«[80], so muß das
ziemlich billig wirken, denn genau dieselben Vorwürfe fallen in gleichem Maße auf ihn selber zurück!

Man weiß natürlich nicht, welches Bild der überzeugte
Kommunist Wolf vor und nach der Wende vom Westteil
Deutschlands hatte. Sollte er vor dem lange Jahre von ihm
so bekämpften Klassenfeind Angst gehabt oder auch vielleicht nur angemessene Reaktionen erwartet haben, so
verstand er es ziemlich schnell, das Bild eines eigentlich
idealistisch angetriebenen Überzeugungstäters, eines ver-
hinderten Schöngeistes zu malen und – wohl auch Anteil-
nahme, Mitleid zu erregen. Sollte eine westdeutsche Illustrierte[81] seine Vernehmungen beim Generalbundesanwalt mit denjenigen verwechselt haben, die früher bei dem
Staatssicherheitsdienst üblich waren?

>Und dann das magische Spiel mit dem toten Punkt.
Wo nichts mehr geht, nichts mehr denkt, wo keine
Kraft mehr bleibt für den mentalen Abwehrschirm.
Nur noch Augen zu, nur noch aufhören, nur noch
schlafen. Und trotzdem weiter. Fragen, Antworten.
Gedanken, die wie Schlingen sind, die letzten Ener-
giereserven. Erschöpfung. Totale Erschöpfung. Zusammenbruch. Das ist das Spiel, das die Staatspolizei
und die Generalbundesanwaltschaft höflich Anhörung nennt . . .«

Das Mitglied der Parlamentarischen Kontrollkommission,
Alfred Emmerlich (SPD), forderte die Aufhebung des
Haftbefehls gegen ihn. Dieser gehörte zu den »Absurditä-
ten der Situation zwischen den beiden deutschen Staaten«,

und es könne nicht angehen, daß Tätigkeiten für den jeweiligen Staat heute als strafbar angesehen werden, die vorher rechtens gewesen seien[82] – übrigens eine gefährliche These, über die sogar einmal ein südwestdeutscher Ministerpräsident stolperte! Auch nach Auffassung Frau MdB Däubler-Gmelins [83] kann Wolf nur für Taten bestraft werden, die gegen damals geltendes DDR-Recht verstießen. Sollten beide Parlamentarier die bundesdeutschen Strafgesetze nicht kennen?

Eine noch größere Unterstützung fand der bisherige stellvertretende Minister für Staatssicherheit bei seinen früheren Gegnern – zwei Ex-Leitern bundesdeutscher Dienste; die Gründe für deren im ersten Moment recht seltsam anmutendes Verhalten scheinen im psychologischen und politischen Bereich zu liegen.[84] So kann die Verteidigung seitens des einstigen Leiters des BfV und später des BND, Heribert Hellenbroich, im »Talk im Turm«[85] für seinen bisherigen Hauptfeind – »Was hätte Herr Wolf dann tun sollen?« – nur mit Kopfschütteln quittiert werden. Bei seiner offensichtlichen Ansicht, die Nachrichtendienste in der »alten« Bundesrepublik und in der DDR seien in etwa vergleichbar, fühlte die anwesende Berliner Justizsenatorin Jutta Limbach sich dann auch zu der Frage genötigt, ob er sich denn als Leiter der HVA sehen könnte. Gegenüber der Jugendsendung »ELF 99« führte Hellenbroich trotzdem trotzig aus: »Markus Wolf vor das Strafgericht zu stellen, geht nicht . . ., weil es aufgrund unserer Verfassung nicht geht.«[86] Admiral Elmar Schmähling meinte gar, eine Anklage gegen Wolf wäre »der Gipfel deutsch-deutscher Heuchelei . . . Entweder es werden alle deutschen Spionagechefs – also auch die der Bundesrepublik – vor den Kadi zitiert oder keiner.«[87] Sollte er übersehen haben, daß er selber einmal Chef des Militärischen Abschirmdienstes war? Es waren Äußerungen, die ganz bestimmt nicht zu einem verstärkten Ansehen der bundesdeutschen Sicherheitsbehörden beitragen konnten! Ohne Zweifel hat Markus Wolf mit seinem Buch »Die Troika« manche Bewohner der DDR zum Nachdenken angeregt, wenngleich man dessen Wirkung nicht überbewerten sollte. Andererseits sprach er Ende 1988 noch recht stolz, daß die DDR »eine sichere und auch zukunftsreiche Entwicklung hat«.[88] Die nur acht Monate später einsetzende Fluchtwelle war für ihn das Werk der gegnerischen Propaganda, und selbst Ende September 1989 wollte er mit »Optimismus in die Zukunft blicken.«[89] Sein Versuch, sich der Bürgerbewegung anzuschließen, scheiterte: Bei der großen Demonstration auf dem Alexanderplatz in Ost-Berlin am 4. November 1989 wurde er gnadenlos ausgepfiffen, und als er Bärbel Bohley die Hand geben wollte, wandte sich die bekannte Bürgerrechtlerin ab – war sein Name doch allzu sehr mit dem der DDR-Staatssicherheit verbunden! Verächtlich bezeichnete der frühere Leiter des KGB, Viktor Tschebrikow, ihn dann auch als »Wendehals«.[90] Als Mitte November der Deutschlandberater Gorbatschows, Valentin Falin, mit einem Sonderflugzeug in Ost-Berlin landete, war es Markus Wolf, der als erster – noch vor dem DDR-Ministerpräsidenten Hans Modrow – die Maschine betrat.[91] Die alsbald im Westen aufkommende Ansicht, er solle für Moskau die SED-Partei in ihrem Wandel zur heutigen PDS »betreuen«, wurde immerhin durch die Tatsache erhärtet, daß er und die alte Kominternspionin und GRU-Oberst Ruth Werner nach dem Rücktritt der SED-Führung plötzlich zum leitenden »Arbeitsausschuß« gehörten; dabei waren beide vorher niemals sehr in der Partei verankert.

In der Zeit vor dem 3. Oktober 1990 hatte der Ex-Generaloberst wiederholt jeden Gedanken, sich in die Sowjetunion absetzen zu wollen, weit von sich gewiesen. Tatsächlich aber floh er am 2. Oktober über die Tschechoslowakei, Österreich, Ungarn, die Ukraine nach Moskau. Das, obwohl er vorher versprochen hatte, sich zu stellen und sich weiterhin für seine bisherigen Anvertrauten verantwortlich zu fühlen; seine augenscheinlich vorhandene Ansicht, er könne auch von der Sowjetmetropole aus seiner Fürsorgepflicht genügen, war schon »eine ziemlich hanebüchene Schutzbehauptung«[92] und enttäuschte nicht wenige seiner

bisherigen MfS-Genossen. Er selber und manche seiner
Freunde begründeten den Schritt mit den – moralisch
sehr anfechtbaren – Worten, seine ehemaligen Mitarbeiter »waren voller Ratlosigkeit und Verzweiflung über die
Lage, in die sie geraten waren, daß das kaum mehr zu
ertragen war. Es ging um Sorgen von Menschen, die ohne
eigenes Verschulden in Not und Bedrängnis geraten ...
waren.«[93] In Moskau aber habe er die nötige Ruhe für
sein neues Buch gesucht.

Nach dem gescheiterten Putsch in der Kremlstadt bat
Wolf in Österreich um Asyl (daß seine Frau schon vorher
leise nach Berlin zurückgekehrt war, blieb westlichen
Augen nicht verborgen); Israel hatte seinen »Wunsch
nach einem Besuch« [94] ziemlich deutlich abgelehnt, und
angeblich auch in Schweden hatte er erfolglos um eine zukünftige Bleibe nachgesucht. Hatte er zuvor wiederholt
beteuert, niemals die Namen seiner Agenten verraten zu
wollen – das »widerspräche den Prinzipien und den moralischen Vorstellungen, an denen jeder festhalten muß,
wenn er ohne Abscheu vor sich selbst weiterleben will«
und er würde sich »nie dazu hergeben« [95] –, so wußten
österreichische und deutsche Zeitungen zu berichten, er
habe in jenen Tagen sehr wohl Angaben über Decknamen von DDR-Spionen und den illegalen Transfer in die
DDR genannt[96]; von einer Widerrufsklage Wolfs ist nichts
bekannt geworden. Wurde er vielleicht deshalb, könnte
man sich fragen, in Wien nicht strafrechtlich belangt wegen der HVA-Spionage gegen Österreich und insbesondere wegen des Abhörens der Telefongespräche des damaligen Finanzinimisters und heutigen Kanzlers Vra-
nitzky?

Am 24. September 1991 um 8.32 Uhr betrat der einstige stellvertretende Staatssicherheitsminister beim
Grenzübergang Bayerisch Gmain wieder deutschen Boden: »›Guten Morgen, Herr Wolf‹, sagte Bundesanwalt
Lampe und gibt ihm die Hand. ›Mein Name ist Wolf‹,
entgegnete dieser ... Ein Bundesanwalt reiste quer durch
die Republik, um ihn an der Grenze in Empfang zu neh-

men. Das Ganze hatte durchaus Stil ... (und so) wurde Wolf in einem Mercedes der S-Klasse nach Karlsruhe chauffiert.«[97]

Auch sonst zeigte die bundesdeutsche Justiz ein Verhalten, das ihr eigentlich gegenüber Strafverdächtigen fremd ist: Als Wolf am 9. September 1991 als Zeuge beim Strafverfahren gegen den bisherigen MfS-General Schütt vor dem Bayerischen Obersten Landesgericht aussagen sollte – was nur wenige Stunden dauerte –, sah der Bundesgerichtshof in einer üblicherweise sofortigen Rückkehr offenbar eine unzumutbare Härte für den Ex-Spionagechef und erweiterte das sichere Geleit auf eine Zeitdauer von drei Tagen zuvor und auch drei Tagen nach der Aussage. Die Bundesanwaltschaft, die den Antrag zunächst gekoppelt hatte mit der Auflage, keine öffentlichen Erklärungen in den Medien abzugeben, mußte bald hören, dies sei angesichts fehlender Rechtsgrundlage abzulehnen. In dem Spionageprozeß gegen den Agenten Kuron vor dem Oberlandesgericht Düsseldorf machte Wolf von seinem Zeugnisverweigerungsrecht Gebrauch und sagte einmal »Nein« sowie einmal »Ja« – und kassierte 1500 DM Spesen.[98] Der Staatsbürger wird auch kaum Verständnis haben für das Verhalten ihm gegenüber im Schalck-Untersuchungsausschuß des Bayerischen Landtages. Dort nämlich »bemühte sich der Ausschußvorsitzende Weiß (CSU) dem prominenten Kommunisten gegenüber um eine Liebenswürdigkeit, die er bei anderen Zeugen nicht an den Tag legt. Weiß erhob sich von seinem Sitz und begrüßte Wolf mit Handschlag. Er versuchte, die Atmosphäre mit Scherzen aufzulockern. Er bat den Zeugen, doch wenigstens die Frage: ›Kennen Sie Simon Goldenberg?‹ zu beantworten. Nachdem alle Versuche, dem Zeugen eine Aussage zu entlocken, gescheitert waren, erhob sich Weiß abermals, um Wolf die Hand zu reichen. Dieser wandte sich jedoch ab und ließ den verdutzten Vorsitzenden einfach stehen.«[99] Er hatte es sicherlich gut gemeint, wenn dieses Verhalten letztendlich auch naiv war und er gegenüber dem Ex-Generaloberst des MfS besser mehr Würde hätte zeigen sollen.

Im Schalck-Untersuchungsausschuß des Bundestages in der zweiten Septemberwoche 1992 erklärte Wolf innerhalb von 85 Minuten Befragung 89mal: »Keine Antwort!« Es hieß im Ausschuß, er müsse dessen »Nein« innerhalb von 14 Tagen prüfen; in dieser Zeit werde der Ausschuß akribisch genau prüfen, wo er möglicherweise fälschlich die Aussage verweigert habe. Der Vorsitzende kündigte an, ihn erneut zu laden und notfalls per Beugehaft – nach der Strafprozeßordnung maximal sechs Monate – zur Aussage zu zwingen. Bisher indes hörte man davon nie etwas wieder . . .

Nach seinen Worten schätzt Wolf als Tugend am meisten die Ehrlichkeit[100], er selber scheint mit dem Begriff der Wahrheit allerdings großzügig umzugehen. So behauptete er oder widersprach nicht, wenn man von ihm sagte, er sei bei Kriegsende mit der Gruppe Ulbricht nach Berlin gekommen.[101] Tatsächlich aber beobachtete er noch am 9. Mai 1945 auf der Steinbrücke am Kreml die Siegesfeierlichkeiten, und ebenso tatsächlich war die Gruppe Ulbricht bereits am 1. Mai in Deutschland eingetroffen. Gern erweckt er auch den Eindruck, als seien er und seine Familie keine Verehrer Stalins gewesen. Unter seinem damaligen Pseudonym »Michael Storm« aber schrieb er beispielsweise im Dezember 1949 aus Moskau über dessen 70. Geburtstag (ohne ihn allerdings gesehen zu haben):

> »Es ist schwer zu schildern, was in jedem einzelnen von uns in diesen Augenblicken vorging. Wieder war es das Gefühl der Verehrung und der Liebe zu dem großen Mann, dem die Geschenke unseres Volkes gewidmet sind, zu Stalin . . .«[102]

Mit den Enthüllungen auf dem 20. Parteitag der KPdSU sei »Stalin für mich als Person erledigt« gewesen, sagte er. Doch noch 1985 erklärte er: »Stalin war eigentlich alles. Er gehörte zu allem dazu. Die Zeit ohne Stalin ist für mich, . . . wahrscheinlich für jeden, der sie damals in der Sowjetunion erlebt hat, ohne Stalin undenkbar . . . Mit all dem war eben auch das Bild Stalins verbunden. Die Zeit ist ohne Stalin nicht denkbar, auch mit ihren großen Erfolgen und auch mit allem anderen«[103] – was man unter dieser unklaren Formulierung auch immer verstehen mag. Richtig ist, daß er einmal ein bekanntes Stalinwort in einem bedeutenden Punkt verkürzte – aber nur, weil es nicht mehr in die derzeitige Deutschlandpolitik der SED paßte. Ohnehin war er sein eigener Zensor seiner eigenen Briefe an seine Eltern im Juni 1945: Ihre Veröffentlichung 1985 in der Zeitschrift »Sonntag« ist in einigen wichtigen Punkten unterschiedlich zu dem 1975 in »Die Weltbühne« abgedruckten Text ...[104]

Wolf empfahl den »Kampf um die Durchsetzung der eigenen Meinung, auch selbst wenn man dabei Unannehmlichkeiten hat«[105] – leider geschah dies erst Ende September 1989. Gegenüber dem US-Nachrichtenmagazin »Time« erklärte er: »In den Jahren vor dem Tod meines Bruders (1982) begann ich tiefer zu reflektieren ... Wir wollten ähnliche Reformen wie die Gorbatschows in der UdSSR einführen – Glasnost und Perestroika. Es war die Zeit, als meine Opposition gegen das Regime begann.«[106] Glaubhafter erscheinen seine Worte in seinem Buch, er habe sich erst mit seiner Pensionierung als Oppositioneller bekannt. Seine einstigen Untergebenen werfen ihm jedenfalls vor, »aus Unterwürfigkeit und Beharrung, aus Angst und Feigheit nichts getan zu haben, letztlich erst aktiv geworden zu sein, als es zu spät und wohl auch schon nicht mehr riskant gewesen ist.«[107]

Tatsache ist, daß das Regime ihm auch nach seinem Weggang aus dem MfS alle Privilegien ließ und über Schalck-Golodkowski für 545 752,97 DDR-Mark (davon 200 000 in Westdevisen) die Errichtung und Ausstattung zu seiner neuen Wohnung am Spreeufer im Berliner Nikolaiviertel beschaffte, er auf Staatskosten weiterhin über Arbeitsmöglichkeiten, zwei HVA-Offiziere, einen Kraftfahrer und eine Sekretärin verfügte und man natürlich auch nicht seine Datscha in einem Waldgrundstück am Strehlesee enteignete.[108] Zu seinem 65. Geburtstage übermittelte

ihm das Zentralkomitee der SED »die herzlichsten Glückwünsche« und bescheinigte ihm »wichtige Verdienste« sowie »einen bedeutenden Beitrag bei der klassenmäßigen
Erziehung von Generationen der Partei treu ergebener
Kämpfer.« Ob all dies auch erfolgt wäre, wenn dort seine –
heute als Opposition bezeichnete – Haltung bekannt gewesen wäre?

Derselbe Mann ist heute bemüht, Mitleid zu erwecken:
»Gegen mich läuft ein Kesseltreiben, weil ich mich nicht
erpressen lasse« und etwa auch: »Es ist mein Schicksal, als
Sündenbock zu dienen.«[109] Grotesk wirkt sein Beklagen,
er wollte als Rentner »eigentlich in Beschaulichkeit über
Erfahrungen des Lebens nachdenken« und müsse sich jetzt
»in die Sklaverei der Marktwirtschaft begeben«.[110] Die
Wahrheit ist vielmehr, daß er aus dem Verkauf seines Buches »Die Troika«, für Interviews mit dem »Spiegel« und
dem »Stern« je 100 000 DM erhielt. Die gleiche Summe,
verlautet aus seriösen Journalistenkreisen, bekam er für
ein Interview in »Talk im Turm«, und für längere Gespräche mit einer Hamburger Mediengruppe sollen es sogar
500 000 DM gewesen sein. Zahlen, von denen die Opfer des
MfS – dessen stellvertretender Minister er jahrelang war –
nur träumen können!

Der Gipfel der Unverschämtheit ist es, wenn er in einer
Sendung des Schweizer Fernsehens »die jetztige Situation
der 60 000 Mitarbeiter der DDR-Staatssicherheitsdienste
mit derjenigen der Juden im Dritten Reich verglichen« hat.
Die Konferenz Europäischer Kirchen in Genf warf ihm
dann auch deutlich vor, die jüdischen Opfer der Nazizeit
»verhöhnt«[111] zu haben. Das muß um so mehr gelten, als
Wolf neuerdings auch auf seinen jüdischen Vater abhebt;
daß er selber verfolgten Juden in der DDR half, ist bisher
nicht bekannt geworden . . .

In seinem Prozeß vor dem Oberlandesgericht Düsseldorf flüchtete der Angeklagte wiederholt in die Phrase –
von keineswegs wenigen Zeitungen kritiklos nachgeäfft –
»Welches Land soll ich denn verraten haben?«[112] Nach
dem klaren Gesetzestext, den er zweifellos sehr genau

kannte, ist indes lediglich entscheidend, daß er Spionage gegen die Bundesrepublik Deutschland betrieb. Nach 43 Verhandlungstagen wurde Wolf Anfang Dezember 1993 zu sechs Jahren Haft verurteilt. Die Milde der Gerichtsentscheidung muß schon auf gewisses Befremden stoßen, bekamen seine einstigen Untergebenen nicht nur in einem Fall doppelt hohe Strafen; die daraus manchmal abgeleitete These, es hätte eine gewisse Absprache mit dem Gericht gegeben, ist indes abwegig. Daß Hellenbroich erneut erhebliche verfassungsrechtliche Bedenken äußerte, bestärkt nur den Eindruck, den man von ihm leider zwischenzeitlich bekam. Doch auch der Justitiar der SPD-Bundestagsfraktion, Wilfried Penner, war »von Anfang an skeptisch, ob es richtig ist, die Spionage eines Staates, der nicht mehr existiert, unter Strafe zu stellen« – wollte er für den DDR-Spionagechef etwa rückwirkend die entsprechenden Vorschriften des Strafgesetzbuches abschaffen?[113]

Konrad Porzner, der Präsident des Bundesnachrichtendienstes, schrieb – der sonst gerichtsprozeßfreudige Markus Wolf unternahm nichts dagegen – in »Die Welt« am 2. 12. 1991:

>»Herr Wolf hat sich nach dem Zweiten Weltkrieg als erwachsener Mensch, er ist ja jetzt 68 Jahre alt, frei entschieden, damals für die kommunistische Diktatur in der Ostzone, dann in der DDR zu arbeiten. Er hätte sich auch für die Demokratie entscheiden können wie Wolfgang Leonhard, mit dem er zusammen in Moskau ausgebildet wurde. Wolf hat sein ganzes Leben lang der kommunistischen Diktatur gedient, und er hat diese Diktatur auch gewollt. Er hat an herausragender Stelle, und zwar im Unterdrückungsapparat Staatssicherheit, als ranghöchster Stellvertreter des Ministers Mielke gearbeitet. Die kommunistische Diktatur ist gescheitert, und mit ihr ist Wolf gescheitert; er ist eine armselige Figur geworden.«

Es gibt Kommunisten, deren Haltung man tieferen Respekt zollen muß – auch wenn man selber ganz anderer politischer Meinung ist. Ein Markus Wolf dürfte dazu nicht gehören.

Alexander Schalck-Golodkowski

Im krassen Gegensatz zu Markus Wolf wurde Schalck-Golodkowski schnell zum Buhmann der gesamten Nation. Die Ursache lag wahrscheinlich einmal in seiner tatkräftigen Mithilfe am »süßen Leben« der SED-Führungsspitze, während die normalen DDR-Bewohner selbst nach den einfachsten Gütern Schlange stehen mußten. Es waren gewiß ebenso die Waffenlieferungen an alle möglichen Käufer seitens der »friedliebenden« DDR, auch gerade an jeweilige Kriegsparteien wie die Contras und Sandinisten in Nikaragua. Zu allem kam dann noch der Verkauf von Kunst und Antiquitäten (einschließlich von NS-Symbolen) mit dem alleinigen Ziel, Geld für Ost-Berlin zu machen. Nicht zuletzt dürfte es das Erstaunen der Leidgeprüften gewesen sein, daß Koko Ende 1989 bei fünf schweizerischen Banken und jeweils zwei österreichischen und dänischen ein Guthaben von 197,4 Millionen Mark angehäuft hatte, daß seine Organisation damals ein Gesamtvermögen von 22 Milliarden besaß – von denen indes bisher lediglich ein Teil festgestellt wurden.

Schalck-Golodkowski war schon eine der schillerndsten Figuren im SED-Reich, was ihm bei seiner Geburt am 3. 7. 1932 in Berlin bestimmt niemand prophezeit hatte! Seine Mutter – ihr Vater war Firmenrepräsentant von Stinnes in St. Petersburg – siedelte in den 20er Jahren nach Danzig, wo sie den Staatenlosen russischer Herkunft Peter Golodkowski heiratete; später zogen beide nach Berlin. Hier wurde er von dem Ehepaar Schalck adoptiert, die deutsche Staatsangehörigkeit erhielt er aber erst 1940 nach Eintritt in die Wehrmacht. Sohn Alexander ging bis 1947 zur Schule, arbeitete dann bei einem Bäcker, um 1950 die Lehre als Feinmechaniker abzuschließen. Zwei Jahre später war er im Ministerium für Außenhandel und Innerdeutschen Handel, studierte Außenwirtschaft und wechselte 1962 ins Außenhandelsministerium, wo er Ende 1966 stellvertretender Minister wurde und 1975 Staatssekretär. Mai 1970 promovierte er an der MfS-Hochschule Potsdam-Golm zum Dr. jur. mit »magna cum laude« über das Thema »Zur Vermeidung ökonomischer Verluste und zur Erwirtschaftung zusätzlicher Devisen im Bereich ›Kommerzielle Koordinierung‹ des Ministeriums für Außenwirtschaft der Deutschen Demokratischen Republik«; wie die Kommission des Senats der Hochschule in ihrem Beschluß betonte, stellte es einen Forschungsauftag des Ministeriums für Staatssicherheit dar. Nach Ansicht bundesdeutscher Publizisten war es allerdings »in einem so schauderhaften Funktionärsdeutsch abgefaßt, mit so vielen sattsam bekannten Stereotypen kommunistischer Ideologie durchsetzt.« [114] Dennoch – oder deshalb – wurde die Dissertation von MfS-Minister Mielke angenommen, der bekanntlich weder einen Doktor- noch gar einen Professorentitel aufweisen kann. Gewiß gefiel ihm besonders der Satz auf Seite 91 der Arbeit –

> »Dem Feind mit allen nur zur Verfügung stehenden Mitteln und Möglichkeiten, durch Anwendung seiner eigenen Methoden und Moralbegriffe, Schaden zuzufügen sowie die sich bietenden Möglichkeiten des feindlichen Wirtschaftspotentials zur allseitigen Stärkung der DDR voll zu nutzen.«

Stand doch auch im Gutachten zur Dissertation, »viele« der Mitglieder der Koko-Firmen im Westen »müssen das Format eines tschekistischen Einzelkämpfers besitzen«. Der »Maßnahmeplan« der Hochschule sah die Verteidigung der Arbeit vor dem Rektor und vier höheren MfS-Offizieren vor; »es werden keine anderen Teilnehmer zugelassen«, und »an der Hochschule wird kein Exemplar der Dissertation archiviert« – sie wurde dann auch bald zur »Geheimen Verschlußsache« erklärt.[115]

Gewiß waren Schalck Skrupel und moralische Hemmungen weit entfernt, tatsächlich hat er sich auf seine Art um das Regime verdient gemacht: 1969 bekam er den »Vaterländischen Verdienstorden in Gold«, 1982 den »Karl-Marx-Orden«, zwölf Monate später den Ehrentitel »Held der Arbeit« und wiederum drei Jahre danach wurde er sogar Mitglied des Zentralkomitees der SED. Heute stellt er sich allzu gerne als reiner Befehlsempfänger hin, als beinahe entscheidungsloser Mitarbeiter, der lediglich seine Pflicht getan hätte und bis zum Ende der DDR an die gute Sache geglaubt haben möchte. Alle Vorwürfe gegen ihn weist er stets »mit aller Schärfe« zurück, vielmehr habe er »alles getan, Menschen zu helfen.«[116]

Mit Datum vom 2. Dezember 1989 schrieb er dem DDR-Ministerratsvorsitzenden Modrow einen Brief, in dem er versicherte: »Ich fahre nicht in die BRD, nach West-Berlin oder NATO-Staaten. Ich bin und möchte Bürger unseres Staates sein und bleiben . . . Ich verspreche Dir und meinem Staat, daß ich gegenüber niemandem über meine Kenntnisse sprechen werde . . .«[117]

In Wahrheit hatte er zu dieser Zeit angesichts seiner geplanten Flucht bereits Kontakt zum Westen aufgenommen – was wiederum der HA III des MfS nicht unbemerkt blieb – und passierte mit seiner Frau Sigrid kurz danach die Sektorengrenze in Richtung West-Berlin; dort wurde er am 6. Dezember in Haft genommen und am 9. Januar 1990 entlassen. Er flog nach München und stellte sich dann dem Bundesnachrichtendienst. Dort erhielten er und seine Frau Pässe auf den Namen »Gutmann«. Doch das Argument, daß sie bedroht gewesen wären und hätten auf diese Art geschützt werden müssen, erscheint trügerisch: Unter diesem ihren Mädchennamen war die spätere Frau Schalck in der Koko eingestellt worden, und auch ihr Dienstausweis für Reisen in den Westen lautete auf diesen Namen. Entscheidend war wohl weitaus mehr, daß unter diesen Personalien das Geld im Westen angelegt worden war. Gutinformierte Quellen wollen wissen, das Ehepaar sei über einen Monat vom BND unbeobachtet gewesen und hätte somit genügend

Zeit gehabt, sich etwa um Konten in Zürich, Genf, Lugano, Wien und vielleicht ebenfalls in Vaduz zu »kümmern«.[118] Am 24. Januar 1991 flog Frau Schalck-Golodkowski nach Moskau, ihr Reisegepäck bestand vorwiegend aus Aktenmaterial – nur für touristische Ziele? Seltsam mutet überdies an, daß die Koko-Abteilungsleiterin Traudel Lisowski die alten Koko-Firmen in Westeuropa selber auflösen durfte – mit Zustimmung der Treuhandanstalt. Diese sprach ihre Kündigung erst im September 1991 (also knapp ein Jahr nach der Wiedervereinigung) aus, die zudem mit einer Abfindung von 32 000 DM verbunden wurde.[119]

Schalck-Golodkowski und seine Frau bewohnen heute nach wie vor unbehelligt eine schöne Villa im Weißachdamm in Rottach-Egern am Tegernsee. All dies hat nicht nur bei den Menschen in den neuen Bundesländern große Verbitterung ausgelöst. Indes stellt ein auch noch so berechtigter Volkszorn keinen Strafgrund dar, es gibt keinen »Schurkenparagraphen«. Es fällt nicht in die Kompetenz der Justiz, eine politische oder moralische Vergangenheitsbewältigung zu leisten. Das Strafrecht ist ohnehin zwar ein notwendiges, aber oft ein ungeeignetes Mittel, Verbrechersysteme wie dasjenige der DDR aufzuarbeiten. Es kann nur kriminelle Schuld ahnden, wobei der Nachweis einer individuellen Schuld Voraussetzung für eine gerichtliche Verurteilung ist. Der Generalbundesanwalt leitete bereits am 29. August 1991 gegen Schalck ein Ermittlungsverfahren wegen Verdachts geheimdienstlicher Agententätigkeit ein, doch wurde es darum recht still. Ende März dieses Jahres erfolgte indes eine Anklage wegen illegaler Waffenkäufe: Dem Ex-Chef der Koko wird vorgeworfen, in den 80er Jahren über 2000 Rüstungsgüter für mehr als elf Millionen DM im Westen besorgt zu haben. Ob es gelingt, Schalck auf dieser Grundlage hinter Gitter zu bringen, bleibt abzuwarten. Völlig zu Recht meinte Generalstaatsanwalt Alexander Prechtel:

»Es wäre unterträglich, wenn er von der deutschen Justiz nicht belangt werden könnte.«[120]

271

Unbestritten ist inzwischen, daß Schalck-Golodkowski sich im Juli 1960 handschriftlich als IM verpflichtete. Sechs Jahre später wurde er zum »Offizier im besonderen Einsatz« (OibE) mit dem Anfangsdienstgrad Oberstleutnant ernannt; der Antrag empfahl dies mit den Worten: »Eine besonders enge Zusammenarbeit besteht zwischen ihm und der Hauptverwaltung Aufklärung des MfS. So waren seine Hilfe und Unterstützung bei der Suche und Auswahl zuverlässiger Kader für das kapitalistische Ausland von unschätzbarem Wert.« Zur Verleihung der Verdienstmedaille der NVA in Gold am 6. August 1968 rühmte der Antragsteller, er habe »eine Vielzahl von tschekistischen Maßnahmen eingeleitet und durchgeführt«. Als er und seine Frau acht Jahre später ihre Heiratsabsichten Minister Mielke meldeten, fühlten sie sich offensichtlich zum MfS gehörend: »Seien Sie gewiß, werter Genosse Minister, daß wir wie bisher alles in unseren Kräften Stehende leisten werden, um die uns als Genossen und Tschekisten gestellten Aufgaben in Ehren zu erfüllen.« Frau Schalck erhielt 1984 auch die Verdienstmedaille der NVA, begründet wurde dies mit dem Hinweis: »Die Genossin Schalck ist eine treu ergebene Mitarbeiterin des MfS«; vier Jahre danach ernannte man sie zum Oberst. Der Rang eines Stasi-Offiziers als solcher aber reicht zum Spionagevorwurf nicht aus, Voraussetzung ist eine aktive nachrichtendienstliche Tätigkeit. Der Embargoschmuggel der Koko wäre strafrechtlich für beide höchstens als Anstiftung zu werten, doch gibt es eine solche zu §§ 33 und 34 der Außenwirtschaftsverordnung nicht. Ist der Verstoß gegen die Co-Com-Liste indes mit geheimdienstlichen Mitteln geführt worden – was generell zweifellos zutrifft –, so liegt eine Agententätigkeit vor. Schalck-Golodkowski einen persönlichen Tatbeitrag nachzuweisen, so führte BfV-Präsident Werthebach vor dem Untersuchungsausschuß des Bundestages aus, sei »ungeheuer schwierig«. Überführen müßte man ihn ebenfalls hinsichtlich seines Wissens um eindeutige HVA-Firmen in Westeuropa.

Koko sei ein Ableger der MfS gewesen, heißt es. [121] Für

eine direkte Angliederung an eine nachrichtendienstliche Organisation aber gibt es bisher keine Bestätigung. Schalck-Golodkowski gehörte zum Bereich des DDR-Wirtschaftsministers Mittag und hatte diesem Bericht zu erstatten. Das entscheidende Problem stellt daher seine eigene Beziehung zur HVA dar: Hatte er geheimdienstliche Aufträge oder fielen seine nicht wenigen Berichte und Informationen an Mielke lediglich als »Nebenprodukt« einer primär wirtschaftlich ausgerichteten Tätigkeit im Westen an? Für das erstere müßte eigentlich ein Brief von ihm unter dem Datum des 12. April 1985 sprechen, als er eine Anweisung des Ministers für Staatssicherheit befolgte und zur Sicherstellung der Arbeitsfähigkeit in besonderen Spannungssituationen anordnete, mit konspirativen Methoden die Verbindung zu langjährigen Geschäftspartnern im Westen »verstärkt nach politisch-operativen Grundsätzen zu führen«. Konkret hieß dies: »Die bestehenden bzw. angenommenen Vertrauenspersonen in diesen Firmen sind zu beauftragen, unter Nutzung ihrer legalen Möglichkeiten bereits in normalen Lagebedingungen einen konkret abrechenbaren Beitrag zur Aufkläruung des Vorgehens kapitalistischer Behörden . . . gegenüber der DDR und anderen sozialistischen Staaten zu erarbeiten. Die Auftragserteilung hat gedeckt unter Wahrung der Konspiration zu erfolgen.« In einem Begleitbrief an den Leiter der Hauptabteilung »Kader und Schulung« des MfS schrieb er –

> »Die Führung und Entwicklung solcher spezieller Auslandsverbindungen erfordert die zielstrebige individuelle Arbeit mit den in diesen Verbindungen tätigen ausländischen Personen nach politisch-operativen Grundsätzen und Methoden. Das Ziel ist, abgedeckt und unter Nutzung aller legalen Möglichkeiten, IM-Verbindungen aufzubauen.«[122]

Während der Wende dürften Koko-Dokumente und – Unterlagen im Gewicht von etwa einer Tonne verbrannt, weitere 362 »Bündel Schriftgut« sollen beiseitegeschafft worden sein. Trotz aller dieser Schwierigkeiten scheint sich neuerdings der Verdacht gegen Schalck auf eine nachrichtendienstliche Tätigkeit zu verstärken: Nach Akten, die dem Untersuchungsausschuß des Bundestages vorliegen, floh 1981 Günter Asbek – Leiter der Koko-Außenhandelsfirma Asimex – vor der (falschen oder richtigen?) Verdächtigung, heimlicher Mitarbeiter des BND zu sein, nach dem Westen. Schon damals offenbarte er sein gesamtes Wissen in Pullach und deckte die vielseitigen Tätigkeiten des Schalck-Apparates in etlichen Einzelheiten aus.

Selbstverständlich waren der Bundesnachrichtendienst und auch die CIA schon zu DDR-Zeiten über vieles des Koko-Imperiums informiert; angeblich konnte die erwähnte »BKK« des MfS jeweils einen von ihnen »umgedrehten« Agenten erneut »umdrehen«, doch scheint sie keine weiteren Helfershelfer des Westens entdeckt zu haben. Auch die Behauptung, in den 20 von der Koko verwalteten SED-Parteifirmen in Westdeutschland habe das Bundesamt für Verfassungsschutz über zwölf höhere »Quellen« für sich gewinnen können, erscheint glaubhaft. Daraus aber eine Mitschuld der einzelnen Bonner Bundesregierungen ableiten zu wollen, wie die Abgeordnete Ingrid Köppe es tut[123], ist nicht gerechtfertigt: Ihr Argument, man habe gerade gegenüber der DDR-Bevölkerung die Machenschaften der »Kommerziellen Koordinierung« bloßstellen müssen, hätte niemals zu einer Einstellung deren Tätigkeiten geführt – höchstens zu einer Umstrukuierung bei der gleichzeitigen Gefahr, dabei die »Quellen« zu verlieren und somit sein Wissen einzubüßen.

Schalck-Golodkowski war damals Bevollmächtigter der DDR, ein in Bonn wohlgelittener Unterhändler für deutsch-deutsche Kontakte. Auch im geschichtlichen Rückblick gesehen: Es war notwendig, mit ihm Gespräche und Verhandlungen zu führen, um damals das Menschenmögliche für die Menschen im geteilten Deutschland zu erreichen. Wie weit man sich auf westdeutscher Seite mit Schalck einließ, welches fragwürdige Maß an Vertraulichkeit entstand, ob es nicht zu einem würdelosen Anbiedern kam, was man ihm vielleicht auch sagen mußte, um Vertrauen zu erwecken und damit Einfluß zu gewinnen, das ist eine ganz andere Frage. Der SPD-Obmann Andreas von Bülow hat sich in diesem Zusammenhang zu der Formulierung hinreißen lassen, der frühere bayerische Ministerpräsident Franz Josef Strauß sei »der größte Spion der DDR« gewesen und seine Äußerungen gegenüber Schalck wiegten »schwerer als die Spionage des Brandt-Spions Günter Guillaume«. Die Akten indessen belegen eindeutig, daß Strauß dem SED-System beharrlich humanitäre Konzessionen abgerungen hat. Auf einen Verrat von Staatsgeheimnissen fehlt jeder Hinweis.[124]

Es dürfte allerdings ziemlich sicher sein, daß manche Politiker im Westen Deutschlands einem Prozeß gegen Schalck mit beträchlicher Sorge entgegensehen. Könnte ein solcher doch allerlei Unangenehmes und Abträgliches publik machen, denn zweifellos weiß er über nicht wenige von ihnen mehr, als denen lieb sein kann. Gewiß würde dieser auch manches über die Creme der Wirtschaft und deren lukrative wie manchmal auch mysteriöse Geschäfte mit der DDR erzählen. Die Bundesrepublik Deutschland aber wird gerade in diesem Fall beweisen und beweisen müssen, daß sie wirklich ein Rechtsstaat ist. Es sollte in der Öffentlichkeit nicht der leiseste Verdacht aufkommen, man wolle einen Schalck-Golodkowski nur aus Angst vor brisanten Enthüllungen decken. Das Vertrauen der Bevölkerung in den Rechtsstaat würde gefährlich erschüttert werden, und das nicht nur in den neuen Bundesländern!

Zu seinem Auftreten vor dem Untersuchungsausschuß des Bundestages erklärte Schalck im Zweiten Deutschen Fernsehen: »Ich möchte dazu beitragen, daß deutsche Geschichte – soweit ich sie beurteilen kann und miterlebt habe – aufgearbeitet wird. Das ist der einzige Wunsch, den ich habe.«[125] Ob und inwieweit das ernst gemeint sein mag und die Wahrheit wirklich zum Zuge kommen soll und auch wird, muß die Zukunft beweisen. Erwartungsgemäß zeigten die Bundestagsabgeordneten bei ihren Fragen über die Hintergründe des ehemaligen SED-Herrschaftssystems eine »teilweise frappierende Ahnungslosigkeit«. Aber auch heutzutage gewinnt der Chronist den Eindruck, daß sie das Beziehungsgeflecht zwischen Koko und dem MfS kaum zu durchschauen vermögen; sie können die vielfach verschlüsselten und nur selten zu entziffernden Unterlagen allzu oft nur mit der Hilfe aussagebereiter Zeugen bewerten. Ihre Hoffnung, ein Beteiligter werde freiwillig »auspacken«, hat sich zumindest bis heute nicht erfüllt.[126] Ohnehin ist die große Frage, wie viele Akten des Bundeskanzleramtes und des Bundesnachrichtendienstes gerade in diesem Falle der Bundestags-Untersuchungsausschuß einsehen darf. Manche Parlamentarier sind betroffen über die Weigerung des CDU/CSU-Fraktionsvorsitzenden Schäuble, u. a. einen Brief Schalcks vom 15. Juni 1990 an ihn herauszugeben und statt dessen als Privatangelegenheit zu deklarieren. Wie er behauptete, weiß er nichts über diese Schreiben. Selbst wenn er sie fände, »würde ich sie sicher auch niemandem zur Verfügung stellen, jedenfalls nicht dem Ausschuß«. Gerüchte kommen dann schnell auf, der Brief hätte Auskünfte über Koko-Firmen enthalten und bei einem rechtzeitigen Zugriff damals wären Finanzschiebereien zu Lasten des deutschen Steuerzahlers in beträchtlicher Millionenhöhe zu unterbinden gewesen. Andererseits gehören viele Unterlagen über SED-Firmen zum Aktenbestand des SED-Politbüros, heute befinden sie sich im PDS-Archiv; dessen Zugänglichkeit und damit Verwertbarkeit ist aber juristisch umstritten.

Auf den Schalck-Golodkowski-Untersuchungsausschuß des Deutschen Bundestages warten insgesamt 1476 Aktenbände mit rund 1,5 Millionen Dokumenten. Es ist kaum anzunehmen, daß sein Schlußbericht noch vor den nächsten Bundestagswahlen erfolgen wird.

Selbstverständlich können und sollen die Hauptamtlichen des bisherigen DDR-Ministeriums für Staatssicherheit sowie ihre IM nicht von der Bevölkerung ausgegrenzt werden, was immer man unter dieser Formulierung verstehen mag. Die Gefahr, sie könnten in irgendeiner Form ins politische Abseits geraten, ist nicht von der Hand zu weisen und wird von den bundesdeutschen Sicherheitsbehörden deutlich gesehen. Gegen diese pragmatischen Erwägungen steht allerdings die politische Moral, und nach der Wende hieß es markig im Deutschen Bundestag: »Die für früheres Unrecht Verantwortlichen müssen aus Schlüsselpositionen von Staat, Wirtschaft und Gesellschaft entfernt werden können.«[127] Unter Demokraten bestand damals die Einigkeit darüber, daß für die früheren Stasi-Angehörigen »in einem gesamtdeutschen öffentlichen Dienst kein Platz«[128] sei:

> »Die verantwortlichen und willfährigen Vollstecker des Stasi-Terrors dürfen im öffentlichen Dienst nicht beschäftigt werden. Die gestern noch Feinde des Rechtsstaates waren, dürfen und können heute nicht seine Beschützer sein ... Alles andere wäre auch ein Schlag ins Gesicht derer, die durch ihre friedliche Revolution in der ehemaligen DDR die Wiedervereinigung Deutschlands in Frieden und Freiheit ermöglicht haben.«[129]

Die Forderung aber, eine entsprechende Vorschrift im Beamtenrechtsrahmengesetz aufzunehmen, die für Bund und Länder einheitlich und verpflichtend wäre, wurde genauso abgelehnt wie der Antrag im Bundestag, ehemalige Bedienstete des MfS nicht in Bereichen mit besonders intensiven Einflußmöglichkeiten auf wichtigen Funktionen (man dachte an Erzieher, Richter, Staatsanwälte, Ministerialbeamte und Abgeordnete) arbeiten zu lassen. Dies, so hieß es nunmehr, sei mit rechtsstaatlichen Prinzipien nicht vereinbar, weil es die gesetzliche Festschreibung eines »Berufsverbots ohne Einzelprüfung« bedeuten würde.[130]

Ähnlich erging es der Forderung, das Ministerium für Staatssicherheit zu einer kriminellen Vereinigung zu erklären; sie war wiederholt von dem CDU--Bundesverkehrsminister Krause, dem MdB Gerster, der thüringischen CDU-Landtagsfraktion, der DDR-SPD und gerade von der Bürgerbewegung erhoben worden.[131] Das Ziel sollte sein, primär »den Opfern des MfS in künftigen Rehabilitierungsverfahren den genauen Nachweis zu erleichtern bzw. zu ersparen, daß es sich bei dem Erlittenen bzw. ihnen durch das MfS Zugefügten tatsächlich um auszugleichendes Unrecht handelte, selbst wenn die Vorgehensweise des MfS womöglich formal im Einklang mit damaligen DDR-Regelungen gestanden haben mag.«[132] Für die Anwendung des entsprechenden § 129 Strafgesetzbuch sind zwar die Strafverfolgungsbehörden zuständig und nicht die Abgeordneten des Bundestages. Eine solche Erklärung aber hätte die Meinung des Hohen Hauses des deutschen Volkes eindeutig manifestiert und somit eine klarstellende Funktion gehabt. Besaß das Parlament doch am 25. 1. 1985 die moralische Kraft, den Volksgerichtshof der NS-Zeit als kein Gericht im rechtsstaatlichen Sinne, sondern als Terrorinstrument zu bezeichnen. Damals wog das gegen die jetzige Verurteilung des MfS verwendete Argument, es handele sich um eine unzuverlässige Rückwirkung, nicht. Recht fragwürdig erscheint ebenso die Ansicht des Wissenschaftlichen Dienstes des Deutschen Bundestages [133], man könne nicht davon ausgehen, daß jeder MfS-Angehörige die kriminellen Machenschaften durchschaut habe. Sehr richtig stellt hingegen die CDU-Fraktion im Landtag Mecklenburg-Vorpommern nach eigenem Erleben in der DDR-Zeit fest:

> »Jeder, der hauptamtlich bei der Stasi gearbeitet hat, egal ob Reinigungskraft oder Führungsoffizier, hat erstens gewußt, für wen er dort arbeitet. Er hat zweitens freiwillig hier gearbeitet . . . In der moralischen Beur-

teilung ist es kein Unterschied, ob man bereit war, für eine mit verbrecherischen Mitteln unmenschliche Ziele verfolgende Organisation zu arbeiten oder ob man direkt am Verbrechen mit beteiligt war ... So gilt nach meinem Dafürhalten immer, wenn offizielle Tätigkeit für das MfS bekannt wird: unzumutbar für den öffentlichen Dienst.«[134]

Das weitere Argument am Rhein, daß »erst jetzt nach und nach die Enthüllungen über den Staatssicherheitsdienst an die Öffentlichkeit dringen«, wird unbestritten für den Westteil Deutschlands zutreffen, doch soll dieses bisherige Nichtwissen und häufige Nicht-wissen-Wollen sich heute etwa positiv auf seine Mitglieder auswirken? Der offenbar als weitere Entschuldigung gedachte Hinweis, Ost-Berlin habe nicht nur mit der Bundesrepublik Deutschland diplomatische Beziehungen unterhalten, berührt lediglich außenpolitische Fragen. Die Behauptung, eine Gleichstellung der Stasi-Angehörigen als Mitglieder einer kriminellen Vereinigung verstoße »gegen die Menschenwürde, das Persönlichkeitsrecht«, wird zumindest der Bevölkerung in der Ex-DDR als überaus realitätsfremd erscheinen. Aus den eingangs dargelegten Gründen war allerdings auch das Bundesamt für Verfassungsschutz gegen eine solche allgemeine Verurteilung des MfS. Gesetzliche Grundlage für das arbeitsrechtliche Verhältnis zu den einzelnen früheren Bediensteten des Staatssicherheitsministeriums ist der deutsch-deutsche Einigungsvertrag; nach dessen Anlage I, Kapitel XIX, ist ein wichtiger Grund für eine außerordentliche Kündigung insbesondere dann gegeben, wenn jemand hauptamtlich oder inoffiziell »für das frühere Ministerium für Staatssicherheit/Amt für Nationale Sicherheit tätig war und deshalb ein Festhalten am Arbeitsplatz unzumutbar erscheint.«[135] Was aber »unzumutbar« bedeutet, sei »anhand der konkreten Umstände abzuwägen«. Manche Gerichte heben dabei auf die Dauer, die Art und den Umfang der Tätigkeit ab. Das Bundesarbeitsgericht hat in seinem Grundsatzurteil vom 11. Juni 1992 gefordert, im Einzelfall müsse eine Prüfung erfolgen. Ein genereller Ausschluß von ehemaligen Mitarbeitern des MfS aus dem öffentlichen Dienst sei mit dem Einigungsvertrag nicht vereinbar.

Man kann gewiß noch unterschiedlicher Meinung sein, ob die Entlassung der elf einstigen MfS-Offiziere moralisch gerechtfertigt war, die bis Oktober 1991 (angeblich sogar mit Wissen des Bundesinnenministeriums und des brandenburgischen Innenministers) als Parkwächter und Gärtner in den Anlagen von Sanssouci arbeiteten. Das gilt vielleicht auch noch für die ehemalige Küchenhilfe des Ministeriums für Staatssicherheit im Range eines Oberfeldwebels, die von der Berliner Stadtverwaltung als Sachbearbeiterin für Hundesteuer eingestellt worden war und damit heute – wie das Landesarbeitsgericht die Kündigung vom Juni 1991 bestätigte – »hoheitlich tätig werde«. Die Entlassung von 68 früheren Hauptamtlichen des Staatssicherheitsdienstes, die nach der Wende als Straßenkehrer bei der Berliner Stadtreinigung ihr Geld verdienten, muß hingegen wohl als überspitzt erscheinen.

Die Gauck-Behörde in Berlin beschäftigt 16 ehemalige MfS-Mitarbeiter. Es handelt sich um Personen, die nach dem Zusammenbruch der DDR sich äußerst kooperativ zeigten und auf deren Spezialwissen man nicht verzichten zu können glaubt (von ihren bisherigen Mit-Tschekisten werden sie erwartungsgemäß als »Verräter« beschimpft). Immerhin haben alle Fraktionen und Gruppen im Innenausschuß des Bundestages erklärt, die Persönlichkeit Joachim Gaucks verdiene Vertrauen und die von ihm genannten Gründe für die Weiterbeschäftigung dieser Menschen seien durchschlagend.[136]

Bei der Bundespost in der früheren DDR wurden rund 2000 ehemalige Stasi-Hauptamtliche festgestellt, von denen bis Ende April 1992 allerdings weit über die Hälfte entlassen wurde. Die Deutsche Postgewerkschaft hatte Anfang 1991 angedroht, sich »mit allen rechtlichen Mitteln« gegen die vorgesehene Massenentlassung einsetzen zu wollen.[137] Bei der Installation des Telekommunikationsnetzes der Deutschen Bundespost in den neuen Ländern sollen frühere hohe Offiziere der Staatssicherheit als Unternehmer mitwirken.

Nach Äußerungen des SPD-Bundestagsabgeordneten Hartmut Soell sind offensichtlich nicht wenige Ex-Bedienstete des MfS im Sozialwesen und in der Arbeitsverwaltung untergekommen, hier ist »neue Verfügungsgewalt entstanden«.[138] Schon Anfang Oktober 1991 hatte die Gruppe Bündnis 90/»Die Grünen« in einer kleinen Anfrage diese Tatsachen gerügt, bedauerlicherweise aber ohne sichtbaren Erfolg.

Das dem Bundesinnenministerium unterstehende Bundesverwaltungsamt Köln beschäftigte – wenn auch zumeist mit Verträgen nur bis zum 31. 1. 1992 – in seiner Berliner Filiale insgesamt 151 ehemalige MfS-Angehörige; darunter befanden sich hohe Offiziere, unter anderem sogar Wolfgang Kisch, Referent des Kader-Hauptabteilungsleiters des Ministeriums. Sie waren aus den ehemaligen staatlichen Komitees zur Auflösung des MfS (»Eichhorn-Komitee«) am 3. Oktober 1990 vom Bundesverwaltungsamt einfach übernommen worden. Die sächsische Staatsregierung empfand dies als »unerträglich«, doch wurden sie weiterhin zur Erfassung früherer Stasi-eigener Immobilien und insbesondere für Rentenfragen ihrer einstigen MfS-Mitgenossen eingesetzt. Der Verdacht unkontrollierter Begünstigung kam schnell auf.[139] Heute sind dort noch 32-Ex-Stasis beschäftigt.

Viel Ärger bereitete die ganz offensichtlich zunächst geplante Übernahme von 930 ehemaligen Angehörigen der Paßkontrolleinheiten (PKE) in das Beamtenverhältnis auf Lebenszeit seitens des Bundesministeriums des Innern. Vor der Wende hatten sie überaus eng mit der Hauptabteilung VI des Ministeriums für Staatssicherheit zusammengearbeitet – die Anweisungen bezeichneten sie auch ausdrücklich als »Tschekisten« – und wurden nach dem Ende der DDR als BGS-Angehörige zur Paßkontrolle an den Grenzen zu Polen und der Tschechoslowakei eingesetzt; ihre erste Überprüfung hatte anhand von Stasi-Akten stattgefunden, die von ihnen selber zuvor »gesäubert« worden waren. Im Juli 1991 entschied der Bundesinnenminister, ihre Verbeamtung käme »zunächst nicht in Betracht... Bei einer offiziellen Tätigkeit für das MfS bestehen insoweit Zweifel an der persönlichen Eignung, die in jedem Einzelfall auszuräumen sind.«[140] Nach Eintreffen der Auskünfte von der Gauck-Behörde wurden dann 620 fristlos entlassen. In 63 Fällen klagten die Betroffenen und 61mal sogar mit Erfolg. Der Kündigungsgrund, stellte ein Gericht fest, sei dem Bundesinnenminister seit dem 3. Oktober 1990 bekannt gewesen: »Durch das 15monatige Zuwarten mit dem Ausspruch der Kündigung ist dem Kläger ein rechtlich schützenswertes Vertrauen darauf erwachsen, daß das Arbeitsverhältnis nicht mehr fristlos mit der Begründung gekündigt wird, er sei Mitarbeiter des MfS gewesen.«[141] Etwa 200 der Paßkontrolleure sollen dagegen weiterbeschäftigt werden, weil sie nur in Randbereichen des MfS oder nur kurz bei der Paßkontrolle tätig waren, davon überwiegend noch in der Ausbildung und danach ausnahmslos in untergeordneten Funktionen ohne eigene Verantwortung.

Pressemeldungen, 42 Personen des bisherigen Personenschutzes des MfS übten jetzt die gleiche Funktion im Rahmen des Bundeskriminalamtes aus und zwei von ihnen seien sogar zum Schutz des seinerzeitigen Bundesinnenministers Schäuble abgestellt worden, entsprechen den Tatsachen. Selbst die Präsidentin des Deutschen Bundestages, Frau Professor Rita Süssmuth, soll nach Zeitungsmeldungen in ihrem Personenschutz nicht frei von Angehörigen des bisherigen Personenschutz des MfS sein![142]

Dazu muß man immer wieder hören, es handele sich um Menschen, die nicht im typischen Unterdrückungsapparat des MfS tätig gewesen seien und der Einigungsvertrag verlange ihre Übernahme – was zumindest im letzteren Punkt nicht den Tatsachen entspricht. Es wäre sehr notwendig, daß das offizielle Bonn schon aus rein politisch-moralischen Gründen eine eindeutige Trennungslinie zu allen Bediensteten dieses Ministeriums zieht! Gewiß wäre eine

Übernahme von »Spezialisten« im Einzelfall vorteilhaft, doch sollte man nicht in die Fehler nach dem Zweiten Weltkrieg verfallen.

Behauptungen, manche Angehörige der Verwaltung Aufklärung seien in die Bundeswehr übernommen worden und verrichteten ihren Dienst heute in teilweise besonders sicherheitsempfindlichen Bereichen, entsprechen nicht den Tatsachen: Sämtliche Hauptamtliche der VA und ebenso ihre »Kundschafter« sind den verantwortlichen Stellen im Raume Bonn namentlich bekannt. Ebenso entbehren die aufkommenden Gerüchte, der Bundesnachrichtendienst und das Bundesamt für Verfassungsschutz hätten bisherige Mitarbeiter des DDR-MfS übernommen, jeglicher Grundlage.

Anfang Juli 1993 beschäftigte der Bund in seiner Verwaltung, in Ministerien und den nachgeordneten Behörden 2597 ehemalige Stasi-Angehörige – in voller Kenntnis ihrer Vergangenheit. 542 von ihnen wurden inzwischen sogar zu Beamten ernannt, bei weiteren 189 stand bereits damals die alsbaldige Übernahme bevor. Direkt in den Bonner Bundesministerien waren 46 Ex-Stasi-Mitarbeiter tätig. In den Verwaltungen von Bahn und Post arbeiteten allein 1631. Schon 1992 bezeichnete die SPD die Zahlen als »Sprengstoff«, die Liberalen im Bundestag nannten es eine »blanke Brüskierung«, während die Union sich »verwundert« zeigte. Die SPD-Abgeordneten im Parlament allerdings »gingen so weit und verlangten, daß auch für MfS-Mitarbeiter, wenn sie dann übernommen werden, eigentlich auch deren Vordienstzeiten angerechnet werden müßten«![143]

Oktober 1993 lehnte der Innenausschuß des Bundestages mit den Stimmen aller Fraktionen einen Antrag von »Bündnis 90/Die Grünen« ab, wonach frühere Hauptamtliche des Ministeriums für Staatssicherheit nicht in ein Beamtenverhältnis übernommen werden. Die SPD erachtete den Antrag für »rechtlich bedenklich«, während CDU/CSU erklärten, für eine solche Regelung sei es heute zu spät. Die einst stolzen Worte im Bonner Parlament blieben also nur als hohle Phrasen zurück?

Der Rechtsstaat, auf den die Menschen »drüben« so hofften, scheint nicht den Opfern, sondern primär den Tätern des Unrechts zugute zu kommen. Was mögen die Arbeitslosen in Mecklenburg-Vorpommern, in Brandenburg oder Thüringen wohl denken, die sich aus moralischen Gründen vielleicht jahrelang den Verlockungen des Staatssicherheitsdienstes verweigerten?

Vielleicht nicht wenige hauptamtliche oder inoffizielle Mitarbeiter des MfS dürften längst in der Verwaltung Westdeutschlands Unterschlupf gefunden haben. Anfragen bei der Gauck-Behörde gab es lediglich in Bayern; Nordrhein-Westfalen führte Ende November 1991 eine Überprüfung für Bürger der ehemaligen DDR auf ihre Verfassungstreue ein. Der sächsische Innenminister Heinz Eggert forderte Anfang April 1992 energisch entsprechende Kontrollen; die Innenminister der CDU-geführten Bundesländer signalisierten auch bald Zustimmung, Näheres aber ist bisher nicht bekannt geworden . . .

Umstritten in der öffentlichen Diskussion ist immer noch, ob Ex-Angehörige der Staatssicherheit heute als Rechtsanwälte zugelassen werden sollten. Würden sie mit der gleichen Elle wie Richter und Staatsanwälte gemessen, gäbe es keine freie Advokatur; andererseits sollte die Anwaltschaft – immerhin ein Organ der Rechtspflege – in den neuen Bundesländern nicht zum Auffangbecken für bisherige Stasi-Juristen werden. Es besteht Grund zu der Annahme, daß der Versagungsgrund der »Unwürdigkeit« bzw. der »fehlenden Eignung« keineswegs immer sorgfältig geprüft wurde. Die Bundesregierung vertritt die Auffassung, daß zumindest nach dem 15. September 1990 erteilte Zulassungen zur Rechtsanwaltschaft zurückgenommen werden können, wenn sich im Einzelfall eine besondere Verstrickung des Anwalts mit dem SED-Regime herausstellen sollte.

Bis November 1993 erfolgten 1212 Überprüfungen; dabei wurden 17 Zulassungen widerrufen.

Der (West-)Deutsche Journalisten-Verband untersagte in den zurückliegenden Jahren seinen Mitgliedern Kontakte zu bundesdeutschen Sicherheitsstellen. Nach der Wende forderten sein Vorsitzender Hermann Meyer und auch der Verbandsjustitiar Alfred Gerschel, bei bisherigen DDR-Journalisten nicht auf ihre Mitarbeit beim MfS zu achten: »Die Loyalität eines Arbeitnehmers gegenüber seinem Arbeitgeber kann nicht nach einer Tätigkeit für das frühere Ministerium für Staatssicherheit . . . beurteilt werden.« Blauäugigkeit? Oder?

Angesichts der oft recht guten Verbindungen der Koko und auch des MfS zu westdeutschen Wirtschaftskreisen konnten etliche Angehörige von ihnen hier rasch Fuß fassen. Einige, teilweise renommierte Firmen der »alten« Bundesrepublik haben bald nach der Wende frühere Offiziere des Staatssicherheitsdienstes sogar als jetzige Sicherheitsbeauftragte ihres Werkes im Westen »eingekauft«; deren gewiß dunkle Vergangenheit erscheint offensichtlich uninteressant oder sogar fördernd? Die häufig festzustellende Behauptung, die Wirtschaft zwischen Elbe und Rhein stellte bisherige Mitarbeiter der DDR-Geheimdienste generell ohne weitere Überprüfung ein, aber ist keineswegs zutreffend.

Beim Aufbau von Zweigbetrieben auf dem Gebiet der ehemaligen DDR und insbesondere bei Firmenübernahmen dort steht die westdeutsche Wirtschaft sicherheitsmäßig einer Vielzahl bisher nicht gelöster Probleme gegenüber. Denn von einem gewissen Qualifikationsgrad an – man könnte den Einstieg ins mittlere Management annehmen – war eine inoffizielle Tätigkeit für das MfS nicht die Ausnahme, sondern die Regel. Das bedeutet in weiterer Folge, daß eine beträchtliche Prozentzahl dieses Personenkreises aufgrund ihrer Vergangenheit leicht nachrichtendienstlich erpreßbar sein könnte.[144] Zum anderen schlossen sich nach dem Zusammenbruch der DDR Gruppen ehemaliger Hauptamtlicher des Staatssicherheitsdienstes zusammen und gründeten Privatfirmen, deren finanzieller Grundstock aus der geplünderten »Kriegskasse« ihres Ministeriums bestand und die nunmehr als Geldwaschanlage sowie als beruflicher Unterschlupf für weitere Ex-Tschekisten dienen. Auf diesem Sektor sind viele Fragen bis heute ungeklärt oder – zutreffender formuliert – überhaupt noch nicht gestellt worden. Warum wurden derartige Firmengründungen nicht oder doch nicht genügend überprüft? War es denn rechtens, daß MfS-Eigentum und damit Staatseigentum zu privatem Eigentum von MfS-Angehörigen wurde?[145]

Glaubt man der »Frankfurter Allgemeinen Zeitung«[146], so wurde bei der Winter-Olympiade in Norwegen die Bundesrepublik Deutschland durch den ehemaligen hauptamtlichen MfS-Offizier Gerd Leopold vertreten, der in Lillehammer als Betreuer junger Sportler wirkte ...

Heutige Situation

Bereits im Herbst 1989 stellten sich zwei Obristen der Hauptverwaltung Aufklärung den bundesdeutschen Behörden und vermittelten ihnen ihre umfangreichen Kenntnisse. Diese führten dann am Rhein auch wohl zu der allerdings optimistischen Ansicht, man werde in kurzer Frist sämtliche bisherigen DDR-»Kundschafter« aufspüren können.[147] Gewiß gab es 1990 insgesamt 601 Ermittlungsverfahren wegen Verdachts geheimdienstlicher Tätigkeit – immerhin nahezu das Doppelte gegenüber 1989 –, bei denen 229 Agenten enttarnt werden konnten. Doch die Behauptung, damit sei ein »gutes Drittel«[148] der Spionagetätigkeit Ost-Berlins aufgedeckt, war völlig unrealistisch. Zutreffend stellte der Präsident des Bundesamtes für Verfassungsschutz im März 1991 fest,

> ». . . aber natürlich haben wir noch in ganz beträchtlichem Umfang ehemalige Agenten des MfS hier in der Bundesrepublik Deutschland sitzen, und zwar in ganz sensiblen Positionen, in den Parteien, in der Industrie, aber auch in den Regierungsstellen.«[149]

Ähnlich sprach Bert Rombach, damals Leiter der Spionageabwehr im BfV, »von den Tausenden noch nicht enttarnter DDR-Agenten«.[150] Sehr offen war die Äußerung des Vizepräsidenten des Bundesamtes in einer vom Bundesinnenministerium im Herbst desselben Jahres verbreiteten Broschüre[151]:

> »Nur der kleinste Teil von ihnen konnte bisher enttarnt werden . . .«

Im Jahre 1991 gab es 1229 Ermittlungsverfahren wegen Spionage. 1992 stieg die Zahl auf 1737. Zwischen dem 1. Juli 1992 und dem 1. Mai 1993 wurden weitere 1178 Spionage-Ermittlungsverfahren gegen 1425 Verdächtige eingeleitet – doch nur 689 von ihnen waren auf westdeutschem Gebiet wohnhafte einstige »Kundschafter«. Noch der Jahresbericht 1992 des Bundesamtes für Verfassungsschutz kam auf Seite 172 zu dem Eingeständnis, »daß noch viele nicht enttarnte Agenten in empfindlichen Positionen unseres Staates tätig sein werden.« Die Beantwortung der Frage, wieviele Spione die DDR in den »alten« Bundesländern besaß, beruht allgemein auf Schätzungen; dabei bleibt zumeist unklar, ob nur diejenigen der Hauptverwaltung Aufklärung oder zusammen mit denen der Verwaltung Aufklärung oder gar auch die »Kundschafter« der anderen Abteilungen des MfS gemeint sind. Ende 1988 schätzte der damalige Präsident der BfV die Zahl der Ostagenten im Westen Deutschlands auf insgesamt 2000 bis 3000. Staatsminister Lutz Stavenhagen glaubte im Frühjahr 1990 an 3000 bis 4000 unentdeckte Spione, während der Jahresbericht 1990 des Bundesamtes für Verfassungsschutz angesichts der Angaben von Überläufern allein von 6000 »Kundschaftern« des MfS ausging.[152] Markus Wolf wiederum gab die Zahl erwartungsgemäß mit lediglich 2000 an.[153] Der interne Abschlußbericht der HVA vom 25. Juni 1990 sah 500 Agenten im Operationsgebiet BRD; das »Neue Deutschland« berichtete drei Monate später noch von angeblich 582 »Offizieren im besonderen Einsatz« in West-Berlin und im Bundesgebiet.[154]

Über die Anzahl der noch nicht aufgespürten »Kundschafter« kursieren die verschiedensten Mutmaßungen, sie reichen von »rund 300« bis »500 bis 600«.[155] Nachdem viele Akten auch anderer Hauptabteilungen des MfS und mancher Bezirksverwaltungen bekannt geworden waren, sprach man plötzlich von 1000. Wesentlich realistischer ist die Ansicht, es seien noch 2000 bis 2500 »Kundschafter« aufzufinden.[156]

Die von ihnen ausgehenden Gefahren müssen angesichts der andauernden Aktivitäten der russischen Spionagedienste schon als groß bezeichnet werden. Auch deswegen sind die bundesdeutschen Stellen gezwungen, sie aufzuspüren. Die von früheren MfS-Hauptamtlichen verbreitete Ansicht[157], das Strafbedürfnis des Staates sei angesichts der erfolgten Wiedervereinigung entfallen, ist deshalb falsch – von der Bestrafung wegen der begangenen Spionage abgesehen.

Im Juli 1993 gelangte dann das Kölner Bundesamt für Verfassungsschutz in den Besitz von rund 2000 »Karten« der HVA über ihre Spione im Westen Deutschlands, die man am besten mit dem Begriff »Registrier-Unterlagen« umschreiben sollte (die Formulierung »Stasi-Akten« ist in diesem Zusammenhang falsch). Über ihre Herkunft wird bis zum heutigen Tage viel spekuliert: Manche Zeitungen glaubten zu wissen, der Spionagedienst in Moskau hätte sie den Vertretern Bonns direkt übergeben; jedem Kenner der Materie mußte dies jedoch recht unglaubwürdig erscheinen, da kein Geheimdienst der Welt seine eigenen früheren Mithelfer (und potentielle »Kundschafter« von morgen) verrät – schon um nicht sein Vertrauen im Ausland zu verlieren. Gerade wohl auch aus diesem Grunde dementierte Moskau wiederholt energisch. Zutreffend ist, daß die bundesdeutschen Sicherheitsbehörden die Unterlagen vom US-Nachrichtendienst erhielten. Behauptet wird in diesem Zusammenhang durchweg, es sei die CIA gewesen, welche sie in der Kreml-Stadt »besorgt« habe. Angesichts der nur geringen Erfolge, die diese in früheren Jahren dort erzielen konnte, erscheint jene These ziemlich zweifelhaft. Der Autor dieses Buches vertritt die Ansicht, daß alles ein Coup des israelischen Geheimdienstes MOSSAD war.[158] Unbestritten handelte es sich dabei um »eine der größten Nachkriegs-Operationen«![159]

Tatsächlich beinhalten die Registrier-Unterlagen – im Abwehr-Jargon oftmals »2000-Akten« genannt – zwar nicht die wahren Namen der HVA-Agenten, vermitteln aber doch viele Details und lassen wertvolle Rückschlüsse auf die gelieferten Spionage-Nachrichten zu. Die zahlreichen Festnahmen von »Kundschaftern« seit Sommer 1993 gehen dann auch durchweg auf diese »Karten« zurück, und ebenfalls in der nächsten Zukunft wird man mit Enttarnungen rechnen müssen. Die anfänglichen Befürchtungen von vielen hochkarätigen Spionen an den Schalthebeln der Bonner Machtzentralen erwiesen sich bisher als unbegründet – was die großen Erfolge der DDR-Spionage allerdings nicht zu schmälern vermag.

Die Frage, ob man sämtliche »Kundschafter« werde enttarnen können, wird seit rund 20 Jahren von den zuständigen Persönlichkeiten in der Bundesrepublik ständig überaus optimistisch beantwortet: »Agenten, die noch in ihren Verstecken sind, werden nicht mehr lange unentdeckt bleiben« oder: »Sie müssen damit rechnen, daß wir sie alle kriegen. Es ist nur eine Frage der Zeit.«[160] Das ist zutreffend bei der Verwaltung Aufklärung; dort scheint man inzwischen sämtliche Spione erkannt zu haben, und bei den Hauptamtlichen haben ihre Personalakte, ihre Gehaltslisten und nicht zuletzt ihr Sozialversicherungsheft längst zu ihrer Identifizierung geführt.

Doch auch die »2000-Akten« werden keineswegs alle Verräter ausfindig machen können. Diese leben unbehelligt irgendwo im Westen Deutschlands weiter – vielleicht arbeiten sie heute sogar für russische Spionage. Es bleibt nur die vage Hoffnung, daß vielleicht einmal ein HVA-Führungsoffizier »singt« oder sie im Laufe der folgenden Jahre durch einen Zufall identifiziert werden ...

Dann aber dürfte durchweg bereits eine strafrechtliche Verjährung eingetreten sein. Entgegen allem Optimismus der Generalbundesanwaltschaft und allen Worten des Bundesinnenministers gibt es seit dem Frühjahr 1994 eine ständig steigende Zahl von Spionagefällen, in denen dies festgestellt werden muß. Ohnehin ist juristisch strittig, wann die Verjährungsfrist beginnt – nach Beendigung der Tat, heißt es. Doch: War dieser Moment der letzte »Treff«, die direkte Abschaltung eines Agenten oder andererseits dessen bewußter Schlußstrich unter seine »Kundschafter«-Tätigkeit oder erst die Auflösung des Ministeriums für Staatssicherheit bzw. das offizielle Ende der DDR-Spionage?[161]

Der wesentliche Grund für das Eintreten der Verjährung ist, daß die zuständigen Behörden aus einfach personellen Kapazitätsmängeln nicht zur rechtzeitigen Bearbeitung der vorliegenden Fälle kommen! Der Arbeitsanfall bei den einzelnen bundesdeutschen Sicherheitsstellen hat sich während der vergangenen vier Jahre allgemein verzehnfacht; man versuchte zwar, dem durch Umstrukturierung innerhalb der einzelnen Behörde zu begegnen, doch gab es mit Ausnahme der Generalbundesanwaltschaft keine Verstärkung der Planstellen.

Ebenso widerspiegeln die veröffentlichten Zahlen von Verhaftungen absolut nicht das wahre Ausmaß der festgestellten Spionage: Personen, die vor Jahren noch als Top-»Kundschafter« gewertet wurden, werden heutzutage gegen eine entsprechende Kaution zumeist auf freien Fuß gesetzt. Die Fluchtmöglichkeiten sind inzwischen minimal geworden, selbst überzeugte Kommunisten wissen längst um die Realitäten in der von ihnen bisher so angehimmelten Ex-Sowjetunion ...

Zum Verhalten der Führungsoffiziere

Das bis in die jüngste Zeit andauernde Schweigen der meisten HVA-Bediensteten und besonders ihrer Führungsoffiziere dürfte mehrere Gründe haben: Sie fühlen sich immer noch an ihren seinerzeit gegenüber der DDR-Führung geleisteten Offizierseid gebunden und sehen angesichts ihrer jetzigen eigenen wirtschaftlichen Lage keinerlei Veranlassung zur Preisgabe ihres Wissens. Hinzu kommt ihr Ehrenwort gegenüber ihren »Kundschaftern«, ihre Namen niemals zu verlautbaren. Entscheidend aber für ihre Haltung ist ihre Ansicht, letztlich die gleiche Tätigkeit wie der BND bzw. die CIA ausgeübt zu haben. In der ersten Zeit nach der Wende hofften sie angesichts der Bonner Diskussionen auf jene »Amnestie«. Die Tatsache, daß der Leiter der HVA, Generaloberst Großmann, nach Karlsruhe zur Bundesanwaltschaft geflogen, dort jedoch von jeder Haft verschont wurde (der Ermittlungsrichter verneinte die Voraussetzung einer Fluchtgefahr), gab ihnen verständlicherweise Auftrieb. Die Entscheidung des Kammergerichts Berlin dann, hinsichtlich der Möglichkeit einer Strafverfolgung das Bundesverfassungsgericht anzurufen, löste bei vielen Ex-Bediensteten der HVA geradezu Jubel aus. Die Verhaftung des Generalmajors Schütt führte andererseits zu einer Verhärtung.

Die Unumkehrbarkeit der politischen Verhältnisse in der früheren DDR und besonders auch in der UdSSR sowie andererseits die Androhung einer strafrechtlichen Verfolgung durch die bundesdeutsche Justiz ließen ab Herbst 1991 manche Führungsoffiziere allmählich zu einem etwas differenzierten Verhalten kommen. Seit etwa 1993 sind viele von ihnen mitteilsamer geworden und nennen auch die Personalien der von ihnen selber früher geführten »Kundschafter«. Beruflich scheinen einige ins Abseits gedrängt worden zu sein; Presseberichte von Kontakten zur russischen Mafia und zu Kriminellen aus dem Westen erscheinen keineswegs unglaubwürdig. Andere Ex-Führungsoffiziere wiederum konnten in der Wirtschaft, in lokalen Behörden und gerade auch in Wachdiensten im Osten Deutschlands recht gute und oftmals einflußreiche Positionen gewinnen. Es gibt bereits einen Fall, daß in einer Behörde eines neuen Bundeslandes ein Angestellter seinen Arbeitsplatz freiwillig räumte, weil er mit dem – dort längst untergekommenen – ehemaligen Stasi-Mitarbeiter nicht länger zusammenarbeiten wollte! Die Seilschaften des MfS stellen nach wie vor eine »große Gefahr« dar – so die Sachverständigen der Enquete-Kommission »Aufarbeitung von Geschichte und Folgen der SED-Diktatur in Deutschland« –, die eine intensive Bekämpfung fordern. Indes:

> »Es ist schon jetzt fast so, als ob wir mit einem Tretroller einem Sportwagen hinterherfahren müssen.«[162]

Politisch betrachtet, hat ein Teil der damaligen Mitarbeiter der Spionage- und Abwehrdienste mit der Vergangenheit abgeschlossen, manche ehemaligen Angehörige der

Staatssicherheit dürften sich von der SED betrogen fühlen. Rein sicherheitsmäßig wäre es indes wohl falsch, sie nicht mehr als Risikopotential zu werten.[163]

Die alten Bundesländer werden sich in der Frage der Entsendung von Personal in die neuen Bundesländer schon eine gewisse Verweigerungshaltung vorwerfen lassen müssen. Es ist Tatsache, daß immer noch eine große Anzahl unerschlossener Akten des MfS existiert, welche bisher niemand gesichtet hat und die in absehbarer Zeit auch nur dann aufgearbeitet werden können, wenn die Gauck-Behörde mehr Personal erhalten würde. Es gibt überaus viele Verfahren, die nicht mit der erforderlichen Intensität bearbeitet werden können; ein wesentlicher Grund hierfür ist die nachlassende Bereitschaft westdeutscher Juristen, sich in die neuen Bundesländer abordnen zu lassen – sie befürchten, bei Beförderungen übergangen zu werden, zudem droht Ende 1994 das Auslaufen der bisherigen finanziellen Zulagen. Sollte der Leiter der Arbeitsgruppe Regierungskriminalität im Oktober 1993 etwa die Unwahrheit gesagt haben mit seiner Behauptung, eine Anklage gegen Schalck-Golodkowski sei in Kürze möglich gewesen, wenn nicht der zuständige Dezernent im Juni desselben Jahres wieder nach München zurückgekehrt sei? Daß seinerzeit BGS-Stellen von einstigen Stasi-Bediensteten besetzt wurden, ist letztlich auch auf mangelnde Personalstärke zurückzuführen: »Grenzschutzbeamte aus dem Westen sind nicht willens, in den Osten zu wechseln; Bequemlichkeit als höchste neudeutsche Beamtentugend. Also müssen wir uns ein paar rote Socken überstreifen. Der Zweck heiligt die Mittel.«[164] Bei diesen verschiedenartigen Problemen wird in der Alt-Bundesrepublik zu sehr an geltendes Beamtenrecht mit seinen Besoldungsstufen und Laufbahnen gedacht; die Bedeutung der Stasi und ihrer Verbrechen für die Menschen in der ehemaligen DDR wurde bis heute kaum in ihrer ganzen Tragweite erkannt. Hat die politische Öffentlichkeit im Westen Deutschlands zumindest ein echtes Interesse an einer wirklich vollständigen Aufarbeitung der gegen die Bundesrepublik gerichteten Spionage Ost-Berlins? Oder nur in bestimmten Grenzen?

Thesen für und gegen die bundesdeutschen Dienste

Bekanntlich neigt man in Deutschland dazu, von einem Extrem allzu schnell in das andere zu fallen. So sollte es eigentlich keine Überraschung sein, wenn nach der Wiedervereinigung nicht nur bei den Linken Stimmen laut wurden, welche die Arbeit von Nachrichtendiensten grundsätzlich ablehnen – sogar diejenige der Spionageabwehr. Die Frage, ob sich dahinter eine ganz bestimmte Absicht verbirgt oder eine ziemlich weltfremde Naivität im Sinne einer falschen »Friedenseuphorie«, wäre im Einzelfall zu untersuchen. Recht aufschlußreich erscheint, daß derartige Diskussionen in anderen Staaten wie etwa Italien, der Schweiz, Frankreich bzw. Großbritannien bis zum heutigen Tage nicht stattfanden; selbst neutrale Länder sehen in ihnen mit Recht ein wesentliches Mittel zur eigenen Sicherheit. Was würde man andererseits zu einer Gemeinde sagen, die ihre Feuerwehr abschaffen will in der bloßen Hoffnung, es werde fortan keinen Brand mehr geben?

Daß der frühere MAD-Chef, Flottenadmiral Elmar Schmähling, die Auflösung des Verfassungsschutzes fordert, war zu erwarten. Aber auch ein Klaus Bölling erachtete Spionage und Gegenspionage als Relikt der Vergangenheit. CSU-Generalsekretär Erwin Huber machte sogar den Vorschlag, das BfV durch eine kleine Koordinierungsstelle für die Länder zu ersetzen und in seinem Gebäude Asylbewerber unterzubringen oder doch die Beamten entsprechende Anträge bearbeiten zu lassen. Unter Hinweis auf die Entwicklung in Osteuropa, von wo keine Bedrohung – auch nicht in Spionage? – ausgehe, verlangten Politiker der SPD wie Rudi Walther und der F.D.P wie Wolfgang Kubicki die Auflösung des Verfassungsschutzes – er sei »überflüssig«.[165] Im Bundestag lehnte der SPD-Abgeordnete Alfred Emmerlich am 31. Mai 1990 die Gesetze für den Verfassungsschutz, den Militärischen Abschirmdienst und den Bundesnachrichtendienst ab, »die – das sage ich voraus – nach dem Zusammenschluß beider deutscher Staaten keinen Bestand haben werden und also wahrscheinlich allenfalls für etwa zwei Jahre Geltung erlangen.«[166] Bündnis 90/Die »Grünen« verlangen die vollständige Einstellung der Nachrichtendienste unter der Devise »Geheimnisse und Geheimdienste sind Feinde jeder Demokratie«. Nachdem es der DDR-Bevölkerung gelungen sei, »das Stasi-Bespitzelungssystem weitgehend zu überwinden, ist es jetzt auch in der BRD an der Zeit, sich der bundesdeutschen Geheimdienste zu entledigen.« Das sollte nicht nur für den Verfassungsschutz gelten, sondern ebenfalls für den MAD und den BND.[167] Tatsächlich aber ist es doch eine Illusion zu glauben, als ob mit dem Zusammembruch des orthodoxen Kommunismus ein Zeitalter ewiger Sicherheit angebrochen und damit die Spionage aus der Welt oder auch nur von Osteuropa völlig verschwunden sei! Zutreffend erachtet der eingangs genannte Abwehr-Experte Richard Meier diese Diskussion über die Zukunft der bundesdeutschen Geheimdienst als »unerträglich«:

»Der Dilettantismus ist nicht mehr zu übertreffen.«[168]

Ein anderes Problem ist, ob die Aufgabenfelder gerade für den Bundesnachrichtendienst verändert werden sollten: Niemand weiß, wohin die einstige, heute zerfallene Sowjetunion treiben wird, welchen Sprengstoff – nicht nur innenpolitisch, sondern auch im wahrsten Sinne des Wortes – sie in sich birgt. Ein weiterer Schwerpunkt werden der Nahe und Mittlere Osten sein; es geht um den internationalen Terrorismus, um illegalen Rüstungs- und Technologietransfer.

Eine weitere Frage ist die personelle Verringerung der Dienste. So soll der BND von seinen insgesamt 7000 Mitarbeitern in aller Kürze 750 Stellen abbauen; im Laufe der nächsten Jahre wird er sich um rund 1000 Mitarbeiter verkleinern. Das BfV will während der bevorstehenden fünf bis acht Jahre 414 der 2473 Planstellen streichen. Beim Landesamt für Verfassungsschutz in Schleswig-Holstein ist die Zahl der Beamten und Angestellten von 122 inzwischen auf 88 gesunken. Hamburg möchte sich »aus der Spionageabwehr weitgehend verabschieden«, was einerseits mit dem angeblichen Zusammenbruch der Geheimdienststrukturen in dem früheren Ostblock und zum anderen mit der Tätigkeit des Bundesamtes für Verfassungsschutz begründet wurde. Auch Bremen hat sein LfV drastisch verkleinert.

In Niedersachsen arbeiteten vor der Wende 406 Personen im Landesamt; Ende 1991 waren es noch 283, die bald auf 248 dezimiert würden – eine Größenordnung, mit der ein wirklicher Verfassungsschutz kaum noch möglich ist. Auch die verschiedenen Möglichkeiten der nachrichtendienstlichen Mittel wurden reduziert. Bedenklich ist ebenfalls, daß das LfV nur Gruppierungen beobachten soll, die sich »in aktiv kämpferischer, aggressiver Weise« gegen die Verfassung betätigen; wer sich also nicht an Gewaltakten beteiligt, wird nicht ins Visier genommen. Entsprechende Gegenargumente des Bundesinnenministeriums und des Bundesamtes für Verfassungsschutz blieben unberücksichtigt. Inzwischen ist die Lähmung des niedersächsischen Verfassungsschutzes überall bekannt, und selbst die »Republikaner« brauchen insoweit keinerlei Sorgen zu haben – von potentiellen Spionen ganz zu schweigen!

Nordrhein-Westfalen als Standort zahlreicher Unternehmen der Hochtechnologie sieht sich weiterhin als ein bevorzugtes Ziel für die Wirtschaftsspionage, daher sollten die 287 Mitarbeiter des Landesamtes für Verfassungsschutz nicht verringert werden. Rheinland-Pfalz hingegen wollte die bisher eingesetzten 174 auf 139 Personen zurückstufen.

In Hessen soll es statt 251 Planstellen im LfV nur noch knapp 200 geben; der Einsatz von V-Leuten und technischen Mitteln wird stark eingeschränkt, alle Verfassungsschutz-Operationen müssen von einem parlamentarischen Kontrollgremium überprüft und genehmigt werden. Da sich unter diesen Bedingungen allerdings »kaum noch ›Quellen‹ zur Mitarbeit bereitfinden dürften, wäre der Verfassungsschutz nicht mehr arbeitsfähig.«[169] Im Saarland wurde das Amt bereits seit 1985 deutlich »abgespeckt«: Statt früher 130 Beschäftigten verfügt es heute über lediglich 81. Die Personalstärke des LfV Baden-Württemberg wird von 400 um ein Viertel reduziert, besonders bei der Spionageabwehr; die 100 Betroffenen sollen primär in das Landeskriminalamt versetzt werden. Der bayerische Verfassungsschutz wird nach wie vor 400 Bedienstete haben; 30 neu bewilligte Planstellen wurden Ende 1990 der Rauschgiftabteilung im Landeskriminalamt zugeschlagen.

Der MAD hat inzwischen von seinen annähernd 2000 Offizieren und Soldaten rund 200 abgebaut, im Zuge der allgemeinen Reduzierung der Bundeswehr werden weitere im Herbst 1994 folgen ...

Im Spätherbst 1992 ist dementsprechend die Situation so, daß die Landesämter für Verfassungsschutz in Schleswig-Holstein, Niedersachsen und im Saarland personell so dezimiert wurden, daß man nur große Zweifel an ihrer Funktionsfähigkeit haben kann. Bei aktuellen Fällen muß jedenfalls um Amtshilfe beim Bundesamt nachgesucht werden, das ohnehin mit Arbeit überlastet ist! In den neuen Bundesländern wiederum befinden sich die ersten Landesämter noch im Aufbau und sind somit gewiß noch einige Zeit nicht voll funktionsfähig. Das Land Brandenburg stuft bei seinem Verfassungsschutz bestimmte Formen der Überwachung offenbar als gefährlicher ein als diejenigen Tendenzen, gegen die sie sich richten sollten. Für einen nachrichtendienstlichen Gegner ein Gesamtbild, das nahezu einladend ist!

Selbst manchen politischen Kreisen in Deutschland muß wohl immer noch erklärt werden, daß Nachrichtendienste keine rechtsstaatlich fragwürdigen Institutionen darstellen; sie sind unter den heutigen Bedingungen ein notwendiger Teil unserer rechtsstaatlichen Ordnung. Eine Spionageabwehr ist auch für das vereinte Deutschland eine unumgängliche Notwendigkeit. Würde man die Sorgfaltspflicht einer Regierung nur wirtschaftlich und sozial sehen, könnte eine solche mangelnde politische Sorge leicht zu einer Sicherheitskrise führen. Die mit Spionageabwehr befaßten Organe leisten einen unentbehrlichen Beitrag zur Gewährleistung des jeweiligen Staates. Es ist eine Frage der politischen Vernunft, sie nach den einzelnen Verhältnissen und Umständen so auszustatten, daß sie ihre Aufgaben auch wirklich erfüllen können.

Mit dem Abbau von angeblich oder tatsächlich überflüssigen Beobachtungsbereichen sollte stets nicht voreilig, nicht zu früh begonnen werden, sondern erst, wenn nach sorgfältiger Prüfung die Gewißheit besteht, daß bestimmte Gefährdungen nicht mehr existieren. Andernfalls ist nicht nur die politische Blamage, sondern insbesondere auch der sicherheitsmäßige Schaden groß! Wenn der Chronist in den zwei letzten Monaten des Jahres 1992 eine Kehrtwende beim personellen Abbau der Sicherheitsbehörden im Sinne einer nunmehr verstärkten Bekämpfung des Rechtsextremismus feststellte, so geschah dies nicht nur bei einer einzigen Behörde zu Lasten der Spionageabwehr. Im Düsseldorfer Landesamt für Verfassungsschutz verringerte man die Zahl seiner »Agentenjäger« sogar um 70 Prozent! Erst Frühjahr 1994 wurde die Abteilung reaktiviert ...

Unsinn oder Nutzen der DDR-Spionage

Aus dem scheinbar siegreichen Munde des Alt-Bundesdeutschen hört man oft die genüßliche Frage, was der DDR denn überhaupt ihre ganze Spionage genützt hätte. »Aber was hat es ihr geholfen, daß sie ... auch Bonn von Kopf bis Fuß durchleuchtete? Nichts – sie brach sang- und klanglos zusammen.«[170] Peinlich erscheint bei solchen Worten, sich als Westler bei zumeist eigener Untätigkeit dazu nur auf andere, nämlich die Menschen in der DDR und ihre Revolution, berufen zu können!

Das nicht selten aufkommende Argument, die Bediensteten des MfS wären »praktisch unter ihrem Material erstickt« und die DDR-Führung sei nicht in der Lage gewesen, »dieses gewaltige Meldeaufkommen zum eigenen Nutzen umzusetzen, wirklich wichtige Informationen herauszufiltern«[171], ist allzu theoretisch und hinsichtlich der Spionage eindeutig falsch: Selbst die Hauptabteilung III mit ihrem Telefonabhören hatte ein gutes und sehr schnelles Meldeverfahren bis in die MfS-Spitze und reagierte auf eingehende Nachrichten innerhalb weniger Stunden – mancher Agent in der Bundesrepublik wurde so vor seiner drohenden Verhaftung gewarnt!

Die Worte einer westdeutschen Zeitung: »Der Abgrund von Landesverrat hat dieses Land nicht in den Abgrund gestürzt. Die Geschichte lief anders, wie man weiß. Also hat auch die Spionage Ost versagt«[172], erscheinen zu simpel. Die Wahrheit ist doch, daß es die Hauptverwaltung Aufklärung war, die durch den Kauf von zwei Stimmen das Mißtrauensvotum gegen Bundeskanzler Brandt am 27. April 1962 zu Fall brachte und dieser nur dank ihrer Hilfe – natürlich ohne es zu wissen – noch viele Jahre weiter regieren konnte! Allein diese Tatsache einer so massiven Beeinflussung der Bonner Politik und damit der Bundesrepublik Deutschland durch den DDR-Staatssicherheitsdienst erscheint für Demokraten erschreckend. Unbestritten ist längst auch, daß durch den Verrat Helge Bergers und anderer Bonner Sekretärinnen faktisch alle damaligen Ostverträge Bonns verraten und dadurch deren Ergebnisse sehr wohl beeinflußt wurden[173] oder – wie im Vertrag mit Polen – zumindest gefährdet waren; bei diesem Abkommen strebte Gomulka trotz Drängen Honekkers allerdings keine Änderungen an, weil er das Verhältnis zu Westdeutschland nicht belasten wollte.[174]

Eine ganz andere Frage ist, ob die SED-Führungsspitze in den letzten Jahren die Erkenntnisse ihrer Spionagedienste – sofern diese nicht in ihr Weltbild paßten – überhaupt akzeptierte und dann auch nutzte. Bekannt ist von einem Fall (es handelte sich um »geheimste Informationen von wertvollsten Quellen des MfS im Regierungsapparat der Bundesrepublik«), daß Honecker diese trotz der fundierten Erkenntnisse absolut nicht zur Kenntnis nehmen wollte und sie sogar mit dem Vermerk versah: »Was soll dieser lebensfremde Schwachsinn? Ich verbiete mir die Zuleitung derartiger Informationen.«[175]

Die Wirtschaftsspionage des Sektors Wissenschaft und Technik der HVA hatte für die DDR »existentielle Bedeutung«.[176] Man wird ohne Übertreibung sagen können, ohne sie wäre das SED-Regime zu einem früheren Zeitpunkt zusammengebrochen. Andererseits nahm sie der DDR-Wirtschaft gleichzeitig den Zwang, verstärkt eigene technische Potentiale zu entwickeln. Viele Erfolge der Agenten konnten indes »nicht einmal annähernd genutzt werden«[177]: Einmal fehlten in der DDR entsprechende Forschungseinrichtungen, die auf der Grundlage der gewonnenen Informationen und des langfristigen Bedarfs der eigenen Wirtschaft mit hochqualifizierten Fachkräften gezielte Aufgabenstellungen erarbeiten konnten. Zum anderen wirkte sich die totale Abhängigkeit jenes Auftragrahmens am Bedarf der DDR-Industrie nachteilig aus, als wichtige Ergebnisse der Wirtschaftsspionage nicht ausgewertet wurden, nur weil sie nicht in das jeweilige starre Planungsschema paßten!

Über die Schäden, welche dem Westen Deutschlands durch die Wirtschaftsspionage damals Jahr für Jahr entstanden, gibt es unterschiedliche Schätzungen: Die seriösesten gehen von acht bis zehn Milliarden DM aus![178] Bereits Ende der 70er Jahre wurde ein bisheriger Gesamtschadensbetrag in Höhe von 20 Milliarden DM genannt. Aus den Unterlagen des HVA- und BND-Mitarbeiters Stiller ist bekannt, daß die volkseigenen Betriebe allein durch die Spionage des ehemaligen IBM-Angestellten Gerhard Arnold im Bereich der Datenverarbeitung wenigstens 100 Millionen Mark an eigenen Forschungs- und Entwicklungskosten sparte![179] Noch im Jahre 1989 gab es an DDR-Spione in Westdeutschland die Aufträge, die neuesten Modelle der Boss-Anzüge auszukundschaften; geplant war, sie in der DDR nachzuschneidern. Für eine künstliche Bauchspeicheldrüse wurde in einer anderen aufgefundenen HVA-Akte der Nutzen für die DDR mit zwei Millionen Mark angesetzt, der »Kundschafter« sollte für ihre heimliche Beschaffung einschließlich Spesen 1600 DM erhalten.

Im militärischen Bereich waren der Führung der DDR-Streitkräfte die Mobilmachungspläne im Westen Deutschlands bekannt: »Sie wußten alles von uns« in dieser Hinsicht –, »wir lagen völlig offen!«[180] Die gelegentlich auch in den alten Bundesländern anzutreffende Idee, der Friede sei eigentlich schon durch die gegenseitige Spionage gesichert worden, weil jede Seite ziemlich genau über die Gegenseite informiert war, beruht auf »einem äußerst naiven Glauben«.[181] Dadurch wurde nämlich für den Angreifer aus dem Osten der Effekt der Abschreckung unterlaufen: Die ihm durch seine Spionage ebenfalls bekannten, im Bereich des Bundesverteidigungsministeriums angefertigten »Militärischen Zustandsberichte« legten sehr deutlich die Schwächen der Bundeswehr dar, welche auch nicht innerhalb kürzester Frist abzustellen waren.

Zudem haben sich die verschiedenartigen Warnsysteme wie etwa Satellitenbeobachtung, AWACS und Radar, auf die sich die Hardthöhe in den zurückliegenden Jahren für den Fall eines feindlichen Angriffs doch ziemlich verließ, zumindest beim Kuwaitkrieg nicht hinreichend bewährt, wo es auf US-Seite zu gravierenden Fehlleistungen kam. Wissen muß man andererseits, daß es damals niederländischen »Hackern« ziemlich schnell gelang, an mindestens 34 Stellen in das Computernetz des Pentagons einzudringen und sicherheitsrelevante Daten abzurufen – darunter auch die Steuerungsdateien für die Flugabwehrrakete »Patriot«; ob derartige eklatante Sicherheitsmängel im Ernstfall auch in der Bundesrepublik bzw. der NATO geherrscht hätten, ist zumindest nicht völlig auszuschließen. Es kommt hinzu – was hohe Offiziere im Bonner Verteidigungsministerium niemals glauben wollten –, daß die DDR-Armee durchaus in der Lage war, aus dem Stand anzugreifen!

Im »Operativen Ausbildungszentrum« des DDR-Verteidigungsministeriums in Strausberg wurden seit Jahren Planübungen abgehalten. Auf den Karten für den Raum zwischen Elbe und Atlantik waren sämtliche wichtige Einzelheiten vermerkt; es gab bereits Militärgeld für die zu besetzenden Gebiete in Westdeutschland und ebenfalls in Frankreich wie nach der Wende auch Straßenschilder mit flämischer Aufschrift gefunden wurden. Selbst die Marschalluniform des DDR-Verteidigungsministers für den Kriegsausbruch lag genauso bereit wie die 8000 hergestellten »Blücherorden für Tapferkeit« als Kriegsauszeichnung. Beim »Stabstraining 89« der NVA war »die Verwüstung weiter grenznaher Landstriche Schleswig-Holsteins durch insgesamt 76 Atomwaffen mit zum Teil hoher Vernichtungskraft durchgespielt worden«. Noch im Sommer 1990, kurz vor ihrer Auflösung, supponierten die DDR-Streitkräfte in einer Stabsrahmenübung an deren zweiten Tag taktische Nuklearschläge. Innerhalb von sieben bis acht Tagen wollten die Truppen des Warschauer Paktes am Rhein stehen.[182]

Weitaus mehr weiß man heute über den Plan einer Besetzung West-Berlins: Am 5. August 1985 unterzeichnete der damalige Leiter der MfS-Bezirksverwaltung Berlin, Generalleutnant Schwanitz, ein Papier über die Schaffung einer »Verwaltung B 2«. Die militärische Okkupation sollte durch die 1. Division der Nationalen Volksarmee (Potsdam/Storkow) über Lichterfelde – zum Teil durch die Kanalisation – erfolgen. Die Namen der insgesamt 604 Mitarbeiter des MfS sowie auch dessen Leiter für die einzelnen Bezirke standen bereits fest! Die gesamte Führung oblag Oberst Heinz Erhardt. Für die »Unschädlichmachung der Feindkräfte«, wie es hieß, war die sogenannte »Linie XX« unter Leitung von MfS-Major Manfred Bronder vorgesehen. Im »Operativen Ausbildungszentrum« in Strausberg gab es ebenfalls ein Relief West-Berlins, das jede U-Bahnhaltestelle, jeden Straßenzug detailgetreu wiedergab. »Einzelnen Kompanien waren bereits die Straßenzüge zugewiesen worden, die sie im Falle des Falles einzunehmen gehabt hätten.«[183] Man war durch seine

Spionage genau informiert! Eine führende Persönlichkeit eines bundesdeutschen Abwehrdienstes – sie steht mit ihrer Beurteilung absolut nicht allein, auch wenn Militärs oft gegenteiliger Ansicht sind – erklärte einmal mit sehr ernstem Gesicht:

»Bei einem Kriege wären wir in der Bundesrepublik überrannt worden!«

Genauso kann man dem bereits mehrfach zitierten Buch des Generalinspekteurs der Bundeswehr entnehmen, im Ernstfall wäre die NATO-Verteidigung

»an mehreren Stellen aufgerissen und durch schnellen Stoß in die Tiefe endgültig zum Einsturz gebracht worden.«[184]

Es wäre schon sehr zu begrüßen, wenn man in der »alten« Bundesrepublik über die ganze damit verbundene Tragweite einmal tiefer und länger nachdenken würde! Gewiß wäre ein Krieg letztlich zugunsten des Westens ausgegangen. Die Frage ist »nur«, wieviel Menschen dann noch in den beiden Teilen Deutschlands gelebt hätten ...

Bereits der Verrat des in Kaiserslautern stationierten US-Sergeanten Clyde Lee Conrad hätte die NATO im Verteidigungsfalle in eine militärische Katastrophe geführt: Mit seinen gelieferten Informationen an einen östlichen Spionagedienst hätten die Truppen des Warschauer Paktes leicht durch das sogenannte Fulda-»gap« zwischen Rhön und Taunus direkt in das Rhein-Main-Gebiet vorstoßen können. »Nach Überzeugung der Sachverständigen hätte es für die NATO im Verteidigungsfall nur zwei Möglichkeiten gegeben: sofort mit strategischen Nuklearwaffen zum Gegenschlag anzusetzen oder zu kapitulieren. In beiden Fällen, so die Gutachter wörtlich, ›wäre Deutschland verloren gewesen‹.«[185]

V Andauernde Spionage durch die GUS

Gerade bei dem letztgenannten Problem neigt man im Westen Deutschlands bis in höchste Kreise überaus gern zum Verdrängen der Tatsachen und der vielen gemachten Fehler und möchte den gesamten Komplex der DDR-Spionage mit dem Schlagwort »Vergangenheit« abtun, die hinter uns läge und heute nicht mehr interessant sei. Ein ebenso äußerst leichtfertiger wie verhängnisvoller Irrtum! Denn die im Westen manchmal gehegte Hoffnung, mit den großen Veränderungen in der bisherigen Sowjetunion werde ihre »Aufklärung« in stärkerem Maße zurückgehen, »gehört zu den großen Illusionen.«[1]

Im sowjetischen Denken – und nur das ist entscheidend und nicht etwa westeuropäische Wertvorstellungen – sind Spionage zum einen und Perestroika sowie Glasnost andererseits zwei völlig verschiedene und unabhängige Erscheinungen. Zudem vertritt das heutige Moskau die Meinung, wie es die Pressesekretärin des Leiters der Auslandsspionage Rußlands erst im März dieses Jahres formulierte,

> »daß in der heutigen zivilisierten Welt die Ausübung von Spionagetätigkeit gegeneinander ganz und gar kein Hindernis ist für die Aufrechterhaltung freundschaftlicher Beziehungen und sogar von Bündnisbeziehungen.«[2]

Sein Land habe, so verteidigt der Direktor der russischen Gegenspionage seine Tätigkeit, nationale Interessen:

> »Und Rußland wird sie schützen, unter anderem auch mit Methoden der Aufklärung.«[3]

Verflechung MfS – KGB

Die KGB-Zentrale im Sperrgebiet Berlin-Karlshorst (allgemein als »Berliner Apparat« bezeichnet) war seit Ende des Zweiten Weltkrieges die größte Operationsbasis des Sowjetgeheimdienstes im Ausland. Sie verfügte über Unter-Residenturen in der sowjetischen Botschaft und der Handelsvertretung in Ost-Berlin sowie auch im sowjetischen Generalkonsulat im Westteil der Stadt. Insgesamt umfaßte die KGB-»Aufklärung« in der DDR an Hauptamtlichen vielleicht 1000 Personen.

Zu ihrer Spionage standen ihr einmal ihre eigenen Netze von Agenten zur Verfügung, die sie in der »alten« Bundesrepublik bereits vor dem Herbst 1989 besaß. Zahlenangaben über diese heimlichen Augen und Ohren wären allerdings reine Spekulation. Die damals bekanntgewordenen Fälle – man denke etwa an die Verhaftungen im Bundespräsidialamt und in der Rüstungsindustrie – sollten nicht zu einer Unterschätzung verleiten, wenngleich die nachrichtendienstliche Ausstattung dieser »Kundschafter« recht unterschiedliche Qualität aufwies.

Erwartungsgemäß hatte das KGB in der DDR sein eigenes Informationsnetz. Es warb einzelne Personen zunächst als »inoffizielle Mitarbeiter« an; mit Hilfe des Staatssicherheitsdienstes erhielten sie zumeist offiziell gedeckte »Legenden« und konnten so bei ihrer Informationsbeschaffung vorgeben, etwa Angehörige des DDR-Innenministeriums bzw. der Volkspolizei zu sein. Bei einer Bewährung wurden diese IM hauptamtlich für den sowjetischen Geheimdienst als sogenannte »KGB-Helfer« tätig und fortan dann konspirativ wie Agenten geführt. In besonderen Einzelfällen hatten sie kurzfristige Aufträge im Westen – wie Verbindungsaufnahme zu bestimmten Personen oder direkte »Treffs« – durchzuführen; regelmäßig erhielten sie dazu gefälschte Ausweise.[4]

Die sehr enge Zusammenarbeit zwischen MfS und KGB erfolgte allerdings fast nur zugunsten des letzeren. Dies manifestierte sich nicht zuletzt in dem »Protokoll« aus dem Jahre 1978; danach verfügte der sowjetische Dienst über 30 Verbindungsoffiziere zu etlichen Einheiten des Ministeriums für Staatssicherheit sowie zu allen 15 MfS-Bezirksverwaltungen, die »ständige Arbeitskontakte« hielten. Am 10. September 1982 unterzeichneten MfS-Minister Mielke und der damalige KGB-Chef Witalij Fedortschuk in Moskau ein weiteres »Protokoll«, dessen neun Artikel dem sowjetischen Geheimdienst in Berlin und der DDR zehn Gebäude, 74 Räume in Verwaltungen des MfS sowie über 350 Wohnungen, 57 Kraftfahrzeuge und verschiedene Einrichtungen zur Verfügung stellten. Noch im März 1989 legten Mielke und der KGB-Chef Wladimir Krjutschkow in einem Geheimpapier die gemeinsame Arbeit bis 1992 fest; geplant wurde danach besonders, den westlichen Nachrichtendiensten »vorbeugende Schläge zu versetzen«. Die DDR-Führung hatte, wie ein früherer HVA-Oberst einräumte, »ebenfalls ein vitales Interesse an dieser Art der Zusammenarbeit. So wollte man neben der Bündnistreue vor allem die eigene Leistungsfähigkeit unseres Apparates demonstrieren und sich durch die Bereitstellung von Informationen im Bündnis ein entscheidendes Mitspracherecht sichern.«[5] Die Beziehungen waren besonders auf höchster Ebene geradezu freundschaftlich. Die MfS-Führung zeigte sich dann auch sehr geehrt über den Besuch des bekannten KGB-»Maulwurfs« Kim Philby in Ost-Berlin, bei dem er ebenfalls – entgegen allen (Schutz-?) Behauptungen britischer Abwehrstellen – in einem ausgedehnten Nachtbummel die Westsektoren besuchte.[6]

Bis etwa zum Frühjahr 1990 erhielt das KGB in der DDR rund 80 Prozent seiner Nachrichten und Erkenntnisse vom Ost-Berliner Ministerium für Staatssicherheit. Offiziell war es zwar nur anfrageberechtigt, tatsächlich gestaltete sich das Verhältnis überaus eng: Viele Akten der Hauptverwaltung Aufklärung trugen den Vermerk »F« (für die sowjetischen »Freunde«), teilweise wurde der Sowjetgeheimdienst sogar am direkten Aktenumlauf beteiligt. Bei der HVA bestand die Verpflichtung, den KGB-Verbindungsoffizieren prinzipiell von allen Informationen (mit wenigen, genau geregelten Ausnahmen) eine Ausfertigung zu übergeben[7]; selbstverständlich gingen auch die seinerzeit von Guillaume verratenen Staatsgeheimnisse – was früher oft bestritten worden war – an das KGB. Besonders eng gestaltete sich die Verflechtung in den Bereichen der Gegenspionage und der Desinformation. Nicht ohne Grund verlieh das Komitee für Staatssicherheit während der letzten Jahre manchen Offizieren der DDR-Spionage für ihre »verdienstvolle Hilfe« – wie es in den Urkunden hieß – Orden und Ehrenzeichen. Die »Kundschafter« der HVA im Westen wurden dem KGB zwar nicht namentlich mitgeteilt, doch ist ein geschulter Nachrichtendienstoffizier bei längerzeitigen Informationslieferungen eines Agenten zumeist durchaus in der Lage, ihn zu identifizieren. Oftmals wurde bei näheren Kontakten und besonders auf gemeinsamen Festen ganz offen über dessen Personalien gesprochen. Leonid W. Schebarschin räumte einmal in diesem Zusammenhang ein: »Wenn wir es wünschten, kannten wir auch die Quellen.«[8] Man muß daher davon ausgehen –

»Die Sowjets und ihre Nachfolger kennen alle Spitzenquellen des MfS.«[9]

Ebenso wird zu unterstellen sein, daß KGB und GRU durchweg über die Führungsoffiziere des einzelnen Spions informiert sind, wie ohnehin in Moskau die Dossiers sämtlicher damaliger Hauptamtlichen des Ministeriums für Staatssicherheit liegen dürften. Natürlich konnten die sowjetischen Dienste jederzeit mit der Hilfe des MfS bei der Überprüfung von Personen und der Anwerbung eines IM oder auch der Volkspolizei bei Paßfragen rechnen. In etlichen Fällen wurden andererseits die »Kundschafter« des KGB mit DDR-Papieren ausgestattet und gaben sich bei einer Festnahme in der Bundesrepublik als DDR-Bewohner aus, um so größeres Aufsehen und das Aufkommen antisowjetischer Stimmungen zu vermeiden.

Bei der Funk- und Fernmeldeaufklärung stellten MfS und VA ebenfalls ihre Erkenntnisse – man schätzt zu 80 Prozent – den »Freunden« zur Verfügung. Die Abhörstation Bienstädter Warte brachte aufgenommene Bänder sofort per Kurier zu ihnen – vorbei sogar an der eigenen Führung! Offensichtlich konzentrierte sich die HA III auf die Überwachung des zivilen Telefonverkehrs in Westdeutschland, während die sowjetischen Dienste primär militärisch-relevante Gespräche abhörten.

Überaus stark war die Hilfe der HVA bei der Beschaffung westlicher Embargotechnologie für die UdSSR, nach den Worten Generalbundesanwalts von Stahl hat sie »geradezu auf Bestellung Hard- und Software beschafft.«[10]

Große Unterstützung gab das MfS mit seinen 17 Hauptamtlichen im Referat 5 der Zentralen Auswertungs- und Informationsgruppe (ZAIG) nicht zuletzt beim Aufbau von SOUD – jenem Datenverbundsystem der Geheimdienste des Ostblocks (»System für operative und institutionelle Daten«), dessen Zentralrechner in Moskau steht und mit Daten gespeichert wurde von Personen, die verdächtigt wurden einer Mitarbeit bei westlichen Nachrichtendiensten, von Korrespondenten, aber ebenfalls von eigenen »Kundschaftern«, die angeblich oder tatsächlich durch westliche Abwehrstellen »umgedreht« worden waren. Seit 1979 bis Ende November 1989 hat ZAIG immerhin 66 500, nach anderer Ansicht sogar 74 800 Datensätze geliefert[11]; während die MfS-Bezirksverwaltungen dabei große Bereitschaft gezeigt haben sollen, scheinen HVA-Offiziere in Ost-Berlin im Hinblick auf das sonst so wichtig erachtete Abschottungsprinzip zurückhaltender gewesen zu sein.

Zusammenfassend muß man zu der Schlußfolgerung kommen, daß 40 Jahre intensiver Zusammenarbeit mit der HVA und der VA bei den sowjetischen Diensten schon »ein ungeheures Wissen«[12] entstehen ließ.

Bereits im Sommer 1989 hatte das KGB sein Informationsnetz in der DDR erweitert; wahrscheinlich sollte es zunächst als verstärktes Spitzelsystem hinsichtlich der weiteren Entwicklung im Lande dienen und bei einer größeren
Annäherung der beiden deutschen Staaten zu deren spe-
zieller Beobachtung eingesetzt werden. Natürlich kamen
die Ereignisse in der DDR für die Sowjets nicht völlig unerwartet, obwohl sie das Tempo deren Entwicklung reichlich
unterschätzten[13]; angeblich hatten sie erst für Ende
1989/Anfang 1990 mit stärkeren Unruhen gerechnet. Vielerorts jedenfalls wurden die UdSSR-Geheimdienste von
der stillen Revolution »schockartig überrascht«[14] – was
sich auch in dem weitgehenden Fehlen einer nachrichtendienstlichen Logistik innerhalb der DDR widerspiegelte,
während es an anderen Orten immerhin noch zum Verstecken von Funkgeräten, der Reaktivierung von Notfall-
agenten und andererseits zur Abschaltung nicht sicherer
»Quellen« kam.

Als dann die Hauptverwaltung Aufklärung und die Verwaltung Aufklärung aufgelöst wurden, stand die sowjetische Spionage vor der Notwendigkeit, die nunmehr entstandenen Informationsdefizite auszugleichen und hierzu
ihre eigenen Aufklärungsbemühungen zu intensivieren.
Ohnehin ist es eine alte Erfahrung, daß Geheimdienste in
Zeiten politischer Umbrüche und neuer Entwicklungen
ein erhöhtes Bedürfnis an Nachrichten haben. Ein nahelie-
gender Weg bestand darin, bewährte DDR-Kräfte in eigene Dienste zu stellen: Tatsächlich haben KGB-Offiziere
damals eine größere Anzahl von Hauptamtlichen des Ministeriums für Staatssicherheit umworben. Ebenso hat sich
andererseits eine Vielzahl von diesen an sowjetische Stellen gewandt, um dort ihr Wissen zu offenbaren und beiseite geschaffte Dokumente anzubieten. Der Fall des Leiters der Abteilung XV der Bezirksverwaltung Neubrandenburg, Oberst Wolfgang Hartmann, der seine Führungsoffiziere und ihre »Kundschafter« offen zur zukünftigen

Mitarbeit bei den »Freunden« aufforderte, ist der bekannteste – wahrscheinlich aber nicht der einzige! Manche HVA-Offiziere gingen während der Wende von sich aus mit der sowjetischen Spionage einen »Arbeitsvertrag« ein, nach dem sie ihre Agenten in Westdeutschland wie gehabt weiterführen. In einzelnen Orten wurden aus den MfS- Gebäuden die Akten direkt zur nächsten KGB-Stelle verbracht; viele waren den Sowjets schon vorher in verfilmter Form zur Verfügung gestellt worden. Noch Anfang 1990 konnten Unterlagen der HVA auf exterritoriales sowjetisches Gebiet nach Berlin-Karlshorst ausgelagert werden, darunter auch Druckmaschinen zur Fälschung der Bundespersonalausweise. Bekannt ist ebenfalls, daß der Staatssicherheitsdienst seine Erkenntnisse über 700 bis 800 Mitarbeiter des Bundesamtes für Verfassungsschutz dem KGB übermittelte. Gennady Titov, der zweite Mann des sowjetischen Geheimdienstes in der DDR (Spitzname »das Krokodil«), dürfte jedenfalls mit überaus vielen Unterlagen der DDR-Tschekisten nach Moskau zurückgekehrt sein; denn obwohl er früher in Großbritannien keine größeren Erfolge aufzuweisen und man ihn 1977 aus Norwegen wegen Spionage sogar ausgewiesen hatte, stieg er 1990/1991 zum stellvertretenden Vorsitzenden des Komitees für Staatssicherheit der UdSSR auf.

Andererseits haben Angehörige der Hauptverwaltung Aufklärung die Übergabe ihrer »Kundschafter« an die Sowjetspionage verweigert und in einigen Fällen sogar den Verfassungsschutz in Köln informiert – um einen Zugriff seitens des KGB zu verhindern.

Nach Erkenntnissen bundesdeutscher Stellen erließ die KGB-Führung in Ost-Berlin bereits Ende 1989/Anfang 1990 den Befehl, sich »intensivst«[15] um neue Agenten zu bemühen. Mitte Juni 1990 erklärte der frühere Leiter der KGB-Aufklärung West, Generalmajor Oleg Kalugin, im DDR-Rundfunk zur Frage der Übernahme zumindest von Teilen der bisherigen DDR-Spionage:

»Das KGB wäre schlecht beraten, wenn es auf solche Leute verzichten würde.«[16]

Mitte Oktober des gleichen Jahres betonte er, »viele« Stasi-Mitarbeiter hätten sich beim Geheimdienst gemeldet[17] – das kann den Tatsachen entsprechen oder genauso eine Desinformation bezwecken. Anfang November 1990 begann das KGB in der Ex-DDR mit dem Aufbau weiterer Netze von Informanten. Seine »KGB-Helfer« hatte er schon vorher reaktiviert, und etliche Anzeichen lassen erkennen, daß zumindest Teile davon noch heute arbeiten.

Während der gleichen Zeit begannen etliche KGB-Offiziere in der bisherigen DDR aus ihrem Dienst »auszuscheiden« und in der Wirtschaft in Positionen zu schlüpfen, die für eine Fortsetzung ihrer bisherigen nachrichtendienstlichen Aktivität »eine hervorragende Tarnung« bieten. Eine Unterstellung solcher Hintergründe drängt sich zwangsläufig auf, da betriebswirtschaftliche Notwendigkeiten die Gründung solcher Unternehmen und gerade auch deren Personalbesetzung kaum rechtfertigen.[18]

Anwerbungsmethoden, Angriffsziele

Angesichts der allgemeinen Entwicklung ist es für die Geheimdienste Moskaus natürlich schwieriger geworden, »Kundschafter« zu rekrutieren – seien es bisherige DDR-Agenten oder auch neue. Aber es gibt immer die verschiedenartigsten Methoden, einen Menschen zur Spionage zu gewinnen, und dazu setzen sie heute in Deutschland sämtliche derartigen Ansatzmöglichen ein.[19] Ihr Erfahrungsschatz und insbesondere ihr Erkenntnisbild aus der Zusammenarbeit mit dem MfS bilden dabei »eine hervorragende Ausgangslage«.[20] Nach dem Wegfall der bisherigen Nachrichtenzulieferungen seitens der HVA und VA mußte der hohe Aufklärungsbedarf der sowjetischen Geheimdienstführung möglichst schnell befriedigt werden. Viel Zeit steht also nicht zur Verfügung, um alte Netze zu reaktivieren und neue aufzubauen. Zudem haben die Truppen der UdSSR bis spätestens Ende August 1994 die frühere DDR zu verlassen. Bis zu diesem Zeitpunkt also müssen ein flächendeckendes Spionagenetz und die erforderliche Infrakstruktur (illegale Residenturen, Kuriere, »Tote Briefkästen«) voll funktionsfähig sein! Veröffentlichte Zahlenangaben über inzwischen in KGB-Dienste übernommene MfS-Hauptamtliche bewegen sich zwischen 300 und 500 bzw. sprechen von 20 Prozent der Offiziere der Staatssicherheit, sie sind jedoch als reine Spekulation zu werten.[21]

Im Spätherbst 1990 begann das KGB, an Bundeswehroffiziere heranzutreten mit dem Ziel einer Anwerbung. Während derselben Zeit konnte im Park von Schloß Sanssouci ein Offizier des sowjetischen Spionagedienstes beim Empfang von Verratsmaterial festgenommen werden: Er führte zwei Agenten, die im August 1989 und dann noch im Februar 1990 in die Bundesrepublik geschleust worden waren mit den Aufträgen, im Raum Hannover Polizeibehörden und Bundeswehrkasernen abzuklären sowie mit einem Angehörigen des dortigen LfV Kontakt herzustellen; beide aber hatten sich nach ihrer Ankunft in Niedersachsen sofort offenbart. Bei seiner Verhaftung zeigte sich der KGB-Offizier recht überrascht, daß sein bisher unantastbarer Status eines sowjetischen Armeeangehörigen durch die Einheit Deutschlands verlorengegangen war.[22] Sehr bald wurde er allerdings still und leise in die UdSSR abgeschoben.

Die häufigste Anwerbungsmethode zur Spionage dürfte heutzutage wohl Erpressung sein. Warnend stellte ein Jahresbericht des LfV Baden-Württemberg[23] fest:

>»Die bisher noch nicht entdeckten Agenten in Deutschland stellen ein erhebliches Bedrohungspotential dar. Selbst wenn sie im Einzelfall ›stillgelegt‹ und vom sowjetischen Geheimdienst noch nicht übernommen worden sind, können sie von diesem aufgrund ihrer Vergangenheit (Verpflichtung für das Ministerium für Staatssicherheit der ehemaligen DDR) jederzeit erpreßt und damit reaktiviert werden.«

Die Vorgehensart dabei ist allgemein die sogenannte positive Erpressung: Die vom Moskauer Geheimdienst vorgeschickten früheren HVA-Führungsoffiziere betonen ihre große Freude gegenüber ihrem bisherigen »Kundschafter« in Westdeutschland, daß sie beide bisher unentdeckt geblieben seien und man jetzt weiterarbeiten werde. Bei einer Ablehnung seitens des einstigen Agenten wird das Gespräch zwar direkter und härter, doch bleibt dieser bei seiner eindeutigen Verneinung, so erfolgt – nichts. Gleiches gilt für die bisherigen IM des KGB innerhalb der DDR: In Ost-Berlin konnte das KGB 1984 einen Volkspolizisten zur Mitarbeit gewinnen. Nach der Wiedervereinigung übernahm ihn die Gesamt-Berliner Polizei; bei einem Treffen kurz zuvor hatte er versucht, die nachrichtendienstliche Verbindung abzubrechen, doch durch die Drohung seines Führungsoffiziers, ihn in seinem Dienstverhältnis in größte Schwierigkeiten zu bringen, ließ er sich im März 1991 zur weiteren Mitarbeit nötigen. Acht Monate später wurde er durch einen Überläufer identifiziert. Gerade im Polizeibeamtenbereich der neuen Bundesländer wird seit einiger Zeit »massiv«[24] von sowjetischer Seite versucht, Agenten anzuwerben; Schätzungen wollen von vielleicht 300 erfolgreichen solcher Bemühungen wissen.

Das trifft natürlich auch für die früheren IM des MfS zu, sofern sie dem KGB bekannt sind. Obwohl diese Zugriffsmöglichkeit durch die Spionage Moskaus in verschiedenen Fällen hinreichend bekannt ist, dürfen die Landesämter für Verfassungsschutz in den neuen Bundesländern die einstigen Stasi-Spitzel nicht einmal namentlich registrieren und erhalten auch von der Gauck-Behörde de facto keine Nachrichten; ohnehin ist jener nur erlaubt, in begründeten Einzelfällen Auskunft zu erteilen, nicht jedoch Suchanträge zu beantworten. Vom Standpunkt einer notwendigen Spionageabwehr ein großes Hindernis, das wiederum dem Vorgehen der russischen Geheimdienste sehr zugute kommt!

Falsch ist die verbreitete Ansicht, ein bisheriger HVA-»Kundschafter« wäre nach Eintritt der strafrechtlichen Verjährung nicht mehr erpreßbar. Selbst dann drohen weiterhin die disziplinarischen Folgen. Der Gegenseite steht daher insoweit viel Zeit zur Verfügung – eine Methode, die sie schon während der Weimarer Zeit häufig benutzte. Um aber auch eines derartigen, durch Erpressung gewonnen Helfershelfers möglichst sicher zu sein, wird ebenfalls seine Spionage mit Geldbeträgen »belohnt«. Überhaupt spielt das Pekuniäre die heute wichtigste Rolle bei Anwerbungen. Gewiß stehen den Nachrichtendiensten Moskaus heute nicht die finanziellen Mittel in dem Umfange wie früher zur Verfügung, doch man setzt durchaus große Summen ein, sofern es sich im konkreten Fall zu lohnen scheint. Beim Diplom-Ingenieur Karlheinz Steppan aus Friedrichshafen hatte dessen MfS-Führungsoffizier im März 1990 vom KGB in Dresden den Auftrag erhalten, den Kontakt zu ihm zu aktivieren. Ein halbes Jahr später ließ der Bundesdeutsche sich zu der angestrebten Zusammenarbeit mit der sowjetischen Spionage überreden – allein für diese Bereitschaft erhielt er

3000 DM ausgezahlt! Ziel des KGB waren sicher besonders die Unterlagen für einen neuen Kampfpanzer, mit dessen Entwicklung er befaßt war.

Eine andere Methode ist, sich an politisch Enttäuschte zu wenden. Wie manche Menschen auch nach 1945 weiter an Hitler und dessen Thesen glaubten, so gibt es immer noch Kommunisten, welche der Idee eines angeblich menschheitsbeglückenden Sozialismus und eines besseren Rußlands nachhängen: »Das Potential werbbarer Personen und der Kenntnisstand sowjetischer Nachrichtendienste über solche geeigneten Zielpersonen in der ehemaligen DDR muß als sehr hoch eingeschätzt werden.«[25] Im gleichen Zusammenhang ist nicht zu übersehen, daß manche bisherigen DDR-Agenten in Westdeutschland von sich aus im Herbst 1989/Anfang 1990 um eine Übernahme in Moskauer Dienste baten. Der dargelegte Fall Feuerstein dürfte nicht so selten sein. Bei vielen war das Motiv gewiß einfach Geldgier. Derartige Anwerbungen sind seit der Wende aber keineswegs immer einfach und auch nicht ungefährlich; das gilt ebenfalls für die Ex-DDR, die mehr und mehr als Operationsbasis schwindet. Einmal könnte es doch sein, daß manche bisherigen HVA-Angehörigen längst von bundesdeutschen Diensten angesprochen wurden und ein jetziges Vorgehen der Moskauer Spionage umgehend dem Westen offenlegen würden. Angesichts der Gefahr derartiger »Maulwürfe« ist der KGB – im Gegensatz zu seinem Vorgehen unmittelbar nach der Wende – vorsichtig geworden. Andererseits wäre bei Personen, die vom SED-System politisch unbelastet sind, das Risiko eines Entdecktwerdens zweifellos geringer, doch dürften diese kaum schnelle Erfolge erzielen. Ohnehin wird in Kreisen des alten DDR-Regimes die Bereitschaft, für die Moskauspionage zu arbeiten, eher zu finden sein.[26] Indes haben manche Offiziere des MfS die Haltung ihrer bisherigen sowjetischen Freunde nicht vergessen können; der frühere MfS-General Engelhardt klagte Ende Mai 1991 gegenüber einer Rostokker Zeitung – und nach Erkenntnissen westdeutscher Stellen darf man ihm es abnehmen –

»Als es uns an den Kragen ging, hatten wir keine moralische Hilfe mehr vom KGB. Die haben uns schnell fallengelassen.«[27]

Bei nicht wenigen bisherigen Führungsoffizieren der HVA bzw. VA herrscht inzwischen Verärgerung, daß sie vom KGB und der GRU zwar gerne für eine Kontaktaufnahme zu ihren bisherigen »Kundschaftern« im Westen gebraucht werden – danach aber für sie keinerlei Interesse mehr besteht ...

Neueste Erkenntnisse westlicher Dienste lassen die Befürchtung aufkommen, daß die Parolen eines Wladimir Schirinowski von dem Wiedererstarken Rußlands auch bei früheren Angehörigen des DDR-Ministeriums für Staatssicherheit auf fruchtbaren Boden fallen.[28]

In ähnlicher Weise appelieren die Nachrichtendienstoffiziere Moskaus an die Heimatliebe zu »Mütterchen Rußland«. In den letzten Jahren verstanden sie wiederholt, Aussiedler davon zu überzeugen, daß sich die UdSSR bzw. die GUS zu einem demokratischen Staat wandle und das Land auf Erkenntnisse aus Westeuropa angewiesen sei; eine Zusammenarbeit zwischen ihnen und dem KGB wäre daher für die Perestroika von großer Bedeutung. Von dieser »Betrachtungsweise« lassen sich immer wieder Aussiedler beeinflussen. Zudem muß man auf dem Territorium der früheren DDR von rund 25 000 Personen sowjetisch-russischer Herkunft ausgehen; von ihnen aber dürfte weniger als die Hälfte einen entsprechenden Paß besitzen: Viele Angehörige der technischen Elite der DDR wurden in der UdSSR ausgebildet und haben dort einen sowjetischen Lebenspartner geheiratet, angesichts ihrer dadurch oft erworbenen DDR-Staatsbürgerschaft sind sie nur noch an ihrem Geburtsort zu erkennen. Ob sie sich inzwischen als Deutsche fühlen oder mehr mit ihrer alten Heimat verbunden sind? Im letzteren Falle könnten sie wesentlich leichter ansprechbar sein.

Eine andere »Ansprech«-Methode gegenüber Bundeswehr-Offizieren lief 1992/1993 auf dem Wege eines vorgetäuschten Interesses angeblich russischer Offiziere an einem »Informationsaustausch«. Basierend auf der heute angestrebten Zusammenarbeit zwischen Moskau und Bonn sowie besonders unter Vorspiegelung einer »Kameradschaft von Soldat zu Soldat«, wurden überaus vorsichtig Kontakte und auch Freundschaften aufgebaut und über längere Zeit hindurch kultiviert, um schließlich nachrichtendienstlich relevante Erkenntnisse zu erlangen. Das geschah »in großem Maße«, wobei die Geheimdienste Moskaus »aktiver denn je« waren.[29]

Genutzt wird ohnehin vor allem das »Abschöpfen« bei Gesprächen – eine offensichtlich sehr erfolgreiche Vorgehens-Art der russischen Spionage. Ist doch in Deutschland heutzutage die Ansicht allzu weit verbreitet, man sei jetzt mit allen Staaten Osteuropas befreundet und könne – ja (nach der häufigen deutschen Unart des Sich-Anbiederns) müsse – deshalb recht offen sein!

Die Ziele der »Aufklärung« scheinen sich bis heute nicht wesentlich verändert zu haben. Einmal wird die politische Spionage weiterhin einen unverzichtbaren Schwerpunkt darstellen: In seinem Großmachtdenken will Moskau ebenfalls in Zukunft informiert sein über die Ansichten und Pläne der deutschen Regierung, zumal man den politischen Einfluß des vereinigten Deutschlands auf die EG eher überschätzen dürfte. Bei allen neuen Verträgen der Zusammenarbeit warnen die »Falken« vor Bonn und verlangen eine starke »Aufklärung«, um nach dem alten Lenin-Grundsatz »Vertrauen ist gut, Kontrolle ist besser« möglichst Gewißheit über das Verhalten des neuen großen Staates in der Mitte Europas zu erlangen.[30]

Die Militärspionage ist auch im heutigen Zeitalter der Abrüstung keinesfalls gegenstandslos geworden, soll sie doch die Tätigkeit der offiziellen Überwachungskommissionen ergänzen. Generaloberst Tscherwow, Berater des Generalstabschefs der Sowjetarmee, hat dies selber bestätigt.[31] Nicht von ungefähr wurde im Frühherbst 1992 im Auslandsaufklärungsdienst Moskaus eine neue »Verwaltung für Rüstungskontrolle und Nichtverbreitung von

Massenvernichtungswaffen« aufgebaut; Leiter ist General Gennadi Jewstafjew. Zudem will der Kreml wissen, was etwa die neue NATO-Konzeption bedeutet oder ob Bonn sich an die getroffenen Vereinbarungen zur Reduzierung der Bundeswehr tatsächlich hält. Bei der Behandlung all dieser Probleme fällt auf, daß die Existenz der GRU und ihre Spionage niemals in Moskau zur Diskussion standen.

Eine stark zunehmende Tendenz wird weiterhin – das ist bereits seit dem Amtsantritt Gorbatschows der Fall – die Wirtschaftsspionage haben. Hängt doch das Schicksal jeder Regierung im Kreml vom wirtschaftlichen Schicksal des Riesenlandes ab! Nach wie vor müssen gewaltige Entwicklungs-Rückstände aufgeholt werden, insbesondere im Bereich der Mikroelektronik, der Computertechnik wie überhaupt in der gesamten Kommunikationstechnik einschließlich der Software. Der billigste und ebenfalls schnellste Weg ist nun eben einmal das illegale Beschaffen von Forschungs- und Entwicklungsergebnissen, technischem Know-how über Produktionsverfahren sowie von fertigen Endprodukten der Industrie. Aus gleichen Gründen dürfte auch der illegale Technologietransfers zunehmen. Während der zwei letzten Jahre ist ebenfalls ein Anstieg von Anwerbungsbemühungen zu spüren bei Messen und beim Austausch von Wissenschaftlern. Gleiches gilt für das illegale Eindringen in fremde Rechnersysteme (»Computerspionage«, »Hacker«). Führende Männer im Geheimdienst Moskaus lassen sehr offen – wenn auch in verklausulierter Form – die Notwendigkeit ihrer Wirtschaftsspionage durchblicken. So hatte am 17. Mai 1990 der damalige KGB-Chef Krjutschkow erklärt, die Sowjetunion müsse ihren technologischen Rückstand auf diese Weise wettmachen.[32] Leonid W. Schebarschin, damals Leiter der Auslandsspionage des KGB, räumte das »Sammeln von verdecktem Informationsmaterial« ein und meinte wohlformuliert, »in den letzten Jahren zwingt uns die Realität, der Wirtschaftsproblematik mehr Aufmerksamkeit zu widmen und die konkreten wirtschaftlichen Aufgaben einer Lösung näherzubringen, die sich in unserer Volkswirtschaft und unserem Volk stellen.«[33] Auch sein Nachfolger, Jewgeni Primakow, sieht die große Bedeutung dieser Art von Spionage; nach ihm muß diese –

>>für günstige Bedingungen für die Entwicklung der Wirtschaft und des wissenschaftlich-technischen Fortschritts im Lande sorgen.«[34]

Äußerungen, die nicht nur Theorie sind: Noch Anfang 1992 führte der Bonner Staatsminister Schmidbauer aus: »Denken Sie an die Wirtschaftsspionage bei uns, die läuft auf vollen Touren. Die Intensität hat überhaupt nicht abgenommen.«[35] Im gleichen Herbst konzentrierte sie sich besonders auf Hochtechnologie und speziell auf EDV-Anlagen.

Verlagerung der KGB-Zentrale in Deutschland

Im März 1991 mußten bundesdeutsche Stellen eine – im Vergleich zum Vorjahr – Verdoppelung der Spionageanwerbungsversuche registrieren. Ab April war eine weitere Steigerung festzustellen. Während Regierungssprecher Dieter Vogel vor der Bundespressekonferenz glaubte, einen Rückgang der Geheimdienstaktivitäten des KGB feststellen zu können[36], kam der Präsident des BfV Anfang Juli zu der Einschätzung: »Die Spionageaktivitäten werden aggressiv fortgesetzt.«[37]

Während des Monats April 1991 wurde die KGB-Zentrale in Deutschland, die sich seit 1945 im ehemaligen St.-Antonius-Krankenhaus in Berlin-Karlshorst befand, an den Cecilienhof in Potsdam und in andere Standorte bzw. Liegenschaften der GUS-Streitkräfte in der Ex-DDR verlagert. Teile der Abwehr verzogen nach Rehagen (abseits der Fernstraße 101 zwischen Trebbin und Luckenwalde); das Arsenal dieser sogenannten »Russenkaserne«

liegt lediglich 15 Minuten vom Militärflughafen Sperenberg entfernt, über den einst ein Erich Honecker in die UdSSR flüchtete. Die zahlreichen Einrichtungen der Sowjettruppen bieten den Nachrichtendiensten geradezu »ideale Tarnpositionen für ihre operative Arbeit«[38], zumal die Bundesrepublik in jenen Militäranlagen keinerlei Hoheitsrechte besitzt. Die im hinteren Bereich der Kaserne in der Stellingstraße Schwerins untergebrachte KGB-Filiale für den Westteil Mecklenburg-Vorpommerns war bis zu ihrer Räumung nur ein Beispiel von etlichen.

Im Herbst 1991 bemühten sich KGB und GRU ziemlich intensiv, auch Mitarbeiter der Geheimdienste anderer Ostblockstaaten in der bisherigen DDR für sich zu gewinnen. Kurze Zeit danach verlautete aus dem Bundesamt für Verfassungsschutz:

> »Nachweisbar baut das KGB in einem ganz beachtlichen Umfang in der Bundesrepublik sein Agentennetz aus. Seit Anfang 1990 sind über 20 KGB-Agenten enttarnt worden.«

Telefonabhören, Agentenfunkverkehr

Die technischen Einrichtungen der HA III waren Mitte 1990 von der NVA zu einem großen Teil an die VIII. und XVI. Verwaltung des KGB übergeben worden. Es scheint fundierte Hinweise zu geben, daß es ebenfalls Teile des Personals des MfS übernahm, zumal diese seit langer Zeit persönlich bekannt waren und fast alle Offiziere der HA III angesichts ihres Studiums in der UdSSR auch fließend Russisch sprechen. Sehr bald wurden von den sowjetischen Kasernen aus die innerdeutschen Richtfunkverbindungen erneut abgehört. Insgesamt sollen 20 derartige Lauschposten existieren, wobei ebenfalls »ausdrücklich die sowjetischen Vertretungen in Bonn-Bad Godesberg und in München« zu nennen sind. Warnend hob der Jahresbericht 1990 des BfV dann auch hervor: »Jede Organisation oder

Person . . . muß sich bewußt sein, daß Dritte mithören können. Die Auflösung der HA III des MfS hat daran nichts geändert.«[40] Westlicherseits konnten sogar Funksprüche aus dem Raum Berlin aufgefangen werden, mit denen die »Kundschafter« in den alten Bundesländern ihre Anweisungen bekamen.[41] Ende Juni 1991 wurde dieser Funkkontakt – angeblich aufgrund einer Demarche des Auswärtigen Amtes in Bonn – eingestellt, um jedoch in gleicher Weise von der Sowjetunion weiterzulaufen . . .

Das gilt hingegen nicht für die GRU, im Gegenteil: Ende November 1991 wurden ihre Funksignale aus dem Gebiet der Ex-DDR mehrere Tage lang auffällig verlangsamt – für Kenner ein sehr sicheres Anzeichen der Anleitung von neuen Funkern. Bald konnte das BfA 17 Morsefunklinien in die »alte« Bundesrepublik ausmachen.[42] Die Zentrale der GRU in Deutschland ist nach wie vor dem Hauptquartier der GUS-Streitkräfte in Wünsdorf bei Zossen angegliedert; ihre Personalstärke soll bis zur Wende allgemein 300 Offiziere und Soldaten betragen haben. Noch heute unterhält die GRU-Zentrale »Aufklärungsstützpunkte« in Ost-Berlin, Rostock, Magdeburg, Leipzig und Dresden, die seit Anfang 1993 allgemein in russischen Kasernen unter der Tarnbezeichnung »Verbindungsstelle« arbeiten: die Gesamtzahl ihrer hauptberuflichen Mitarbeiter wird auf etwa 250 geschätzt. Nach glaubhaften Aussagen eines Überläufers besaßen allein diese fünf »Aufklärungsstützpunkte« 173 »Kundschafter« in Westdeutschland – angesichts der Vielzahl von GRU-Verwaltungen und – Abteilungen eine recht ansehnliche Zahl. Innerhalb der DDR verfügten sie über 850 IM, ein Großteil von ihnen sollte 1990/1991 in den Westen zur Spionage eingeschleust werden.

Vom KGB zum SWR, FAPSII

Die Umwälzungen in der UdSSR/GUS brachten zwar einige Verschiebungen im Sicherheitsbereich, berührten jedoch die Spionage Moskaus in keiner Weise. Im Oktober 1988 war Wladimir Krjutschkow zum neuen Leiter des KGB ernannt worden, seit 1974 hatte er die Erste Hauptverwaltung des Geheimdienstes (Auslandsspionage) angeführt. Wegen seiner Beteiligung am Putschversuch vom 19. 8. 1991 wurde er gestürzt. Zu seinem Nachfolger ernannte Gorbatschow Leonid Schebarschin, der seit dem 28. 2. 1990 Chef der Ersten Hauptverwaltung gewesen war. Bereits einen Tag später aber verdrängte ihn Jelzin und ersetzte ihn durch den 54 Jahre alten Wadim Bakatin. Daß sich an der Tätigkeit der sowjetischen Geheimdienste nichts grundlegend ändern werde und sie auch zukünftig »Aufklärung« betreiben würden, räumte Jelzin offen ein. Bei den Verhandlungen Anfang Mai 1991 über die Schaffung eines eigenen KGB der Russischen Föderation wurden die weiterhin arbeitenden Bereiche wie Spionage und Gegenspionage extra betont.[43] Auf seiner ersten Pressekonferenz vor Journalisten erklärte Bakatin, sein Dienst werde fortan in fünf Richtungen tätig werden; dabei nannte er gewiß nicht zufällig an erster Stelle die »Aufklärung«.

Am 11. Oktober 1991 beschloß der sowjetische Staatsrat die Auflösung des bisherigen »Komitees für Staatssicherheit«. Statt dessen bildete man drei neue, unabhängige und selbständige Geheimdienste, auf die dessen bisherige Aufgaben lediglich aufgeteilt wurden. Die Spionage erhielt den neuen Namen »Zentraler Nachrichtendienst« (»Centralnaja sluschba raswedki« – CSR; im Westen allgemein »Zentraler Auslandsaufklärungsdienst der UdSSR« – »ZAD« genannt). Sein Leiter wurde der langjährige Apparatschik und glücklose Nahostspezialist Jewgeni Primakow, der als einer der Architekten jener Afghanistan-Politik zu gelten hat, die Moskau in das Dilemma am

Hindukusch stürzte und der ebenfalls nicht ohne Schuld an dem Rücktritt des damaligen Außenministers Schewardnadse verwickelt gewesen sein soll.[45] Zu Primakows Stellvertreter ernannte man Wladimir Fissenko. Auch als am 26. November 1991 an die Stelle des russischen KGB die »Sicherheitsagentur der russischen Föderation« (AFB) unter ihrem Generaldirektor Viktor Iwanenko entstand, tangierte dies nicht den Spionagebereich.

Noch Mitte Dezember des Jahres sollte nur der ZAD sich mit der Auslandsspionage befassen. Auf einer Pressekonferenz am 18. 12. 1991 im Außenministerium der UdSSR erklärte die Leiterin seiner Presseabteilung, »daß die Aufklärung als einheitliche Struktur erhalten bleibt. Fast alle souveränen Staaten – in der Vergangenheit Unionsrepubliken – sind daran interessiert, Informationen zu bekommen.« Weiter führte sie aus: »Die sowjetische Auslandsaufklärung wird eine der wenigen Unionsbehörden sein, die nicht abgewickelt wird.« Das frühere KGB sei »ein nationales Gut des Landes«; auf diese »einheitliche nationale Struktur« und auf die »gewaltigen in Jahrzehnten gesammelten Erfahrungen« könne man nicht verzichten.[46] Zugleich war zu erfahren, daß der neue Erste Stellvertreter Primakows Wjatscheslaw Trubnikow heißt – ein alter Hase in diesem Milieu.

Mit der Bildung der GUS zu Jahresende setzte die Russische Föderation die bisherige UdSSR fort. Folgerichtig stellte etwa am 20. Dezember 1991 ein Dekret Jelzins den ZAD unter die alleinige Kontrolle Rußlands, der nunmehr die Bezeichnung »Dienst für Auslandsaufklärung« (»Sluschba wneschnej razwedki« – SWR) erhielt.[47] Am 26. Dezember besuchte Jelzin dessen Hauptquartier und betonte bei seiner Zusammenkunft mit der Führung des SWR die Notwendigkeit und die Aufgaben des Nachrichtendienstes. Zugleich unterzeichnete er einen Erlaß über die Ernennung Primakows »zum Direktor des Auslandsaufklärungsdienstes Rußlands, der bisher als Direktor des Zentralen Nachrichtendienstes der UdSSR tätig war.«[48] Am 8. Juli 1992 verabschiedete das Parlament in Moskau ein förmliches »Gesetz der russischen Föderation über die Auslandsaufklärung«. Ausdrücklich wird diese darin zur Informationsbeschaffung über Politik, Wissenschaft sowie über die Wirtschaft verpflichtet.

Praktisch bedeutet dies, daß die frühere Erste Hauptverwaltung als ein separater russischer Auslandsspionagedienst überlebte und daß zugleich das bisherige Agentennetz des KGB rund um die Welt unberührt blieb.[49] Allerdings wird die »Aufklärung« heutzutage kaum noch an ideologischen, klassenkämpferischen Maximen ausgerichtet, sondern an handfesten nationalen Interessen. Das gilt auch für die anderen Länder der GUS sowie des früheren Warschauer Paktes, die ebenfalls ihre Nachrichtendienste aufbauen bzw. bereits wieder – wie etwa Polen – gegen die Bundesrepublik Deutschland Spionage betreiben.

Es dürfte wahrscheinlich im November 1991 oder auch im Frühjahr 1992 gewesen sein, daß aus der 8. Hauptverwaltung des bisherigen KGB(Chiffrierwesen, Sicherheit der Nachrichtenverbindungen) und insbesondere der 16. Abteilung der 1. Hauptverwaltung des KGB(Fernmeldeaufklärung in Auslandseinrichtungen) ein besonderer Dienst für Fernmelde- und elektronische Aufklärung entstand: Die Föderale Agentur für Regierungsverbindung und Information beim Präsidenten der Russischen Föderation (FAPSII), die also diesem direkt untersteht. Geleitet wird sie von Alexandr Starowojtow, einem ehemaligen Angehörigen des KGB. Angeblich umfaßt die »Agentur« rund 100000 bis 120000 Hauptamtliche – jedenfalls ist sie »eine hochtechnische Gruppe«, die der Westen keinesfalls unterschätzen sollte.[50]

Sie belauscht nicht nur Telefongespräche in Rußland – speziell auch innerhalb des Regierungsapparates Moskaus –, sondern ebenfalls im Ausland. Sieht man in Deutschland von ortsnahen Telefonverbindungen ab (die per Erdkabel gehen), so erfolgen heutzutage 90 Prozent aller Telefongespräche über Richtfunk oder gar via Satellit: Sie alle können ohne weiteres abgehört werden! Ziemlich abhörsicher sind lediglich die Mobil-Telefone D_1 und D_2...

Perspektivagenten, Legale Residenturen

Man sollte dabei nicht übersehen, daß Rußland bei seinem Vorgehen auf sehr lange Sicht plant – weit über jenes Jahr 1994 hinaus. Dies beweisen deutlich mehrere Anfang 1992 bekanntgewordenen Anwerbungen sogenannter Perspektivagenten, die von der Moskauer Botschaft in Bonn, aber auch von anderen offiziellen Niederlassungen Rußlands in Hamburg und München erfolgten. Im Gegensatz zum Spion üblicher Art, der zu einem möglichst baldigen Zeitpunkt seine geheimdienstliche Tätigkeit aufnehmen soll, ist bei einem derartigen »Kundschafter« der eigentliche Einsatz erst für eine spätere Zeit vorgesehen – eben auf Perspektive. Das Prinzip besteht gerade darin, einen begabten jungen Menschen ein Studium (oft ganz oder doch teilweise von KGB/SWR finanziert!) absolvieren zu lassen und ihn dann auf legalem Wege in einen bürgerlichen Beruf mit einem nachrichtendienstlich ergiebigen Arbeitsgebiet Karriere machen zu lassen. Erst wenn er eine einflußreiche Position erreicht hat, beginnt seine Spionage. Im Gegensatz zur DDR-Spionage, die dabei keineswegs selten unter »falscher Flagge« vorging, arbeiten die Dienste Moskaus insoweit offen. Ein entscheidender Grund dafür dürfte sein, daß viele Menschen den Diplomaten aus der GUS in jüngster Zeit ohne Vorbehalte gegenübertreten und nachrichtendienstliche Absichten, die man noch vor wenigen Jahren bei eigentlich jedem Abgesandten der UdSSR vermutete, heutzutage den jungen, fast schon westlich auftretenden Diplomaten kaum mehr zugetraut werden. Angesichts der sehr großen Dunkelziffer in den zurückliegenden Jahren zum einen und andererseits des weiterhin rückläufigen Sicherheitsbewußtseins in der deutschen Bevölkerung sollte man diese Erscheinung absolut nicht unterbewerten. Der im Zusammenhang mit dem

Rücktritt der Bundesgesundheitsministerin erwähnte Ministerialrat Hoppe war ein typischer Fall eines wirklich sehr erfolgreichen Perspektivagenten.

Gerade in diesem Zusammenhang spielen die sogenannten Legalen Residenturen (amtliche oder halbamtliche Auslandsvertretungen eines Staates, aus denen Spionage betrieben wird) eine wichtige Rolle, die sich seit 1991 wohl eher noch verstärkt haben dürfte. Zwar forderte damals das sowjetische Außenministerium, die Anzahl solcher unter diplomatischem Deckmantel operierenden Geheimdienstler erheblich zu reduzieren, doch wurde dies bald vom Außenminister selber zurückgewiesen. In Westdeutschland mußte man bis zur Wende davon ausgehen, daß etwa jeder zweite sowjetische Diplomat im Dienste eines heimatlichen Nachrichtendienstes stand. Personell am stärksten besetzt bei einer solchen KGB-Residentur ist durchweg die »Linie PR«, die politische »Aufklärung« betreibt. Die »Linie X« mit ihrer wirtschaftlich-technischen Spionage arbeitet in einem großen Umfang über die Handelsabteilung sowie über Handelsvertretungen; wie schon während der Weimarer Republik könnten derartig getarnte Firmen auch in der nahen Zukunft eine wichtige Rolle spielen. Nicht zuletzt sind die Konsulate – zum Beispiel dasjenige in der Thünenstraße Rostocks – in das Vorgehen des KGB/SWR eingebunden. Ende Juni 1992 traten zwei TASS-Korrespondenten in Bonn in Streik: Mit der Behauptung, ihr Generaldirektor Wjatscheslaw Keworkow sei ein KGB-General, verlangten sie seine Absetzung. Noch 1991 wäre, erklärten sie, mehr als die Hälfte der TASS-Vertreter in Westdeutschland Geheimdienstoffiziere gewesen. Gewiß reduzierten die russischen Nachrichtendienste ihre Präsenz in den Legalen Residenturen 1992/1993 um ein Drittel, doch verblieb gerade ein harter Kern besonders erfahrener und kompetenter Geheimdienst-Offiziere.

Einen letzten Beweis, daß die Spionage Moskaus mit dem Abzug seiner Truppen aus Deutschland keinesfalls aufhören wird, stellen die intensiven Bemühungen dar, mit

Hilfe alter MfS-Strukturen die Verfassungsschutz-Behörden in den neuen Bundesländern aufzudecken – also jene Stellen, die ihren »Kundschaftern« den Kampf angesagt haben.[51]

Weitere Aktivitäten

Ende März 1992 wurde Karl-Heinz Michalek festgenommen, gerade als er in seiner Berliner Wohnung – war es eine Falle? – einen »Treff« mit einem seiner Agenten hatte: Der bisherige HVA-Major, der in der Abteilung XI (Aufklärung der USA und ihrer Streitkräfte) tätig war, hatte während des Sommers 1990 im Auftrage der sowjetischen Spionage wieder Kontakt zu seinem früheren »Kundschafter« bei der US-Luftwaffe in der Bundesrepublik aufgenommen. Seitdem erhielt er von diesem bei 37 Zusammenkünften viele militärische Dokumente, welche er mit rund 75 000 DM beglich. Wenige Tage darauf erging Haftbefehl gegen seinen früheren Vorgesetzten, den HVA-Oberstleutnant und jetzigen Immobilienmakler Lothar Ziemer, der seine Informationen und Unterlagen an den Moskauer Nachrichtendienst weitergab und ihm neben jenem Agentenlohn eine monatliche Vergütung von 2400 DM zahlte. Er selber führte den Spion Hans-Friedrich H., welcher der HVA-Abteilung seit 1978 aus seinem Arbeitsbereich in der Verwaltungsabteilung der US-Mission in West-Berlin interessante Meldungen gegen rund 25 000 DM geliefert hatte und ab Herbst 1990 aus seiner neuen Tätigkeit bei der Außenstelle Berlin der US-Botschaft Unterlagen und Informationen beschaffte. Die Treffen erfolgten alle vier–sechs Wochen, bei jeder Begegnung erhielt er 500 DM. Bei allem bestand ein straffes Verbindungswesen mit Instrukteuren und modernster Foto- und Datentechnik – wie in besten HVA-Zeiten![52] Bald stellte sich heraus, daß beide Ex-Offiziere der HVA von ihrem einstigen Vorgesetzten Jürgen Rogalla zu ihrem Vorgehen veranlaßt worden waren; Anfang September 1992 wurde auch er festgenommen.

Mitte Juni des Jahres konnte in der Innenverwaltung Berlins der Agent Weichert des bisherigen sowjetischen Geheimdienstes enttarnt werden; bis zur Wende war er Leiter der für Einbürgerungen in der DDR zuständigen Behörde in Ost-Berlin und hatte 1990 nach Ablauf seines Zeitvertrages – trotz Warnungen verschiedener Seiten – einen unbefristeten Arbeitsvertrag erhalten. Nach Zeitungsberichten soll er anhand seiner Stasi-Akte bei der Gauck-Behörde überführt worden sein, was allerdings eher unwahrscheinlich ist.

Rund vier Wochen später begann in Frankfurt/Main der Prozeß gegen den Waffenhändler Raimund Alexy, der seit 1987 für das MfS gearbeitet und ihm hülsenlose Patronen für das Bundesgewehr G 11, ein in Israel entwickeltes Laserzielgerät sowie ein Nachtsichtgerät zugespielt hatte. Auf Vermittlung seines bisherigen Führungsoffiziers traf er im Frühjahr 1990 in Ost-Berlin mit Vertretern des KGB zusammen, dem er ebenfalls Muster der hüllenlosen Munition sowie Faustfeuerwaffen übergab. Sein »Honorar« belief sich auf 10 000 DM, außerdem erhielt der passionierte Waffensammler ein seltenes Gewehr. Das Gericht verurteilte ihn zu drei Jahren Haft; von den vom MfS bezogenen 150 000 DM brauchte er seltsamerweise nur ein Zehntel und vom Spionagelohn des KGB überhaupt nichts an die Staatskasse zu zahlen.

Erwartungsgemäß ist man auf Moskauer Seite stets bestrebt, derartige Vorfälle abzuleugnen oder doch in ihrer Bedeutung herunterzuspielen. Mitte April 1992 erklärte die Sprecherin des SWR, man habe das Aufklärungsnetz in Deutschland bereits verkleinert, und rund zwei Wochen später beteuerte Trubnikow, der Erste stellvertretende Direktor, »bereits bis zu 30 Prozent der Kundschafter« seien nach Hause zurückgekehrt.[53] Das traf allerdings nur recht bedingt zu: Wohl wurden aus der Ex-DDR einige hauptamtliche SWR-Offiziere aus bestimmten Teilbereichen abgezogen und dementsprechend ließ zwangsläufig die allgemeine Aktivität im Apparat nach, doch schaltete man nach Erkenntnissen bundesdeutscher Stellen keinen einzigen

Agenten ab, wie auch die Anwerbungsversuche neuer Helfershelfer »mit gleicher Intensität« weitergingen.[54]

Am 29. April gestand die Moskauer »Komsomolskaja Prawda« ein, daß die Spionageschule des ehemaligen KGB nach wie vor in Betrieb sei; zum Ausbildungsprogramm zählte gerade der Aufbau von Agentennetzen. Sonst gutinformierte Behörden wollen wissen, einer der Ausbilder von zukünftigen »Kundschaftern« gegen Deutschland sei ausgerechnet Hansjoachim Tiedge – der einstige Überläufer vom Bundesamt für Verfassungsschutz! Angeblich ist er heute Oberst des SWR. Jedenfalls soll er inzwischen die russische Staatsangehörigkeit angenommen haben, während er selber sich in dem Interview mit dem »Spiegel« als Deutscher bezeichnete.

Im Juni 1992 konnte man einer Berliner Zeitung entnehmen, Bonn werde die Abschiebung von rund 150 russischen Spionen vorschlagen, die enttarnt oder schon verurteilt wurden; im Austausch solle Moskau alle in seinem Besitz befindlichen MfS-Akten herausgeben. Dort aber teilte die Pressesprecherin des SWR mit, man habe »keinerlei Archive des MfS der ehemaligen DDR erhalten« und »kein einziger Geheimagent der ehemaligen UdSSR ist in Deutschland in ein Ermittlungsverfahren verwickelt oder inhaftiert.«[55] Beides entsprach nicht der Wahrheit. Sollte die Sprecherin schlecht informiert gewesen sein?

Keine zwei Monate später konnte sie sogar dem eigenen Fernsehen entnehmen, daß vor dem Berliner Kammergericht der Prozeß gegen den GRU-Obersten Viktor Scherdew begann. Angefangen hatte dieser Spionagefall eigentlich bereits 1987, als der Leiter der Volkspolizei in Wernigerode, Dietmar B., auf Weisung seiner Vorgesetzten dem RU-Führungsoffizier »Walentin« Informationen aus seiner Dienststelle lieferte. Er erhielt eine nachrichtendienstliche Ausbildung, geplant war ebenfalls eine Unterweisung im Funkverkehr. Nach der Wende ging er in Absprache mit einer bundesdeutschen Sicherheitsbehörde weitere Treffen ein, bei denen er gegen insgesamt 1000 DM »Spielmaterial« übergab; der sowjetische militärische

Spionagedienst interessierte sich für Unterlagen aus dem Polizeibereich sowie für deutsche Personaldokumente. Bei dem »Treff« am 18. November 1991 in der Nähe des Dorfes Schmatzfeld (Harz) ließen die bereits wartenden Beamten des BKA den vermeintlich unbedeutenden Fahrer des russischen Autos wieder frei, es war der Führungsoffizier! Der daraufhin festgenommene Mann auf dem Rücksitz des Pkw wurde so zum späteren Angeklagten – steckte hinter ihm doch seit dem 3. Juni 1989 der Kommandeur des RU-Stützpunktes Magdeburg (Tarnbezeichnung: »Koordinationsabteilung für militärische Lieferungen«), der seinen vermeintlichen »Kundschafter« nunmehr für die Zeit nach 1994 verpflichten wollte. Als »Werbegeschenk« hatte er sogar vier Kisten mit je sechs Flaschen Cognac mitgebracht. Von 1980 bis 1985 hatte er dem RU-Stützpunkt in Ost-Berlin angehört und danach in Riga eine operative Abteilung gegen Norddeutschland und die skandinavischen Länder geleitet. In Magdeburg unterstanden ihm 45 Mitarbeiter, darunter knapp 20 Führungsoffiziere, die ihrerseits jeweils zwei Agenten anleiteten. Dazu gehörte das Angebot eines Agenten mit dem Decknamen »Kaj« aus Münster, eine vollständige Dokumentation des Kampfpanzers »Leopard« zu liefern, und eines weiteren »Kundschafters« über die Ausspähung des Bundeswehr-Panzerregiments in Braunschweig – beide sind bis heute nicht identifiziert! Es habe sich gezeigt, so erklärte während des Gerichtsprozesses der Bundesanwalt, daß die Spionage Moskaus ihre Aktivitäten nach der Wiedervereinigung Deutschlands verstärkt habe, und auch der Richter kam zu der Schlußfolgerung, die eingesetzten Methoden hätten auf eine flächendeckende »Aufklärung« gezielt. Drei Jahre Haft lautete das Urteil. Unmittelbar nach seiner damaligen Festnahme hatten sowjetische Dienststellen noch tagelang behauptet, Scherdew sei lediglich »Offizier des meteorologischen Dienstes« gewesen, und bei etlichen deutschen Polizeibehörden versucht, Näheres über die peinliche Panne zu erfahren.[56] Bereits am 15. Oktober 1992 aber öffneten sich dem Verurteilten die Gefängnistore, und er wurde nach

Moskau abgeschoben. War es eine bloße Goodwill-Geste? Oder gab es einen Gegenpreis? Noch Ende November desselben Jahres bestritt Scherdew in der Moskauer »Krasnaja Swesda« frech jegliche Spionagetätigkeit ...

Verschiedenen Quellen zufolge lösten die Verhaftung und die lange Untersuchungshaft des Obersten in Rußland größeres Überdenken aus, zumal sie alle Behauptungen, man habe die Spionage gegen Deutschland eingestellt, Lügen strafte. Eine grundlegende Änderung erfolgte indes nicht: Unter der aufschlußreichen Überschrift »Von diesem Gebäude aus kann man die ganze Welt sehen« veröffentlichte »Krasnaja Swesda«[57] ein Interview mit Generaloberst Jewgeni Timochin, der zuletzt Chef des Hauptstabes der Luftverteidigungstruppen war und ab November 1991 die GRU leitete. Danach sind die Objekte ihrer Spionage »die Streitkräfte, die Technik, Bewaffnung« sowie »das Kommunikationssystem, die Straßen, Flugplätze, Flüsse, Kanäle, die Durchlaßfähigkeit der Hauptverkehrswege«. Auch könnte er »mit voller Berechtigung sagen, daß wir vor dem Staat nicht als Schuldner dastehen« – womit er auf die offensichtlich sehr erfolgreiche Ausspähung der ausländischen Rüstungsindustrien und ihre Verwertung abhob. Während der letzten Zeit sei im Ausland oftmals die Forderung nach Einstellung der Spionage erhoben worden, doch er »sage hier ganz offen: Solche Ultimaten haben keine Perspektive«. War die gleichzeitige Klage Timochins über nicht genügende Finanzmittel seines Apparates der Grund seiner bald erfolgten Ablösung? Seit August 1992 befindet sich die Leitung in Händen von Generalmajor Fedor J. Ladygin, der bisher einer seiner Stellvertreter war. Im Herbst desselben Jahres wurde die GRU – verschont vom seinerzeitigen Putschversuch und dessen Folgen – im Westen als »aktivster und effektivster Nachrichtendienst, gefährlicher als die SWR«[58] angesehen. Aufschlußreich erscheint die neuerdings festzustellende Tendenz, wonach die GRU über ihre eigentliche Aufgabe hinaus ihre Spionage-Aktivitäten zunehmend auf die Bereiche Wirtschaft, Wissenschaft und Technik ausdehnt.

Kein Ende der Spionage Moskaus

Dieses Verhalten der russischen Geheimdienste, insbesondere der dargelegte Fall Michalek-Ziemer, führte in Bonn verständlicherweise zu einer stärkeren Verstimmung. Am 9. April 1992 schlug Bundeskanzler Kohl der Moskauer Regierung vor, die gegenseitige Aufklärungstätigkeit einzustellen oder doch wenigstens zu reduzieren. Von einer Antwort auf seinen Brief wurde leider nichts bekannt. Der Koordinator für die deutschen Nachrichtendienste, Staatsminister Bernd Schmidbauer im Bundeskanzleramt, betonte Anfang Juni sehr offen, nach dem Ende des Ost-West-Konflikts dürfe es auch im Spionagebereich nicht in der gewohnten Weise weitergehen – »jedenfalls in der bisherigen Form kann dies nicht von uns akzeptiert, nicht toleriert werden«.[59] Daß vereinbarte großzügige Wirtschafts- und Finanzhilfen Deutschlands für die GUS zum einen und andererseits deren Finanzierung zum Aufbau neuer geheimer Informationsnetze in Deutschland nach hiesigen Vorstellungen nicht zusammenpassen, hatte man bereits Gorbatschow während seines Bonn-Besuchs im November 1990 deutlich gemacht. Einen sichtbaren Erfolg gab es damals nicht, eher das Gegenteil!

Vom 24. bis 26. August und dann vom 15. bis 16. Oktober 1992 verhandelte Staatsminister Schmidbauer – teilweise in Gegenwart der Präsidenten des BND und des BfV – in Moskau mit dem russischen Präsidenten über diesen Fragenkomplex. Ein dpa-Bericht, wonach Rußland dabei »versprochen (hat), jegliche aggressive Aufklärungsarbeit gegen die Bundesrepublik Deutschland bis zum Jahresende einzustellen«,[60] sorgte eher für Verwirrung. Denn unter jenem Begriff werden allgemein lediglich »mokrie dela« (»nasse Sachen«) verstanden, also Morde und Entführungen, während die »offensive Spionage« eben die aktive Spionage im herkömmlichen Sinne darstellt. Tatsache ist nach Mitteilung des Bundeskanzleramtes vielmehr: Bei diesen Gesprächen »wurde von russischer Seite eine wesentliche Reduzierung (nicht völlige Einstellung) der Spionage der russischen Geheimdienste gegen die Bundesrepublik Deutschland bis Ende dieses Jahres zugesagt, und zwar in mündlicher Form, nicht in Form einer schriftlichen Vereinbarung.«[61] Die Frage bliebt natürlich, welchen Wert ein solches Versprechen hat. Generell scheint der Kreml mehr Wert auf bindende Verträge zu legen: In einem Gespräch mit »The Sunday Times«[62] schlug Primakow vor, westliche Länder sollten sich in Abkommen verpflichten, ihre Spione aus dem jeweils anderen Land abzuziehen. Bedingung sei, »die Geheimdienste stellen ihre Aktivitäten in meinem Land mit einer Garantie ihrer Regierung ein.« Auffällig erscheint, daß jene Verhandlungen der deutschen Vertreter in den Massenmedien der GUS totgeschwiegen wurden, während Jelzin über sein Treffen mit dem CIA-Chef Robert Gates offen erklärte: »Wir können verständlicherweise nicht alle Informationen weitergeben, zum Beispiel über unser Aufklärungsnetz.«[63] Vier Tage später bestätigte Bonn, in der deutschen Botschaft in Moskau seien »Wanzen« eingebaut worden – gerade kein Vertrauensbeweis für eine solide Zusammenarbeit und für den Aufbau eines echten Vertrauensverhältnisses zwischen Deutschland und Moskau. Es ist ohnehin heute mehr denn jemals die entscheidende Frage, welche Macht und welchen Einfluß ein Boris Jelzin noch auf das Militär sowie auf die Spionagedienste ausüben kann. »Rußland bleibt eine Großmacht . . . Eine Großmacht braucht auch einen starken Geheimdienst«, rief Primakow Anfang November 1992 aus.[64] Wenn die Moskauer Zeitung »Iswestija« knapp zwei Monate später von einer starken Reduzierung des Mitarbeiterbestandes in der SWR-Zentrale und auch der Anzahl der »Kundschafter« im Ausland schrieb, so bezog sich dies nach den weiteren Ausführungen des Artikels durchweg nur auf Afrika und Südostasien. Wadim Kirpitschenko, einst stellvertretender Leiter der KGB-Spionage und ebenfalls jetzt noch im »Gewerbe« tätig, sprach von einer Verringerung des Dienstes um 30 bis 40 Prozent: »Jetzt arbeiten wir lediglich noch in den Regionen, in denen russische Interessen auf dem Spiel stehen« – das aber ist gerade Europa! Nicht zuletzt hat Nikolai Goluschko, damaliger Direktor des Föderalen Dienstes der Gegenaufklärung Rußlands, solchen Behauptungen von einer Reduzierung des Spionagedienstes deutlich widersprochen.[65] Zudem: Sollten die Beteuerungen von SWR-Führungsoffizieren gegenüber ihren »Kundschaftern« in Deutschland, selbstverständlich werde man auch in Zukunft weiterarbeiten und sie benötigen, wirklich nur leere Hinhalteversprechungen sein? Bisher jedenfalls ist kein Fall bekannt, daß ein Spion in jüngster Zeit »entpflichtet« wurde.

Mitte Februar 1993 besuchte Primakow das Bundeskanzleramt in Bonn, das Kölner Bundesamt für Verfassungsschutz und ebenso die Zentrale des Bundesnachrichtendienstes in Pullach. Vereinbart wurde in den Gesprächen eine gemeinsame Bekämpfung des Drogenhandels und des internationalen Terrorismus sowie die Kontrolle über die Nichtweiterverbreitung von Massenvernichtungswaffen; außerdem erzielten beide Seiten eine Übereinkunft, wonach der BND in Moskau eine offizielle Vertretung und der russische Nachrichtendienst eine solche in Bonn eröffnen werden. Wohl voller Illusionen erklärte der Vizepräsident des Bundesnachrichtendienstes, Paul Münstermann, man könne heute bei den deutschen und russischen Geheimdiensten nicht mehr von Gegnern sprechen – »das ist Vergangenheit«.[66] Ähnlich euphorisch meinte Staatsminister Schmidbauer, es »soll in Zukunft ein Grundprinzip der SWR sein, daß sie ihre Arbeit nicht gegen die Interessen der Bundesrepublik Deutschland richtet, sondern nur eigenen nationalen Interessen und eigener Sicherheit dient. Also keine gegen uns gerichtete SWR-Spionage auf deutschem Boden mehr.« Andererseits wirkte es doch wie ein Widerspruch, wenn er zugleich die bundesdeutsche Abwehr ermahnte: »Die muß trotz aller Schritte, die wir jetzt gehen, hellwach sein. Wer jetzt euphorisch wird und die Dinge nicht realistisch sieht, dem ist nicht zu helfen.«[67] Doch am genau gleichen Tage, an dem dieses Interview veröffentlicht wurde, äußerte die Pressesekretärin Primakows, jedes Land habe das Recht, in anderen Staaten Missionen seiner Geheimdienste zu unterhalten – um dann in seltener Offenheit fortzufahren:

>	»Aber dies stellt in keiner Weise eine Alternative zum Geheimdienst an sich dar, der auch weiterhin unter Nutzung aller spezifischen Mittel und Methoden betrieben wird.«[68]

Überdeutlich führte Juri Kobaladse, Leiter des Pressebüros des SWR, gegenüber dem PDS-Organ »Neues Deutschland« aus: »Wir haben uns von der Konfrontation verabschiedet. Das bedeutet indes kein Ende der Aufklärung.«[69]

Spionage betreibt zwangsläufig aber auch der vierte Dienst Moskaus, der Föderale Dienst der Gegenaufklärung der Russischen Föderation – FSK (Federalnaja Sluschba Kontrawedki. Er entstand am 21. 12. 1993 im Zusammenhang mit der Auflösung des Sicherheitsministeriums und ist letztlich als Nachfolger der 2. und 3. Hauptverwaltung des KGB anzusehen. Auffällig erscheint, daß auch er direkt Präsident Jelzin unterstellt ist. Leiter war zunächst der bisherige Sicherheitsminister Generaloberst Nikolai Goluschko, welcher annähernd 30 Jahre in der 5. Hauptverwaltung des KGB arbeitete, der damals die Verfolgung politisch Andersdenkender oblag. Ende Februar 1994 indes wurde er entlassen, offensichtlich bestanden Zweifel an seiner politischen Zuverlässigkeit im Sinne Jelzins. Zu seinem Nachfolger ernannte man den 42 Jahre alten Sergej Wladimirowitsch Stepaschin, bisheriger Stellvertreter Goluschkos; er kommt nicht aus den Reihen der Geheimdienste, gilt jedoch als treuer Gefolgsmann des Kreml-Chefs.[70] Sein Stellvertreter heißt Safanow. Der FSK umfaßte anfangs 138 000 Hauptamtliche, die im Laufe des Frühjahrs 1994 um etwa 63 000 reduziert wurden. Informationen aus Moskau zufolge, ist eine weitere Verringerung auf 50 000 geplant – ob die Ursache dafür die gerade in diesem Dienst nicht wenigen Anhänger Schirinowskis sind? Zum Assistenten Jelzins und Verbindungsglied zwischen dem FSK und dem SWR wurde Anfang Januar 1994 Juri Baturin ernannt.

Das bedeutet alles in allem: Auch die turbulente Entwicklung mit den großen innenpolitischen Schwierigkeiten hält Moskau nicht davon ab, vier Geheimdienste mit wenigstens 200 000 hauptamtlichen Mitarbeitern zu unterhalten!

Ob sich die Äußerung des bisherigen CIA-Chefs Gates wohl lediglich auf die Vereinigten Staaten bezog, als er im Februar 1994 meinte: »Es ist kein Geheimnis, daß die Russen seit Jahren stärkere Spionageaktivitäten entwickeln, als es unter den Sowjets der Fall war«?[71] Wenige Tage später betonte der Bundestagsabgeordnete Johannes Gerster, Mitglied der Parlamentarischen Kontrollkommission, daß Moskau »unvermindert weiterspioniert, insbesondere auch in Deutschland«:

> »Wir wissen, übrigens nicht nur von Rußland, sondern auch von anderen Staaten Osteuropas, daß die Spioniererei unvermindert weitergeht, daß also, wenn Sie es so wollen, Entspannungspolitik zwar im Bereich des Militärischen durchaus zu Konsequenzen geführt hat, aber nicht im Bereich der Nachrichtendienste.«[72]

Doch ob die Deutschen aus der erfolgreichen DDR-Spionage etwas gelernt haben, muß leider zweifelhaft erscheinen: Zunehmend beklagen bundesdeutsche Abwehr-Experten, daß die Erfolge der russischen Spionage heute im Vergleich zu früher größer eingeschätzt werden sollten, »weil es keine Wachsamkeit mehr gibt.«[73]

Beschwörend schrieb General Gehlen in seinem letzten Buch, und es ist wohl als eine Art Vermächtnis an die Deutschen zu werten: »Ich warne vor jeder Verharmlosung, vor jedem Nachlassen der Wachsamkeit!«[74] Seine Mahnung hat auch heute noch ihre Gültigkeit. Gerade heute!

Anmerkungen

Anmerkungen zu Kapitel I

1 »Einheit«, Berlin-Ost, 1975, Nr. 1, S. 47

2 Berlin-Ost, 7. 2. 1985

3 Berlin-Ost, 1987, S. 393

4 »Neuer Tag«, Frankfurt/Oder, 11. 5. 1988. Ähnlich »Neues Deutschland«, Berlin-Ost, 21. 10. 1988. – Abgedruckt in »Neues Deutschland«, a.a.O., 8. 2. 1989

5 Siehe dazu Der Bundesbeauftragte für die Unterlagen des Staatssicherheitsdienstes der ehemaligen Deutschen Demokratischen Republik (B St U), Berlin, Zentralarchiv (ZA), ZAIG 5198, Blatt 78 ff.

6 Das Ministerium für Staatssicherheit dürfte im Herbst 1989 etwa 98 300 hauptamtliche Bedienstete gehabt haben; bei der häufig genannten Zahl von 133 500 befinden sich rund 36 000 Doppelnamen. – Für die reine Spionage gegen die Bundesrepublik Deutschland sah der »Jahresvalutaplan« des Ministeriums in den letzten Jahren der DDR rund 14 Millionen DM und 16 Millionen DDR-Mark pro Jahr vor.

7 Bei der durchweg genannten Zahl von 4328 handelt es sich um die Soll-Stärke.

8 Vergl. dazu u. a. Justus Werdin, »Unter uns: Die Stasi«, Berlin, 1990, Anlage 2. Bürgerkomitee Erfurt, »Bericht des Bürgerkomitees Erfurt über die Auflösung des MfS/AfNS«, Erfurt 1990, Anlage. Ulrich von Saß und Harriet von Suchodoletz, »feindlich-negativ«, Berlin 1990, S. 13. Thomas Ammer und Hans-Joachim Memmler, »Staatssicherheit in Rostock«, Köln, 1991, S. 12. Wanja Abramowski in Bernd Florath, Armin Mitter, Stefan Wolle, »Die Ohnmacht der Allmächtigen«, Berlin, 1992, S. 215

9 Klaus Naumann (Hrsg.), »NVA – Anspruch und Wirklichkeit« Herford, 1993, S. 225. Andreas Kabus, »Auftrag Windrose«, Berlin, 1993, S. 50

10 »Berliner Zeitung«, Berlin, 13. 8. 1992. – Vergl. auch »Junge Welt«, Berlin, 6./7. 10. 1990

11 Bundeswehr-Hauptmann F. Gerhardes, Fernmeldebataillon 120, gedruckter Vortrag »Die Funk und funktechnische Aufklärung in den

Landstreitkräften der ehemaligen NVA«, September 1991, S. 1, 5 und 10. – Geheime Verschlußsache der Verwaltung Aufklärung, Berlin, Nr. 650801

12 »Berliner Zeitung«, a.a.O., 13. 8. 1992

13 Geheime Verschlußsache (GVS) des MfS 013-D-61/30, S. 75

14 Peter Siebenmorgen, »Staatssicherheit der DDR«, Bonn, 1993, S. 160

15 »Berliner Zeitung«, a.a.O., 13. 8. 1992; siehe ebenfalls »Der Tagesspiegel«, Berlin, 12. 8. 1992. – Die häufig zu lesende Behauptung, die VA sei im Westen bis zur Wende weitgehend unbekannt gewesen, ist falsch; daß auch sie aus verschiedenen Gründen unterschätzt wurde, ist eine andere Frage.

16 Peter Frisch (Vizepräsident des Bundesamtes für Verfassungsschutz) im Norddeutschen Rundfunk, Hamburg, 2. 12. 1991. »Frankfurter Allgemeine Zeitung«, Frankfurt/M., 4. 7. 1991

17 Der Bundesminister des Innern, »Verfassungsschutzbericht 1991«, Bonn, 1992, S. 182 f.

18 Zitiert aus Ulrich von Saß und Harriet von Suchodoletz, »feindlichnegativ«, a.a.O., S. 121. – Schon der Befehl Mielkes Nr. 1/75 vom 15. 12. 1975 hatte ihre »Zerschlagung« verlangt.

19 Westdeutsche Sicherheitsbehörde gegenüber dem Autor, März 1989

20 Siehe auch »Die Welt«, Bonn, 2. 5. 1991

21 Rita Sélitrenny und Thilo Weichert, »Das unheimliche Erbe«, Leipzig, 1991, S. 196 f.

22 Deutscher Bundestag, 12. Wahlperiode, Bonn, Drucksache 12/6689 vom 27. 1. 1994. – »Focus«, München, 1993, Nr. 16, S. 19 f., Nr. 17, S. 32 f. sowie Nr. 18, S. 32

23 Heinz Günther (früher Oberst und Dozent an der HVA-Ausbildungsstätte Belzig und später Gosen), »Wie Spione gemacht wurden«, Berlin, 1992, S. 77. – Bayerisches Staatsministerium des Innern, »Verfassungsschutzbericht Bayern 1989«, München, 1990, S. 150

24 Befehl des Ministers des MfS vom 1. 9. 1983, Nr. 14/83, Seite 2, 1 (GVG – 0008, MfS-Nr. 11/83). – Der Bundesbeauftragte für die Unterlagen des Staatssicherheitsdienstes der ehemaligen Deutschen Demokratischen Republik, a.a.O., 1993, Dokumente, Nr. 2/93, »Die Organisationsstruktur des Ministeriums für Staatssicherheit 1989«, S. 116

25 Siehe ebenfalls Deutscher Bundestag, 12. Wahlperiode, a.a.O. Drucksache 12/3462 (Erster Teilbericht des Schalck-Golodkowski-Untersuchungsausschusses vom 14. 10. 1992), 1992, S. 8 f.

26 »Wirtschaftswoche«, Düsseldorf, 9. 3. 1990, – »Süddeutsche Zeitung«, München, 12. 7. 1991. – Eine ganz andere Frage ist, daß der Westen absichtlich in mehreren Fällen Embargowaren in die DDR gelangen ließ – sie allerdings zuvor mit gezielten Schwachstellen versah, um dann später den Datenbestand anzapfen zu können . . .

27 Vortrag »Die Sicherheitslage der Bundesrepublik Deutschland im Zeichen der Veränderungen in Osteuropa, insbesondere in der DDR«, 1990, Manuskript-Seite 6 f.

28 Vergleichsweise waren damals im Bundesamt und den Landesämtern für Verfassungsschutz der Bundesrepublik insgesamt lediglich rund 4500 Personen beschäftigt! – Der Bundesminister des Innern, »Verfassungsschutzbericht 1990«, a.a.O., S. 177

29 »Kurier«, Wien, 1. 7. 1990, Radio Kossuth, Kossuth, 3. 8. 1990

30 Gerhard Boeden (früher Präsident des Bundesamtes für Verfassungsschutz), in einem Interview, »Die Welt«, a.a.O., 31. 3. 1990

31 Vortrag, 1991, Manuskript-Seite 3

32 Siehe u. a. Urteil des Oberlandesgerichts Celle, 6 St E 2/85-2 (Hans Jochheim), S. 55 f.

33 Der Bundesminister des Innern, »Verfassungsschutzbericht 1990«, a.a.O., S. 177 ff.

34 Diese »Zielkontrollkarten« konnten bei der Wende vom MfS nicht mehr vernichtet werden. Sie befinden sich heute bei der Bundesanwaltschaft in Karlsruhe, stehen aber im Eigentum der Gauck-Behörde in Berlin.

35 Vortrag von Peter Frisch, 1991, Manuskript-Seite 4 f.

36 Rainer O. M. Engberding, »Spionageziel Wirtschaft«, Düsseldorf, 1993, S. 12

37 Gespräch des Autors mit einer höheren Persönlichkeit einer bundesdeutschen Sicherheitsbehörde, 19. 10. 1992. – Harte Kritik übt auch Bundeswehr-Hauptmann F. Gerhardes, gedruckter Vortrag »Aufgaben und Gliederung des Ministeriums für Staatssicherheit unter besonderer Berücksichtigung der Hauptabteilung III und der Hauptverwaltung Aufklärung«, 1992, S. 24 und 20

38 Deutscher Bundestag, 12. Wahlperiode, a.a.O., Drucksache 12/4525 vom 10. 3. 1993. – »Der Spiegel«, Hamburg, 1993, Nr. 43, S. 93. »Focus«, a.a.O., 1993 Nr. 43, S. 18 ff., Nr. 44, S. 48 ff., Nr. 45, S. 82 ff. sowie Nr. 46, S. 70 ff.

39 Brief an den Verfasser vom 12. 10. 1992. – Wolfgang Schäuble, »Der Vertrag«, Stuttgart, 1991, S. 279 f. – Interview in »Die Welt«, a.a.O., 30. 3. 1991

40 »Quick«, München, 1990, Heft 19, S. 12 ff. sowie Heft 20, S. 3 und 12 ff. – »Neue Rhein-Zeitung«, Essen, 5. 5. 1990. – Daß die Telefonmitschnitte sehr viele Peinlichkeiten westdeutscher Politiker beinhalteten, wurde dem Autor von verschiedenen Seiten bestätigt.

41 Der Bundesminister des Innern, »Verfassungsschutzbericht 1991«, a.a.O., S. 33

42 Günter Bohnsack und Herbert Brehmer (beide früher Oberstleutnante der Abteilung X), »Auftrag Irreführung«, Hamburg, 1992, S. 28 sowie 48. – Heribert Hellenbroich (früher Präsident des Bundesamtes für Verfassungsschutz und danach des Bundesnachrichtendienstes) im Deutschlandfunk, Köln, 11. 10. 1991. – Generell dazu auch Friedrich-Wilhelm Schlomann, »Operationsgebiet Bundesrepublik«, (4. Auflage), Berlin-West, 1989, S. 271 ff.

43 »Die Welt«, a.a.O., 30. 5. 1978

44 Günter Bohnsack und Herbert Brehmer, »Auftrag Irreführung«, a.a.O., S. 188, 93 ff. und 224. Danach (so S. 122) soll auch »mancher« RAF-Bekennerbrief eine Fälschung des MfS gewesen sein, was nach Angaben westdeutscher Stellen zweifelhaft erscheint.

45 Generalbundesanwalt Alexander von Stahl, Vortrag bei der Hochschule für Verwaltungswissenschaften Speyer am 15. 6. 1993, Manuskript-Seite 44 f.

46 »Die Welt«, a.a.O., 10. 10. 1991. – Vergl. auch Werner Kalinka, »Opfer Barschel – Deutschlands größte Polit-Affäre in neuem Licht«, Berlin, 1994

47 Bonn, 29. 10. 1986 und 24. 1. 1992. – Hinsichtlich der HVA-Aktionen gegen den damaligen Ministerpräsidenten Hans Filbinger s. dessen Buch »Die geschmähte Generation«, München, 1994 sowie Günter Bohnsack und Herbert Brehmer, »Auftrag Irreführung«, a.a.O., S. 59

48 In derselben Flugschrift wird über den Autor dieses Buches behauptet, er sei »von der Abwehr«, was angesichts meiner 16 Jahre bei Kriegsende unmöglich war; ebenfalls studierte ich 1956 nicht in Leipzig, wie weiter erklärt wird, sondern promovierte 1954 in der Schweiz.

49 »Kölnische Rundschau«, Köln, 13. 2. 1992. – »Die Tageszeitung«, Berlin, 31. 1. 1992. – Alexander Reichenbach, »Chef der Spione«, Stuttgart, 1992, S. 136

50 »Der Spiegel«, a.a.O., 1990, Nr. 1, S. 65 ff., Nr. 11, S. 105 und Nr. 36, S. 96 ff. – »Unsere Zeit«, Düsseldorf, 5. 1. 1990. – »Neues Deutschland«, a.a.O., 30. 12. 1989

51 »Forum«, Berlin-Ost, 13. 7. 1976. – Karl-Eduard von Schnitzler z. B. in »Der Schwarze Kanal«, Berlin-Ost, 13. 9. 1977. – Siehe im einzelnen Rita Sélitrenny und Thilo Weichert, »Das unheimliche Erbe«, a.a.O., S. 221 f.

52 Vortrag auf der Tagung der Christlich-Demokratischen Weltunion in Rom, Manuskript-Seite 13; Boeden schien allerdings mehr an eine Unterstützung seitens der sowjetischen Geheimdienste zu denken. – Vergleiche aber auch »Die Welt«, a.a.O., 17. 9. 1977 und 14. 2. 1985.

53 Interview, »Kölnische Rundschau«, a.a.O., 28. 3. 1991. – »Monitor«, Köln, 10. 7. 1990. – »Süddeutsche Zeitung«, a.a.O., 11. 7. 1990

54 »Die Tageszeitung«, a.a.O., 27. 3. 1992

55 »Die Tageszeitung«, a.a.O., 28. 3. 1992

56 Aus einem Bericht der Abteilung Terrorismus-Bekämpfung des Bundeskriminalamtes Wiesbaden vom August 1991

57 Der Generalbundesanwalt beim Bundesgerichtshof, Karlsruhe, Pressemitteilung vom 26. 3. und 28. 3. 1991

58 So Michael Müller und Andreas Kanonenberg, »Die RAF-Stasi-Connection«, Berlin, 1992. – Brief des BKA Wiesbaden vom 18. 8. 1992 an den Autor.

59 Siehe den Pressedienst »Terrorismus«, Bonn, 1991, Nr. 8. – Manfred Schell und Werner Kalinka, »Stasi und kein Ende«, Berlin, 1991, S. 231 ff.

60 Gerhard Boeden in »Die Welt«, a.a.O., 19. 11. 1990
61 Der Bundesminister des Innern, »Verfassungsschutzbericht 1983«, Bonn, 1984, S. 158. – »Der Spiegel«, a.a.O., 1991, Nr. 47, S. 138 ff. – Der Generalbundesanwalt, a.a.O., Pressemitteilung vom 26. 3. 1991
62 So Eberhard Böttcher (früher Leiter der Abteilung XXII/I des MfS) gegenüber »Neues Deutschland«, a.a.O., 27. 7. 1991. – »Frankfurter Rundschau«, Frankfurt/M., 6. 9. 1990
63 »Mitteldeutsche Zeitung«, Halle/Saale, 17. 2. 1992. – »Norddeutsche Neueste Nachrichten«, Rostock, 10. 2. 1992. – Günter Bohnsack und Herbert Brehmer, »Auftrag Irreführung«, a.a.O., S. 58 ff. – »Panorama«, Norddeutscher Rundfunk, a.a.O., 9. 11. 1992
64 »Der Spiegel«, a.a.O., 1992, Nr. 7, S. 50 ff. – »Berliner Zeitung«, a.a.O., 28. 3. 1991. – »Brennpunkt«, Norddeutscher Rundfunk, a.a.O., 5. 2. 1992. – »Studio 1«, Zweites Deutsches Fernsehen, Mainz, 26. 9. 1990
65 Zitate aus der Pressemitteilung des Generalbundesanwalts, a.a.O., vom 4. 6. 1992, S. 2
66 GVS des MfS, 013-D 61/30, S. 6, 60 und 67
67 Rainer O. M. Engberding, »Spionageziel Wirtschaft«, a.a.O., S. 65. – Aktenz. 3 BJs 1048-91
68 Berliner Quelle gegenüber dem Verfasser, 5. 10. 1992
69 Aktenz. 2 Js 218/90
70 S. »Berliner Zeitung«, a.a.O., 3. 12. 1993
71 Hoher deutscher Sicherheitsbeamter gegenüber dem Autor, 10. 11. 1992
72 Doch selbst Hellenbroich behauptete noch in der Fernseh-Sendung »1 Plus«, Baden-Baden, am 19. 11. 1992, beides sei »strikt getrennt« gewesen.
73 »Im Zentrum der Spionage«, a.a.O., S. 34 und 117; vergleiche ebenso S. 27, 77 und 123
74 Karl Wilhelm Fricke, »MfS intern«, Köln, 1991, S. 31
75 GVS MfS 0008-2/79 (abgedruckt u. a. bei David Gill und Ulrich Schröter, »Das Ministerium für Staatssicherheit«, Berlin, 1991, S. 504 f.). Siehe auch Rita Sélitrenny und Thilo Weichert, »Das unheimliche Erbe«, a.a.O., S. 24 und 32
76 Der vollständige Text ist zu finden bei Karl Wilhelm Fricke, »MfS intern«, a.a.O., S. 146 ff. – »Der Tagesspiegel«, a.a.O., 3. 12. 1991. – Alexander Reichenbach, »Chef der Spione«, a.a.O., S. 154
77 Zitiert nach Rita Sélitrenny und Thilo Weichert, »Das unheimliche Erbe«, a.a.O., S. 98 f. – Generalbundesanwalt Alexander von Stahl, Vortrag, a.a.O., Manuskript-Seite 8 f.
78 »Wolfs West-Spione«, Berlin, 1992, S. 11 und 127 sowie 82 f. – Ähnlich Gregor Gysi in »Neues Deutschland«, a.a.O., 17. 4. 1991
79 Günther Bohnsack und Herbert Bremer, »Auftrag: Irreführung«, a.a.O., S. 31
80 Rita Sélitrenny und Thilo Weichert, »Das unheimliche Erbe«, a.a.O., S. 214 f. Joachim Gauck in »Stuttgarter Zeitung«, Stuttgart, 24. 1. 1992

81 Günter Bonsack und Herbert Brehmer, »Auftrag: Irreführung«, a.a.O., S. 25

82 Peter Richter und Klaus Rösler, »Wolfs West-Spione«, a.a.O., S. 80 und 87; siehe auch Karl Wilhelm Fricke, »MfS intern«, a.a.O., S. 47

83 Rita Sélitrenny und Thilo Weichert, »Das unheimliche Erbe«, a.a.O., S. 126 ff. und 139; ebenfalls S. 98 f., 132 f., 176, 207, 215 ff. und 218 ff.

84 Peter Richter und Klaus Rösler, »Wolfs West-Spione«, a.a.O., S. 85. – »Die Welt«, a.a.O., 25. 5. 1990

85 Peter Richter und Klaus Rösler, »Wolfs West-Spione«, a.a.O., S. 143

Anmerkungen zu Kapitel II

1 Bayerisches Staatsministerium des Innern, »Verfassungsschutzbericht Bayern 1989«, a.a.O., S. 144, Hessisches Ministerium des Innern, »Verfassungsschutz in Hessen, Bericht 1989«, Wiesbaden, 1990, S. 61

2 »Ostsee-Zeitung«, Rostock, 4./5. 11. 1989

3 Abgedruckt in »Neues Deutschland«, a.a.O., 11./12. 11. 1989

4 Berlin-Ost, 17. 11. 1989. – »Entwurf zu Aufgaben und Struktur des AfNS« vom 4. 12. 1989 (abgedruckt u. a. in Gerhard Besier und Stephan Wolf, »Pfarrer, Christen und Katholiken«, Neukirchen, 1991, S. 631, 636 und 638)

5 Manfred Schell und Werner Kalinka, »Stasi und kein Ende«, a.a.O., S. 342 ff. – David Gill und Ulrich Schröter, »Das Ministerium für Staatssicherheit«, a.a.O., S. 177

6 Radio Berlin International, Berlin-Ost, 23. 11. 1989. – »Berliner Zeitung«, a.a.O., 7. 12. 1989. – »Stern«, Hamburg, 1989, Nr. 50, S. 28

7 Ministerrat der DDR, Berlin-Ost, Dienstsache 816/89. – Anne Worst, »Das Ende eines Geheimdienstes«, Berlin, 1991, S. 29. – Uwe Thaysen, »Zeitschrift für Parlamentsfragen«, Hamburg, 1990, S. 1, S. 71 ff. – Rheinland-Pfalz, Ministerium des Innern, »Verfassungsbericht 1990«, Mainz, 1991, S. 183. Niedersächsisches Innenministerium, »Verfassungsschutzbericht '89«, Hannover, 1990, S. 96

8 »Volksstimme«, Magdeburg, 12. 1. 1990

9 »Schweriner Volkszeitung«, Schwerin, 16. 1. 1990. – »Neues Deutschland«, a.a.O., 13./14. 1. 1990. – Zur damaligen Situation vergl. besonders Karl Wilhelm Fricke in »Deutschland Archiv«, Köln, 1990, Nr. 1, S. 59 ff. und Nr. 2, S. 242 ff.

10 a.a.O., 1990, Nr. 6, S. 63

11 Werner Fischer (Leiter der Arbeitsgruppe Sicherheit in der Regierungskommission) gegenüber Reuter, London, 12. 3. 1990

12 »Das Parlament«, Bonn, 11. 9. 1992. – Ernst Elitz, »Sie waren dabei«, Stuttgart, 1991, mit vielen Belegen. – Reinhard Meinel und Thomas Wernicke, »Mit tschekistischem Gruß«, Potsdam, 1990,

S. 144 f. – Peter R. Weilemann, »Parteien im Aufbruch«, Melle, 1990, S. 25. – Ministerpräsident Bernd Seite in »Das Parlament«, a.a.O., 3. 9. 1993

13 Joachim Gauck, »Die Stasi-Akten«, Reinbek bei Hamburg, 1991, S. 80 und 83

14 Anne Worst, »Das Ende eines Geheimdienstes«, a.a.O., S. 58. – »arbeiterkampf«, Hamburg, 12. 11. 1990. S. 23; ähnlich »die andere«, Berlin, 1990, Nr. 31, S. 19
In der Haltung gab es Unterschiede: Einige Gruppen erachteten die Spionage im Westen als weiterhin notwendig (so »Mecklenburger Aufbruch«, Schwerin, 31. 12. 1989, S. 4), während andere zumindest die Militär- und Wirtschaftsspionage einstellen wollten (»Volksstimme«, a.a.O., 23. 11. 1989). Das Neue Forum Rostock wiederum strebte lediglich einen Spionageabwehr-Dienst an (Flugblätter, abgedruckt bei Bernhard Schmidtbauer, »Tage, die Bürger bewegten«, Rostock, 1991, S. 24 und 35)

15 Hohe schweizerische Quelle zum Autor, 15. 9. 1992

16 a.a.O., 19./20. 5. 1990. – Davon zu trennen war der neue Abwehrdienst der NVA (s. »Der Tagesspiegel«, a.a.O., 5. 5. 1990 sowie »Neues Deutschland«, a.a.O., 18. 5. 1990)

17 Vortrag eines höheren Beamten einer bundesdeutschen Sicherheitsbehörde, »Die Bewältigung der Stasi-Vergangenheit«, 1990, Manuskript-Seite 2. – Gerhard Boeden in einem Interview der »Welt am Sonntag«, Hamburg, 4. 2. 1990

18 Friedrich-Wilhelm Schlomann, »Schweizer Politische Korrespondenz«, Bern, 2. 7. 1990

19 Unabhängiger Untersuchungsausschuß Rostock, »Arbeitsberichte über die Auflösung der Rostocker Bezirksverwaltung des Ministeriums für Staatssicherheit«, Rostock, 1990, S. 54 f. – Peter Richter und Klaus Rösler, »Wolfs West-Spione«, a.a.O., S. 155. – »Frankfurter Rundschau«, a.a.O., 19. 4. 1990 und »Süddeutsche Zeitung«, a.a.O., 24. 2. 1990

20 Anne Worst, »Das Ende eines Geheimdienstes«, a.a.O., S. 240, Anm. 16

21 Telefongespräch mit Karl Wilhelm Fricke, 5. 10. 1992
Die Akten des Verfassers wurden von der HVA, Abteilung IX (Gegnerische Dienste, Gegenspionage) vernichtet, wie ein Telefongespräch am 16. 10. 1992 mit dem letzten Abteilungsleiter C (Auswertung), dem früheren MfS-Oberst Klaus Eichner, ergab. Bestätigt wurde dies einen Tag zuvor von der Gauck-Behörde.

22 So Anne Worst, »Das Ende eines Geheimdienstes«, a.a.O., S. 92, die sich auf die Protokolle der Sitzungen der Regierungskommission stützt.

23 Brief des Bundesamtes für Verfassungsschutz, Köln, vom 14. 10. 1992 auf entsprechende Anfrage des Autors.

24 Das heutige MdB Rainer Eppelmann in einem Interview mit dem

Verfasser im Abgeordnetenhaus, Bonn, 11. 11. 1992 (das gilt ebenfalls für die nachfolgenden Zitate); so auch Rainer Eppelmann, in »Wendewege«, Bonn-Berlin, 1992, S. 165 f. – Anderer Ansicht ist Andreas Kabus, »Auftrag Windrose«, a.a.O., S. 203 ff.

25 Ein ehemaliger Oberstleutnant der VA in »Junge Welt«, Berlin, 6./7. 10. 1990

26 a.a.O., 12. 9. 1990, andererseits vom 13. 8. 1992. – Auch der Leiter des Militärischen Zwischenarchivs der NVA, Albrecht Kästner, hat damals die zuständigen Stellen über die bevorstehende Vernichtung der Akten informiert.

27 So in »Der Spiegel«, a.a.O., 1990. Nr. 36, S. 101

28 Mitteilung der Pressestelle des Bundeskriminalamtes, Wiesbaden, 16. 11. 1990

29 »Süddeutsche Zeitung«, a.a.O., 22. 2. 1993. – Generalstaatsanwalt Jörg Schwalm bei einer Anhörung seitens der CDU/CSU-Bundestagsfraktion (nach »Frankfurter Allgemeine Zeitung«, a.a.O., 19. 1. 1994)

30 »Rheinische Post«, Düsseldorf, 29. 3. 1990. – dpa, Hamburg, 11. 4. 1990

31 Nachrichtendienstliche Quelle gegenüber dem Verfasser, 4. 11. 1992. – Anders sieht es – erwartungsgemäß – der Leiter der damaligen »IZ« (s. »Berliner Zeitung«, a.a.O., 13. 8. 1992)

32 Staatssekretär Eduard Lintner in einem Brief an den Autor vom 25. 8. 1992

33 Telefongespräch mit dem »Hausjuristen« Giesen (phon.) des Bundeswehrverbandes Bonn am 18. 8. 1992, wonach der Militär. ND der DDR »wie der MAD und der BND gearbeitet hat«: »Beide haben Nachrichten ausgewertet« . . .

34 »Neues Deutschland«, a.a.O., 28. 9. 1990. »Neue Zeit«, Berlin-Ost, 29. 8. 1990

35 In »Junge Welt«, a.a.O., 12. 6. 1990. Ähnlich – wenn auch weit zurückhaltender formuliert – in »In eigenem Auftrag«, München, 1991, S. 331

36 Berlin-Ost, S. 407 und 154. – Jens Schmidthammer, »Rechtsanwalt Wolfgang Vogel«, Hamburg, 1987, S. 125

37 »Die Welt«, a.a.O., 12. 3. 1990. – Rolf Hannich, Sprecher der Bundesanwaltschaft, gegenüber AP, Frankfurt/M., 23. 4. 1990. – Günter Guillaume in »Junge Welt«, a.a.O., 14. 5. 1987 und im »Stern«, a.a.O., 1989, Nr. 49, S. 218

38 Westdeutscher Rundfunk, 3. Programm, Köln, 22. 5. 1991. – »1 Plus«, a.a.O., 14. 3. 1991. – Deutschlandfunk, a.a.O., 11. 12. 1990

39 Nach »Der Spiegel«, a.a.O., 1991, Nr. 29, S. 65

40 »Der Tagesspiegel«, a.a.O., 12. 5. 1992

41 Weiteres dazu unter dem Abschnitt Wirtschaftsspionage, Bundeswirtschaftsministerium

42 Siehe »Süddeutsche Zeitung«, a.a.O., 8. 6. 1990

43 a.a.O., 1993, Nr. 49, S. 97 ff.

44 MdB Burkhard Hirsch, »Kölnische Rundschau«, a.a.O., 17. 10. 1988

45 Reinhold Andert und Wolfgang Herzberg, »Der Sturz. Erich Honekker im Kreuzverhör«, Berlin, 1990, S. 312

46 Im Fernsehen der DDR, Berlin-Ost, 3. 9. 1976

47 Bericht eines Anwesenden, 2. 12. 1979

48 »Der Tagesspiegel«, a.a.O., 8. 9. 1990. – Vergl. ebenso Generalbundesanwalt Alexander von Stahl, Vortrag, a.a.O., Manuskript-Seite 5; Er war »einer der bestorganisierten Geheimdienste der Welt«.

49 David Gill und Ulrich Schröter, »Das Ministerium für Staatssicherheit«, a.a.O., S. 79

50 Zitiert nach dpa, a.a.O., 5. 4. 1992; so soll das MfS allein in den westdeutschen Nachrichtendiensten »4000 Agenten« placiert haben und jeder der CIA-Helfershelfer in der DDR »umgedreht« worden sein – beides entspricht nicht den Tatsachen.

51 Im Zweiten Deutschen Fernsehen, a.a.O., 26. 4. 1992

52 »Die Welt«, a.a.O., 11. 9. 1990

53 Gegenüber dem Verfasser, 6. 7. 1990

Anmerkungen zu Kapitel III

1 Karl Wilhelm Fricke, »MfS intern«, a.a.O., S. 21

2 Landesamt für Verfassungsschutz, »Verfassungsschutz-Bericht Berlin 1990«, Berlin, 1991, S. 139. – Ähnlich u. a. Staatsminister Lutz Stavenhagen, Westdeutscher Rundfunk, a.a.O., 6. 7. 1990, MdB Hartmut Büttner in der Bundestagsdebatte am 18. 4. 1991 (abgedruckt u. a. in »Das Parlament«, a.a.O., 26. 4. 1991), Hans-Ludwig Zachert (Präsident des Bundeskriminalamtes) in »Die Welt«, a.a.O., 11. 9. 1991 und Peter Frisch im Norddeutschen Rundfunk, a.a.O., 2. 12. 1991. – Eine führende Persönlichkeit einer bundesdeutschen Sicherheitsbehörde gegenüber dem Verfasser am 28. 3. 1994

3 Um lediglich einige Beispiele anzuführen: Der Bundesminister des Innern, »Verfassungsschutzbericht 1988«, Bonn, 1989, S. 182, Innenministerium Baden-Württemberg, »Verfassungsschutzbericht Baden-Württemberg 1987«, Stuttgart, 1988, S. 119, Niedersächsisches Innenministerium, »Verfassungsschutzbericht Niedersachsen 1988«, Hannover, 1989, S. 70, und Der Innenminister des Landes Nordrhein-Westfalen, »Verfassungsschutzbericht des Landes Nordrhein-Westfalen 1988«, Düsseldorf, 1989, S. 62; ähnlich Bayerisches Staatsministerium des Innern, »Verfassungsschutzbericht Bayern 1988«, München, 1989, S. 170

4 Bundeskanzler Willy Brandt vor dem Deutschen Bundestag am 26. 4. 1974 (zitiert nach Deutscher Bundestag, 7. Wahlperiode, »Verhandlungen des Deutschen Bundestages«, Bonn, 1974, »Stenographischer Bericht«, S. 6469) – Staatssekretär Hort Grabert im Zweiten Deut-

schen Fernsehen, a.a.O., 25. 4. 1974 – Bundesinnenminister Hans-Dietrich Genscher vor dem Bundestag am 26. 4. 1974 (zitiert nach Deutscher Bundestag, 7. Wahlperiode, »Verhandlungen des Deutschen Bundestages«, Bonn, 1974, »Stenographischer Bericht«, S. 6467) – Bundesjustizminister Gerhard Jahn vor der SPD-Fraktion (zitiert nach Südwestfunk, Stuttgart, 25. 4. 1974). »Neue Bündner Zeitung«, Chur, 29. 4. 1974

5 »Express«, Bonn, 6. 5. 1977. – »Westdeutsche Allgemeine«, Essen, 6. 5. 1977

6 Staatssekretär Helmut Fingerhut in »Der Spiegel«, 1977, Nr. 52, S. 24. – »Bonner Rundschau«, Bonn, 18. 1. 1978

7 Bundesverteidigungsminister Georg Leber (zitiert nach Zweitem Deutschen Fernsehen, a.a.O., 1. 2. 1978), Informations- und Pressestab des Bundesministers der Verteidigung, »Mitteilungen an die Presse«, Bonn, 17. 1. 1978 und andererseits Leber vor dem Untersuchungsausschuß des Deutschen Bundestages, 20. 1. 1978 (sein Manuskript, S. 19). – »Kölnische Rundschau«, a.a.O., 21. 1. 1978

8 Bundesverteidigungsminister Georg Leber (zitiert nach Zweitem Deutschen Fernsehen, a.a.O., 1. 2. 1978). »Die Welt«, a.a.O., 15. 12. 1977

9 Im April 1987

10 Pressemitteilung vom 21. 2. 1984

11 Vom 17. 5. 1981

12 »Verfassungsschutzbericht Baden-Württemberg 1988«, a.a.O., 1989 S. 112. – Zu diesem Komplex auch Friedrich-Wilhelm Schlomann, »Die östliche Spionage gegen die Bundesrepublik Deutschland«, in »Politische Studien«, München, 1991, Nr. 320, S. 581 ff.

13 Bundeswehr-Hauptmann F. Gerhardes, »Die Funk- und Funktechnische Aufklärung in den Landstreitkräften der ehemaligen NVA«, S. 19

14 Gegenüber dem Autor, 6. 7. 1990. – HVA-Oberst a.D. Heinz Busch in »Europäische Sicherheit«, Herford, 1993, Nr. 12, S. 618

15 »Geheimdienst ohne Maske«, Bergisch-Gladbach, 1992, S. 134. – Recht negativ beurteilt Klaus Naumann, »NVA -Anspruch und Wirklichkeit«, a.a.O., S. 206 die westliche Aufklärung. Gleiches gilt für Richard Meier, »Geheimdienst ohne Maske«, a.a.O., S. 45 und 47 f. – Das Buch von Erich Schmidt-Eenboon, »Der BND«, Düsseldorf, 1993, der den Bundesnachrichtendienst scharf kritisiert, erhielt allerdings durchweg negative Rezensionen

16 Siehe »Süddeutsche Zeitung«, a.a.O., 18. 7. 1989

17 Hoher Beamter einer zuständigen US-Behörde gegenüber dem Verfasser, September 1988

18 Karl Wilhelm Fricke, »Das Ministerium für Staatssicherheit als Gegenstand von Forschung und Publizistik« in Peter Eisenmann und Gerhard Hirscher, »Dem Zeitgeist geopfert«, Mainz, 1992, S. 79 und 81

19 Manfred Wilke, Berlin, auf dem Symposium der Hans-Seidel-Stiftung, München, 16. 7. 1991. – Erst Ende 1989 gab es eine Diplomarbeit an der Bergischen Universität Wuppertal über die Wirtschaftsspionage der DDR.

20 Es handelt sich um die Bücher von Karl Wilhelm Fricke »Die DDR-Staatssicherheit«, Köln, und diejenigen des Autors »Operationsgebiet Bundesrepublik«, München bzw. Berlin-West

21 Nach der Wiedervereinigung war von Bundeswehr-General Krüger zu hören, man solle die – von ihm nicht bestrittene – sehr erfolgreiche DDR-Spionage gegen die Bundeswehr »nicht so verkrampft« sehen, es sei ja jetzt »alles vorbei«. In einem weiteren Fall veranlaßte Bundeswehr-General Sasse eine Kreisgruppe des Deutschen Reservisten-Verbandes, einen geplanten Vortrag über die 1990 gerade anlaufende sowjetisch-russische Spionage abzusagen, da ein solcher »wohl nicht ganz in die Landschaft passe« (so der Brief an den Autor vom 3. 3. 1994)

22 Am 13. 3. 1976. – Reinhard Gehlen, »Verschlußsache«, Mainz, 1980, S. 62

23 S. »Frankfurter Allgemeine Zeitung«, a.a.O., 30. 11. 1984

24 Gerhard Besier und Stephan Wolf, »Pfarrer, Christen und Katholiken«, a.a.O., S. 40. »Die Tageszeitung«, a.a.O., 1. 10. 1992

25 Der Bundesminister des Innern, »Verfassungsschutzbericht 1989«, Bonn, 1990, S. 181

26 So u. a. Andrea Lederer, Ursula Goldenbaum u. a. »Spionage und Justiz nach dem Anschluß der DDR«, Berlin, 1992, S. 32 f.

27 Peter Richter und Klaus Rösler, »Wolfs West-Spione«, a.a.O., S. 50 f.; s. ebenfalls S. 42 und 47. – Generell zu politischen Motiven; Thomas Noetzel, »Die Faszination des Verrats«, Hamburg, 1989, S. 33, 61 und 82 f.

28 »Schweizer Politische Korrespondenz«, a.a.O., 7. 12. 1990

29 So auch MdB Barbe in RTL, Köln, 19. 1. 1992. – Aus früheren Jahren Ladislav Bittmann, »Zum Tode verurteilt«, München, 1984, S. 73 und 79

30 Manfred Schell und Werner Kalinka, »Stasi und kein Ende«, a.a.O., S. 203. Barzel selber hält in einer für den Verfasser bestimmten Anmerkung vom 15. 7. 1992 diese Behauptung »für Erfindung«.

31 Gegenüber ARD, Hamburg, 12. 2. 1991

32 »Frankfurter Rundschau«, a.a.O., und »Frankfurter Allgemeine Zeitung«, a.a.O., jeweils 5. 6. 1992

33 Laufendes Ermittlungsverfahren, Aktenz. 3 b Js 1076/91

34 »arbeiterkampf«, a.a.O., 23. 9. 1991, S. 26 und 8. 4. 1991, S. 16 f.

35 Interview im »Mecklenburger Aufbruch«, a.a.O., 17. 10. 1990, S. 3

36 Der Generalbundesanwalt, a.a.O., Pressemitteilung vom 23. 1. 1993. – »Der Spiegel«, a.a.O., 1993, Nr. 4, S. 32; »Focus«, a.a.O., Nr. 4, S. 13

37 Der Generalbundesanwalt, a.a.O., Pressemitteilung vom 31. 8. 1993.

»Süddeutsche Zeitung«, a.a.O., 11. 12. 1993. – »S 2«, Baden-Baden, 9. 8. 1993

38 Gegenüber »Welt am Sonntag«, a.a.O., 22. 4. 1990

39 Der Generalbundesanwalt, a.a.O., Pressemitteilung vom 30. 8. 1990, S. 2

40 Oberlandesgericht Düsseldorf, Pressedezernent, Düsseldorf, Pressemitteilung vom 5. 10. 1992, S. 2

41 Wie Anm. 39

42 Peter Richter und Klaus Rösler, »Wolfs West-Spione«, a.a.O., S. 43 und ebenso Rita Sélitrenny und Thilo Weichert, »Das unheimliche Erbe«, a.a.O., S. 45. – eine entsprechende Dienstanweisung des MfS veröffentlichten David Gill und Ulrich Schröter in »Das Ministerium für Staatssicherheit«, a.a.O., S. 503. – Heinz Günther, »Wie Spione gemacht wurden«, a.a.O., S. 101

43 »Der Spiegel«, a.a.O., 1991, Nr. 36, Hausmitteilung

44 Der Generalbundesanwalt, a.a.O., Pressemitteilungen vom 7. 5. und 7. 10. 1993. – »Frankfurter Rundschau«, a.a.O., 10. 5. 1993; »Süddeutsche Zeitung«, a.a.O., 6. 10. 1993

45 Anklageschrift vom 11. 11. 1993 vor dem 4. Strafsenat des Oberlandesgerichts Düsseldorf

46 »Frankfurter Allgemeine Zeitung«, a.a.O., 27. 9. 1991 und »Welt am Sonntag«, a.a.O., 17. 11. 1991

47 »Neue Rhein-Zeitung«, a.a.O., 17. 9. 1993

48 »Stuttgarter Zeitung«, a.a.O., 3. 4. 1994. »Die Welt«, a.a.O., 14. 5. 1993. »Der Tagesspiegel«, a.a.O., 14. 5. 1993

49 »Die Welt«, a.a.O., 1. 2. 1992. – »Focus«, a.a.O., 1993, Nr. 11, S. 38 sowie »Rheinische Post«, a.a.O., 15. 3. 1993

50 Der Generalbundesanwalt, a.a.O., 30. 4. 1991, S. 2

51 dpa, a.a.O., 14. 4. und 21. 8. 1992

52 Oberstaatsanwalt Eckart beim OLG Frankfurt/M. zum Verfasser am 13. 8. 1992

53 Rita Sélitrenny und Thilo Weichert, »Das unheimliche Erbe«, a.a.O., S. 46

54 Abgedruckt u. a. Rita Sélitrenny und Thilo Weichert, »Das unheimliche Erbe«, a.a.O., S. 199 f.

55 »Frankfurter Rundschau«, a.a.O., 25. 10. 1991

56 Der Generalbundesanwalt, a.a.O., Pressemitteilungen vom 21. 3. 1991 und 24. 6. 1992 – 3 BJs 114-91. – Zum Fall Berndt Michels vergl. unter dem Abschnitt »Bundesdeutsche Journalisten«.

57 So am 14. 10. 1991 in Bonn

58 Der Generalbundesanwalt, a.a.O., Pressemitteilung vom 14. 9. 1992

59 Rita Sélitrenny und Thilo Weichert, »Das unheimliche Erbe«, a.a.O., S. 46 f.

60 So der frühere Geschäftsführer der »Grünen«, Lukas Beckmann, auf der Tagung (zitiert nach »Süddeutsche Zeitung«, a.a.O., 11. 3. 1994)

61 Niedersächsisches Innenministerium, »Verfassungsschutzbericht 1990«, Hannover, 1991, S. 68 f.

62 »Süddeutsche Zeitung«, a.a.O., 15. 11. 1993. – Manfred Wilke und Hans-Hermann Hertle, »Das Genossen-Kartell«, Berlin, 1992, S. 135

63 Als Beispiel mag gelten, daß eine deutsche Sicherheitsbehörde vor etlichen Jahren die Schweizer Bundespolizei – recht dümmlich – um eine Umfrage bei dortigen Zeitungen bat, ob der Autor (damals im Bonner Verteidigungsbereich tätig) bei seinem geplanten Besuch Nationalchinas nicht vielleicht in die Volksrepublik China überlaufen würde ...

64 Gespräch des Autors mit dem damaligen BND-Kurier Horst Hering, 7. 2. 1986. – »Der Spiegel«, a.a.O., 1992, Nr. 46, S. 124 und Nr. 47, S. 126 ff. – »Stern«, a.a.O., 1992, Nr. 42, S. 88 ff.

65 »Süddeutsche Zeitung«, a.a.O., 14. 2. 1992. – sowie »Focus«, a.a.O., 1994, Nr. 5, S. 36 ff.

66 Der Generalbundesanwalt, a.a.O., Pressemitteilung vom 28. 9. 1990

67 Urteil des Bayerischen Obersten Landesgerichts, Aktenz. 3 St 1/91 a-d, S. 75

68 Ranghoher Beamter einer bundesdeutschen Sicherheitsbehörde zum Autor, 10. 10. 1992

69 Urteil des Bayerischen Obersten Landesgerichts, Aktenz. 3 St. 1/91 a-d, S. 57

70 »Die Welt«, a.a.O., 16. 11. 1991

71 »Die Bunte«, München, 1991, Heft 41, S. 130

72 Zitate aus dem Urteil des Bayerischen Obersten Landesgerichts, Aktenz. 3 St. 8/91 a-d, S. 32

73 »Die Welt«, a.a.O., 18. 12. 1991; ähnlich »Frankfurter Allgemeine Zeitung«, a.a.O., 5. 12. 1991. – Der Generalbundesanwalt, a.a.O., Pressemitteilungen vom 2. 10. 1990 und 5. 8. 1991. – »Stern«, a.a.O., 1991, Nr. 37, S. 52 ff., Nr. 39, S. 175 ff., Nr. 40, S. 125 ff. und Nr. 49, S. 270 ff.

74 Nach »Welt am Sonntag«, a.a.O., 9. 2. 1992

75 Urteil des Oberlandesgerichts Düsseldorf gegen Kuron, S. 19

76 Der Generalbundesanwalt, a. a. O., Pressemitteilung vom 9. 9. 1991

77 Nachrichtendienstliche Quelle, 17. 11. 1992. – Urteil des Oberlandesgerichts Düsseldorf gegen Kuron, S. 24

78 Peter Richter und Klaus Rösler, »Wolfs West-Spione«, a. a. O., S. 59

79 Wie Anm. 76

80 Zum Verfasser am 7. 12. 1992

81 »Kurier«, Innsbruck, 19. 2. 1993; »Der Tiroler«, Nürnberg, 1993, Heft 10, S. 17 ff. und Heft 41, S. 9 ff. – »Süddeutsche Zeitung«, a. a. O., 19. 2. 1994

82 »Berliner Morgenpost«, Berlin, 12. 11. 1990

83 »Stern«, a. a. O., 1990, Nr. 50, S. 272 f. – Der Generalbundesanwalt, a. a. O., Pressemitteilung vom 15. 12. 1993

84 »Hannoversche Allgemeine Zeitung«, Hannover, 13. 10. 1990. – Der

351

Generalbundesanwalt, a. a. O., Pressemitteilung vom 2. 6. 1992. – »Die Welt«, a. a. O., 19. 1. 1994

85 »Norddeutsche Neueste Nachrichten«, Rostock, 12. und 13. 8. sowie 30. 9. 1993. »Warnow-Kurier«, Rostock, 15. 8. 1993

86 Mitteilung des – sonst wahrheitsgetreuen – Überläufers G. – Freunde der Familie Krases hingegen bestreiten dies, da ein derartiger Urlaub seiner (nichtsahnenden) Ehefrau aufgefallen wäre.

87 »Die Welt«, a. a. O., 22. 10. 1990. – Nachrichtendienstliche Quelle, November 1992. – Artikel Krases in »Der Spiegel«, a. a. O., 1985, Nr. 36, S. 24

88 Heinz Busch (früher Oberst der HVA) in Karl Wilhelm Fricke, »Schild und Schwert: Die Stasi (Teil III: Die Aufklärung)«, Deutschlandfunk, a. a. O., 1992, S. 12 f. – Ernst Rehdorf (früherer MfS-Major) in »Morgenpost am Sonntag«, Dresden, 21. 7. 1991

89 Bonn, 19. 10. 1990, S. 2

89 »Stern«, 1991, Nr. 46, S. 312 f.

91 Ein Beamter einer bundesdeutschen Behörde zum Autor, 13. 10. 1992. – Der Generalbundesanwalt, a. a. O., Pressemitteilung vom 16. 9. 1992

92 Der Generalbundesanwalt, a. a. O., Pressemitteilungen vom 28. 11. 1990 und 15. 3. 1991

93 Urteil des Oberlandesgerichts Düsseldorf, Aktenz.: IV–12/91. – »Generalanzeiger«, Bonn, 5. 11. 1991

94 Gegenüber »Die Welt«, a. a. O., 11. 2. 1992

95 Höherer Beamter einer Abteilung des Bundeskriminalamtes, 16. 11. 1992; danach handelt es sich um das Buch des Autors »Operationsgebiet Bundesrepublik«, 4. Auflage. – »Rheinischer Merkur/Christ und Welt«, Bonn, 18. 5. 1990

96 Generalbundesanwalt Alexander von Stahl, Vortrag, a. a. O., Manuskript-Seite 36

97 »Süddeutsche Zeitung«, a. a. O., 1. und 8. 7. 1992

98 Der Generalbundesanwalt, a. a. O., Pressemitteilung vom 10. 12. 1990

99 Niedersächsisches Innenministerium, »Verfassungsschutzbericht 1990«, a. a. O., S. 68

100 Gerhard Besier und Stephan Wolf, »Pfarrer, Christen und Katholiken«, a. a. O., S. 67 aufgrund vertraulicher Mitteilungen ehemaliger MfS-Offiziere.

101 S. »Frankfurter Allgemeine Zeitung«, a. a. O., 5. 2. 1992. – »Rheinischer Merkur/Christ und Welt«, a. a. O., 16. 10. 1992

102 GVS 153/188, S. 14 und 15. – Vergleiche ebenfalls »Hannoversche Allgemeine Zeitung«, a. a. O., 14. 7. 1992

103 Dahinter verbirgt sich der heute in Hof/Saale lebende Arzt Jochen P. (s. »Frankenpost«, Hof, 28./29. 3. 1991)

104 »Menschenrechte«, Frankfurt/M., 1991, Nr. 2, S. 36. – Vera Wollenberger, »Virus der Heuchler«, Berlin, 1992, S. 131

105 Gespräch des Autors mit Gerhard Löwenthal, Wiesbaden, 9. 6.
1993. Gerhard Löwenthal, Helmut Kamphausen und Claus P. Clau-
sen, »Feindzentrale ›Hilferuf von drüben‹«, Lippstadt, 1993, S. 250
106 »Die Tageszeitung«, a. a. O., 14. 1. 1992
107 Näheres dazu bei Hans Joachim Schädlich, »Aktenkundig«, Berlin,
1992
108 Hamburg, 9. 3. 1992. »Frankfurter Allgemeine Zeitung«, a. a. O.,
»Die Welt«, a. a. O., und »Frankfurter Rundschau«, a. a. O., jeweils
am 11. 3. 1992
109 GVS 1759/54
110 Zitiert nach dem Bericht des Rechtsanwalts Kai Vinck, Berlin, vom
12. 10. 1992 (313/92 III), S. 11, aufgrund der Akte des MfS GH
100/57, Band 3. Die in dem Zitat nicht wiedergegebene Stelle enthält Namen, die er nicht weiterzugeben sich verpflichtete.
111 Der Generalbundesanwalt, a. a. O., Pressemitteilungen am 17. 4.
1991 und 11. 2. 1992. – »Generalanzeiger«, a. a. O., 18. 4. 1991
112 Der Generalbundesanwalt, a. a. O., Pressemitteilung vom 16. 9. 1991
113 Nach Der Bundesminister des Innern, »Verfassungsschutzbericht
1991«, a. a. O., S. 183 ff. (der Fall wird dort als »Margarete K.« dargestellt; im Gegensatz zu den Pressemitteilungen des Generalbundesanwalts werden in diesen Jahresberichten aus unbekannten
Gründen nicht selten andere als die zutreffenden Namen verwendet)
114 Zum Autor, 2. 9. 1991
115 »Generalanzeiger«, a. a. O., 29. 8. 1989. – Die Ansicht von Andreas
Kabus. »Auftrag Windrose«, a. a. O., S. 53, Popp sei »durch Verrat
(aus der DDR) enttarnt« worden, ist falsch
116 Äußerung des Angeklagten im Prozeß
117 Bundeskriminalamt, a. a. O., Pressemitteilung vom 16. 11. 1990, S. 2
118 a. a. O., S. 232. – »Die Welt«, a. a. O., 2. 5. 1991
119 Oberlandesgericht Düsseldorf, a. a. O., Pressemitteilung vom 10. 4.
1991, S. 2
120 Niedersächsisches Innenministerium, »Verfassungsschutzbericht
1991«, Hannover, 1992, S. 57
121 Bundesdeutscher Abwehr-Experte gegenüber dem Autor, 14. 10.
1992
122 Siehe auch Rainer O. M. Engberding, »Spionageziel Wirtschaft«,
a. a. O., S. 109 und 102. – Der Generalbundesanwalt, a. a. O., Pressemitteilungen vom 18. 10. 1990 und 28. 8. 1992
123 »Junge Welt«, a. a. O., 6./7. 10. 1990
124 Unrichtig ist jedenfalls die gelegentlich zu hörende Behauptung, er
sei bereits nach Kriegsende in sowjetischer Kriegsgefangenschaft
vom KGB »umgedreht« worden: L. war niemals in Gefangenschaft.
125 Oberlandesgericht Düsseldorf, a. a. O., Pressemitteilung vom 12. 3.
1991, S. 2
126 Pressemitteilung vom 26. 4. 1991

127 Zitat eines Vernehmers, 24. 4. 1992

128 Ein Bundeswehr-General gegenüber dem Verfasser, 17. 1. 1992

129 Bericht über die Gerichtsverhandlung in »Schwarzwälder Bote«, Oberndorf, 16. 8. 1991

130 Frankfurt/M., 1990, S. 7

131 Siehe »Hannoversche Allgemeine Zeitung«, a. a. O., 5. 6. 1992

132 »Weser-Kurier«, Bremen, 25. 10. 1990

133 Der Bundesminister des Innern, »Verfassungsschutzbericht 1989«, a. a. O., S. 189 f.
Zur Straflosigkeit von Spionage gegen in Westdeutschland stationierte US-Truppen, sofern diese nur im Ausland verübt wird und nicht auch gegen die Bundesrepublik Deutschland gerichtet ist, vergl. Beschluß des Bundesgerichtshofes vom 27. 9. 1991, Aktenz. 3 St R 312/91 (abgedruckt in »Neue Juristische Wochenschrift«, München, 1992, Heft 1, S. 58)

134 US-Quellen zum Verfasser, Juni 1989, »The New York Times«, New York, 4. 5. 1989

135 Nach mehreren Gesprächen des Verfassers mit deutschen und belgischen Sicherheitsstellen im März 1994. – Der Generalbundesanwalt, a. a. O., Pressemitteilung vom 1. 8. 1993. »Rheinische Post«, a. a. O., 20. 10. 1993. »Der Spiegel«, a. a. O., 1993, Nr. 32, S. 18 ff.

136 So Markus Wolf bei Irene Runge und Uwe Stellbrink »Markus Wolf: ›Ich bin kein Spion‹«, Berlin-Ost, 1990, S. 41

137 Im Westdeutschen Rundfunk-TV, a. a. O., 18. 10. 1991

138 Gegenüber dem Zweiten Deutschen Fernsehen, a. a. O., 26. 4. 1992

139 Bundesdeutsche Stelle zum Autor, 3. 11. 1992

140 Der Generalbundesanwalt, a. a. O., Pressemitteilung vom 19. 3. 1992

141 Bayerisches Staatsministerium des Innern, »Verfassungsschutzbericht Bayern 1991«, München, 1992, S. 137

142 Der Bundesminister des Innern, »Verfassungsschutzbericht 1989«, a. a. O., S. 186

143 Gespräch mit einem Experten einer bundesdeutschen Abwehr-Behörde am 21. 3. 1994. – »Die Welt«, a. a. O. und »Süddeutsche Zeitung«, a. a. O., jeweils 28. 1. 1994

144 Der Generalbundesanwalt, a. a. O., Pressemitteilung vom 16. 1. 1992; »Die Welt«, a. a. O., 15. 1. 1992

145 »Süddeutsche Zeitung«, a. a. O., 24. und 25. 9. 1992

146 Werner Stiller in »Der Spiegel«, a. a. O., 1991, Nr. 21, S. 16

147 »Berliner Morgenpost«, a. a. O., 18. 1. 1992, Justizpressestelle Moabit bei der Senatsverwaltung für Justiz, Berlin, Pressemitteilung 2/92. – »Der Tagesspiegel«, a. a. O., 26. 11. 1992

148 Der Generalbundesanwalt, a. a. O., Pressemitteilung vom 4. 6. 1991

149 Interview gegenüber dem »Hamburger Abendblatt«, Hamburg, 17./18. 11. 1990

150 Warnend Peter Frisch, »Die Aufgaben der Spionageabwehr heute«, 13. 11. 1991, gedrucktes Vortragsmanuskript, S. 18. – »Kölner Stadt-

anzeiger«, a. a. O., 14. 8. 1991. – Clifford Stoll, »Kuckucksei«, Frank-furt/M., 1989

151 Jay Tuck, Karlheinz Liebl, »Direktorat T, Industriespionage des Ostens«, Heidelberg, 1988, S. 48 ff.

152 Landesamt für Verfassungsschutz Baden-Württemberg, »Wirt-schaftsspionage und Wirtschaftsschutz heute«, Stuttgart, 1992, S. 1 (in gleichem Zusammenhang ebenfalls S. 6)

153 Ladislav Bittmann, »Zum Tode verurteilt«, a. a. O., S. 162

154 Wladimir Kostow, »Der bulgarische Regenschirm«, Wien-München, 1986, S. 175 und 169 ff. –Vladimir Volkoff, »Die Absprache«, Stutt-gart, 1986, S. 72

155 Natürlich hören Journalisten und Redakteure, die sich recht oft zum moralischen Gewissen ernannt haben, diese Tatsachen nicht gerne. Noch 1992 wurden in einer Kölner Rundfunkanstalt in zwei Fällen Redakteure gerügt, weil sie den Verdacht generell geäußert hatten, auch in ihrem Sender befänden sich sicherlich MfS-»Kundschafter« (was angesichts wohl nicht nur eines Vorfalls in dem Hause allgemein bekannt war)

156 »Der Tagesspiegel«, a. a. O., sowie »Der Morgen«, Berlin, jeweils am 11. 1. 1991. – Ein Berliner Abwehr-Experte im Gespräch mit dem Verfasser am 29. 7. 1992

157 a. a. O., 5. 2. 1992, »Frankfurter Allgemeine Zeitung«, a. a. O., 1. 2. 1992

158 Vergleiche dazu im einzelnen »Lübecker Nachrichten«, Lübeck, 16. 11., 7. 12. und 12. 12. 1991 sowie 18. 9. 1992. – Der Generalbundes-anwalt, a. a. O., Aktenz. 3 BJs 1111–91. – Das erwähnte Buch er-schien 1992 im Zebulon-Verlag, Düsseldorf

159 a. a. O., 1990, Nr. 51, S. 26 ff.

160 Siehe »Frankfurter Allgemeine Zeitung«, a. a. O., 6. 11. 1992

161 Der Generalbundesanwalt, a. a. O., Pressemitteilung vom 24. 9. 1992, S. 5

Anmerkungen zu Kapitel IV

1 Zitiert nach »Die Welt«, a. a. O., 31. 8. 1992. – Auch nach Ansicht des sächsischen Innenministers Eggert war die »alte« Bundesrepublik nicht auf die Wiedervereinigung vorbereitet (so im Zweiten Deut-schen Fernsehen, a. a. O., 13. 2. 1994)

2 So auch Kurt Plück in Jens Hacker, »Deutsche Irrtümer«, Berlin, 1992, S. 427

3 »Grenzfall«, München, 1991, S. 214

4 So Behauptungen mehrerer Bediensteter aus dem nachrichtendienst-lichen Bereich gegenüber dem Verfasser im Spätherbst 1992

5 Wanja Abramowski in Bernd Florath, Armin Mitter, Stefan Wolle, »Die Ohnmacht der Allmächtigen«, a. a. O., S. 227 f. – Dagegen

spricht, daß in der Sicherheits-Besprechung im Bundeskanzleramt nur wenige Tage vor dem Fall der Berliner Mauer über dieses Thema kein einziges Wort fiel (ein Teilnehmer gegenüber dem Autor, 15. 1. 1994)

6 »Mecklenburger Aufbruch«, a. a. O., 1991, Nr. 21, S. 1

7 MdB Rolf Schwanitz im Bundestag (zitiert nach »Freiheitsglocke«, Bonn, Juli-Ausgabe, 1992, S. 15)

8 Der Begriff einer Amnestie stellte in der deutschen Rechtsgeschichte stets – zumeist angesichts irgendwelcher Anlässe – einen Straferlaß von rechtskräftig verhängten Strafen dar; in den vorliegenden Fällen hingegen lag noch nicht einmal eine Anklage vor, geschweige denn eine Verurteilung.

9 So der damalige Leiter des LfV Hamburg, Christian Lochte, in einem Interview gegenüber »Bild«, Hamburg, 8. 3. 1991; daß er dabei an Führungsoffiziere dachte, ergibt sich aus seinen weiteren Äußerungen.

10 Deutscher Bundestag, 11. Wahlperiode, Gesetzentwurf der Bundesregierung, Drucksache 11/7871, a. a. O., 13. 9. 1990, S. 1

11 MdB Johannes Gerster in ARD, a. a. O., 14. 9. 1990

12 Friedrich-Wilhelm Schlomann, Deutschlandfunk, a. a. O., 18. 8. 1990 und »Nürnberger Zeitung«, Nürnberg, 14. 8. 1990

13 Westalliierte Quelle, 11. 9. 1990

14 Moskau, 30. 3. 1992

15 Siehe »Die Welt«, a. a. O., 6. 8. 1990

16 In »Berliner Morgenpost«, a. a. O., 29. 3. 1992

17 Auszug aus dem Protokoll des Rechtsausschusses des Deutschen Bundestages, a. a. O., 6. 9. 1990 (92. Sitzung), Punkt 6 der Tagesordnung, S. 92/63. – Staatsminister Lutz Stavenhagen in »Die Welt«, a. a. O., 15. 9. 1990. Generalbundesanwalt von Stahl in »Der Spiegel«, a. a. O., 1990, Nr. 15, S. 21

18 So Generalbundesanwalt von Stahl (s. »Der Spiegel«, a. a. O., 1991, Nr. 8, S. 36) und Bundesinnenminister Schäuble vor der Evangelischen Akademie in Tutzing am 2. 11. 1991

19 CSU-Landesgruppenchef Wolfgang Bötsch in »Frankfurter Neue Presse«, Frankfurt/M., 13. 9. 1990

20 Der Sprecher des Generalbundesanwalts, Oberstaatsanwalt Förster, in einem Telefongespräch mit dem Verfasser am 18. 12. 1991

21 Der Generalbundesanwalt (s. »Süddeutsche Zeitung«, a. a. O., 15. 11. 1990) und der BfV-Präsident (zit. nach »Die Welt«, 11. 2. 1992)

22 Z. Bsp. Otto Graf Lambsdorff in »Der Spiegel«, a. a. O., 1990, Nr. 38, S. 36. – Bundesminister Wolfgang Schäuble in »Die Welt«, a. a. O., 13. 6. 1991. – Karl Doehring in Bundesamt für Verfassungsschutz, »Verfassungsschutz in der Demokratie«, Köln, 1990, S. 307 und besonders 311

23 »Rheinischer Merkur/Christ und Welt«, a. a. O., 1991, Nr. 17, S. 6. »Der Spiegel«, a. a. O., 1991, Nr. 16, S. 20 ff. und 1992, Nr. 2, S. 37 f.

24 SPD-Bundestagsfraktion, »Die im Deutschen Bundestag«, Bonn, 11. 9. 1990, Nr. 1874, S. 1. – »Die Welt, a. a. O., 12. 9. 1990

25 a. a. O., 21. 3. 1991

26 Zum Verfasser, 27. 10. 1992

27 Bundesminister Klaus Kinkel in »Der Spiegel«, a. a. O., 1991, Nr. 5, S. 45 und Nr. 33, S. 21, in »Berliner Zeitung«, a. a. O., 27. 3. 1991 und in »Juristen-Zeitung«, Tübingen, 1992, S. 486. – Wolfgang Schäuble in »Die Welt«, a. a. O., 12. 8. 1991

28 Zitiert nach »Frankfurter Allgemeine Zeitung«, a. a. O., 7. 11. 1992

29 »Berliner Zeitung«, a. a. O., 8. 5. 1990

30 Wanja Abramowski in Bernd Florath, Armin Mitter, Stefan Wolle, »Die Ohnmacht der Allmächtigen«, a. a. O., S. 212

31 Christina Wilkening, »Staat im Staate«, Berlin, 1990, S. 27, 65, 143 und 203. – Manfred Schell und Werner Kalinka, »Stasi und kein Ende«, a. a. O., S. 402

32 Abgedruckt in »Berliner Zeitung«, a. a. O., 28. 3. 1990

33 Deutscher Bundestag, a. a. O., Plenarprotokolle 12/64 (vom 5. 12. 1991), S. 5468

34 In der genannten Reihenfolge: »Frankfurter Allgemeine Zeitung«, a. a. O., 6. 9. 1991; »Süddeutsche Zeitung«, a. a. O., 7. 12. 1991; »Augsburger Allgemeine«, Augsburg (Datum unbekannt); »Kölnische Rundschau«, a. a. O., 10. 10. 1990

35 Saarländischer Rundfunk, Saarbrücken, 2. 9. 1991

36 Süddeutscher Rundfunk, Stuttgart, 8. 9. 1991

37 Rainer Lippold in »Neue Juristische Wochenschrift«, a. a. O., 1992, Heft 1, S. 23 f.

38 Beschluß des Bundesgerichtshofes 3 St E 4/91 – 3-geh.-St B/11/91 vom 29. 5. 1991 sowie Beschluß 3 BJs 523 91-2 (173) – St B 12/91 vom 14. 6. 1991; vergl. ebenso Beschluß 2 BGs 38/91 vom 30. 1. 1991

39 Beschluß des Kammergerichts (1) 3 St E 9/91-4- (13/91), S. 5 und besonders 27 sowie 29; so auch Günter Widmaier in »Neue Juristische Wochenschrift«, a. a. O., 1990, Heft 50, S. 3169 ff.

40 Jerusalem, 21. 10. 1991. – Zweites Deutsches Fernsehen, a. a. O., 2. 8. 1991

41 Ehemaliger HVA-Offizier gegenüber dem Autor, 5. 12. 1991. – Peter Siebenmorgen, »Staatssicherheit der DDR«, a. a. O., S. 332 f.

42 Beschluß des Bundesgerichtshofes 3 St E 4/91 –3-geh.-StB 11/91, S. 15

43 Wie Anm. 37

44 Pressemitteilung vom 30. 7. 1991. – Michael Schlechtweg, »Die völker- und verfassungsrechtliche Problematik der Strafverfolgung von DDR-Geheimdienstagenten nach der Wiedervereinigung«, Diplomarbeit an der Universität der Bundeswehr München, München, 1992, S. 51. – Urteil des Oberlandesgerichts Stuttgart (abgedruckt in »Neue Juristische Wochenschrift«, a. a. O., 1993, Heft 21, S. 1406)

45 »Der Spiegel«, a. a. O., 1991, Nr. 40, S. 24

46 So aber MdB Andreas von Bülow in »RTL plus«, Köln, 17. 9. 1991 und Frau MdB Däubler-Gmelin im Südwestfunk, a. a. O., 26. 9. 1991. – Dagegen der Staatssekretär bei der Bundesministerin der Justiz, Rainer Funke, Vortrag im Bundespresseamt, Bonn, 23. 3. 1993 (Manuskript-Seite 7)

47 Beschluß (1) 3 St E 9/91-4- (13/91), S. 20f.; Beschluß des Bundesgerichtshofs 3 St E 4/91-3- geh.- St. 11/91, S. 4 und 13; Beschluß des Bundesgerichtshofs 3 BJs 523/91 – 2 (173) – St B 12/91, S. 5. – Anderer Ansicht ist offensichtlich Oberstaatsanwalt Eckert in »Frankfurter Rundschau«, a. a. O., 26. 9. 1991. – »Neues Deutschland«, a. a. O., 8. 8. 1991

48 Beschluß des Kammergerichts (1) 3 St E 9/91-4- (13/91), S. 33 und 35

49 Wie Anm. 37

50 »Der Tagesspiegel«, a. a. O., 31. 7. 1991

51 Vergleiche dazu »Frankfurter Allgemeine Zeitung«, a. a. O., 20. 9. 1991. – Gunnar Schuster in »Zeitschrift für ausländisches öffentliches Recht und Völkerrecht«, Heidelberg, 1991, S. 657

52 Beschluß (1) 3 St E 9/91-4- (13/91), S. 21 und 30. – Beschluß des Bundesgerichtshofs 2 BGs 38/91, abgedruckt u. a. in »Neue Juristische Wochenschrift«, a. a. O., 1991, Heft 14, S. 930

53 Beschluß 3 St E 4/91-3-geh.-St B 11/91, S. 13. – »Süddeutsche Zeitung«, a. a. O., 3./4. 8. 1991

54 Seite 36 und 37

55 Beschluß 2 BGs 38/91, abgedruckt u. a. in »Neue Juristische Wochenschrift«, a. a. O., 1991, Heft 14, S. 929f.

56 In »Neue Osnabrücker Zeitung«, Osnabrück, 24. 7. 1991

57 »Kölner Stadtanzeiger«, a. a. O., 31. 7. 1991

58 Gegenüber dem »Express«, Köln, 31. 7. 1991. – Alexander Ignor und Anke Müller in »Strafverteidiger«, Neuwied, 1991, Nr. 12, S. 577. – »Neues Deutschland«, a. a. O., 10. 7. 1991

59 Heinz Günther, »Wie Spione gemacht wurden«, a. a. O., S. 120, 123 ff. und 171. – Michael Schlechtweg, »Die völker- und verfassungsrechtliche Problematik der Strafverfolgung von DDR-Geheimdienstagenten nach der Wiedervereinigung«, a. a. O., S. 41 f. und 63. – Gilbert Furian, »Mehl aus Mielkes Mühlen«, Berlin, 1991, S. 252

60 »Die Zeit«, Hamburg, 21. 6. 1991

61 Moskau, 4. 7. 1991. – Vergleiche »Frankfurter Allgemeine Zeitung«, a. a. O., 23. 10. 1990

62 »Neues Deutschland«, a. a. O., 1. 8. 1991. – Radio Moskau, a. a. O., 19. 4. 1991. – Ebenso der frühere Leiter der VA in »Berliner Zeitung«, a. a. O., 13. 8. 1991 sowie ein bisheriger Oberstleutnant der VA in »Junge Welt«, a. a. O., 6./7. 10. 1990. – Ähnlich aber auch »Hannoversche Allgemeine Zeitung«, a. a. O., 23. 7. 1991

63 »Neues Deutschland«, a. a. O., 9. 9. 1991

64 »Frankfurter Rundschau«, a. a. O., 31. 7. 1991

65 Beschluß des Bundesgerichtshofs 3 St E 4/91-3-geh.-St B 11/91, S. 3 und 8

66 »Lübecker Nachrichten«, a. a. O., 31. 7. 1991

67 Zitiert nach »Der Spiegel«, a. a. O., Nr. 1, S. 53 und »Süddeutsche Zeitung«, a. a. O., 20. 12. 1991 – ein Dementi erfolgte nicht.

68 So Wolfgang Leonhard, »Spurensuche«, Köln, 1992, 333. – Ähnlich Erich Mielke in »Der Spiegel«, a. a. O., 1992, Nr. 36, S. 51. – Der erwähnte frühere HVA-Oberst Busch hingegen glaubt, daß Wolf seit 1981/82 nach einem entsprechenden Hinweis Honeckers hoffte, bald zum Minister des MfS aufrücken zu können. »Als der alternde Mielke ... aber keine Bereitschaft zeigte, in Pension zu gehen«, scheint Wolf verbittert resigniert zu haben; so nach Karl Wilhelm Fricke, »Schild und Schwert: Die Stasi (Teil I: Die Kader und der Apparat)«, Deutschlandfunk, a. a. O., 1992, S. 30

69 »Neues Deutschland«, a. a. O., 10. 7. 1990. »Junge Welt«, a. a. O., 18. 6. 1990

70 »Die Welt«, a. a. O., 18. 12. 1989

71 Irene Runge und Uwe Stellbrink, »Markus Wolf: ›Ich bin kein Spion‹«, a. a. O., S. 47

72 »SAT 1«, Mainz, 20. 10. 1991. – Vergleiche dazu Günter Guillaume, »Die Aussage«, München, 1990, S. 420

73 »Junge Welt«, a. a. O., 12. 6. 1990. Markus Wolf, »In eigenem Auftrag«, a. a. O., S. 342 und 359. Markus Wolf im Zweiten Deutschen Fernsehen (»Kennzeichen D«), a. a. O., 14. 8. 1991

74 »Neues Deutschland«, a. a. O. 10. 7. 1990. – »Newsweek«, New York, 18. 11. 1991, S. 42

75 In »Junge Welt«, a. a. O., 12. 6. 1990; »Frankfurter Allgemeine Zeitung«, a. a. O., 15. 6. 1990

76 Irene Runge und Uwe Stellbrink, »Markus Wolf: ›Ich bin kein Spion‹«, a. a. O., S. 22, 30 und 85

77 »Der Spiegel«, a. a. O., 1990, Nr. 27, S. 21

78 a. a. O., 6. 7. 1990

79 Abgedruckt u. a. bei Alexander Reichenbach, »Chef der Spione«, a. a. O., S. 154 ff.

80 So Markus Wolf in »In eigenem Auftrag«, a. a. O., S. 198

81 »Bunte«, a. a. O., 1991, Heft 40, S. 15 ff.

82 Deutscher Depeschen-Dienst, Bonn, 25. 4. 1990

83 Im Südwestfunk, Baden-Baden, 25. 9. 1991

84 Vertrauliche Mitteilungen ehemaliger Untergebener von Hellenbroich und Schmähling gegenüber dem Verfasser, Ende Oktober 1991 und Frühjahr 1990

85 Am 20. 10. 1991; dabei hatte Hellenbroich noch ein Jahr zuvor Wolf als »Schreibtischtäter« bezeichnet (so wenigstens Wolf bei Irene Runge und Uwe Stellbrink, »Markus Wolf: ›Ich bin kein Spion‹«, a. a. O., S. 99)

86 Zitiert nach »Norddeutsche Neueste Nachrichten«, a. a. O., 19. 10. 1991

87 AP, Frankfurt/M., 11. 7. 1990

88 »Der Spiegel«, a. a. O., 1989, Nr. 1, S. 61

89 Interview in der »Süddeutschen Zeitung«, a. a. O., 23./24. 9. 1989

90 adn, Berlin (zitiert nach »Norddeutsche Neueste Nachrichten«, a. a. O., 29./30. 6. 1991)

91 Hochrangige westliche Quelle

92 »Der Spiegel«, a. a. O., 1991, Nr. 37, S. 30

93 »Neues Deutschland«, a. a. O., 14. 3. 1990

94 »The Jerusalem Post«, a. a. O., 18. 10. 1991

95 »Bunte«, a. a. O., 1991, Heft 40, S. 110. – Markus Wolf, »In eigenem Auftrag«, a. a. O., S. 344

96 »Kurier«, a. a. O., 25. 9. 1991 und »profil«, Wien, 1992, Nr. 14, S. 24; »Frankfurter Allgemeine Zeitung«, a. a. O., 21. 9. 1991

97 Alexander Reichenbach, »Chef der Spione«, a. a. O., S. 223 und 228

98 »Rheinische Post«, a. a. O., 25. 1. 1992

99 »Frankfurter Allgemeine Zeitung«, a. a. O., 5. 6. 1992

100 So im Deutschen Fernsehfunk, Berlin-Ost, 6. 8. 1990; »Frankfurter Allgemeine Zeitung (Magazin)«, a. a. O., 5. 1. 1990

101 Deutschlandsender, Berlin-Ost, 13. 5. 1970. Im Gespräch mit Gaus in »SAT 1«, a. a. O., 6. 8. 1990. – Irene Runge und Uwe Stellbrink, »Markus Wolf: ›Ich bin kein Spion‹«, a. a. O., S. 17. – Ernst Elitz, »Sie waren dabei«, a. a. O., S. 13

102 »Neues Deutschland«, a. a. O., 28. 12. 1949

103 Markus Wolf, »In eigenem Auftrag«, a. a. O., S. 89. – DDR-Fernsehen, Berlin-Ost, 20. 10. 1985

104 »Sonntag«, Berlin-Ost, 1985, Nr. 18, S. 4. »Die Weltbühne«, Berlin-Ost, 1975, Nr. 22, S. 685 ff. (Näheres dazu bei Karl Wilhelm Fricke, »Mitteilungen und Mutmaßungen zu Markus Wolf«, in »Deutschland Archiv«, Köln, 1987, Heft 3, S. 231)

105 Im »Jugendradio DT 64«, Berlin-Ost, 26. 9. 1989

106 New York, 11. 11. 1991, S. 37

107 Peter Richter und Klaus Rösler, »Wolfs West-Spione«, a. a. O., S. 127 (s. auch S. 131)

108 »Der Spiegel«, a. a. O., 1990, Nr. 42, S. 152

109 Interview mit dem »Express«, a. a. O., 20. 6. 1990. »Norddeutsche Neueste Nachrichten«, a. a. O., 12. 10. 1991

110 »Neues Deutschland«, a. a. O., 10. 7. 1990

111 Siehe »Frankfurter Rundschau«, a. a. O., 18. 1. 1990

112 Zitiert nach »Rheinische Post«, a. a. O., 5. 5. 1993, – Richard Meier, »Geheimdienst ohne Maske«, a. a. O., S. 71, 73 ff., 156 und 220. »Der Spiegel«, a. a. O., 1993, Nr. 18, S. 40 ff. – »Süddeutsche Zeitung«, a. a. O., 5. 5. 1993

113 »Süddeutsche Zeitung, a. a. O., 7. 12. 1993. – »Neue Zürcher Zeitung«, Zürich, 8. 12. 1993. – »Süddeutscher Rundfunk«, a. a. O., 6. 12.

1993. – »Express«, a. a. O., zitiert nach »Westdeutsche Allgemeine«, Essen, 8. 12. 1993

114 Wolfgang Seiffert und Norbert Trautwein, »Die ›Schalck-Papiere‹«, Wien, 1991, S. 101

115 Abgedruckt in Deutscher Bundestag, 12. Wahlperiode, »Drucksache 12/3462, Erste Beschlußempfehlung und erster Teilbericht«, a. a. O., S. 316
Der Ausdruck »Tschekisten« bezog sich nach der bolschewistischen Revolution auf die gegründete »Tscheka« (die Geheimpolizei); in der DDR waren damit die Hauptamtlichen des MfS gemeint.

116 So in »RTL plus«, a. a. O., 14. 5. 1991

117 Abgedruckt bei Wolfgang Seiffert und Norbert Trautwein, »Die Schalck-Papiere«, a. a. O., S. 416

118 Nachrichtendienstliche Quelle, 2. 4. 1991. – »Frankfurter Allgemeine Zeitung«, a. a. O., 13. 12. 1991

119 Näheres bei »Süddeutsche Zeitung«, a. a. O., 25. 6. 1992

120 Gegenüber den »Norddeutschen Neuesten Nachrichten«, a. a. O., 8. 12. 1993. – Zu diesem Komplex besonders Peter Przybylski, »Tatort Politbüro« (Band 2), Berlin, 1992, S. 240. – »Die Tageszeitung«, a. a. O., und »Frankfurter Allgemeine Zeitung«, a. a. O., jeweils 16. 12. 1991

121 So Peter-Ferdinand Koch, »Das Schalck-Imperium lebt«, München, 1992, S. 22

122 »Frankfurter Allgemeine Zeitung«, a. a. O., 4. 4. 1992

123 Abgedruckt in »Die Welt«, a. a. O., 2. 10. 1992. – Vergleiche ebenso »Die Woche«, Hamburg, 22. 12. 1993, S. 6 (nach § 96 StPO ist allerdings der BND sogar verpflichtet, ganz bestimmte Akten nicht vorzulegen)

124 »Frankfurter Allgemeine Zeitung«, a. a. O., 25. 9. 1992. – Generalbundesanwalt von Stahl in »Die Welt«, a. a. O., 19. 9. 1991

125 a. a. O., 26. 9. 1991

126 Westdeutscher Rundfunk, a. a. O., 29. 9. 1991. – »Frankfurter Rundschau«, a. a. O., 19. 5. 1992

127 MdB Johannes Gerster auf der 21. Sitzung des 12. Deutschen Bundestages am 18. 4. 1991 (zitiert nach »Das Parlament«, a. a. O., 1991, Nr. 18, S. 2)

128 Bundesinnenminister Schäuble bei der Vorlage des Verfassungsschutzberichtes 1989 in Bonn am 19. 7. 1990. – Noch weitergehend MdB Hirsch in der Bundestagsdebatte am 18. 4. 1991 (zitiert nach »Das Parlament«, a. a. O., 1991, Nr. 18, S. 5)

129 Bundesfachausschuß Innenpolitik der CDU auf seiner Sitzung am 11. 12. 1991 (zitiert nach »Deutschland-Union-Dienst«, Bonn, 1991, Nr. 46, S. 5)

130 Das MdB Ingrid Köppe in einem Brief an den Autor vom 29. 7. 1992. – Antrag des MdB Ingrid Köppe und der Gruppe Bündnis 90/»Die Grünen« (Drucksache 12/284, S. 4 vom 20. 3. 1991 – Deut-

scher Bundestag, 12. Wahlperiode) – »woche in bonn«, Bonn, 1991, Nr. 11, S. 12

131 Vergl. dazu »Die Welt«, a. a. O., 8. 4. 1991 und 24. 4. 1992. – »Der Tagesspiegel«, a. a. O., 26. 5. 1990. – »Die Tageszeitung«, a. a. O., 22. 5. 1991. – »Süddeutsche Zeitung«, a. a. O., 2. 5. 1991. – »Neues Deutschland«, a. a. O., 25. 5. 1991. – Gregor Gysi hingegen sah darin »eine unglaubliche Bagatellisierung der faschistischen Verbrechen« (so in »Neues Deutschland«, a. a. O., 17. 4. 1991)

132 Brief des MdB Ingrid Köppe an den Verfasser vom 29. 7. 1992

133 Ausarbeitung »Einstufung des Ministeriums für Staatssicherheit der ehemaligen DDR als kriminelle Organisation – Rechtliche Möglichkeiten und politische Konsequenzen«/Nr. 155/92, Bonn, 1992, besonders S. 5

134 Schriftenreihe der CDU-Fraktion im Landtag Mecklenburg-Vorpommern, Band 1, Georg Diederich, »Verstrickung, Schuld und Widerstand – DDR-Vergangenheit und deutsche Zukunft«, Schwerin, 1992, S. 37f.

135 Anlage I, Kapitel XIX, Sachgebiet A, Abschnitt III, Nr. 1, Absatz 2, Satz 1
Nach dem klaren Wortlaut gilt dies also nicht für solche der Verwaltung Aufklärung. Ob derartige Fälle analog behandelt würden, könnte umstritten sein – entsprechende Entscheidungen liegen dem Autor indes bisher nicht vor.

136 »woche in bonn«, a. a. O., 4. 12. 1991, S. 6. – Joachim Gauck, »Die Stasi-Akten«, a. a. O., S. 104

137 Der DPG-Sprecher gegenüber adn, a. a. O., 2. 1. 1991

138 Zitiert nach »Frankfurter Rundschau«, a. a. O., 14. 10. 1992

139 »Die Welt«, a. a. O., 5. und 10. 4. 1991. – »Der Morgen«, a. a. O., 1. 2. 1991

140 »Kontraste« ARD, a. a. O., 2. 7. 1991. – »Der Bundesminister des Innern teilt mit«, Bonn, 9. 7. 1991, S. 2

141 Aus dem Urteil der 68. Kammer des Berliner Arbeitsgerichts vom 15. 5. 1992 (zitiert nach »Die Welt«, a. a. O., 15. 9. 1992)

142 Trotz zweimaliger Bitte des Autors um eine Stellungnahme war leider keine Antwort zu bekommen; die Pressemitteilung ihres Wahlkreisbüros vom 27. 4. 1993, die Auswahl der Beamten ihres Personenschutzes würde nicht durch sie, sondern durch die Sicherheitsbehörden getroffen, ist laut Schreiben des Bundeskriminalamtes Wiesbaden (PR 13-2065 vom 25. 5. 1993) falsch

143 »woche in bonn«, a. a. O., 25. 3. 1992, S. 8 und 1. 7. 1992, S. 12

144 Vortrag »Die Bewältigung der Stasi-Vergangenheit«, a. a. O., S. 19. – »Capital«, Köln, 1991, Nr. 7, S. 162 ff.

145 Dankward Brinksmeier (früher Vorsitzender des Innenausschusses der Volkskammer nach der Wende) im Interview mit »Der Spiegel«, a. a. O., 1990, Nr. 41, S. 25

146 a. a. O., 12. 2. 1994, Sport-Seite

147 Z. Bsp. Staatsminister Stavenhagen gegenüber »Welt am Sonntag«, a. a. O., (zitiert nach AP, a. a. O., 23. 9. 1990)
148 So »woche in Bonn«, a. a. O., 31. 12. 1990, S. 17
149 Deutschlandfunk, a. a. O., 7. 3. 1991
150 Abgedruckt in »Berliner Zeitung«, a. a. O., 9./10. 3. 1991
151 »Streitbare Demokratie«, Bonn, 1991, S. 49
152 a. a. O., S. 168. – Interview gegenüber dem »Express«, a. a. O., 29. 12. 1988. – »Die Welt«, a. a. O., 15. 9. 1990 sowie RIAS TV, Berlin, 12. 10. 1990
153 »Süddeutsche Zeitung«, a. a. O., 6. 7. 1990
154 a. a. O., 28. 9. 1990
155 Werthebach in »Rheinische Post«, a. a. O., 11. 6. 1992. – Generalbundesanwalt von Stahl in »BZ am Sonntag«, Berlin, 20. 4. 1992
156 Peter Frisch in »Neues Deutschland«, a. a. O., 28. 3. 1992
157 Andrea Lederer, Ursula Goldenbaum u. a. »Spionage und Justiz nach dem Anschluß der DDR«, a. a. O., S. 9
158 So der Autor in »Miliz«, Zürich, 1993, Nr. 12, S. 81. – Bejahend danach ebenfalls der »Kölner Stadtanzeiger«, a. a. O., 27. 8. 1993
159 Staatsminister Schmidbauer gegenüber dem Autor auf dem Sommerfest des Bundeskriminalamtes Meckenheim am 17. 9. 1993
160 Staatsminister Stavenhagen in »Welt am Sonntag«, a. a. O., (zitiert nach AP, a. a. O., 23. 9. 1990). Ähnlich in »Die Welt«, a. a. O., 15. 9. 1990 und im Deutschlandfunk, a. a. O., 11. 10. 1990. – Werthebach in »Quick«, a. a. O., 4. 4. 1991 sowie in »Berliner Morgenpost«, »Berlin, 29. 3. 1992
161 Entscheidungen des Bundesgerichtshofes, 28. Band, S. 169
162 Zitiert nach »woche in bonn«, a. a. O., 6. 10. 1993, S. 6. – »Die Welt«, a. a. O., 16. 8. 1993. Ebenso »Rheinischer Merkur«, a. a. O., 25. 2. 1994, S. 36
163 Landesamt für Verfassungsschutz Berlin, »Verfassungsschutz-Bericht Berlin 1992«, Berlin, 1993, S. 151. Inhaltsgleich die Präsidentin des Landesamtes für Verfassungsschutz Sachsen (zitiert nach »Frankfurter Rundschau«, a. a. O., 9. 3. 1994); relativierend hingegen Sächsisches Staatsministerium des Innern, »Verfassungsschutzbericht 1992/1993, Freistaat Sachsen (Pressefassung)", Dresden, 1994, S. 92
164 Jürgen Engbert in »Kontraste«, a. a. O., 2. 7. 1991 »Die Welt«, a. a. O., 10. 8. 1991 und 28. 12. 1991. – »Süddeutsche Zeitung«, a. a. O., 9. 8. 1991. – »woche in bonn«, a. a. O., 14. 10. 1992, S. 8
165 Vergl. dazu im einzelnen »Neues Deutschland«, a. a. O., 3. 2. 1990. – »Die Weltwoche«, Zürich, 26. 4. 1990. – »Bild am Sonntag« (zitiert nach »Süddeutsche Zeitung«, a. a. O., 21. 10. 1991) und »Frankfurter Allgemeine Zeitung«, a. a. O., 22. 10. 1991
166 Zitiert nach »Das Parlament«, a. a. O., 1990, Nr. 25, S. 4
167 »Die Grünen«/Bündnis 90 im Bundestag, »Bulletin«, Bonn, 1990, Nr. 4, S. 25 (ähnlich 1990, Nr. 2, S. 26). – Landtag NRW, »Landtag intern«, Düsseldorf, 5. 5. 1992. – MdB Manfred Such im Bundestag am

25. 1. 1990 (zitiert nach »Das Parlament«, a. a. O., 1990, Nr. 7, S. 1). – Überaus kritisch »Die Tageszeitung«, a. a. O., 12. 10. 1992. – »Keine vernünftige Beschäftigung mehr«, für den Verfassungsschutz sieht ebenfalls die »Deutsche Nationalzeitung«, München, 25. 10. 1991

168 a. a. O., S. 229, vergl. auch S. 230

169 »Der Tagesspiegel«, a. a. O., 10. 4. 1991

170 Als ein Beispiel von vielen: »Bild am Sonntag«, Hamburg, 21. 10. 1990

171 NRW-Innenminister Herbert Schnoor gegenüber der »Westfälischen Rundschau«, Dortmund, 27. 8. 1990. Ähnlich Generalbundesanwalt von Stahl, Interview in »Die Welt«, a. a. O., 19. 9. 1991

172 »Hessische Niedersächsische Allgemeine«, Kassel, 10. 10. 1990

173 Näheres Deutscher Bundestag, 8. Wahlperiode, »Verhandlungen des Deutschen Bundestages«, a. a. O., Stenographischer Bericht, Band 104, S. 4392f.

174 Vertrauliche Quelle, 26. 8. 1992; danach kam es zwischen Honecker und Gomulka sogar zu starken Differenzen.

175 Zitiert nach Manfred Schell und Werner Kalinka, »Stasi und kein Ende«, a. a. O., S. 63

176 Peter Richter und Klaus Rösler, »Wolfs West-Spione«, a. a. O., S. 52
Eine ganz andere Frage – die auch hinsichtlich des Kredits von Strauß eine Rolle spielt – ist, ob bei einem Zerfall der DDR zu einem früheren Zeitpunkt nicht die Sowjettruppen noch (wie beim Volksaufstand am 17. Juni 1953) auf die Demonstranten geschossen hätten.

177 Peter Richter und Klaus Rösler, »Wolfs West-Spione«, a. a. O., S. 54

178 Landesamt für Verfassungsschutz Baden-Württemberg, »Wirtschaftsspionage und Wirtschaftsschutz heute«, a. a. O., S. 15. – Handelskammer Deutschland-Schweiz, »CH-D Wirtschaft«, Zürich, 1993, Dezember-Heft, S. 5

179 Jay Tuck, Karlheinz Liebl, »Direktorat T, Industriespionage des Ostens«, a. a. O., S. 106f. – Markus Wolf, »In eigenem Auftrag«, a. a. O., S. 87
Der Nutzen der Wirtschaftsspionage Polens betrug 1988, wie Innenminister General Kiszczak am 9. 9. 1989 erklärte, vier Billionen Zloty – etwa eine Milliarde DM –; er fügte hinzu: »Man soll bei der wirtschaftlichen Aufklärung keine besonderen Skrupel haben« (zitiert nach »Gazeta Wyborcza«, Warschau, 11. 9. 1989). Der größte Anteil dürfte aus der Bundesrepublik Deutschland kommen ...

180 Zitate aus einem Gespräch eines führenden bundesdeutschen Abwehrexperten mit dem Verfasser am 17. 7. 1992

181 Wie Anm. 180

182 Vergl. dazu Volker Koop und Dietmar Schössler, »Erbe NVA«, Waldbröl, 1992, besonders S. 198, 240, 242. – Otto Wenzel, »Die geplante Wiedervereinigung unter kommunistischem Vorzeichen«, in »Politische Studien«, a. a. O., 1992, Heft 324, S. 94. – »Neue Zürcher Zeitung«, a. a. O., 17. 8. 1991

183 Volker Koop und Dietmar Schössler, »Erbe NVA«, a. a. O., S. 191. –
Klaus Naumann »NVA – Anspruch und Wirklichkeit«, a. a. O.,
S. 286 ff. – »Barett«, Düsseldorf, 1992, Nr. 2, S. 38 ff., »Berliner Morgenpost«, a. a. O., 18. 4. 1993
184 Gegenüber dem Autor am 11. 2. 1992. – Klaus Naumann, »NVA –
Anspruch und Wirklichkeit«, a. a. O., S. 206
185 Aus einem Prozeßbericht vor dem Oberlandesgericht Koblenz (zitiert nach »Kölnische Rundschau«, a. a. O., 1. 6. 1990)

Anmerkungen zu Kapitel V

1 »The Times«, London, 24. 2. 1994. Ähnlich »Corriere della Sera«,
Mailand, 3. 3. 1994
2 Tatjana Samolis, Russisches Fernsehen I, Moskau, 1. 3. 1994
3 Russisches Fernsehen I, a. a. O., 5. 3. 1994
4 Der Bundesminister des Innern, »Verfassungsschutzbericht 1991«,
a. a. O., S. 176 f.
5 Heinz Günther, »Wie Spione gemacht wurden«, a. a. O., S. 81
6 Gutinformierte Quelle in West-Berlin gegenüber dem Autor, 29. 10.
1991
7 So u. a. Bundesgerichtshof, Beschluß 3 St E 4/91 -3-geh.- St. B 11/91,
S. 3 und 8. – Landesamt für Verfassungsschutz Berlin, »Verfassungsschutz-Bericht Berlin 1991«, Berlin 1992 S. 128 f.
8 Im Interview mit »Focus«, a. a. O., 1993, Nr. 7, S. 135
9 Eckart Werthebach in »Die Welt«, a. a. O., 24. 9. 1992. – Peter Frisch
im Norddeutschen Rundfunk, a. a. O., 2. 12. 1991. – Landesamt für
Verfassungsschutz Baden-Württemberg, »Wirtschaftsspionage und
Wirtschaftsschutz heute«, a. a. O., S. 11
10 In »Die Welt«, a. a. O., 27. 6. 1992. – Sächsisches Staatsministerium
des Innern, »Verfassungsschutzbericht 1992/1993«, a. a. O., S. 95
11 Der Generalbundesanwalt in »Die Welt«, a. a. O., 27. 6. 1992. – Angaben der Bundesregierung in ihrer Anwort (12/1088) vom 2. 9. 1991
auf die kleine Anfrage der Gruppe Bündnis 90/»Die Grünen« (abgedruckt u. a. in »woche in bonn«, a. a. O., 4. 9. 1991, S. 22)
12 Der Bundesminister des Innern, »Verfassungsschutzbericht 1991«,
a. a. O., S. 189
13 Siehe dazu u. a. Markus Wolf »In eigenem Auftrag«, a. a. O., S. 146 ff.
sowie Eduard Schewardnadse, »Die Zukunft gehört der Freiheit«,
Reinbek bei Hamburg, 1991, S. 233 f. – Bester Beweis dafür ist der
aufgeregte Telefonanruf Gorbatschows bei Bundeskanzler Kohl in
der Nacht nach dem Fall der Berliner Mauer (nach Äußerungen
Erich Mendes in Schloß Eichholz, 15. 1. 1994). – Vergl. auch »woche
in bonn«, a. a. O., 4. 11. 1993, S. 10
14 Hoher Beamter einer westlichen Sicherheitsstelle gegenüber dem
Verfasser, 22. 11. 1991. – Selbst die ganze Tragweite jenes 9. 11. 1989

scheint man in der Moskauer Führung nicht erkannt zu haben (Michael R. Beschloss, Strobe Talbot, »Auf höchster Ebene«, Düsseldorf, 1993, S. 290)

15 Westdeutscher Abwehr-Spezialist in einem Gespräch mit dem Autor, 6. 6. 1991
16 Zitiert nach »Süddeutsche Zeitung«, a. a. O., 22. 6. 1990
17 Nach »Frankfurter Rundschau«, a. a. O., 18. 10. 1990.
   Markus Wolf hingegen leugnet beharrlich, daß irgendwelche MfS-Angehörige vom KGB übernommen wurden (so etwa in »Der Spiegel«, a. a. O., 1991, Nr. 36, S. 25, im Zweiten Deutschen Fernsehen, a. a. O., 14. 8. 1991, »Talk im Turm«/Sat 1, a. a. O., 20. 10. 1991, in »Junge Welt«, a. a. O., 12. 6. 1990 und »Frankfurter Allgemeine Zeitung«, 15. 6. 1990. – In »Bunte«, a. a. O., 1991, Heft 40, S. 110, nannte er die HVA sogar »einen demotivierten, deprimierten Haufen«. – Gleiches erklärte Großmann (s. »Der Spiegel«, a. a. O., 1990, Nr. 36, S. 101)
18 Innenministerium des Landes Nordrhein-Westfalen »Verfassungsschutzbericht des Landes Nordrhein-Westfalen 1992«, Düsseldorf, 1993, S. 105. – Der Innenminister des Landes Mecklenburg-Vorpommern, »Geheimnisschutz in der Wirtschaft«, Schwerin, 1994, S. 19. – Interview des Verfassers mit Angehörigen eines Landesamtes für Verfassungsschutz in den neuen Bundesländern am 30. 3. 1994
19 Westliche Dienststelle, 18. 12. 1991
20 Der Bundesminister des Innern, »Verfassungsschutzbericht 1991«, a. a. O., S. 117
21 So aber Kanzleramtsminister Friedrich Bohl in »Welt am Sonntag«, a. a. O., 14. 6. 1992 sowie Hellenbroich in »Die Welt«, a. a. O., 4. 4. 1991 und Paul Münstermann (Vizepräsident des BND), zitiert nach »Frankfurter Allgemeine Zeitung«, a. a. O., 16. 4. 1991
22 Niedersächsisches Innenministerium, »Verfassungsschutzbericht 1991«, a. a. O., S. 70 f.
23 »Verfassungsschutzbericht Baden-Württemberg 1990«, a. a. O., S. 132. – Ähnlich u. a. der Sprecher des Generalbundesanwalts im RIAS, a. a. O., 9. 9. 1991
24 Werthebach im Zweiten Deutschen Fernsehen, a. a. O., 7. 6. 1992. – Landesamt für Verfassungsschutz Berlin, »Verfassungsschutz-Bericht Berlin 1991«, a. a. O., S. 129 f. – Der Innenminister des Landes Mecklenburg-Vorpommern, »Verfassungsschutzbericht des Landes Mecklenburg-Vorpommern 1992 (Pressefassung)«, Schwerin, 1993, Abschnitt III, S. 9
25 Bert Rombach (Bundesamt für Verfassungsschutz) in Der Bundesminister des Innern, »Extremismus in der Bundesrepublik Deutschland«, Bonn, 1991, S. 92
26 Vortrag eines höheren Beamten einer bundesdeutschen Sicherheitsbehörde, »Die Bewältigung der Stasi-Vergangenheit«, a. a. O., S. 4 f. und 15

27 Interview mit den »Norddeutschen Neuesten Nachrichten«, a. a. O., 25./26. 5. 1991
28 Angehöriger eines westlichen Nachrichtendienstes gegenüber dem Autor am 16. 2. 1994
29 Bundesdeutsche Abwehrstelle, 9. 6. 1993. – Friedrich-Wilhelm Schlomann, »Vorsicht: Weiterhin Spionage der GUS«, in »Europäische Sicherheit«, a. a. O., 1994, Heft 1, S. 31 ff.
30 Peter Frisch, Vortrag, 1991, Manuskript-Seite 6
31 Gegenüber Radio Moskau, a. a. O., 13. 12. 1990. – Generaloberst Timochin (Leiter der GRU) in »Krasnaja Swesda«, Moskau, 29. 4. 1992. – Friedrich-Wilhelm Schlomann, »Russischer Nachrichtendienst setzt die KGB-Spionage fort«, Deutsche Welle, Köln, 4. 5. 1992
32 »Die Welt«, a. a. O., 16. 8. 1991
33 Zentrales Sowjetisches Fernsehen (Wremja), Moskau, 20. 12. 1990
34 TASS, a. a. O., 30. 9. 1991. – Jacques F. Baud, »Nachrichtendienste im Wandel«, in »Allgemeine Schweizer-Militär-Zeitschrift«, Frauenfeld, 1993, Nr. 3, S. 317
35 Im Südwestfunk, a. a. O., 8. 1. 1992
36 Nach »Generalanzeiger«, a. a. O., 1. 8. 1991
37 »Die Welt«, a. a. O., 5. 7. 1991
38 Der Bundesminister des Innern, »Verfassungsschutzbericht 1991«, a. a. O., S. 177
39 »Der Spiegel«, a. a. O., 1991, Nr. 45, S. 41
40 Bundeswehr-Hauptmann F. Gerhardes, »Aufgaben und Gliederung des Ministeriums für Staatssicherheit unter besonderer Berücksichtigung der Hauptabteilung III und der Hauptverwaltung Aufklärung«, a. a. O., S. 30. – Peter Frisch, »Die Aufgaben der Spionageabwehr heute«, a. a. O., S. 17. – Der Bundesminister des Innern, »Verfassungsschutzbericht 1990, a. a. O., S. 179. – Die Frage, ob man in Deutschland daraus gelernt hätte und heute beim Telefonieren vorsichtiger sei, wird – nicht nur – vom Vizepräsidenten des BfV verneint: »Nun telefonieren hier alle frei herum, daß einem schlecht wird. Die denken: Wer soll denn da noch mithören?« (zitiert nach »Süddeutsche Zeitung«, a. a. O., 14. 12. 1991). – Der Autor in einem Interview mit der Zeitung »Die Presse«, Wien, 21. 2. 1994. Hans Josef Horchem, »Auch Spione werden pensioniert«, Herford, 1993, S. 202
41 »Dresdner Morgenpost«, Dresden, 17. 8. 1991 aufgrund von Erkenntnissen des Bundesamtes für Verfassungsschutz. – »Schweizer Politische Korrespondenz«, a. a. O., 24. 4. 1990
42 Die in diesem Zusammenhang oft genannte Zahl von 19 derartigen Linien ist insofern nicht korrekt, als zwei in die Schweiz führen.
43 TASS, a. a. O., 5. 5. 1991
44 TASS, a. a. O., 30. 8. 1991. – Mitte September 1991 erklärte er laut TASS (a. a. O., 17. 9. 1991) und Radio Moskau (a. a. O., 19. 9. 1991), man werde »mehr zielgerichtet im Bereich der Spionage arbeiten«.
45 INTERFAX, Moskau, 11. 10. 1991. – Sowjetisches Fernsehen,

a. a. O., 15. 10. 1991. – »Neue Zürcher Zeitung«, a. a. O., 2./3. 2. 1992. – »Der Spiegel«, a. a. O., 1991, Nr. 47, S. 186

46 Sowjetisches Fernsehen, a. a. O., 18. 12. 1991. – »Neue Zeit«, a. a. O., 20. 12. 1991

47 Ende 1991/Anfang 1992 wurde auch die Abkürzung »VRR« (Vneschnaja Raswedka Rossii«) verwendet; sie stellte aber niemals eine offizielle Bezeichnung dar, sondern war ein bloßer Arbeitsbegriff. – »Le Soir«, Brüssel, 21. 12. 1991. – Siehe auch Astrid von Borcke, »Vom KGB zum MBRF; Das Ende des sowjetischen Komitees für Staatssicherheit und der neue russische Sicherheitsdienst« in »Aus Politik und Zeitgeschichte« (Beilage zu der Zeitschrift »Das Parlament«), Bonn, 15. 5. 1992, S. 33 ff.

48 So Radio Moskau, a. a. O., 26. 12. 1991

49 Alexander Rahr, »The KGB survives under Yeltsin's Wing«, in RFE/RL »Research Report«, München, 27. 3. 1992, S. 1 ff.

50 Gespräche des Verfassers mit westlichen und deutschen Stellen im Januar und März 1994. – Bundesministerium des Innern, »Verfassungsschutzbericht 1992«, Bonn, 1993, S. 174. – Russisches Fernsehen, a. a. O., 12. 7. 1992. »Kommersant«, Moskau, 12. 3. 1994

51 Innenministerium Thüringen, »Verfassungsschutzbericht Thüringen 1992«, Erfurt, 1993, S. 58

52 Der Generalbundesanwalt, a. a. O., Pressemitteilungen vom 3. und 6. 4. 1992. – Rainer O. M. Engberding, »Spionageziel Wirtschaft«, a. a. O., S. 25 f.

53 ITAR-TASS, Moskau, 14. 4. 1992. – Russisches Fernsehen I, a. a. O., 28. 5. 1992

54 Nachrichtendienstliche Quelle, 12. 6. 1992. – Volkmar Seidel (Leiter des LfV Mecklenburg-Vorpommern) in »Norddeutsche Neueste Nachrichten«, a. a. O., 7. 8. 1992

55 ITAR-TASS, a. a. O., 22. 6. 1992. – »Berliner Morgenpost am Sonntag«, Berlin, 21. 6. 1992

56 Urteil des Kammergerichts Berlin, Aktenz. (1) 3 BJS 1136/91-3 (286) (25/92), s. besonders die Seiten 5 f., 12 ff. und 15. – Friedrich-Wilhelm Schlomann, »Das Erbe der DDR-Spionage«, in »Politische Studien«, a. a. O., 1992, Heft 324, S. 82 ff. – »Berliner Zeitung«, a. a. O., 13. 8. 1992

57 a. a. O., 29. 4. 1992

58 Analyse eines westeuropäischen Nachrichtendienstes von Anfang November 1992. – Zunehmende Aktivitäten der GRU in Deutschland registriert auch der Leiter des MAD, Rudolf von Hoegen (s. »Die Welt«, a. a. O., 24. 11. 1992). – Der Erste stellvertretende Verteidigungsminister Rußlands, A. A. Kokoschin, erklärte im Russischen Fernsehen I (a. a. O., 4. 12. 1992), »Wir haben ein klares System von Prioritäten in unserer militärischen Politik«; dabei nannte er an erster Stelle »Systeme der Aufklärung«.

59 Im Zweiten Deutschen Fernsehen, a. a. O., 7. 6. 1992

60 Friedrich Kuhn, veröffentlicht u. a. »Die Welt«, a. a. O., und »Kölnische Rundschau«, a. a. O., jeweils 2. 10. 1992

61 Zitat aus einem Schreiben des Bundeskanzleramtes an den Autor vom 26. 11. 1992 im Auftrage des Staatsministers. – Wie aus dem Teilnehmerkreis verlautet, lehnten die russischen Verhandlungspartner jegliche Einsichtnahme bundesdeutscher Abwehr-Experten in KGB-Akten (bezüglich der übersandten MfS-Erkenntnisse) eindeutig ab.

62 London, 28. 9. 1992

63 ITAR-TASS, a. a. O., 16. 10. 1992

64 ITAR-TASS, a. a. O., 3. 11. 1992

65 Zu diesem Komplex: »Iswestija«, Moskau, 25. 12. 1992. – »Rossijskije Westi«, Moskau, 23. 11. 1993. – ITAR-TASS, a. a. O., 3. 2. 1994

66 Zitiert nach »Frankfurter Allgemeine Zeitung«, a. a. O., 16. 2. 1993

67 Abgedruckt in »Focus«, a. a. O., 1993, Nr. 8, S. 12

68 ITAR-TASS, a. a. O., 22. 2. 1993

69 a. a. O., 22. 9. 1993

70 ITAR-TASS, a. a. O., 21. 12. 1993. Radio Moskau International, Moskau, 3. 3. 1994. – »Delowoj Mir«, Moskau, 29. 7. 1993

71 Zitiert nach »Die Welt«, a. a. O., 24. 2. 1994

72 Deutschlandradio, Köln, 25. 2. 1994. In gleicher Weise Staatsminister Schmidbauer, 3 SAT, Mainz, 23. 2. 1994

73 »Welt am Sonntag«, Hamburg, 20. 3. 1994

74 »Verschlußsache«, Mainz, 1980, S. 83 f.

Personenregister

Dokumente

Alle Dokumente aus dem Archiv des Autors

KOPIE

0222322146   **ZIELKONTROLLAUFTRAG**

<u>Streng geheim!</u>

        BWK   AWB
        3   '05. 3. 11.
        0

Inhaber: Name   SCHLOMANN
         Vorname   FRIEDRICH-WILHELM   Geb.-Dat.
         Anschrift   5330 KOENIGSWINTER-OBERDO OBERKASSELER STR.   78B
         Taetigkeit   DR.
Nutzer :   Name
         Vorname   Geb.-Dat.
         Anschrift
         Taetigkeit

Bearbeitungsgrund:

Informationsbedarf:
-ALLE HW AUF VERB. D. SCH. ZU BRD-GEHEIMDIENST.(BFV,LFV,BND,MAD)
-BEZ. D. SCH. ZU STAATSSCHUTZ- U. JUSTIZORGANEN
-VERB. D. SCH. ZU DIENSTST. D. BUNDESREG., WIE BMB,BFGA USW.
-ALLE ANG. AUS DEM PRIV. BER. D. SCH.

     SKZ   LZ   eingeleitet
     DB   N   11. 07. 85

Dokument Nr. 1   Die Zielkontrollkarte des MfS für den Autor (zum Abhören seiner Telefongespräche)

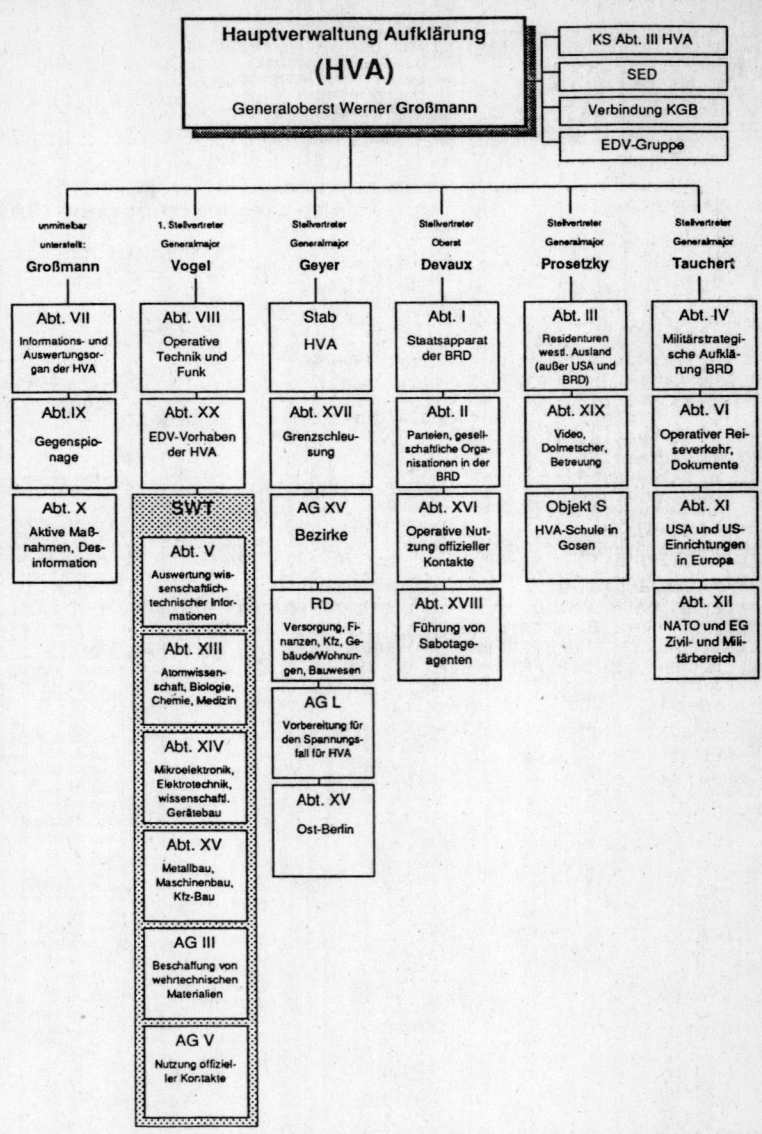

Dokument Nr. 2 Der Aufbau der Hauptverwaltung Aufklärung (HVA)

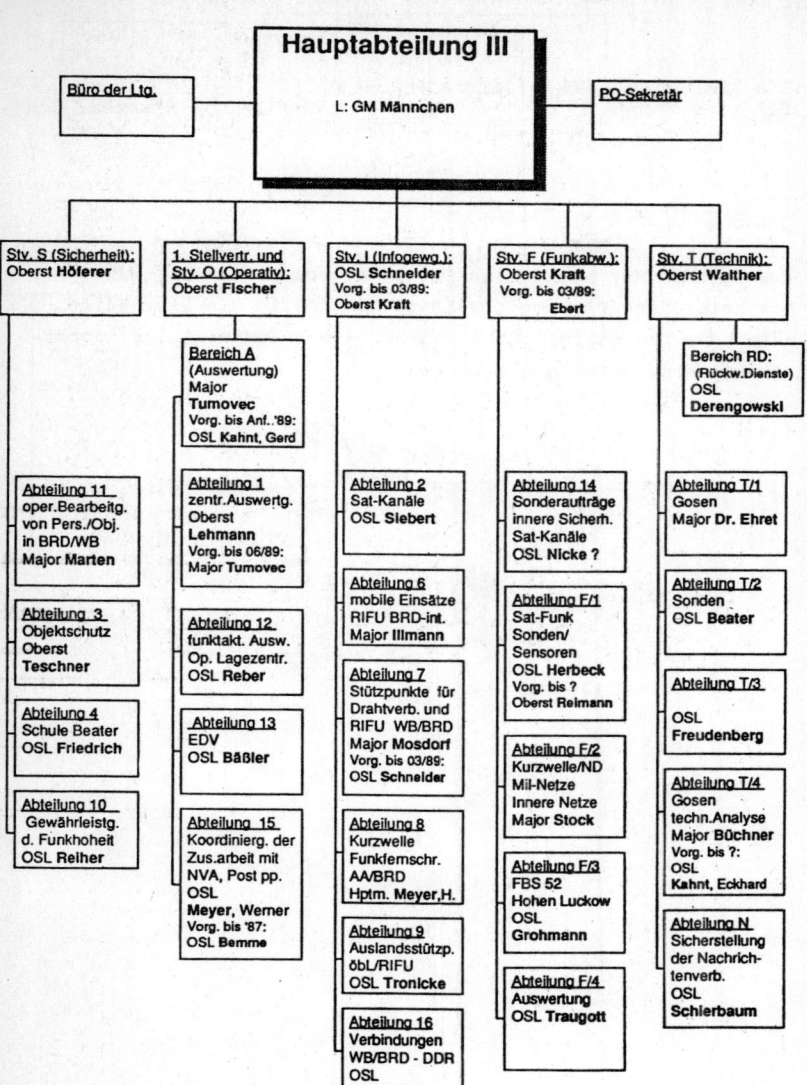

Hauptabteilung III

L: GM Männchen

Büro der Ltg. · PO-Sekretär

Stv. S (Sicherheit): Oberst **Höferer**

1. Stellvertr. und Stv. O (Operativ): Oberst **Fischer**

Stv. I (Infogewg.): OSL **Schneider** Vorg. bis 03/89: Oberst **Kraft**

Stv. F (Funkabw.): Oberst **Kraft** Vorg. bis 03/89: **Ebert**

Stv. T (Technik): Oberst **Walther**

Bereich A (Auswertung) Major **Turnovec** Vorg. bis Anf.'89: OSL Kahnt, Gerd

Bereich RD: (Rückw.Dienste) OSL **Derengowski**

Abteilung 11 oper.Bearbeitg. von Pers./Obj. in BRD/WB Major **Marten**

Abteilung 1 zentr.Auswertg. Oberst **Lehmann** Vorg. bis 06/89: Major **Turnovec**

Abteilung 2 Sat-Kanäle OSL **Siebert**

Abteilung 14 Sonderaufträge innere Sicherh. Sat-Kanäle OSL **Nicke ?**

Abteilung T/1 Gosen Major **Dr. Ehret**

Abteilung 3 Objektschutz Oberst **Teschner**

Abteilung 12 funktakt. Ausw. Op. Lagezentr. OSL **Reber**

Abteilung 6 mobile Einsätze RIFU BRD-int. Major **Illmann**

Abteilung F/1 Sat-Funk Sonden/ Sensoren OSL **Herbeck** Vorg. bis ? Oberst **Reimann**

Abteilung T/2 Sonden OSL **Beater**

Abteilung 4 Schule **Beater** OSL **Friedrich**

Abteilung 13 EDV OSL **Bäßler**

Abteilung 7 Stützpunkte für Drahtverb. und RIFU WB/BRD Major **Mosdorf** Vorg. bis 03/89: OSL **Schneider**

Abteilung F/2 Kurzwelle/ND Mil-Netze Innere Netze Major **Stock**

Abteilung T/3 OSL **Freudenberg**

Abteilung 10 Gewährleistg. d. Funkhoheit OSL **Reiher**

Abteilung 15 Koordinierg. der Zus.arbeit mit NVA, Post pp. OSL **Meyer, Werner** Vorg. bis '87: OSL **Bemme**

Abteilung 8 Kurzwelle Funkfernschr. AA/BRD Hptm. **Meyer,H.**

Abteilung F/3 FBS 52 Hohen Luckow OSL **Grohmann**

Abteilung T/4 Gosen techn.Analyse Major **Büchner** Vorg. bis ?: OSL **Kahnt, Eckhard**

Abteilung 9 Auslandsstützp. öbL/RIFU OSL **Tronicke**

Abteilung F/4 Auswertung OSL **Traugott**

Abteilung N Sicherstellung der Nachrichtenverb. OSL **Schierbaum**

Abteilung 16 Verbindungen WB/BRD - DDR OSL **Gelsendorf**

Dokument Nr. 3 Übersicht über die Hauptabteilung (HA) III, die u. a. für das Abhören von Telefongesprächen innerhalb Westdeutschlands zuständig war.

A n o r d n u n g

Aus Gründen der nationalen Sicherheit ordne ich an, daß
mit sofortiger Wirkung der Einsichtnahme in die Geschäfts-
akten der Hauptabteilung I des Bereiches Kommerzielle Koordinierung nicht stattgegeben wird.

(Unterschrift)

Modrow

Dokument Nr. 4 Befehl des damaligen DDR-Ministerpräsidenten
Modrow hinsichtlich der Akten Schalck-Golodkowskis (die Hauptabteilung I war verantwortlich für den Embargoschmuggel und hatte für
das »süße Leben« der SED-Bonzen zu sorgen . . .)

ISOR e.V.

**Initiativgemeinschaft zum Schutz der sozialen Rechte
ehemaliger Angehöriger bewaffneter Organe
und der Zollverwaltung der DDR**

Berlin, 22.4.1992

Information Nr. 10

****

*Der Vorstand teilt allen Mitgliedern mit, daß unsere Vereinigung
am 8.April 1992 mit dem Namen*

*Initiativgemeinschaft zum Schutz der sozialen Rechte
ehemaliger Angehöriger bewaffneter Organe und der
Zollverwaltung der DDR (ISOR)*

*in das Vereinsregister des Amtsgerichtes Charlottenburg in
Berlin-Charlottenburg unter der Nummer 12076 Nz eingetragen
worden ist.*

****

*In Beratungen des Vorstandes mit Verantwortlichen der TIG und
den Arbeitsgruppen Recht wurden mehrfach Fragen aufgeworfen, die
sich auf Versorgungsleistungen der befristeten erweiterten
Versorgung (beV), des Vorruhestandes und der Übergangsrente
beziehen.*

*In der Zeitschrift "Die Bundeswehr", Nr.3/92, wurden für die
ehemaligen NVA-Angehörigen ausführlich Fragen hauptsächlich zur
beV und zur Übergangsrente beantwortet. Sie treffen im wesentlichen auch auf die beV für die ehemaligen Angehörigen der VP,
der Feuerwehr , des Strafvollzuges und der Zollverwaltung zu.
Einige Details sind anders, deshalb hier einige Fragen/Probleme
und Antworten speziell für die ehemaligen Angehörigen oben
genannter Organe.*

ISOR e.V.
Postfach 107
O-1130 Berlin

Registriergericht
Amtsgericht Charlottenburg
Reg.-Nr. 12076 Nz

Wie lange, so wird oft gefragt, wird für die beV und den Vorruhestand gezahlt, und ist die Herabsetzung des Zahlbetrages beim Übergang von der beV in den Vorruhestand gerechtfertigt?

Die beV wird bis zur Vollendung des 60. Lebensjahres gezahlt, falls nicht ein Voll-Arbeitsverhältnis aufgenommen wird. Mit Vollendung des 60. Lebensjahres wird die Versorgung mit Vorruhestandsgeld fortgesetzt. Das bedeutet, daß sich die Versorgungsleistung, d.h. der Zahlbetrag, verringert. Das ergibt sich daraus, daß dem Zahlbetrag der beV die letzte Bruttolohnsumme, dem Vorruhestandsgeld die letzte Nettolohnsumme zu Grunde liegt.

Beispiel:

    Eintritt in die beV Juli 1990 im Alter von 58 Jahren
    Brutto   *2600.-- DM*
    58 Jahre = 68% vom Brutto: *1768.-- DM Zahlbetrag beV*

    Juli 1992 Vollendung des 60. Lebensjahres
    Netto   *2270.-- DM*
    70% vom Netto: *1547.-- DM Vorruhestandsgeld*

Die hier demonstrierte Festlegung basiert auf einer Grundsatzentscheidung des Ministers des Innern der ehemaligen DDR vom 16.03.1990, die nach wie vor bindend ist.
Insoweit sind Widerspruch/Klage gegen die Herabsetzung des Zahlbetrages beim Übergang von der beV in den Vorruhestand erfolglos.

Mit Vollendung des 65. Lebensjahres erfolgt dann der Übergang in die Altersrente. Der Antrag auf Altersrente aus der beV heraus kann sofort mit Vollendung des 60. Lebensjahres und aus dem Vorruhestand heraus mit Vollendung des 63. Lebensjahres gestellt werden, wobei dann Abzüge von der Rentenzahlsumme, die mit Vollendung des 65. Lebensjahres gezahlt werden würde, in Kauf genommen werden müssen. (§§ 36 und 38 Sozialgesetzbuch -Sechstes Buch- <SGB VI>)

    Zu § 9, Abs.2 AAüG, daß "die Auszahlung" von Vorruhestandsgeld und beV "zu dem Zeitpunkt" endet, "zu dem der Versorgungsträger die Beendigung festgestellt hat", wird danach gefragt, wann dieser Zeitpunkt ist.

Mit dieser Bestimmung wird ausgedrückt, daß die Auszahlung durch die Bundesversicherungsanstalt für Angestellte (BfA) dann endet, wenn der Versorgungsträger die Beendigung der BfA mitteilt. Das kann u.a. sein

- wenn durch die Meldung des Zahlungsempfängers an den Versorgungsträger die Aufnahme einer Vollbeschäftigung gemeldet wird;

- wenn Altersrente gezahlt wird;

2/4 Information Nr. 10

- wenn durch eine andere Versorgung die Bedingungen für die
  Auszahlung von beV oder Vorruhestandsgeld entfallen.

Es besteht insofern Bestandsschutz für die Zahlung von beV bzw.
Vorruhestandsgeld.

Unklarheiten gibt es immer wieder zu den Rentenanpassungen für beV und Vorruhestandsgeld. Dazu folgendes:

Versorgungsleistungen gemäß § 11, Abs.1 und 5 AAÜG sind:

- Vorruhestandsgeld
- Invalidenrente bei Erreichen besonderer Altersgrenzen
  (nur für ehem. NVA-Angehörige)
- beV
- Übergangsrente
- Dienstbeschädigungsteil- und Invalidenteilrente.

Diese nehmen gemäß § 11, Abs.6 AAÜG seit dem 1.1.1992 an den
Rentenanpassungen mit 50% der jeweiligen Anpassung teil, wobei
die Höchstbeträge (2010.-- DM bzw. 400.-- DM) bis zum 1.1.1995
nicht überschritten werden.

Beispiel 1:
  Zahlsumme in der beV vor der Anpassung   1100.-- DM
  Rentenanpassung 11% = 5,5% für beV   + 60.50 DM
  Zahlsumme nach Anpassung   1160.50 DM

Beispiel 2:
  Zahlsumme für Vorruhestand vor der Anpassung   1985.-- DM
  Rentenanpassung 15% = 7,5% für Vorruhestand   + 148.88 DM
  Summe   2133.88 DM
  Zahlsumme nach Anpassung (bis 1.1.1995   2010.-- DM
  konstant)

Beispiel 3:
  Übergangsrente vor der Anpassung   400.-- DM
  Höchstsumme erreicht - keine Anpassung -
  Zahlsumme bleibt bis 1.1.1995 konstant.

Aus welcher Summe ergibt sich die Zuverdienstgrenze,
wie hoch ist der Zuverdienst?

Woraus sich die Zuverdienstgrenze ergibt, läßt sich für die
verschiedenen Versorgungsleistungen schwer mit wenigen Sätzen
erläutern. Wir verweisen hier auf die Bescheide der Versorgungsträger und das beigelegte Merkblatt.

Dort ist die als Anrechnungsfreibetrag genannte Summe die jeweilige Zuverdienstmöglichkeit. Wer bis zu diesem Betrag dazuver-
dient, dem wird seine Versorgungsleistung nicht geschmälert.

Zu beachten ist aber: Die dort angegebene Zuverdienstgrenze ist
nicht mit den Mindest- bzw. Höchstsummen identisch, die für die

3/4 Information Nr. 10

389

Entrichtung von Beiträgen für die Kranken- und Rentenversiche-
rung bzw. für die Lohnsteuerberechnung ausschlaggebend sind
(z.B. gilt für 1992 als Einkommen aus geringfügiger Beschäfti-
gung für die neuen Bundesländer die Summe von 300.-- DM monat-
lich, für die keine Beiträge für die Kranken- bzw. Rentenver-
sicherung zu entrichten sind).
Genauere Informationen bitte im Einzelfall bei der BfA einholen!

Können nach Eintritt in die beV zwischen dem 50. und
60. Lebensjahr wegen des fortschreitenden Alters An-
sprüche auf Erhöhung der beV-Zahlungen geltend gemacht
werden?

Diese Möglichkeit besteht nicht. Die bei Eintritt in die beV
festgelegte Zahlsumme (genauer: die sich aus dem Lebensalter bei
Festlegung der beV ergebende %-Zahl vom Bruttogehalt) bleibt
bestehen.

Wie regelt sich die Kranken- und Rentenversicherung
für die beV und für den Vorruhestand?

Ab 1.1.1992 sind die Empfänger der beV und von Vorruhestandsgeld
pflichtversichert. Die Versicherungsbeiträge werden wie folgt
entrichtet:

Für die beV: Krankenversicherung zu 50% vom Versorgungsträger
bzw. von der BfA, 50% vom Empfänger der Versorgungs-
leistung.

Für VRS: Kranken- und Rentenversicherung zu 100% von der BfA
bzw. vom Versorgungsträger.

Zeiten der beV und des VRS werden für die spätere Rentenberech-
nung gezählt.

Noch ein besonderer Hinweis für ältere Mitglieder:

Mitglieder, die zur Vorlage bei der BfA für ihre Rentenberech-
nung keinen Nachweis über ihre anrechnungsfähigen Zeiten beim
Reichsarbeitsdienst, der deutschen Wehrmacht, Kriegsgefangen-
schaft und dergleichen besitzen, können eine entsprechende
schriftliche Anforderung zur Bestätigung ihrer Wehrdienstzeit
bzw. Kriegsgefangenschaft an eine der nachstehenden Dienststel-
len richten:
Deutsche Dienststelle (WASt)   *Bundesarchiv-*
Eichborndamm 179   *Zentralnachweisstelle*
1000 Berlin 51   *Abteigarten 6*
Auskunft Tel. 41904142   *5100 Aachen*
Sprechzeiten: Mo-Do 9.00 - 14.00
Fr 9.00 - 13.00
Dabei sind möglichst genaue Angaben über Ort, Zeit und Bezeich-
nung der Truppenteile oder Dienststellen, einschließlich Feld-
postnummern etc. empfehlenswert. Die diesbezügliche Bearbei-
tungsfrist dauert allerdings 6-8 Monate.

4/4 Information Nr. 10

Dokument Nr. 5 Informationsbroschüre der ISOR e. V., einer Vereinigung, die besonders bisherigen Stasi-Angehörigen mit Rechtshilfe,
Beratung sowie Unterstützung in bestimmten Situationen zur Seite
steht. Gutinformierten Kreisen zufolge stellt sie bei Strafverfahren
auch Rechtsanwälte.

KOPIE

Abschrift

hand: ⁊⁊S Frank

Staatssekretariat für Staatssicherheit
Bezirksverwaltung Potsdam
- Der Leiter -

GVS 1759/54

Potsdam, den 13.9.1954
Wa/Op.
Tgb.Nr.: GVS 141/54

M i n i s t e r i u m   d e s   I n n e r n   Geheime Verschlußsache
Staatssekretariat für Staatssicherheit   2   Exemplare   3 Blatt
z.Hd. d.Gen. Generalleutnant M i e l k e   2. Exemplar   3 Blatt

B e r l i n

Betr.:   Übernahme des GM "Schmidt"
Bezug: Ihre mündliche Anweisung vom 9.9.1954

Gemäß Absprache mit Ihnen habe ich von meinem Chefberater
den GM "Schmidt" übernommen.
Bei der Übergabe wurde mir mitgeteilt, daß der Vater des GM
"Schmidt" bereits mit den Freunden zusammengearbeitet hat. Der
Vater des GM "Schmidt" wurde 1933 seines Amtes als Bürgermeister
durch die Nazis enthoben, da er eine demokratische Einstellung
hatte und Gegner des faschistischen Regimes war.
GM "Schmidt" wurde im Sinne des Denkens und Handelns seines Vaters
erzogen. GM "Schmidt" hat während der Nazizeit seinen Vater durch
seine loyale Einstellung und seine spätere Mitarbeit an einer Sol-
datenzeitung gut unterstützt und mitgeholfen, daß sein Vater nicht
unter strenge Kontrolle durch die Nazis genommen wurde.
Nach der Zerschlagung des faschistischen Regimes wurde von seiten
der Freunde offizielle Verbindung zu dem GM "Schmidt" hergestellt.
In der Zeit der Zusammenarbeit mit den Freunden hat GM "Schmidt"
bei der Aufdeckung faschistischer Elemente entscheidend geholfen
und seine Ehrlichkeit unter Beweis gestellt.

Nach der Gründung des .... im Jahre 1949 wurde beschlossen,
den GM "Schmidt" sich nach Westberlin absetzen zu lassen, um mit
Hilfe des GM "Bild" in den ...... einzudringen.
Mit Hilfe und Unterstützung von GM "Bild" wurde diese Aufgabe ge-
löst und GM "Schmidt" in die Zentrale des ...... aufgenommen.
Zur Zeit ist GM "Bild" Vorgesetzter des GM "Schmidt".
Mit GM "Schmidt" wurde bis zu diesem Zeitpunkt offiziell gearbei-
tet. Im Januar 1950 wurde er auf Grund der Situation geworben und
arbeitet seit dieser Zeit unter seinem jetzigen Decknamen
"Schmidt".

Von seiten meines Chefberaters wurde mir mitgeteilt, daß auf
Grund der positiven Zusammenarbeit mit dem GM "Schmidt" wichtige
Informationen aus der Zentrale des ..... und geplante Verbrechen gegen die DDR und die fortschrittlichen Kräfte des demokratischen Lagers mitgeteilt wurden und Angaben über mehrere Agenten westberliner Zentralen gemacht wurden.

In der Vergangenheit wurde unsererseits, da uns nicht bekannt
war, daß GM "Schmidt" mit den Freunden zusammenarbeitet, der Versuch der Werbung des GM "Schmidt" durch seine Verwandten unter-
nommen. Die Verwandten haben sich nach dem Westen abgesetzt.
W: jetzt bekannt wurde, hat GM "Schmidt" sich darüber bei den
Freunden beschwert. Die Anweisung von den Freunden, eine Zusammenarbeit mit uns strikte abzulehnen, hat GM "Schmidt" eingehalten
und seine Verwandten nach dem Westsektor geholt.

Mit dem GM "Schmidt" wurde gleichzeitig der Verbindungsmann GM
"Kurt" übernommen.
Es ist geplant, in Zukunft die Informationen von dem GM "Schmidt"
über einen toten Briefkasten laufen zu lassen.
Von seiten meines Chefberaters wurde gebeten, den GM "Schmidt"
und GM "Kurt" nicht in die Kartei einzulegen und den Leiter der
Abteilung des Staatssekretariats, welcher für die Bearbeitung des
..... verantwortlich ist, zu benachrichtigen, um in Zukunft
keine Maßnahmen einzuleiten, die eine evtl. Dekonspirierung er-

möglichen.

Bei der Übergabe des GM "Schmidt" wurde er in einer entsprechenden Belehrung meinerseits darauf aufmerksam gemacht, uns rechtzeitig unter Wahrung der persönlichen Sicherheit geplante feindliche Aktionen des ..... , die ihm bekannt gewordenen Agenten, laufend zu melden und darüber hinaus ständig Informationen zu geben über Veränderungen, Struktur und Besetzung der Zentrale und über Zusammenarbeit mit anderen feindlichen Zentralen ausländischer Geheimdienste.

Da Mitteilungen bei den Freunden vorhanden sind, daß GM "Schmidt" mit den ihm ausgehändigten Geldern für seine Arbeit nicht immer planmäßig getarnt umgeht, wurde er auch diesbezüglich meinerseits noch einmal belehrt.

F.d.R.d.A.

Dokument Nr. 6 Fälschung des MfS, wonach Walter Rosenthal für das Ministerium der Staatssicherheit gearbeitet haben soll (was im Januar 1992 zu großer Bestürzung der politischen Öffentlichkeit in Deutschland führte).

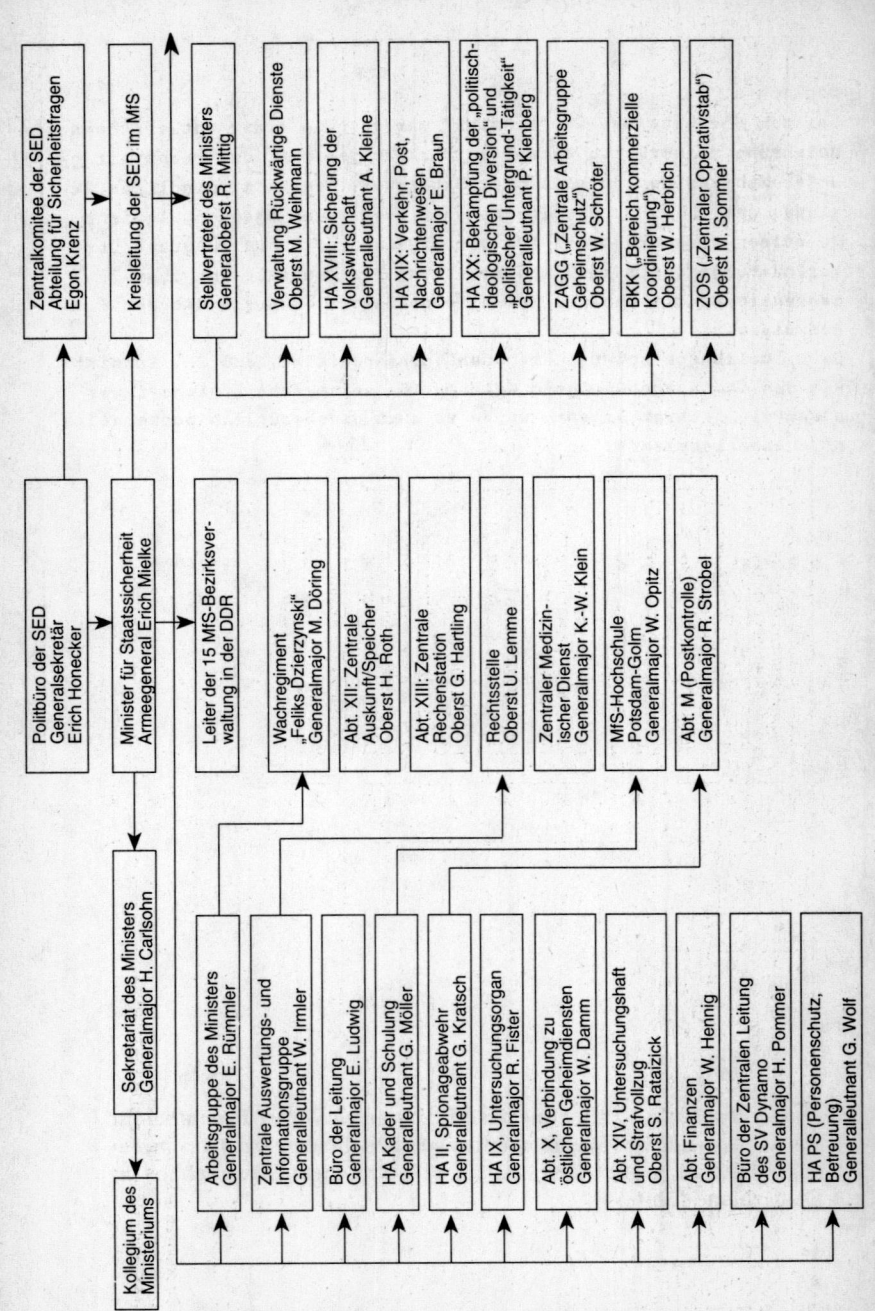

- Politbüro der SED, Generalsekretär Erich Honecker
- Zentralkomitee der SED, Abteilung für Sicherheitsfragen, Egon Krenz
- Kreisleitung der SED im MfS
- Minister für Staatssicherheit, Armeegeneral Erich Mielke
- Sekretariat des Ministers, Generalmajor H. Carlsohn
- Kollegium des Ministeriums

- Stellvertreter des Ministers, Generaloberst R. Mittig
- Verwaltung Rückwärtige Dienste, Oberst M. Weihmann
- HA XVIII: Sicherung der Volkswirtschaft, Generalleutnant A. Kleine
- HA XIX: Verkehr, Post, Nachrichtenwesen, Generalmajor E. Braun
- HA XX: Bekämpfung der „politisch-ideologischen Diversion" und „politischer Untergrund-Tätigkeit", Generalleutnant P. Kienberg
- ZAGG („Zentrale Arbeitsgruppe Geheimschutz"), Oberst W. Schröter
- BKK („Bereich kommerzielle Koordinierung"), Oberst W. Herbrich
- ZOS („Zentraler Operativstab"), Oberst M. Sommer

- Leiter der 15 MfS-Bezirksverwaltung in der DDR
- Wachregiment „Feliks Dzierzynski", Generalmajor M. Döring
- Abt. XII: Zentrale Auskunft/Speicher, Oberst H. Roth
- Abt. XIII: Zentrale Rechenstation, Oberst G. Hartling
- Rechtsstelle, Oberst U. Lemme
- Zentraler Medizinischer Dienst, Generalmajor K.-W. Klein
- MfS-Hochschule Potsdam-Golm, Generalmajor W. Opitz
- Abt. M (Postkontrolle), Generalmajor R. Strobel

- Arbeitsgruppe des Ministers, Generalmajor E. Rümmler
- Zentrale Auswertungs- und Informationsgruppe, Generalleutnant W. Irmler
- Büro der Leitung, Generalmajor E. Ludwig
- HA Kader und Schulung, Generalleutnant G. Möller
- HA II, Spionageabwehr, Generalleutnant G. Kratsch
- HA IX, Untersuchungsorgan, Generalmajor R. Fister
- Abt. X, Verbindung zu östlichen Geheimdiensten, Generalmajor W. Damm
- Abt. XIV, Untersuchungshaft und Strafvollzug, Oberst S. Rataizick
- Abt. Finanzen, Generalmajor W. Hennig
- Büro der Zentralen Leitung des SV Dynamo, Generalmajor H. Pommer
- HA PS (Personenschutz, Betreuung), Generalleutnant G. Wolf

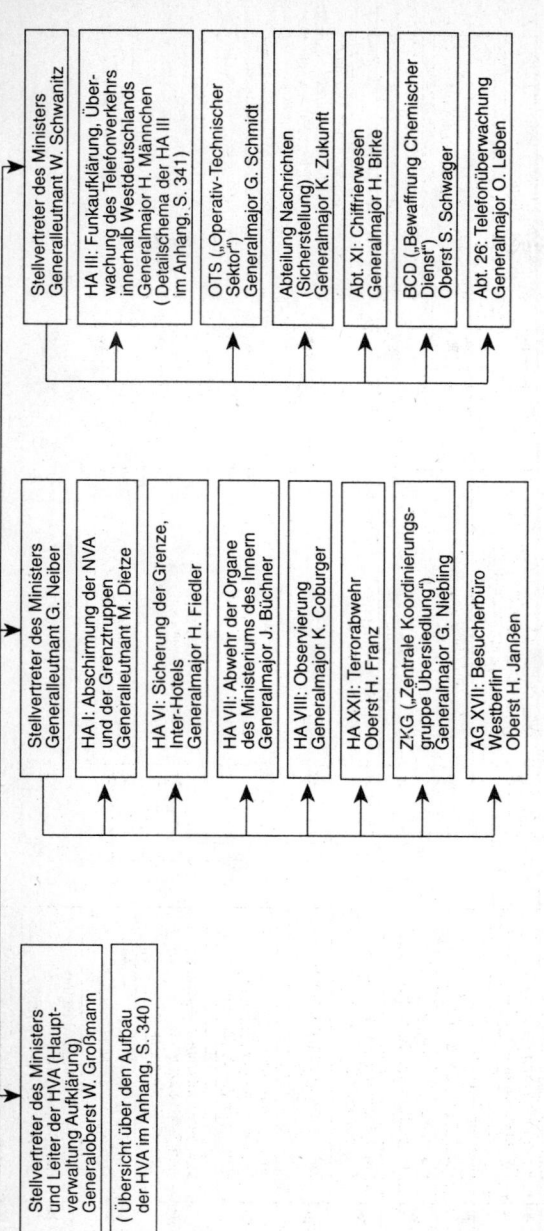

Stellvertreter des Ministers und Leiter der HVA (Hauptverwaltung Aufklärung)
Generaloberst W. Großmann

(Übersicht über den Aufbau der HVA im Anhang, S. 340)

Stellvertreter des Ministers
Generalleutnant G. Neiber

HA I: Abschirmung der NVA und der Grenztruppen
Generalleutnant M. Dietze

HA VI: Sicherung der Grenze, Inter-Hotels
Generalmajor H. Fiedler

HA VII: Abwehr der Organe des Ministeriums des Innern
Generalmajor J. Büchner

HA VIII: Observierung
Generalmajor K. Coburger

HA XXII: Terrorabwehr
Oberst H. Franz

ZKG („Zentrale Koordinierungsgruppe Übersiedlung")
Generalmajor G. Niebling

AG XVII: Besucherbüro Westberlin
Oberst H. Janßen

Stellvertreter des Ministers
Generalleutnant W. Schwanitz

HA III: Funkaufklärung, Überwachung des Telefonverkehrs innerhalb Westdeutschlands
Generalmajor H. Männchen
(Detailschema der HA III im Anhang, S. 341)

OTS („Operativ-Technischer Sektor")
Generalmajor G. Schmidt

Abteilung Nachrichten (Sicherstellung)
Generalmajor K. Zukunft

Abt. XI: Chiffrierwesen
Generalmajor H. Birke

BCD („Bewaffnung Chemischer Dienst")
Oberst S. Schwager

Abt. 26: Telefonüberwachung
Generalmajor O. Leben

Strukturplan des
DDR-Ministeriums für Staatssicherheit
(MfS) und Einbau in das DDR/SED-System

**Bitte beachten Sie
die folgenden Seiten**

Manfred Schell/ Werner Kalinka

Stasi und kein Ende

Die Personen und Fakten

Ullstein Buch 34773

– der große Report, der belegt, wie das frühere Ministerium für Staatssicherheit Millionen von Menschen erpreßt, bedroht, bespitzelt und ausspioniert hat.

■ Organigramme dokumentieren den Dschungel, der diese Behörde zum Staat im Staate machte.

■ Geheime Dokumente offenbaren die Skrupellosigkeit der SED und ihr verlogenes Spiel gegenüber dem Westen.

■ Und dennoch beinhaltet dieses Buch auch den Versuch zu differenzieren: Nicht jeder MfS-Angehörige wußte, worauf er sich eingelassen hatte. Nicht jeder, der in irgendeiner Form »mitgemacht« hat, darf vom Rechtsstaat ausgegrenzt werden.

 Report

*„Mit dem
Selbstbewußtsein
desjenigen, der dem
Zeitgeist getrotzt und
stets vor der Verharm-
losung kommunistischer
Regime gewarnt hat,
hält Löw allen den
Spiegel vor, der Wissen-
schaft, den Gewerk-
schaften, den Kirchen,
den Intellektuellen."*

Alfred Mechtersheimer
Die Welt, 6. Nov. 1993

Konrad Löw

...bis zum

Die Gesellschaft

Verrat der

der Bundesrepublik

Freiheit

und die »DDR«

LANGEN MÜLLER

Langen Müller

Wem gehört das Verdienst
an der Wiedervereinigung?
Hatte man in der Bundes-
republik unverdrossen auf
das von der Verfassung vor-
gegebene Ziel „Einheit in
Freiheit" hingearbeitet oder
es abgeschrieben, zumindest
aus den Augen verloren?